中国近代人物文集丛书

陈虬集

胡珠生 编

中 华 书 局

图书在版编目(CIP)数据

陈虬集/胡珠生编. —北京:中华书局,2015.8
(中国近代人物文集丛书)
ISBN 978-7-101-10024-2

Ⅰ.陈… Ⅱ.胡… Ⅲ.陈虬(1851~1903)-文集 Ⅳ.Z425.2

中国版本图书馆 CIP 数据核字(2014)第 034475 号

书　　名　陈虬集
编　　者　胡珠生
丛 书 名　中国近代人物文集丛书
责任编辑　张玉亮
出版发行　中华书局
　　　　　(北京市丰台区太平桥西里 38 号　100073)
　　　　　http://www.zhbc.com.cn
　　　　　E-mail:zhbc@zhbc.com.cn
印　　刷　北京瑞古冠中印刷厂
版　　次　2015 年 8 月北京第 1 版
　　　　　2015 年 8 月北京第 1 次印刷
规　　格　开本/850×1168 毫米　1/32
　　　　　印张 19⅝　插页 8　字数 480 千字
印　　数　1-2000 册
国际书号　ISBN 978-7-101-10024-2
定　　价　68.00 元

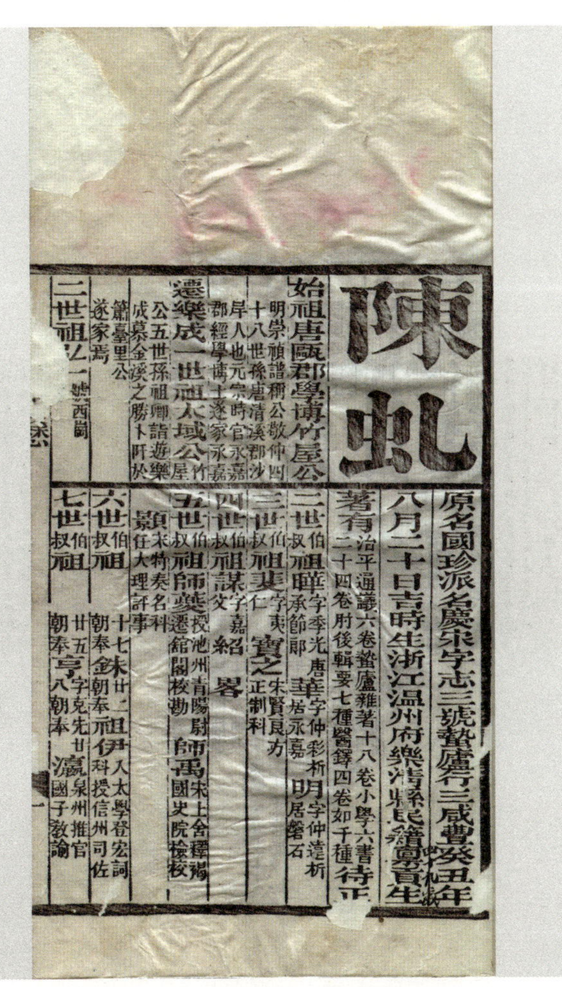

光绪己丑科浙江乡试陈虬原卷首页履历

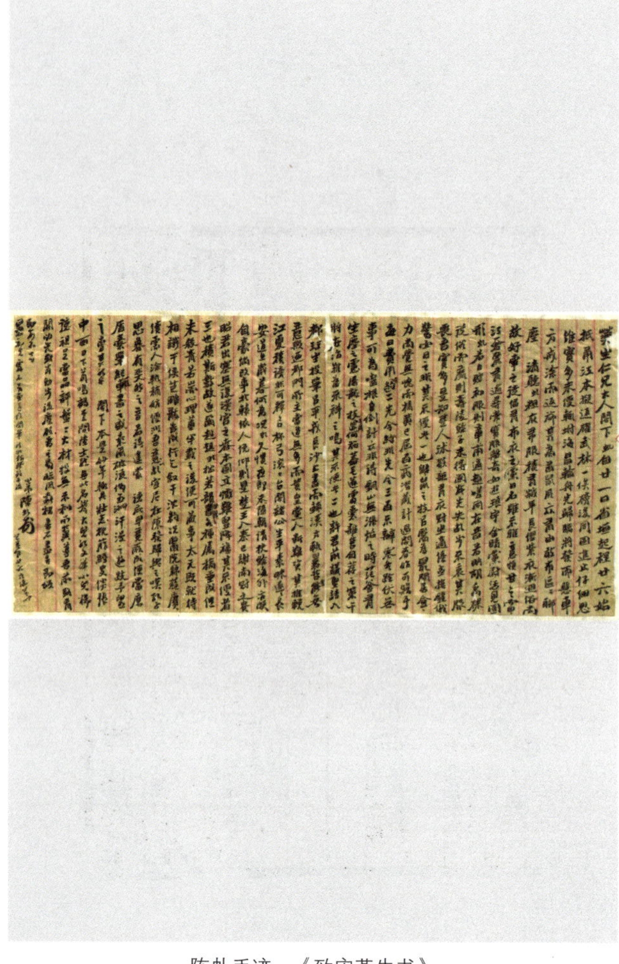

陈虬手迹：《致宋燕生书》

希翁仁兄大人六旬雙慶

萬荷開遍處看玉蓋齊飛華軒高
駐都便神仙也妒爲問當年情事橫
金戈揭富一路君知否釋刀小李飛
將名譽　嬴河幾許頭顱惜年華
滚滚英雄垂暮投戈講藝隆德耳鳴
無數歎段而今歸來酌壽卮碧筩
對舉公且往聽我鶴希新句

調寄雙瑞蓮

晚弟陳虬志三倚聲拜撰

陈虬手迹：贺李希程六旬双庆词《双瑞莲》

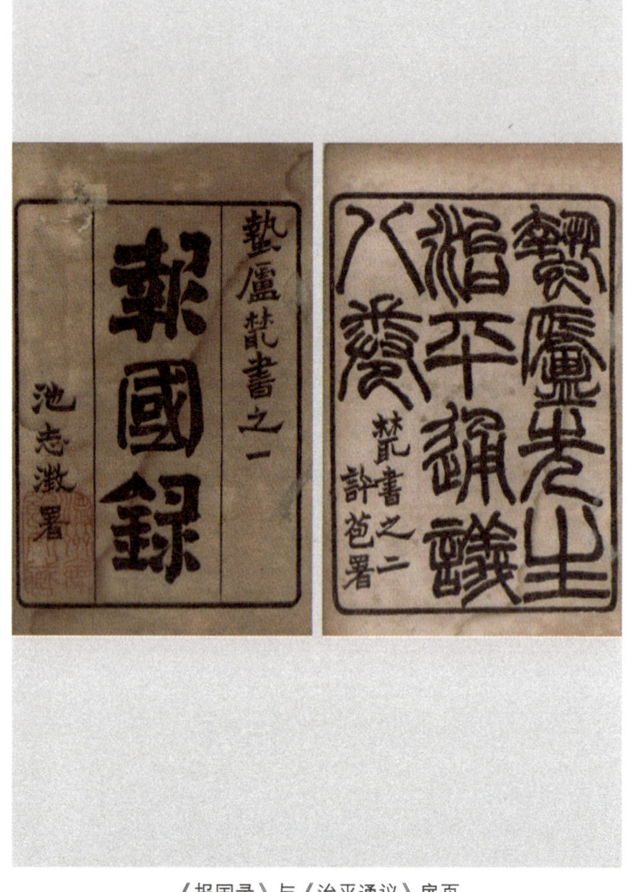

《报国录》与《治平通议》扉页

《报国录》与《治平通议》书影

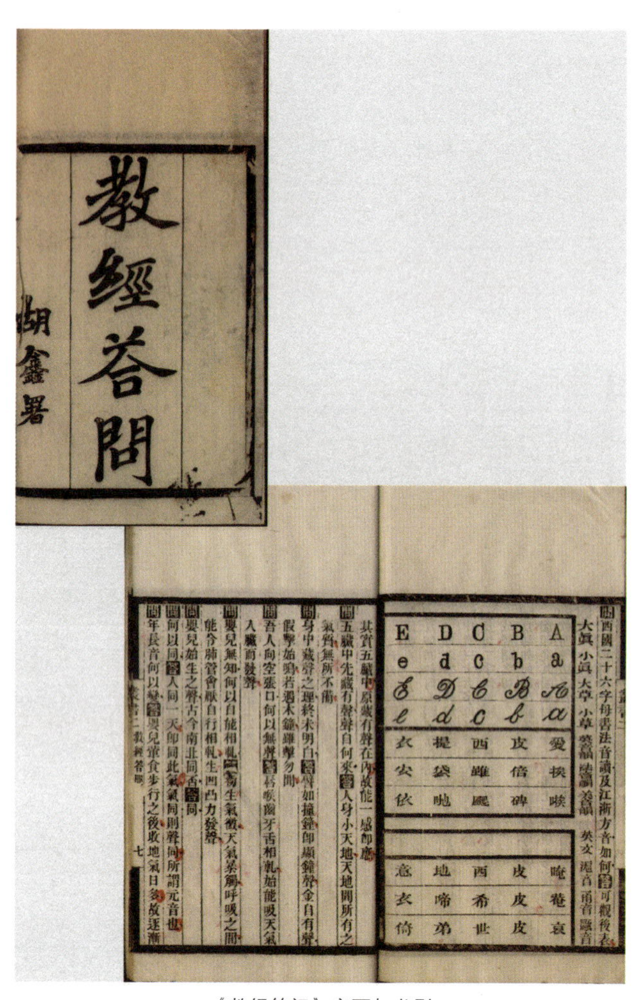

教經答問

湖鑫署

其實五臟中原藏有聲在內故能一感即應
問五臟中先藏有聲聲自何來答人身小天地天地間所有之氣皆無所不備
問身中藏聲之理終未明白答譬如撞鐘即顯鐘聲金自有聲假擊始鳴若遇木錘雖擊勿聞
問吾人向空張口何以無聲答吾喉齒牙舌相軋始能吸天氣入臟而發聲
問嬰兒無知何以自能相軋答物生氣徵天氣緊觸呼吸之間能令肺管會厭自行相軋生凹凸力發聲
問嬰兒始生之聲古今南北同否答同
問何以同答人同一天即同此氣氣同則聲同所謂元音也
問年長音何以變答嬰兒稟食步行之後收地氣日多故逐漸

七

問西國二十六字母書法音讀及江浙方音如何答可觀後表

大眞 小眞 大草 小草

A	B	C	D	E
A	B	C	D	E
a	b	c	d	e
𝒜	ℬ	𝒞	𝒟	ℰ
𝒶	𝒷	𝒸	𝒹	ℯ
愛	皮	西	提	衣
挨	倍	雖	袋	安
唉	碑	颸	眦	依

英文

A	B	C	D	E
唵	皮	西	地	意
菴	皮	希	啼	衣
哀	皮	世	弟	倚

《教经答问》扉页与书影

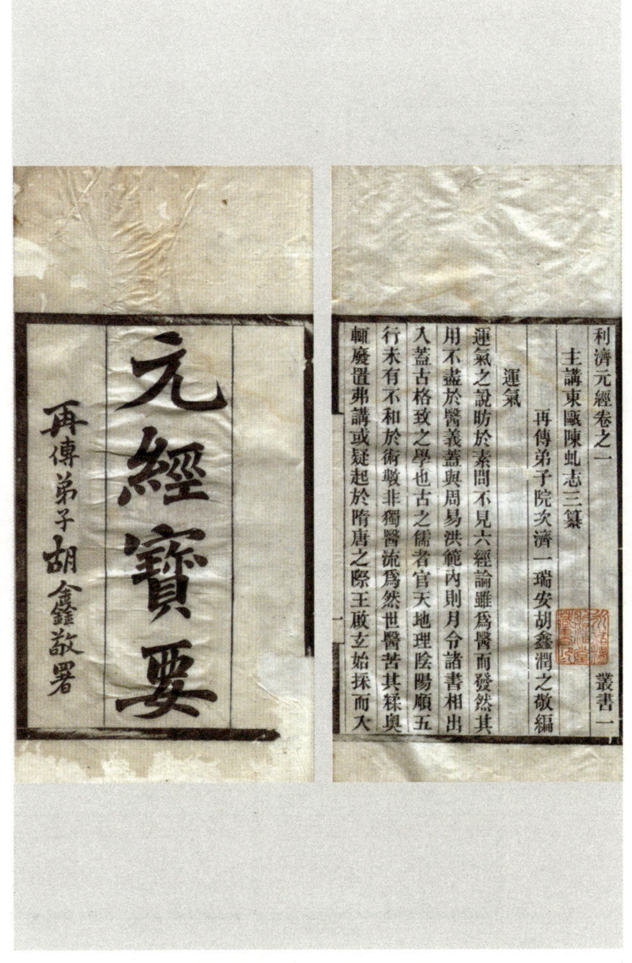
元經寶要
再傳弟子胡鑫敬署

利濟元經卷之一　　叢書一
主講東甌陳虬志三纂
再傳弟子院次濟一瑞安胡鑫潤之敬編
運氣
運氣之說昉於素問不見六經論雖爲醫而發然其用不盡於醫義蓋與周易洪範內則月令諸書相出入蓋古格致之學也古之儒者官天地理陰陽順五行未有不和於術數非獨醫流爲然世醫苦其糅奥輒廢置弗講或疑起於隋唐之際王啟玄始採而入

《利济元经》扉页与书影

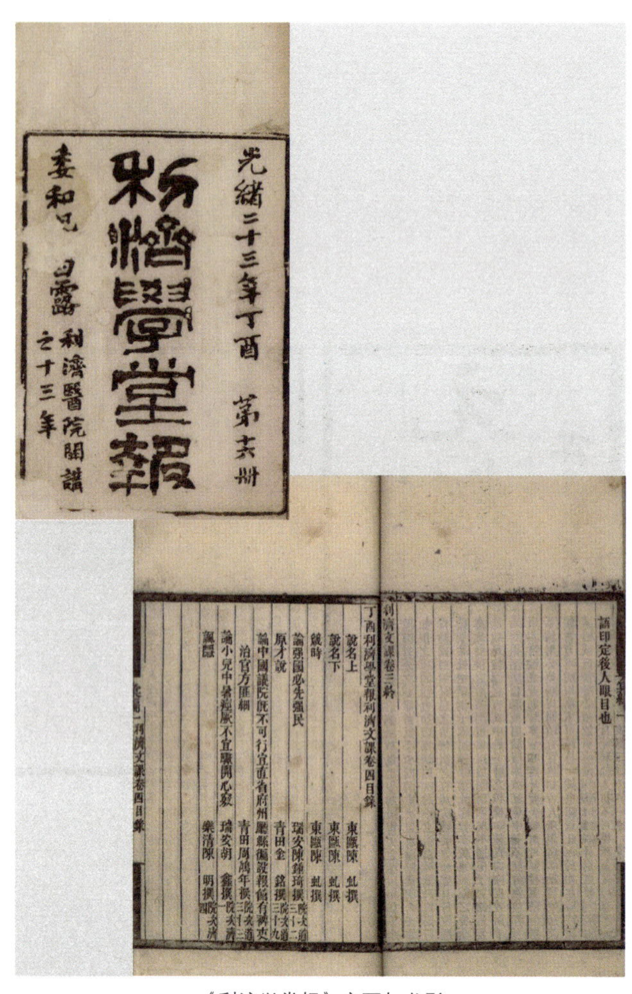

光緒二十三年丁酉　第十六冊

利濟學堂報

婁和兄署　白露　利濟醫院開講之十三年

語印定後人眼目也

利濟文課卷三終

丁酉利濟學堂報利濟文課卷四目錄

說名上　東甌陳虬撰

說名下　東甌陳虬撰

競時　東甌陳虬撰

論强國必先强民　瑞安陳錦琦撰　院夫道三十二

原才說　青田金銘撰　院夫道三十九

論中國議院既不可行宜直省府州廳縣備設報館有裨吏治官方匪細　青田周鴻年撰　院夫道三十三

論小兒中暑痙厥不宜驟開心竅　瑞安胡鑫撰　院夫清一

諷隱　樂清陳明撰　院夫濟四

《利济学堂报》扉页与书影

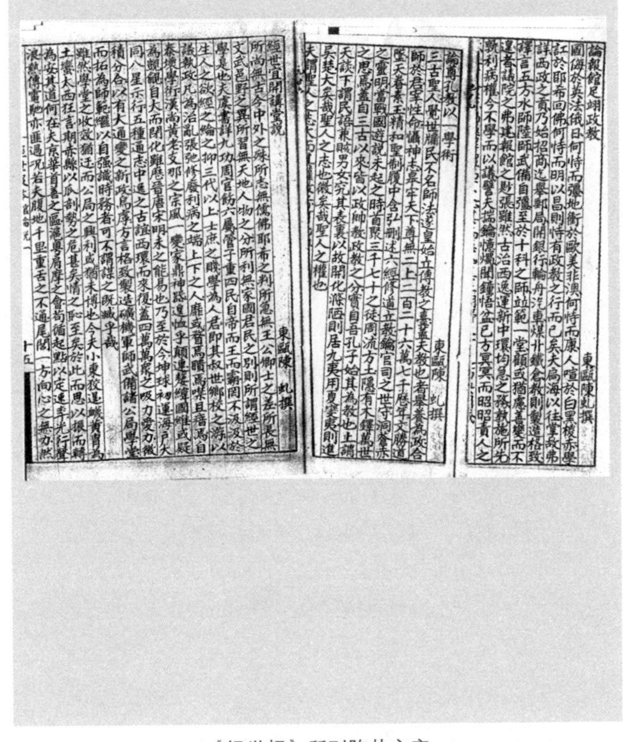

論報館足翊政教　東甌陳虬撰

國儕於英法俄日何恃而彊地衡於歐美非澳何恃而康人喧於白黑棕赤學詎於耶希回佛何恃而明以昌則恃有政教之行而已矣夫扃海以往掌故弗詳西政之責乃始招商迄擧郵局開銀行輪舟汽車煤卝鐵倉教則製造格致譯言五方水師陸師武備自彊至於十科之師竝範一堂顧或猶慮善變而不達者議院之弗建報館之弛張雖然古治西逸運新中環均急之務孰施所先孰利病權今不學而以議譬夫端輪懷燭聞鐘悟盆已古冥冥而昭昭責人之

論尊孔教以一學術　東甌陳虬撰

三古聖人覺世牖民不名師法遼皇始立傳教之意蓋夫教也者舉養爲政合師於君宰性命攝神志鼻宇天下尊無二上二百二十六萬七千歷年文勝道墜天眷素王精和聖制履中含弘刪述六經修道立教綸官司之世守洞參赤之靈明當戰國遊說未起之時首聚三千七十之徒周流方土隱有木鐸萬世之思焉蓋自三古以來皆以政帥教政教之分實自吾孔子始其爲教也上譜天誠下謂民語兼賅男女究其表裏以故開化滌陋則居九夷用夏變夷則進吳楚大矣哉聖人之志也微矣哉聖人之權也

夫謂聖人之志大而

經世宜開議堂說　東甌陳虬撰

所尚無古今中外之殊所志無儒佛耶希之判所急無王公卿士之差所長無文武邑野之異所習無天地人物之分所利無家國君民之別則所謂經世之學是也夫虞書詳九功周官飭六屬管子重四民自帝而王而霸罔不汲汲於生人之欲經之綸之抑三代以上士庶之職學爲人君即其叔世鄉校之游以議執政凡爲治亂張弛修廢利病之端上下之人靡或瞀焉曠焉喋且瘖焉自秦壞學術漢尚黃老支那之宗風一變家鼎神器遑恤乎顧運髮纏國雖武疑爲覬覦自大而閉化雖歷晉唐宋明未之能易也乃至於今坤球初通海户大同八星示行五種通志中邈之古誼西環而來復蓋四萬萬衆之吸力愛力微積分合以有大通變之新政烏庠方言格致製造礦機軍師武備諸公局學堂而拓爲師範繼以自強識時務者可不謂謀之既臧乎哉

雖然學堂之收效猶迂而公局之興利或猶未博也今夫小東狡逞蠖黄冑爲土蠻大西狂言期赤縣以爪剖勢之危甚矣情之恥至矣於此而思以振而轉爲安其道何在夫京華首善之區滬粵肩摩之會苟循起點以定速率光行聲浪熱傳電馳亦匪過況若夫腹地千里重舌之不通尾閭一方向心之無力然

十五

《经世报》所刊陈虬文章

浙江孝廉陈虬等呈请总署代奏折稿

奏为外衅迭至，内患交乘，祸迫机危，急宜变法自强，通筹分办，力保大局，拟就浙省先行试办，呈请代奏，谕饬各直省遵行事。窃维自强之道，在厚集民力，以固人心，大旨当以富强为主。利不外溢则富，权不旁掣则强，必使人人有保其身家性命之权，而后国家可收其臂指腹心之效。方今四邻交侵，自肆要挟，始而撤我藩篱，继而越我门庭，近且据我堂奥，外人以虚声恫喝，朝廷未交一兵，未折一矢，甘以祖宗百战经营之土地，拱手让之他人者，岂真偷安旦夕，以相忍为国哉！诚以圣明洞见万里，方张之寇，势难遽争，吾内外战守无备，百事未遑，不忍中原赤子肝脑涂地，故不惮任劳忍辱，为民请命。谨沥陈民，同深感学堂矿务，一面准举人等先就浙省试办，全浙幸甚，宗社幸甚。明知军国大计，非臣所宜言，但覆巢之下，安有完卵，蝼蚁微忠，急当自效，故不避斧钺之诛，冒死上陈，不胜战慄屏营之至。伏惟代奏皇上圣鉴。谨呈。

（《知新报》第五十五册第七—九叶）

20×25=500　上海社会科学院历史研究所稿纸

《知新报》所刊陈虬文章（汤志钧先生惠寄抄件）

利济医学堂主楼

瑞安利濟醫院股份票

本醫院剏自光緒乙酉戊子開設藥房籌集貲本分爲十股當時原視各人經手多寡定股蟄廬先生坐認六股何志翁二股陳介翁陳粟翁各一原議將來提還股息藥房歸公後世子孫不得視爲祖業曾立善券五紙分執乙未郡城設立分院添置醫局學堂亦由瑞院撥用丁酉另招新股由院拓辦利濟學堂報館事停止歷辦一十七年兩院虧折甚鉅通盤籌算徵特院董墊款五千餘元無歸卽報館各股除已付外尚二千餘元郡院亦無款可抵唯瑞院藥房塗產以及一切醫潤各項目前雖未暢旺瑞院將來確有進款大宗尚可作抵重議化大爲小招新輔舊新製份票三百張票計英洋四十元以一百股歸院儲爲擴充院務之用一百股歸蟄廬先生一百股歸何介粟三翁自行分解各項墊借辛丑年正月起瑞院所有藥房院產等項結算交出歸衆酌派輪管每年所入除提二成歸院外餘均照股勻攤於次年正月元宵日按給郡院歸蟄廬先生獨辦啟閉聽便與瑞院無涉從前所立善券概行作廢原存股友除誠願作捐者院中勒名誌德餘均一體給發份票若不捐不入股者各唯經手之人是問不得再向郡瑞兩院饒舌已入股之友亦不得恃有份票強向藥房賒欠以及兜收帳目如有習醫同志捐潤積至四十元或自行出資者卽與各股存洋之數相符應准補給份票利益均沾以昭公允此票只准售贈院中同事以及本家不得外售壞規此爲振興醫道共拓善門起見較之尋常公司份票似無贏餘然將來院務大興卽可長綿世澤實隱爲子孫造無窮之福利願吾同院以土壤涓流之助輔移山嚼石之誠衆擎易舉久道化成爰立份票畧具始末幸乞鑒原須至份票者

明字第捌拾叁號給　　計一股英洋四十元

光緒二十七年歲次辛丑正月　　瑞安利濟醫院給

瑞安利济医院股份票

目　录

前　言 …… 1
编　例 …… 13
卷一　专著一
《治平三议》序 …… 1
治平三议 …… 2
宗法议 …… 2
封建议 …… 5
大一统议 …… 7
十科表一 …… 10
十科表二 …… 10
十科表三 …… 15
卷二　专著二
《经世博议》序 …… 16
经世博议 …… 18
法天 …… 18
变法 …… 19
保民 …… 41
治河 …… 42
筹海 …… 52

筹边 …… 56
腹地广置木路议 …… 60
拟建洛阳为西京议 …… 62
拟援公法许高丽为局外之国议 …… 63
治法在严刑赏议 …… 66
卷三　专著三
《救时要议》序 …… 68
救时要议 …… 69
议目 …… 69
富策 …… 69
强策 …… 73
治策 …… 77
卷四　专著四
《报国录》自序 …… 81
报国录 …… 83
天泽 …… 83
防务 …… 89
兵略 …… 97
图说 …… 110
团政 …… 110
卷五　专著五
《利济教经》序 …… 118
利济教经 …… 120
蒙学章第一 …… 120
医道章第二 …… 120

生人章第三 …… 120
明伦章第四 …… 121
师范章第五 …… 121
语言章第六 …… 121
文字章第七 …… 121
四民章第八 …… 122
五行章第九 …… 122
原质章第十 …… 122
干支章第十一 …… 122
时令章第十二 …… 123
天文章第十三 …… 123
地球章第十四 …… 123
疆域章第十五 …… 123
世纪章第十六 …… 124
经学章第十七 …… 124
史学章第十八 …… 124
子学章第十九 …… 125
文学章第二十 …… 125
中学章第二十一 …… 125
西学章第二十二 …… 125
方术章第二十三 …… 126
仕进章第二十四 …… 126
冠服章第二十五 …… 126
职官章第二十六 …… 126
典制章第二十七 …… 127

礼乐章第二十八 …………………………………………………… 127
刑律章第二十九 …………………………………………………… 127
权量章第三十 ……………………………………………………… 127
机器章第三十一 …………………………………………………… 128
武备章第三十二 …………………………………………………… 128
时务章第三十三 …………………………………………………… 128
租界章第三十四 …………………………………………………… 128
教门章第三十五 …………………………………………………… 129
医统章第三十六 …………………………………………………… 129
卷六　专著六
教经答问 …………………………………………………………… 130
弁言 ………………………………………………………………… 130
卷一 ………………………………………………………………… 131
卷二 ………………………………………………………………… 155
卷三 ………………………………………………………………… 174
卷四 ………………………………………………………………… 199
卷七　专著七
《蛰庐诊录》序 ……………………………………………………… 216
蛰庐诊录(卷一) …………………………………………………… 218
上舍黄叔颂令政验案——详言产后服姜糖饮之害 ……… 218
儒士贾楚玉尊政逆经结瘕奇症验案 ………………………… 219
儒士林永馨吸烟致病,诊脉而知案验 ……………………… 220
蛰庐诊录(卷二) …………………………………………………… 222
上海某妇三年鼓胀治验 …………………………………………… 222

杭垣陆家小儿寒热飧泄治验 …… 223
庠士周小苓内伤感暑治案 …… 223
瘟疫霍乱答问 …… 225
利济瘟疫录验方 …… 236
利济定乱第一方——定乱救急汤 …… 236
利济定乱第二方——定乱迎阳汤 …… 236
利济定乱第三方——定乱安中汤 …… 237
利济定乱第四方——定乱舒筋汤 …… 237
利济定乱第五方——定乱排痛汤 …… 238
利济定乱第六方——定乱止渴汤 …… 238
利济定乱第七方——定乱救焚汤 …… 238
利济定乱第八方——定乱泻心汤 …… 239
利济定乱第九方——定乱达郁汤 …… 239
利济天行应验方 …… 240
利济秘制保命平安酒方 …… 243
卷八　杂著一
史法章 …… 244
《说雅释概》序 …… 245
瑞安广浚北湖条议 …… 247
瑞安何氏旌节坊记 …… 252
附:金鸣昌《答陈志三书》 …… 253
均子篇 …… 256
善举尽可计利以图扩充说 …… 258
医院议 …… 260
女婴堂议 …… 262

书《校邠庐抗议》后 …… 264
温州出口土产宜设公司议 …… 265
乐清东西二乡宜急设保甲局议 …… 267
君子之道孰先传焉孰后倦焉譬诸草木区以别矣 …… 268
日月星辰系焉 …… 270
由孔子而来至今百有馀岁去圣人之世若此其未远也近圣人之居若此其甚也然而无有乎尔则亦无有乎尔 …… 272
《斗山陈氏谱》序 …… 274
《陈氏谱略》序 …… 278
斗山陈氏睦族四议 …… 280
《乐亭刘公传》 …… 282
记同人集事 …… 284
求志社记 …… 286
《利济元经》序 …… 289
《东游条议》序 …… 291
温郡捐变文成会议 …… 292
拟广心兰书院藏书引 …… 294
书《颜氏学记》后 …… 296
《治平通议》序 …… 297
《蛰庐文略》序 …… 300
恳请明定章程申禁苏困以减浮勒呈文 …… 301
附:赵藩宪批 …… 304
论俄国助中国 …… 305
续控吏仗官庇捺案肆索呈文 …… 308

附:徐府宪批 …… 308
案悬弊积恳祈饬县定章勒石呈文 …… 309
附:宗道宪批 …… 310
霍乱病源方法论 …… 312
《四书音义》序 …… 316
《南游吟草》序 …… 317
《医历表》后序 …… 319
卷九　杂著二
利济学堂报例 …… 320
祷医圣文 …… 322
利济医院习医章程 …… 324
《利济汇编》总序 …… 327
《利济丛书》总序 …… 328
《利济外乘》叙 …… 330
保种首当习医论 …… 331
心战 …… 333
《务农会试办章程》拟稿 …… 339
《近政备考》叙 …… 344
《农学琐言》叙 …… 345
《经世报》序 …… 346
箴时 …… 349
《艺事稗乘》叙 …… 352
论报馆足翊政教 …… 353
论尊孔教以一学术 …… 356
《格致卮言》叙 …… 359

经世宜开讲堂说 …… 360
迁都——救时十二策之一 …… 363
分镇——救时十二策之二 …… 366
论西国既设弭兵太平二会宜急先削去公法中之默许法而专力行性法 …… 376
言权 …… 378
论国之强弱系于民心民心之向背系于州县宜以州县得民为强国之本 …… 381
书刘兵部译编《英法政概》后 …… 384
论外交得失 …… 385
说名 …… 389
读陈同甫《上孝宗皇帝书》 …… 391
医医 …… 392
《中星图略》弁言 …… 394
呈请总署代奏折稿 …… 396
卫生经序 …… 401
高敷坤妻胡氏碑记 …… 404
《白喉条辨》序 …… 406
《新字瓯文七音铎》例言 …… 409
新字瓯文学堂开学演说 …… 412
《瓯文音汇》例言 …… 416
卷十　书函
上东抚张宫保书 …… 417
致宋燕生书(二通) …… 429
致刘之屏书 …… 432

致汪康年书(四通) …… 433
致杨伯畴书(四通) …… 437

卷十一　诗词·联语

诗词

王师克复金陵诗以志喜甲子 …… 441
夏日偶成乙丑 …… 441
雪后偕龙雨苍慰衣鲍筱甫颂桢张英甫雄登隆山观海亭丙寅 …… 442
睡起丁卯 …… 442
秋夜戊辰 …… 442
病起 …… 443
哭鲍筱甫颂桢(十首录一)己巳 …… 443
过鲍氏艺园有感 …… 443
山行即事 …… 444
赠王小谷熙载　庚午 …… 444
送别王小谷熙载归钱塘即用其留别韵四首 …… 444
谒白二姑娘墓 …… 445
秋闱报罢率成四律柬胡蕙卿希铨常小莱琳 …… 445
小游仙词 …… 446
题罗佩卿庆瑱《梧馆停琴图》 …… 446
城西许丈索菊花诗甚亟书二十八字应之 …… 447
和林子韶钧先生《鸡冠》诗六绝 …… 447
和孙翊斋诒燕《花烛词》(十首录五) …… 448
到馆辛未 …… 448
无题 …… 449
重过艺园有感 …… 449

年来孔明甫昭淮鲍筱甫颂桢林莒升士翘相继殂逝
诗以志痛 …… 449
登江心孟楼 …… 450
秋夜登大观亭有怀钱塘王筱谷熙载 …… 450
孟冬廿四日为先严忌日泫然有赋寄星舫仲舫两兄 …… 450
读《汉书》壬申 …… 451
贺孙翊斋诒燕生子 …… 452
题《写经换鹅图》癸酉 …… 452
西湖访小青墓不见 …… 452
怅春词甲戌 …… 453
题曾磷侯珹小像乙亥 …… 453
小云王丈以丙子生日诗见示勉和四绝句即步其原韵丙子 …… 454
春燕丁丑 …… 454
寿蒋翁六秩 …… 455
题胡丈紫塍《戏彩承欢图》 …… 455
西湖谒岳坟己卯 …… 455
郭璞墓 …… 456
黉门叹伤学校也,汤君绳和训导瑞安,倡优尝同时
入学 …… 456
过耶稣堂庚辰 …… 456
读《宋史·道学传》辛巳 …… 457
失鼎歌壬午 …… 457
宿大荆驿望雁宕诸峰 …… 457
卓笔峰 …… 458
听诗叟 …… 458

登马鞍岭 …… 458
开箧见洋搨二十九岁小像盖忽忽又五年矣癸未 …… 458
冬节谣 …… 459
驱疟鬼 …… 459
赋得与君约略说杭州得州字五言八韵己丑 …… 460
行路难庚寅 …… 460
娄桑昭烈故里 …… 462
鄚州扁鹊墓 …… 463
述怀 …… 463
赵北口早行 …… 463
雄县 …… 464
东行途中书所见 …… 464
关张驿 …… 464
石门 …… 464
邸店独酌书感 …… 465
过赵北口 …… 465
泰岱吟 …… 465
宿迁项王故里 …… 467
子胥故里 …… 468
东归 …… 468
露筋祠 …… 468
扬州 …… 469
宋君燕生将有俄德之行以许星使奏充四国随员也
　口占送别辛卯 …… 469
水调歌头乙未 …… 470

杨园看菊有感戊戌 …… 470
双瑞莲庚子 …… 471
过杨园乞蔷薇花癸卯 …… 471
过杨园乞蔷薇花迟一日又赠一章 …… 472
联语
挽胡蔚农茂才之父某先生联 …… 473
题虞池行宫联 …… 473
飞霞洞联 …… 473
挽宗湘文观察联 …… 474
挽黄通政联 …… 474
挽周丽臣焕枢联 …… 475
挽钱伯吹尊翁联 …… 475
挽邑尊查石生联 …… 476
自题利济医院联 …… 476
附　录
陈蛰庐先生五十寿序 …… 池志澂 479
陈蛰庐先生行述 …… 刘久安 482
陈蛰庐先生传 …… 陈　谧 484
陈虬传 …… 488
咏陈志三 …… 洪邦泰 489
《宋恕日记》记陈虬事 …… 宋　恕 490
《忘山庐日记》记陈虬事 …… 孙宝瑄 492
《穗卿日记》记陈虬语 …… 夏曾佑 493
《厚庄日记》记陈虬事 …… 刘绍宽 494
陈蛰庐孝廉《报国录》序 …… 陈黻宸 497

书陈蛰庐《治平通议》后 …………………………… 宋　恕　499
书陈蛰庐先生《保种首当习医论》后 ……………… 杨逢春　501
蛰庐先生《瘟疫霍乱答问》序 ……………………… 刘祥胜　503
宋恕赠陈虬诗 ………………………………………………… 505
燕都篇赠陈志三孝廉入都也 ……………………………… 505
题陈志三孝廉上山东张抚帅书 …………………………… 506
又题志公族谱例言 ………………………………………… 507
宋恕致陈志三书　二通 ……………………………………… 508
宋恕论陈虬　七则 …………………………………………… 511
孙诒让论陈虬　四则 ………………………………………… 514
孙诒让致陈子珊书　二通 …………………………………… 517
谭嗣同论《利济学堂报》…………………………………… 520
黄绍箕致陈志三书 …………………………………………… 521
童学琦致宋燕生书(询陈虬)……………………………… 523
瑞安利济医院股份票 ………………………………………… 524
新建利济医院碑记 …………………………………………… 526
挽陈志三孝廉诗 ……………………………………… 杨　青　527
吊先师陈蛰庐孝廉 …………………………………… 杨逢春　529
挽陈师联语录 …………………………………… 杨逢春录　530
利济分医院应诊章程 ………………………………… 胡　鑫　550
元经宝要·提要 ………………………… 朱国庆　刘时觉　552
瘟疫霍乱答问·提要 ………………………………… 曹炳章　553
利济卫生经天函·提要 ……………………………… 刘时觉　554
《新字瓯文七音铎》与《瓯文音汇》评介………………… 周文宣　555
改良派重要人物陈虬的轶事 ………………………… 林炜然　560

挽蛰庐联语录 …………………………………………… 杨　青 570
陈虬年谱 ……………………………………………… 胡珠生 573

前　言

陈虬(1851—1904),原名国珍,派名庆宋,字志三,号蛰庐,自称皋牢子。浙江省瑞安人,原籍乐清,迁居瑞安已历十一世,仍自称"乐清陈虬"。是我国近代著名的改良派思想家,又是造诣很深的中医学大师;是全国第一所中医学校的创始人,也是第一份瓯文拼音方案的设计者。他的生平以多方面的光辉成就载入史册,尤以《治平通议》为代表的变法维新思想最为社会所重视。

一

陈虬出身于以军功起家的家庭。父亲陈振荣为军功议叙六品衔,叔父陈振邦为军功议叙八品衔,在父、叔的带领下,十二三岁时就喜欢军事和体育。大哥国光是县试冠军、监生,二哥国桢是拔贡,四弟国琳是庠生,五弟国锵曾五试冠军、廪膳生员。兄弟五人,友爱亲睦,又都有才学,号称"五凤",而以易象数学著称于时的陈国桢又是弟辈共同的启蒙老师。在这样的家庭环境里,陈虬后来喜欢谈兵、谈宗法、谈五运、风水和星命,也就不是偶然的了。

陈虬的少年时代是在太平天国革命时期的战争烽火中度过的。十七岁那年参加县试,礼部左侍郎徐树铭督学浙江,亲予选拔，认为试卷“恢怪奇伟，他日当以文章横行一世”。

陈虬的青年时代，英法等列强联合侵略，民族危机日益深重，严峻的现实促使爱国的读书士子寻找旋转乾坤的道路。他迅即由“治词章训诂”转而“留心经世”了。

经世致用之学是和汉学（考据）、宋学（义理）对立的社会改革之学，它发端于宋代永嘉事功学派（以薛季宣、陈傅良、叶适等为代表）。陈虬自称“生永嘉先生后七百年矣”（《治平通议序》），以永嘉学派的继承者和发展者自命。1877 年，孙诒让刊布《征访温州遗书约》，陈虬就“代访遗书多种”，并论“吾乡学派大略”，孙氏认为“精当无匹”，可见对于永嘉经世之学早已究心。

鸦片战争以来，以魏源、林则徐、冯桂芬等为代表的社会改革思潮，是当代经世之学的具体表现。对明清名臣奏议、《圣武记》、《皇朝经世文编》以及《洋务用军必读法》、《兵船炮法诸议》等书，陈虬极为重视；陶澍识拔林则徐、曾国藩识拔江忠源、骆秉章识拔左宗棠的往事，陈虬极为羡慕。除重视河、漕、盐三大政外，陈虬“于国计民生与地方一切利害，每有所闻，辄怅触不能自已”。他逐渐形成了自己的社会改革纲领和方案。

1889 年，陈虬考取举人，在印发的《乡试硃卷》中标明著作有《治平通议》六卷，即指《治平三议》一卷、《经世博议》四卷和《救时要议》一卷。《经世博议》是陈虬变法维新思想的奠基之作，其中都察院“设议员三十六人”，地方各县“设议院”，是我国近代最早提出设议院的政治改革主张。其他，如提出明律师、设公司、开新埠、通贸易及招华商等变法主张，则更使陈虬的思想具有近代资产阶级改良主义色彩。《救时要议》是陈虬提出变法改制的基本纲领，包括富策 14 项、强策 16 项、治策 16 项，其中多有《博议》未曾提及或未及阐发的。《博议》着重从历史上、理论上论证变法维新的合理性和可行性，《要议》则从时代的紧迫性出发，提出变革的具体内容。这些变法改良主张，比之于他早先在《治平三议》所阐述的、带有浓厚封建宗法意识的政治主张，显然大大前进了一步。

1890年，陈虬赴京会试，归途在徐树铭推荐下前往济南谒见山东巡抚张曜。针对山东的具体情况，提出《东游条议》：创设议院以通下情，大开宾馆以收人材，严课州县以责成效，分任佐杂以策末秩，酌提羡银以济同官，广置幕宾以挽积弊，钤束贱役以安商贾，变通交钞以齐风俗。这是陈虬试图把变法理论和山东实际相结合的一次尝试，而把"创设议院"摆在首要位置，表明他的变法维新思想已经臻于成熟。张曜礼待备至，曾在马队簇拥下乘轿登泰山，所赋《泰岱吟》中有"喝道游山话亦新"句，叹为殊遇。

1893年12月，《治平通议》八卷本（《博议》四卷、《要议》一卷、《条议》一卷、《三议》一卷、《蛰庐文略》一卷。）由瓯雅堂镌刻出版，它作为社会改革思潮的终结和变法维新思潮的开端，迅即受到上层社会的重视。两江总督张之洞"见陈氏《通议》而大悦，渴欲接谈"。谭献在《复堂日记》中给予很高评价："蛰庐匡时之论，凿凿可见施行。"梁启超将该书列入《西学书目表》。从此，陈虬声名鹊起，成为早期维新派的一面旗帜。

医务活动是陈虬社会活动的另一重要方面。二十岁那年，陈虬因治学过劳，"得咯血不寐疾"，兼且秋试不第，受到很大刺激，便决心学医。二十四岁开始，"排日自课"习医。两年后，开始出议方药，步入医师之列。由于刻苦攻读古典医籍，认真从事医疗实践，在1877年秋冬那场疫疠中初见成效，逐渐脱颖而出，成为善于治疗疑难疾病的名医。1880年，陈虬从历年病历中整理典型的医案共二十例，撰成《蛰庐诊录》两卷，在医学界得到好评。他对于霍乱病的防治，贡献最为特出，1895 年撰写了《霍乱病源方法论》，经过1901 年夏"瓯郡霍乱盛行"时"投剂立起"的检验，终于在 1902 年总结为《瘟疫霍乱答问》，其后作为名著，被收入曹炳章《中国医学大成》丛书之中。

陈虬在医务活动中最重要的贡献是发起创办利济医院、利济医学堂和利济学堂报。

1884 年撰《医院议》，它是我国近代第一份建立中医院和中医学校的计划。次年，便和陈黻宸、何迪启、陈葆善共同合资创建利济医院于瑞安，并招收学徒，培训医士。1888 年开设药房。1895年秋，由于温处道宗源瀚资助，在郡城设利济分院学堂。从 1885年培训以来，"门下注籍者逾二百人"。按"道济群生，泽衍万世，津梁广启，执圣之权"十六字区分讲师院次，陈虬自为主讲，以下分初传、再传、三传，依次为道、济、群字辈。1896 年，分院又分设报馆，次年 1 月 20 日（丙申大寒日）正式出版《利济学堂报》，由主讲担任主编。每月二册，共出过十六册，向全国大中城市公开发行。内容分十二门，除利济讲义和外乘外，其馀十门——时事鉴要、洋务掇闻、学蔀新录、农学琐言、艺事稗乘、商务丛谈、见闻近录、近政备考、格致卮言和经世文传，则以传播维新思潮为主。在他主张的"医医"和"上医医国"的传统熏陶下，利济医院以它独有的医疗制度在浙南民间受到欢迎，利济医学堂师生成为温州革新力量的主干，《利济学堂报》成为具有鼓吹变法维新特色的报纸。

1898 年春，陈虬赴京会试。4 月 17 日，康有为发动都下衙门京官及各省公车二三百人集中粤东会馆创立了保国会，浙籍人士题名参加的有徐珂、章献猷、陈虬等十九人，为各省之首。浙籍人士在陈虬等的倡导下，组织保国会的浙江分会——保浙会，陈虬起草了《呈请总署代奏折稿》，认为“自强之道在厚集民力以固人心。……必使人人有保其身家性命之权，而后国家可收其臂指腹心之效”，因此要求“大假民权，许其联集干事绅富，通筹全省富强之计”。但在顽固派的反对下，保国会及其分会还来不及发展就有人奏请查禁，而被宣布为非法。6 月 12 日，陈虬无可奈何地归抵上海。戊戌八月政变，六君子死难，康、梁外逃，陈虬因未参与百日维新而未被列入缉捕对象。但是人心扰动，风鹤频惊，加上跟黄体芳、孙诒让间的夙嫌，在家乡难以安居，便转赴外地。十月间到郡城朔门杨园看菊时，流露出“离愁屈子复何之”的迷惘心情。一个月后，又成为上海维新派名士孙宝瑄家的上客，参加重立申江雅集第一期的聚会。随着孙诒让态度的明朗化——“至今无一字及志三，亦尚无一字及保国会”，终于又回到家乡。

政治的威胁虽然很快就消除了，但《学堂报》和学堂的原先亏空加剧了医院的债务，日子很不好过，因此“闷极愤极”。但他仍不灰心，还想找友朋“讥评汉宋，拟议欧亚，拔剑起舞，对酒当歌”。1901 年发行“利济医院股份票”，独自承办郡院，并且拓地重建。为了“开通民智”，他又创造瓯文新字，编了《新字瓯文七音铎》和《瓯文音汇》，在医院里附设瓯文学堂加以传授。终因大志未遂，贫病交迫，在心力衰竭的情况下，于 1904 年元旦与世长辞，享年仅五十三岁。

二

陈虬虽然没有留下专门的哲学著作，也未曾形成独立的理论体系，但是他的变法维新政治纲领是相当完整的，借以形成政治纲领的理论基础也有超越于前人之处，在中国近代思想家的行列中，有其重要的特殊地位。首先，承认事物的变化是变法论者的共识，陈虬则公然在乡试试卷《日月星辰系焉》中，敢于触犯经义，进一步论证了“在天无不动之物也”。这就从社会和自然两方面给“天不变、道亦不变”的经说以有力的驳斥。其次，陈虬竭力提高诸子的地位，替维新派大造声势。早在《救时要议》中陈虬已指出：“儒道其常而子权其变，故诸子之功救变与六经同。”以后在《教经答问》中加以发挥说：“诸子可以治天下”，“诸子之识有过于圣人之处”，“诸子矫世厉俗，悲愤著书，直伸所见，实有独到之处”。维新派的变法论著正是当代诸子，陈虬把维新理论家及其变法思想的权威性，提高到跟圣人与六经相并的地位。第三，抨击汉学（考据）和宋学（理学），替社会改革清除阻力。《经世报序》指出“汉、宋儒者，名修孔教，乃不能深求富教之策、立达之方”，“空谈心性，坐视国家之穷挫，曾莫之措！”清代盛行汉学，朱熹的《四书集注》甚至是科举考试的必经之路。反对汉学和宋学正是为了集中社会力量从事变法维新。而程朱“存天理，灭人欲”的主张，不仅残酷地牺牲了广大妇女的幸福，而且阻碍了物质生产的发展。陈虬在《利济丛书总序》中提出“通其俗，乐其利，在于给生人之欲。故人得其欲，则弱者不为虱与蠹，强者不为狼与豹”，跟程朱之说针锋相对。这是促进个性解放的主张，是对封建束缚的冲破，使他的变法维新思想具有资产阶级改良主义的色彩。第四，陈虬认为变法的关键是政、学而非商、兵。鉴于洋务派的自强新政经过甲午战争彻底破产，陈虬在《心战》中指出：“顾以三十年揣摩简练之兵，韩京一役，卒尽师熸，海军之设几同瘤赘，岂诚立法之不善哉！”在《箴时》中则明确指出战争结果中败日胜的原因,在于"日先考求西之政、学而后其商与兵,中则汲汲于枪炮战舰"。第五,近代思想家王韬、薛福成、马建忠等人讲变法都未能提到议院、立宪和民权。陈虬和这些先行的思想家不同的是最早认识到设立议院的重要性。《经世博议》和《救时要议》都提到设议院,《博议》还赞扬"民主,官天下也,公矣!"1890年,在《上东抚张宫保书》中更把"创设议院以通下情"作为条议之首。1898年,在《呈请总署代奏折稿》里要求"大假民权",可见陈虬这一思想是一贯的,在当时是激进的。第六,陈虬强烈地认识到变法维新是挽救祖国危亡、抵制列强侵侮的客观需要和唯一出路。甲午战败后,中国面临瓜分危机,陈虬站在爱国主义立场上痛切地呼吁:"生是时,将忍而视其为奴为囚、为牧圉为犬马,而不知所救耶?抑亦起而有所争也?"(《心战上》)他把变法维新视为挽救民族危机、振兴中国的客观需要:"彼族之侮我甚矣!侵我口岸,削我壤地,虐我羁民,拒我使臣,外我公法,预我政治……抑我亦稍知自厉矣,变通旧法,剃短师长,学堂报章,公私递举,议者谓中国之不终衰矣!"(《心战中》)在《呈请总署代奏折稿》中,不仅把"急宜变法自强"作为案由,开宗明义提了出来,而且在文末把形势的急迫性作了极其严肃的描画:"倘再事迁延,因循不决,置社稷生灵于不顾,令天下疑吾皇上有轻弃其土地人民之意,将海内离心,瓦解土崩,噬脐奚及!今若束手待毙,任其剥噬,恐茫茫亚土,皆成暴骨之场,师师黄人,咸抱饮鸩之痛!"甚至慷慨激昂地表达了决不屈服的铮铮誓言:"举人等誓不向北庭而请命,计惟有蹈东海而捐生!""兴言及此,泪血交枯。"

但是,陈虬的变法维新思想有着很大的局限性:一是沿袭前人成说,认为"三纲五常虽极千祀而难革也"(《经世博议·法天》),

为此受到宋恕反对，被认为“辨界儒法，似犹未精”。二是醉心宗法、封建等古制，在资本主义生产力渐趋发展的时代，还提出“分镇”建议，认为“郡县恐终不能不仍转为封建”(《分镇》)，陷入历史循环论。三是背上沉重的古代方术迷信包袱。在《利济学堂报例》中公然提倡“堪舆、壬遁、星平”，在《报国录》中按照“奇(门)遁(甲)”、“九宫紫白法”列出阵图，甚至依靠五运来认识过去、预测未来，说什么“金行应运，得时者胜”(《心战下》)，以致遭到谭嗣同的剧烈反对：“其阴阳、五行、风水、壬遁、星命诸说，本为中学致亡之道，吾辈辞而辟之犹恐不及，若更张其焰，则守旧党益将有词，且适以贻笑于外国，不可不察也!”陈虬这些消极因素阻碍了自己进步思想的继续发展。

陈虬所处的时代，是社会各种矛盾激烈动荡的时代，是旧的封建思想体系趋向崩溃、新的资产阶级思想开始形成的新旧交错的时代。因此，陈虬的政治思想总的倾向是进步的，某些方面甚至走在同时代思想家的前列；但同时也不可避免地有着旧的痕迹，表现出自身的矛盾。这些，都是时代的必然。

三

陈虬精通多门学问，其著作众多而庞杂。最早结集的是《治平通议》，包括《经世博议》、《救时要议》、《东游条议》、《治平三议》和《蛰庐文略》共八卷。续又和《报国录》合并，称《蛰庐丛书》。另一集子为《利济丛书》，包括《元经宝要》、《利济教经》、《教经答问》、《卫生经》。《算纬说综》、《蛰庐诊录》、《瓯文音汇》、《新字瓯文七音铎》等，彼此缺乏统一的序列，有些属于弟子的作品，和《蛰庐丛书》完全属于个人作品者有别。此外,陈虬曾在《利济学堂报》和《经世报》上发表了许多文章。正是这些,构成了现存著作的主要内容。

陈虬逝世后,所遗书籍稿件十馀柜。因种种原因,未能妥善保存。新中国成立后有关部门认真查询,已无可靠线索。国务院古籍整理出版规划(1982—1990)原曾将《陈虬集》和《宋恕集》并列,都作为《中国近代人物文集丛书》之一,予以整理出版。但《宋恕集》因资料齐全,已由我整理,中华书局予以出版;而《陈虬集》却因遗稿散佚殆尽,日记、家书以及函牍底稿概付缺如,以致迟迟未敢动手。

中华书局[85]近字第58号函(7月25日)告:"知您目前尚难承担《陈虬集》的整理任务,《陈虬集》是古籍整理规划项目,资料搜集应尽可能完备。既然其大宗遗稿之下落目前尚未得知,因此我们同意您的意见,为郑重起见,暂不整理,今后我们共同努力,多方探询遗稿,若条件成熟,再行商议。"不久,我在《瑞安文史资料》第2辑看到林炜然《改良派重要人物陈虬的轶事》,述及陈虬逝世后,"所存未刊医案和其他遗稿都是杭州邵斐子前来检去。邵抗日前任浙大教务长,但一直未见整理出版"。我因邵氏曾任省文管会副主任,便委托浙江博物馆沈炳尧同志查询,承蒙函告:"在温期间,先生嘱我查询邵斐子先生后裔捐赠陈虬资料事,未敢忘怀。为此我曾专与本馆领导、保管部主任及专职文物保管员接洽,均不知有此事。"因此,从杭州寻找遗稿的希望落空了。

1985年8月9日,承陈旭麓先生函告:"《经世报》,《中国近代期刊篇目汇录》第一卷录了十六册的篇目,请参阅,此报藏在'上图'抑藏徐家汇藏书楼,不明。"1986年9月18日,续承著作《中国近代民主思想史》的青年学者熊月之氏（后任上海社科院副院长兼历史所所长）代查《万国公报》中宋恕文章并详列《经世报》第1—16期陈虬、宋恕、章炳麟三人论述及署名，有此多篇政论要文，方才开始规划整理。

1991年6月，温州市政协文史组会议决定出版《陈虬集》并委托我辑录。10月末，我专程前往上海，11月2日承蒙戊戌变法史权威学者汤志钧氏陪同，在上海图书馆古籍部（徐家汇藏书楼）复印了《经世报》和《农学报》中众多文章，陈虬《呈请总署代奏折稿》，因《知新报》装订后不好复印，又蒙汤氏录出付寄。

如果说，本集比较有系统的提供了外界罕见的陈氏佚著，那么首先应该归功于陈、熊、汤三氏，特别是协助解决困难的汤志钧氏（藏书楼即将停工修建，外人不再接待；复印机出故障，恳请修复），特此致以深切的谢意！

1992年12月，该集由浙江人民出版社出版，列入《温州文史资料》第八辑。汤氏2002年10月21日函告："足下撰编《陈虬集》，弟以一册赠台湾'中央研究院'近代史所，并多好评。"此后，我因主编《温州文献丛书》的需要，把陆续搜集到的陈虬、宋恕、陈黻宸的缺佚资料整理为《东瓯三先生集补编》，2005年由上海社科院出版社出版，研究陈虬的专家周文宣女士以《陈虬集》和《宋恕集》等有关史料为基础，于2011年11月出版《陈虬与利济学堂》（列入《瑞安文化丛书》，由浙江大学出版社出版），成为新中国成立后陈虬研究的首部宏著。

鉴于《陈虬集》出版已逾二十年，《补编》也已面世，中华书局非常重视，再一次要我承担该书增订本的整理。值此盛世，学术繁荣，人心舒畅，我欣然接受任务，重行校读，订正若干疏误，增补部分篇章，予以完成。为使读者知悉个中艰辛，特行补述原委以供参考。

胡珠生

增订本图片均由谢作拳同志重行拍照，文本均由陈蓉蓉女士精心打印，并致谢忱！

编　　例

一、本集以陈虬已刊著作（直接署名及公认为陈氏著者）为基础，并广泛搜集报章文字，以及温州市图书馆、博物馆所藏抄本和原件，董理成集。依次分专著、杂著、书函、诗词四类，并辑有关材料为附录。

二、陈虬精通多门学问，本书为"中国近代人物文集丛书"之一种，以政治、学术论著为主。其涉及中医及语言学者，仅酌选有代表性著作以见其概，不求全备。

三、本编在分类基础上，以时间先后为序。其起草较早，以后改定者，以定稿时日为准；其有明确年月者，则以此年月为准，无明确作年而有发表年月者，则以发表年月为准；同一文而分上中下，分期刊出者，则以每次刊出时间为准。

四、原著因避讳所作抬头和空格，一律删除。原著注文用小五号字照排以资区别。

五、原木刻本、活字本、抄本中错字甚多，至不可读。其显著错误者均予改正；其旧语、方言可通者，仍旧不动。

六、原本缺字加□；文意不明需添字以明者加〔　〕。原著前后文表述中不一者，酌情加注。

七、文中某些音译人名、地名，与今译略有不同，除个别加注注明外,一般仍旧。

八、各篇原始出处及某些必须解释者,篇末加按语释之。

卷一　专著一

《治平三议》序

（1884年2月）

《治平三议》者，虬癸未病中之所为书也。虬昆季五人，扃关枕藉，自相师友，皆薄有时望，而尤以幼弟叔和为翘楚。器宇轩藉，开敏迈诸兄，群冀倚成以事业，壬午春以病瘵亡。虬时悲不欲生，顾影孑孑，嗒然若丧其躯。岁暮遂病，病几死，呻吟卧床箦者二百馀日。药鼎茶铛，昕夕相对。盖裘葛忽忽已两更矣。自维先世隐德勿曜，幸有子能读书矣，而皆未见用，不克大陈氏间，恐一旦溘先朝露，苶然与草木同腐，长此寂寂，何以慰先灵于地下！念生平稽述，皆皇王经世略，乌可令斩焉无传，乃于癸未之秋，镂肤钻发，伏枕画被，口绎以诏，四弟国琳笔之于书。病寻愈，磨丹渍墨，竟不能再加笔削。爰补《十科表》于后行焉。虽恢张纲目，于今未必尽可通，然大抵驰元皇极，牒阐圣功，洞然于民物登耗、人材否泰之故，会群经，刮诸子，损益中西，合为治术，岳立儒先间，要亦一家之学，有足多者，录而存之。或天不欲其遽死，使增益所不能，终得闻乎内圣外王之旨。吾兄弟异日当更有进焉，未可知也。名山石室，待乎其人，姑以此录先为之券云。

时光绪十年岁次甲申春王月陈虬志三书于瑞安城东之利济堂。

〔**按**〕本序录自《治平通议》卷七。

治平三议

（1883 年）

宗　法　议

孔子曰："吾观于乡而知王道之易易也。"孟子曰："天下之本在国，国之本在家。"然则欲治天下者亦务其亲者、近者而已矣。

天下之子无不孝也，天下之弟无不弟也，父无不慈也，兄无不友也。以父兄之无不慈不友也，而子弟乃有不孝不弟，何则？甚爱则狎，甚狎则犯，子弟而狎犯其上，斯乱成矣！然则亲近而无法，虽与之天下，犹不能以一朝居也。欲善其道，则莫如宗法。

法于一乡之中，姓立宗子一人，而复设宗正以为之辅。凡事皆决于宗正，朝廷皆给以图印。文曰："某乡某氏宗子之印"、"某乡某氏宗正之印"。宗子以长，宗正则以德，由阖族公举。宗正以下，设宗史一、宗卒二，皆为制俸。宗各设祠：前以听讼狱，藏器物；后以处鳏寡孤独之无后者。乃制为冠婚丧继之法：凡男子年十六，父兄为告于宗子，乃择吉加冠于宗祠，宗史祝。未冠者不得议婚，违者髡其首，没入为奴。《素问·上古天真论》："丈夫二八，肾气盛，天癸至，精神溢写，阴阳和，故能有子。"冠取成人之义，故改从十六。婚之法：男自十九以上，女自十七以上至三十，皆可婚之时。婚定三月而遣嫁。届期婿具新衣一袭，奠雁以迎新妇，禁奁费，违者籍其资于宗，而火其无用者。凡议婚：先时遣，嫁后期者，则离异，罪其家督。如男女无行，年三十，无与为婚者，男没入为奴，女没入为妾。娶三月而庙见无妇道者还，准再醮；再被还者亦没为妾。古人三月反马，煞有深意。宋儒径改为三日庙见，便失其旨。夫三日岂能知其无妇道哉！垂“三出”“两去”之法以制室家；妇忤逆翁姑，虐待前妻子与辱詈丈夫者出；丈夫而交匪类与习下流无耻者，妇得自请去。“交匪类”谓行劫、偷盗、入教党，“下流无耻”谓窝家、逼娼，总为五条。此皆与本妇罪名、名节有关，故得自请去，不可妄列多款，致有以妻乘夫之病。按古秋胡与晏子之御，及朱买臣之妻，皆有下堂求去、请去之事，是古原有此法也。今拟复之。冠婚之礼所以遂人之生，而丧继则于送死之中寓亲睦之意焉。父母年五十者皆当为制棺椁，后事先事者听，百宗子复多设以待不时之需。五服之丧有不举者罪之。禁僧道佛事。丧服五等，拟别以冠、履、带三事。凡斩衰用麻，斋衰用苎，大功用线——苎之已漂者，小功用布，缌服用黑布。葬以三月为限。违者，宗子则以族葬之法行之。柩不得露宿于外，未葬者不得相嫁娶，犯者科以不孝之刑。停柩在堂而行婚嫁吉礼，此实不祥之大者。以骨肉至亲而露宿其柩于外，视同陌路，此岂复仁人孝子之心哉！礼，大宗不可绝，小宗可绝，今变通其制：唯同父之子始得相继，继不异祖。所以睦兄弟也。大宗则不拘，未娶者不继，继而复绝者不再继，继者不兼祧，无后者没入其赀于宗，而丧葬祠墓之事则一主于宗子。岁四中月，宗子率族人会祭于宗祠，先期三日集射以兴贤能，射取其志正体直，练习筋骨，以便他日游艺之基。中选者得与执事，祭毕列坐以齿，宣讲令甲，无使或忘。

凡刑有十：轻刑五，重刑五。曰扑以治罢软，曰鞭以治顽梗，曰笞以治斗殴，曰枷以治殴伤，曰黥以治伤人成废者，别视轻重以罚锾，贫者没为奴，官为给赀。曰矐以止博，吸洋烟者同科。按矐刑非古也。然古实有是法。《史记:荆轲转》:“秦始皇善高渐离击筑,重赦之,乃矐其目。”字本作榷。《前汉·五行志》:“高后支断戚夫人手足,榷其眼以为人彘”。注:“榷谓敲击去其精也。”《类篇》:“矐,失明也。”义本相仍。《汉书·翟方进传》多辜榷为奸利者。”《王莽传》:“豪吏猾民辜而榷之。”知霍、榷古多相通。《索隐》谓“矐以马矢熏令失明”,恐非本义。亭林顾氏谓:“当复宫以止奸,复刖以止盗。”予亦欲设矐以止博与犯烟。曰宫以止奸,曰刖以止盗,曰经曰杀,则皆死刑。杀人者死,赐死曰经,戮死曰杀,经以处误,杀以处故。凡黥之法:初犯刺背,再刺臂,三刺面,〔刺〕面而再犯者经。殴尊长者,初即刺臂,视平人加一等。不孝者初即刺面,再犯则杀而枭其首以徇。诬告者坐轻刑,宗子得自决之。重刑则勘实而上于朝,阅实其罪,乃丽于刑。

宗设小学、女学各一。师则命自朝廷。凡俸粮皆取给于朝,官曰俸,民曰粮。计一宗田亩粮赋应出之数而扣足俸粮,纳其馀于钞科。岁终则核计合族丁男及卫丁若干人,分三等:未及十六为幼丁,六十以上为老丁,馀为壮丁,壮丁八人选一为卫丁。载其名字、身材、生日,次年则不必全载,唯计开除、新增而已。十六年而一更,造册以上于兵科,朝廷有事则下其符于宗子,宗子复推其法于各房,房有长,长以率其房而专其责于家督。如宗子不能自举其职者,听诣阙告免,禁锢终身,而摄以宗正,此其法也。

一闠之市,有斗焉者,他人势格理禁,而不能止,临之以父兄,则其氛自息者,情输于所亲,气阻于所尊人也,而天动焉矣。《盘庚之诰》曰:“古我先王,暨乃祖乃父,胥及逸勤,予敢动用非罚。”其在《诗》曰:“宗子维城,无俾城坏!”其知此道矣!后世宗法不立,而天下亦能少安者,胥吏之天下耳。岂足以语天德、王道之大哉!

封　建　议

议者曰:“封建不行,故宗法不立。”予则曰“宗法既立,然后可议封建。”上古之世,狉狉獉獉,自人其人。迨生齿繁而伦序定,然后人有其家。于是先王下坎上坤,取象乎比,设为万国,以封建诸侯。然则由己以及人,由亲以及疏,天下者,固一家之所积也,今乃曰宗法由于封建,呜呼!此非探本之论也。

今宗法已立矣,而封建之道复何如?夫道亦观宗法所未及者推而广之而已矣。法以今省、府、厅、县之大小,为公、侯、伯、子、男等国。国有君,君有傅,曰:太师、太傅、太保,是谓三公。凡国之大事,君以为然,三公以为否,则格不行;君以为然,三公或然或否,则诏本科太宰及左议曹等参议,谋众乃从。

国设十科,曰历、曰医、曰农、曰工、曰礼、曰乐、曰刑、曰兵、曰训、曰钞,另详于表附后。首曰历,历者,钦若之初政,敬授之急务,故首之。医者,燮理阴阳,登民仁寿,故以为次。农以养人,工以利用,皆民生所急,故历、医后即次二科。而通商之事则附于工。夫子策卫,富庶之后始继以教,故礼乐刑兵又次之。训者道也,谓以道自任也。《左氏传·文公六年》:“告之训典”,注:“先王之书”。《书·康诰》“矧惟外庶子训人”郑注:“训人,师长”。盖上自天子,下至庶人,箴纠阙失,宣扬文教,皆主以是科。十曰钞,会稽国用,流通货泉,宜设专科,故以为殿。科凡六等,曰太宰,曰少宰,曰左议曹,曰右议曹,曰司,曰给事。给事则初升于乡学者,即所谓一命之士也。凡铨选各以其科,科设司六,给事遍六司乃得升司,司五转乃得至议曹。各司以上,各以三年为任,未任满者不得调。少宰以上则不计。事有损益,司上其事于议曹。议定,曹牒其事于少宰,少宰乃简其要者著为书,颁赐给事,使肄习之。太宰以驭吏,议曹以下皆主于太宰,少宰以上则君主之,此黜陟之法也。

一命之士倍农夫之所入,禄约五十千。司三其禄,议曹则倍之,左议曹以上各以其一登,合三公之所入当其君之禄,此制禄之法也。

自三公至给事,厥等凡七。乡自士以下,曰农、曰工、曰商、曰生、略通文墨而无常业者。曰隶、曰奴。指有罪而髡者。等亦有七,所以明上下、别流品也。国君一娶五女,后一嫔四,取备五姓,议曹以上得置二妾,诸司以下置妾一,此制等之法也。

官制既定,然后井田、学校可次第而复焉。顾或者难之曰:"今井田法废已数千年矣。一旦欲复其法,非坏人庐舍,夷人冢墓,其法不行。"又有为之说者曰:"今之时,贫者无立锥,富者连阡陌。今欲计户分田,为贫者计固得矣,其如富者之不便何!"井田不复,而欲复古学校之法,吾知其难也。然此皆非所虑也。夫善用古法者师其意而不袭其迹,相地形之广狭以损益其沟洫,去公田之法而定什一之赋,又安在非井也。入田百亩以上者封为下庶长,千亩者为中庶长,万亩者为上庶长。上庶长之秩视议曹,下庶长视分司,岁时得奉朝请,而免其子孙徭役各有差,上庶长三代,中庶长二代,下庶长一代。如是则富者有所劝矣。

学校之制,乡各有宗,法改今之都为乡。宗有小学,所以习幼仪也。十三而入乡学,则教读司领其事,教以六艺。六艺:礼、乐、射、御、书、数也。今御已失传,予请以骑射、佾舞、拳勇等法当之。三年,汰其无用者使归农。学成则教读司给以单而贡于朝,分科肄业,乃处以给事,任之五年。而燕老,君亲临之,六十以上各赐鸠杖,以年之旬为差。凡此,皆学校中所有事也。

于是,复设为三税之法,以御国用。田有租,《说文》:"租,田赋也。"《长笺》:"且,古祖字"。田赋用以给宗庙,故从且。市廛,《周礼·地官》:"廛人,掌敛廛布而入于泉府。"注:"廛布者,货贿诸物邸舍之税。"《王制》:"市廛而不税"。注:"廛,市物邸舍,税其舍,不税其物"。人各有赋,《说文》:"赋,敛也。"《周礼·天官》:"太宰以八则治都鄙","五曰赋贡以驭其用"。注:"赋,口率出泉也。"《尔雅·释言》:"赋,量也"。注:"赋税所以评量。"亦是此义。计三项之所入,以其三十之一贡于天子,以其九为羡馀,而以其馀制国用。不足则加赋。而一切公旬、徭役与夫关市、盐铁、杂税胥免焉。国朝仁皇帝有永不加赋之谕,故军兴以来,卖官鬻爵、设立关卡无所不至,而独不敢议及加赋。其实,科派虽多,仅供猾吏奸胥中饱而已,何如加赋之尚属均摊无损乎!

孟子曰:"君一位,卿一位,大夫一位,上士一位,中士一位,下士一位,凡六等。"然则君去庶民仅六等耳,其尊非独绝于人也。君十卿禄,卿禄四大夫,大夫倍上士,上士倍中士,中士倍下士,下士与庶人在官者同禄。禄足以代其耕也。君为制禄,然则禄之外君不得有所私矣。

后世名法家倡为尊君之说,于是乾纲独揽,居其位者辄以犬马之道驭其臣民,威福自专,复侈然日从事于声色、苑囿、狗马之娱,而篡弑之祸烈矣。唯以世及之尊归之于君以绝觊觎,复以献替之权还之保傅以综纲纪,有君之尊,无君之祸,有治民之实,无厉民之患,所谓于封建之中寓传贤之意者此也。由其道行之,虽百世可也。然则封建、宗法亦一而已矣。

大一统议

或问于陈子曰:"史称黄帝之时,地过日月之表,意者圣德广运,覆载无遗。今中西一家,偶俱无猜;电机所发,秒忽万里,声教之讫，无远勿届，环地球以游，半载可周；盖骎骎乎有大一统之势矣。敢问其道何如？”陈子曰：“唯唯！吾闻孟轲氏有言：‘天下之定定于一。’盖七曜齐明，光不敌日；百川竞流，终归于海。何则？万国并建，天必笃生非常神圣之人与天地合撰，与日月合明，使之宪章往古，开辟中外，创古今未有之盛治。故于万国之中，群推以为君。然居是位者岂惟是异徽号、改正朔、议明堂、讲辟雍、制郊祀之礼已哉！非德足以绥远，威足以止暴，必不能长驾远驭，使天下翕然从风。法当损益十科之法以治王畿，而复约于东西半球之中设监二，各隆以王爵，文曰宣文，驻印度，武曰靖武，驻美国。文则颁正朔，行夏时。齐冠服，常服可如其俗，朝服当归于一。通钞法，均量衡，同文字，文有四：曰小篆，曰番书，曰华、番草书。小篆多主形，番书多主声，各有义理，亦不可没。草书华、番皆有，当另勒成书以便遵行。今定：凡朝贺大事当用小篆；寻常公牍，华、夷各如其旧；通行可用草书。隶变古，楷入俗，均属字妖，概行毁弃。正音读，当另勒韵书而设官掌之。删经史，经收古注而约采后儒之说以附之，史收正史而酌收野史之近正者。一切秽滥无用之书皆杂拉烧之，不必以祖龙遗法为病也。开学术，融会中西，分门肄习。修公法，酌修中西通行者数十条。以齐天下之耳目，以一万民之心志。盖道一风同，固王者之隆轨也。王岁出巡，归乃颁来年之历于各国，而上各国之贡税于天子。元旦则设御座以受各国之朝贺焉。武则统率各国之卫丁，井出一丁，秋冬习击刺，是为卫丁。以备非常。无事则各居本国，有事则飞檄兵科二宰，统之以行。诸侯有篡弑、叛逆、不庭者，监内各国共讨之，夷其城郭，分为数小国。销天下之枪炮，有缴而未尽及私鼓铸者，十家同坐，此其大较也。然后广轮舟、铁道之制，以通中外之气。国有水旱、饥荒，不能自赈者，详其状于二王。勘实，檄取邻粟以先赈，徐行奏请帑银以还邻国。馀如河防、海运以及不时兴革之费，皆均摊于各国，而朝廷派大臣以掌之。凡此，皆以为吾民也。故圣人之治天下也，操天下之利权，而调剂其盈歉，以天下之利还之天下，而己无所私焉。

夫圣人之为是兢兢者，岂无故哉！以为天之生斯民也，粗衣粝食，苟率其常，皆各有其百年之用。迨嗜欲胜而本真丧，人始有逆折者矣；攻取繁而杀运开，人始有横死者矣。造物能生人而不能必人之生，于是诞生圣主，俾以聪明勇智，使出吾民于水火而登之以衽席。而犹虑尚有扰吾民之生者，故分田制禄，立国设监，使上下各相安于无事。负嵎之虎，出柙之兕，肆其狂噬之威，无所不至；一旦处以圈牢槛阱之地，时其饮食，久之而驯良如羊豕矣。圣人以一人安天下，而后世乃以天下奉一人，呜呼！此岂造物立辟之意哉！"

或者曰："煌煌大言，吾既得闻诸吾子矣！请问其兆？"曰："谶纬之术难以喻人，请毋以数而以理！夫理亦视夫圣人之教而已。今者，耶稣、天主之教闯然而来吾国，其实彼教之所以来，正吾教之所以往，如周、孔之教遍天下，则人各明其五常之性，如昏而得旦，群星掩光而日乃出而经天矣，吾子悬盼以望河清可也。"曰："颛蒙之识，愿闻其详，敢问一统之势将由中并外耶？抑由外并中耶？"曰："斯义也，吾尝受易学于仲兄矣。二兄仲舫师精易数，所言多验。仁冠五常，乾统四德，此其彰明较著者，将来亦视其国之习尚何如耳！孟子曰：'不嗜杀人者能一之。'斯言也，岂仅为七国发哉！"曰："吾闻君者群也，王者民所归往也，皆于人起义。天子亦人君耳，而号独称天子者，何也？"曰："若天下统一，分国以亿万计，地丑德齐，莫能相长。天若特生一子以子元元、安天下，所谓昊天其子之也，故曰天子。"然则天子者，固乾坤之一大宗子也。吾故曰："宗法之道，通其变可以致治平者此也。"作《治平三议》。

十科表一

太宰　掌议本科之政典。宣布丝纶，澄叙官方，以六事驭吏。黜者三：曰贪、曰酷、曰庸。贪者黥，酷者刖，庸者扑而免之。陟者三：曰廉、曰明、曰能，各荣以章服，奏请玺书褒美。宰设左右监，以应升左议曹未得缺者补之，准集议监设长史。

少宰　简本科之治要以著为书，颁赐诸司给事，使肄习之。宰设左右监，以应升右议曹未得缺者补之，准集议监设长史。

左议曹　凡国有大事，则诏本科太宰、少宰集议于左议曹，议定而后行。曹设左、右掾史，无定员，以曾任各司者补之。

右议曹　凡各司有事，则集议于右议曹，议定，然后上其事于左议曹。曹设左、右掾史，无定员，以应升各司未得缺者补之。

各司　科设司，六司无定员，随时添设。升转之法视表右转，以三年为任。

给事　由乡学考取给事。遍六司乃得升司。

十科表二

历　　科

太宰

少宰

左议曹

右议曹

灵台司、掌测候推步之政，考验天算，修改历法。历算司、掌天算舆地之事；详二差以定岁里，测二极以分经纬。测验司、掌占候测验之事；占云物以备旱潦，纪灾异以修政令。时宪司、掌宪书吉凶之事；刻漏、制晷、立表、鸣钟；定晨昏启闭之节，详寒暑衣服之宜。堪舆司、掌建置葬埋之事；凿凶地以翦暴，设义冢以惠民。选择司。掌诹日择地之事；禁私家选择。

给事

医　　科

太宰

少宰

左议曹

右议曹

兰台司、掌大小男妇之病；岁终册报以定考成。保婴司、掌小儿痘疹之病，兼理婴堂事务。外科司、掌疡科正骨之事；工推拿以调婴孩，精针炙以起痼废。豢龙司、掌医牛马之病。精膳司、掌饮馔之政；谱食物以节寒温，讲烹调以示宜忌。水火司。掌水火之政；取燧火、洁水泉，兼理救火、蒸汽事务；清街衢，洁沟渎，禁烧秽物以靖疫氛。

给事

农　　科

太宰

少宰

左议曹

右议曹

垦田司、掌农工之政；物土宜以广种植，精化学以培地力。清场司、掌山场、河塘之事。水利司、掌水利之事。种植司、掌种植之事；相土宜以植名木，按隙地以莳杂树。畜牧司、掌畜牧之事；家畜鸡三：雄一雌二，鹅、鸭听便。总共畜牛羊豕及战马各有差。青苗司。掌给贷籽种之事；春放秋收，酌收微息，一主以谷，不准折钱。

给事

工　　科

太宰

少宰

左议曹

右议曹

营缮司、掌营缮制造之事；禁淫巧，惩违制。商务司、掌中外通商、进出口贸易之事。清市司、掌市街贸易之事。矿务司、掌开矿之事。机器司、掌机器之事。考工司。掌工作之事。

给事

礼　　科

太宰

少宰

左议曹

右议曹

仪制司、掌朝野五礼之制。谱牒司、掌谱牒之事。诰敕司、掌诰敕之事。祠祭司、掌考禋祀之典，去淫祠，修废祀。文定司、掌婚嫁之事。主客司。掌四裔职贡之礼。

给事

乐　科

太宰

少宰

左议曹

右议曹

协律司、掌撰述乐章之事。行人司、掌輶轩之事。象胥司、掌中外语言文学之事。翻译司、掌译外番各部文字之事。鸿胪司、掌宣讲唱赞之事。佾舞司。掌佾舞之事。

给事

刑　科

太宰

少宰

左议曹

右议曹

慎刑司、掌赦恤之典。律例司、掌比例驳案之事。承讯司、掌讯究刑名之事。督捕司、掌督捕盗贼之事。稽察司、掌稽察狱囚工作之事。提牢司。掌管狱卒囚犯衣粮之事。

给事

兵　科

太宰

少宰

左议曹

右议曹

方略司、掌方略之事。安插司、掌安插之事。保甲司、掌保甲之事。巡徼司、掌巡徼之事。击刺司、掌击刺之事。驿务司。掌驿务之事。

给事

训　　科

太宰

少宰

左议曹

右议曹

封事司、掌劾讽之事。顾问司、掌备顾问之事。起居司、掌纪注之事。教读司、掌乡学教读之事。宣讲司、掌宣讲经史之事。采听司。掌采听时事以备献替。

给事

钞　　科

太宰

少宰

左议曹

右议曹

职方司、掌舆图户口之数;権税则以制国用,汇盖藏以数民财。会计司、掌岁计出入之务;制国服以御丰歉,设官钞以惠上下。赋税司、掌钱粮税务之数。仓库司、掌仓庚杂粮积贮之数。平准司、掌权量之务;复古尺度以同量衡,权市物价以剂盈亏。铸造司。掌鼓铸之政令,复五铢钱以遏盗铸,造三品币以御盈亏。

给事

十科表三

——三公七等

一等:太师、太傅、太保。

二等:太宰

三等:少宰

四等:左议曹、太宰左监、太宰右监、上庶长。

五等:右议曹、少宰左监、少宰右监、中庶长。

六等:六司、左议曹左掾史、左议曹右掾史、右议曹左掾史、右议曹右掾史、宗子、宗正、下庶长。

七等:给事、左右监、长史。

〔**按**〕《治平三议》及《十科表》均录自《治平通议》卷七。《序》中提到"癸未(1883)病中之所为书也",末署年月为"甲申(1884)春王月",应为《治平通义》中诸议最先完成之作,反映了作者早期的政治思想。

卷二　专著二

《经世博议》序

（1892年12月）

闻之《吕览》："治国无法则乱，守法而不变则悖，悖乱不可以持国。世移时易，变法宜矣。譬之若良医，病万变，药亦万变。病变而药不变，向之寿民，今为殇子矣。"然则法者治之具，王者制法而不为法所制，欲法先王，亦法其所以为法而已！

上古之时，鸿濛初判，人物杂处，狉狉獉獉。有圣人出，为之制衣冠、礼乐之节，修明政教，牖其知觉，范吾大同，如日月之经天，江河之行地，广运无疆，虽以之治万世可也。学术不明，大道分裂，于是百家诸子竞以其所见，牒衍成书，簧鼓一时，然用其术，亦颇足以救弊持倾，则时为之也，将圣人亦不能无取焉。

通商以来，时局大变。拳毛深准，自古侏㒧不通中国者，群挟其智巧技能与吾争声名文物之盛。寻其所治，皆仅得六经诸子之绪馀，乃或立足致富强，亦可见吾中国圣人之教普也，况乎其更有精焉者乎！

孔子曰："鲁一变至于道。"《淮南》亦云："当于世事，得于人理，顺于天地，祥于鬼神，则可以正治矣！""天下岂有常法哉！"故曰："变古未可非，循俗未足多！"亦慎其所变，求不悖圣人之法而已矣。

时光绪十八年岁次壬辰冬月陈虬志三书于瑞安虞池之蛰庐。

〔**按**〕《经世博议》共四卷。录自《治平通义》原卷一至卷四。《序》中开首所引《吕览》语，见《吕氏春秋·慎太览第三·七日察今》，末尾所引《淮南》语三处，并见《淮南子》卷十三《汜论训》。《经世博议》中《法天》、《筹海》、《治河》曾录入陈忠倚《皇朝经世文三编》中卷三、卷四十五、卷六十六，《治法在严刑赏议》、《腹地广置木路议》录入卷六十、卷六十四。

《经世博议》是陈虬变法维新思想和社会改革主张比较全面的阐述，尽管其写作时间晚于《治平三议》达五六年，却列在《治平通议》之首，可见它的重要性。

经世博议

法　　天

天果无常乎？其而春而夏而秋而冬，固历万古而不异也。天果有常乎？何古今星纪之异、中外气候之殊相去不可以倍蓰计，大造若几不能以自主！天之无常，岁差之异也。

法果可变乎？其三纲五常虽极千祀而难革也。法果不可变乎？何官家、民主、君主，古今中西之异局也。法之变，国势驱之也。

天以阴阳五行化生万物，游其宇者，莫不随其寒暑风雨之节，栩栩以生，于于以死，大造无私，所以化成。王者，以兵、刑、礼、乐驱使天下，牖民以德，圈民以制，以藐焉中处之身亲临万民之上，天下喁然从风，畏其神，亦服其教也。故三王不相袭礼，五帝不相沿乐，为治不同，同归于道而已。乃卫鞅、王安石之徒起而议变法，持之甚坚，成之甚效，而祸亦甚烈者，何哉？盖变法以自营其私，则背天理之公；下情不通，则上天不佑。乖君民一体之义，昧天人一气之原，任法而不顺理，虽以赵武灵、魏孝文之为君，率千百卫鞅、王安石之徒，执法以号天下，未有不再纪败者也。迨法穷弊生，祸乱既成，乃归咎于变法，夏、商、周以来，其末造之所以失，岂皆由于变法所致耶？不知所以变与变之不得其道耳。

夫所贵乎王者，操天下之利权，调剂以弥其缺陷而已，固无所私也。故任地者霸，得人者王，法天者帝。

变　法

孔子曰："周监于二代，郁郁乎文哉！"盖言其盛也。乃与颜渊论为邦，则曰："行夏之时，乘殷之辂。"显乖乎不背不违之旨者，抑何也？盖风气无十年而不转，法制无百年而不变，因势利导，则民自化，儒术当矣！

乃汉初以黄老治，蜀汉以申韩兴，若易其时则乱矣！民主，官天下也，公矣！乃美利坚以民主而治，俄罗斯以择贤而乱，俄贝德第一改废旧章，不传子而择贤，实开华盛顿之先。未百年，保罗乃复传子。旧制立长而女子不得嗣统。若狃其说则悖矣。然则法犹水也，注之方盂而方，注之圆匜而圆，随器而转移，而吾惟务得其平而已。裘皮以御寒，绨络以御暑，若冬而病温，非袒裼裳衣不能效。沟渠以潴水，陡闸以备涝，若大涝时，至非决掘堤防不为功。欲图自强，首在变法。

变　法　一

皇上法天爱民，容保无疆，当先躬节俭之化，岁定天禄之数。内廷御用，纤悉不外假。裁内务府、织造等官。其朝、庙一切度支、仪制，可按部分办。孟子言："君十卿禄"，盖古昔盛朝，君皆制禄，载在礼经，可推而知也。沈彤作《周官禄田考》，据"君十卿禄"之说，称王自食二万有四百八十夫，后、世子与王子弟之未官未封者、妇官、女给事、王宫士庶子之食，皆于王所自食中给。近美利坚伯理玺天德岁俸四万圆，盖仅视中国督抚之数云。京外职官秩同者，禄皆一体。酌定俸廉之数改称曰禄。古制京官之禄重于外，汉唐以来则外重而内轻。任内应办事务准开支公项，繁剧处所增添员数。内官以吏、户、礼、兵、刑、工分属，外官以省、道、县为纲。官设九品，文曰正，武曰从，满汉一例。内外升转，裁并改设以省繁惑，罢宰相而重六部，裁官衔而复三公，称督察院。隆以师礼，不任职事，一命以上皆入告。出御史以巡各省，如此则纲举矣。

九品之法：文则太师、太傅、太保、六部尚书、各省总督为一品；六部正卿、外省御史称某省监察御史，驻省，而内属吏部。为二品；六部少卿、各道刺史为三品；省设使四：曰宣慰，主吏、户、礼、工四科。曰刑狱，主兵、刑二科。曰经历，主杂务。曰检法，纠察全省各务。与京秩郎中均为四品；知县为五品；在内则各部员外郎、主事为六品；在外则试用县道以下设宣慰、刑狱、经历、检法四副使，内为令史，则皆七品；县以下曰判官，主刑名。曰主簿，主钱谷。曰典狱，主捕盗。曰推官，主杂务。曰巡检，主察县内事务。与内之司务，则皆八品；九品则在内曰给事，在外曰吏目，皆令入流。

其升转之法：知县必由主事试用始得升补，知县以上则内外对转，庶扬历中外，得以练达朝野掌故。

武职则分禁、省为二。军内分九品：曰将军、曰都统、曰副都统、曰参领、曰游击、曰守备、曰校尉、曰千总、曰百总；外则改都统为提督，改副都统为总兵，改参领为镇城都督，游击以下同。官止八等。禁军统于兵部，省军统于总督，县设守备以下四等，道设镇城都督以下六等，省设提督以下八等。武皆自辖其所属，一统于文,有事檄道、县听调遣,重提督、镇城都督、守备之权,使皆得以军法治其所部。罢武科,重行伍,内外守备以上则参用文职,一归兵部。于是裁各寺科道于内,省藩臬守牧于外,汰冗员,设专司,损益古今之制,按部改设,略仿周礼。惟京师另设都察院衙门,主以三公,中设议员三十六人,每部各六,不拘品级,任官公举练达公正者。国有大事,议定始行。试办有效,视大小加恩赏赉。其缘事添设办事之大臣,是为钦差,分办者为随员,皆量给薪俸。制定,乃修改政典,勒为《大清新法》,颁行内外。

变 法 二

改知县为五品,而改州为县,隶于总督、刺史。县设试用县一,代理一切政治刑赏,而印官主其成。岁终册报本管上司而已。遇有大事得专折奏事。另设判官、主簿、典狱、推官分治县事。其驿尉、闸曹等官皆以九品吏目为之,是为文职。武则设守备、校尉、千总、百总等官以资守御,员数视所治广狭增设。辟秀才为吏目,分科办事。裁教谕、训导,兴书院,聘致仕乡宦有名望者为祭酒,如今山长。称先生,仿汉五经博士例。邑无贵贱皆入官学,不准私就师。各师皆由祭酒考选,学费则出于公捐。

县各设议院,大事集议而行。凡荐辟、刑杀人,皆先状其事实于议院,有不实不尽者改正。又设巡检一,秩视判官,巡视境内,检举利弊以达于县,县再下议院。

由县而上则为本道刺史,考成而已。道设检法副使,监视县令贤否,以六条计吏:荐辟当、仪制肃、田畴辟、盗窃清、讼狱平、制造兴,上治状于总督。省设监察御史,秩二品,巡按所属,视黜陟之当否。省、道各屯练军,备非常。三年大计,有黜陟乖方者,听平民诣阙上告;得实,总督、刺史以上本管官,皆治以失察应得之罪。

夫今之县令,古诸侯也。地大者数百里,少者亦不下百馀里。乃丞尉以下如赘瘤而无所事事,府道以上又节节掣肘、束缚之,使不得少行其意,而且迁调无常,官舍如奕,虽戴星出入,犹恐不给,尚欲其奏弦歌鸣琴之绩哉!故讲富强当首重县令始。

变法三

如此则大纲略举矣!尚有为纲中之纲者,则科目之法宜变也。

夫科目者,人材之所出、治体之所系也。今所习非所用,宜一切罢去,改设五科:曰艺学科:曰射,曰算,射取中的,算试《九章》;曰西学科,分光学、电学、汽学、矿学、化学、方言学六门,试以图说、翻译;曰国学科:颁《大清会典》、《六部则例》、《皇朝三通》,试以疏、判;曰史学科:取《御批通鉴集览》,当另刊《皇朝新史》,颁行学官,试以策论;曰古学科,经则《五经》、《周礼》、《语》、《孟》八经,子则《管》、《孙》、《墨》、《商》、《吕氏》五家,试以墨义。备五场者,始得录。如此则由浅入深,实事求是,国无异学,士皆全材,治平之道基此矣!

县试拔尤,取入邑庠,曰庠生。庠而试于道曰廪生,廪而试于省曰举人,举人举而贡于京录者曰进士,皆三年一考,定期三月朔,颁文格图式于学,依问直对,不取词章、楷法。

已仕已进,十年而不能通者,给原品顶戴,勒休,称前进士。举、廪、庠生仿此。所取之士即分充部曹及京外七、八、九品等职。取进额数约逾品职三分之二。

另立阴阳学、医学,不以设科。五年一考,取其尤者,举以为师,给单准行。十年大考,优者得食禄,秩九品,食禄满十年与大计课最，得增秩，但不得逾七品，以示限制。京外一例。禁私学，犯者以枉法论。

变 法 四

纲举矣，而目亦有不得而略者：一曰户口：诏户部籍天下户口，分四等：未及十六者曰少，十六以上曰壮，三十六以上曰中，五十六以上曰老。隋制：设黄、小、中、丁、老五等。今既免丁之役，故仅分四等以周知民数。妇女一例填帖张于门首。家自为户，父子已分析者统于长房，人曰口。旧称丁者，谓可应役也。故未及十六，有不丁之目，辞甚不顺，兹取古人“八口之家”及汉世“口钱”义。每帖总计一户四等男妇共若干，并注明逃亡、物故、谓本年新死者。新增。县岁造册，存档三年，状其总数以上于道，道上于省，省达于户部。如此，非特赋税、保甲、配盐等项法无可隐，而其间老少强弱之形、南北男女之数，与凡死生婚嫁，皆可按籍而稽矣。

考之《周礼》：“司民掌登万民之数，自生齿以上皆书于版，辨其国中与其都鄙及其郊野，异其男女，岁登上也。下落也。其死生。及三年大比，以万民之数诏司寇。司寇及孟冬祀司民之日献其数于王。”此贵贱、老幼、废疾、九州男女之异，司徒、职方所以能举其职欤！

变 法 五

一曰税则：国家岁入有常，猝逢意外之需，不得不取资于捐输、厘饷，然皆一取之于民也。捐输则报效于国者千，取偿于下者万。厘饷则民输于官者十，官得于民者一，馀悉供渔利之徒中饱耳。宜一切罢去，而仿古租庸调制与泰西招牌税等法而变通出之。田地分则科银仅征数分，而富民坐收十倍、百倍之利，名为减赋以苏民力，然此实继富之政，于贫民毫无益也。一店新开，地方之抽分，杂役之抽丰，筵席之糜费，均有不免，而并无涓滴奉上，此亦非情理之平也。

拟定四项之赋，于田曰田饷，分上中下三则。地曰地税，区为九等。人曰口赋，照户门册分四等征银。旧制：民丁之外有军丁、屯丁、匠丁、灶丁、站丁、土丁、渔户、寄庄丁、寄粮丁诸名，各有科则。康熙五十三年，是岁人丁户口二千四百六十二万二千五百二十四，著为额征，滋生人丁永不加赋。雍正三年，从直抚李维钧议，丁银摊入田粮之内。然至乾隆四十五年，直省人已二万七千七百五十五万四千四百三十一口。店曰牌银。分九等，如牙帖之式。如岁出不敷，则酌加，先期榜示。国家诚能于吾民之养生送死诸大端，百计先弥其阙，则挹彼注兹，多取之而不为厉，尚何竭泽之足虑哉！

变法六(上)

一曰农政：井田之法猝不可复矣，于是水心叶氏倡为买官田之说，大为黄氏东发所讥，其说辨矣。虬谓可就近日濒海之涂田、闽、广、两浙等处。迎水之沙田、江南通州及广东等处。失主之山田、江、浙、皖、楚等处。报而未垦者悉籍之官，官自招佃。沙、涂但有微涨，刁衿、土棍辄预向场卫处所争先首报，数年之后即可开垦，升科后转售，亩可得钱十数千不等。若报至百亩以上者，是不废一文，可坐收千馀金之利。官仅亩收三分上下税银而已。利之所在，豪强占噬，从而械斗，死伤者岁有所闻，曷若入官之为得哉！另开屯田于边塞，屯田本使卫军自佃，今卫所仅坐收税银而已，宜另修屯政。葑田于泽国，架木为丘，而附葑泥于上作田，可随水浮泛，自不淹没。因地土之宜，广求树艺之法，十年之后而官禄不假外求矣！

夫田有主而欲并而入官，与田在民而官自向买，势或有所难行，情或有所不顺，今施之于天生浮涨、无主官荒、旧黄河故道淤废未垦者尤多。水乡泽国，又奚惮而不为哉！

变法六（下）

一曰限田：自井田之法废，富者动连阡陌，而贫者或无立锥之地，于是有为限民田之说者。虬谓平民辛苦起家，尚属自食其力，其富宜也。唯士人一行作吏，即满载而归，产业多从贪墨所得，不可不为之定限。法令：印官服政之初，着地方官查具实在产业，田地店业。册报备核，区九品为九等，不许违限，定赏格，听告发，得实，籍其家。

富民入赀，封为尚义郎，论品顶戴，奉朝请，严定品制：衣服、宫室、冠婚、丧祭，不使逾越，则多财无所用，而兼并之风或庶乎熄矣。

变法七

一曰鹾法：呜乎！鹾政之不纲，至今日而极矣！平民禁把持行市，而独任票商之垄断。且商亦未见其利也：输之于官者一，费之于私者七，而商仅收其二，乃尚有倒纲、滞销、折阅者，而吾民则已全受十分之害。纲盐、票盐，票盐始陶文毅，行之于淮北；继陆建瀛行之于淮南，曾、左二公行之于江浙，票盐由是渐广。其实明时已有之。官运、晋省、川省。商运，事同一例。然则上下孳孳、日夕所讲求者，只以供狼胥蠹吏之鱼肉已耳，岂计之得哉！农而耕，商而货，不以为非，独至贩盐之平民不守引岸，辄目曰私、曰枭。夫背公曰私，不孝曰枭，民自出其资本，逐什一之利，为事畜之资，安得率称为私、为枭！文报中竟有称粤私、闽私、潞私、川私、私枭、盐枭、枭徒者，实可骇异！光天化日之下，安得突有此称？名不正而言不顺一至于此！至罔利之奸商，骫法之猾吏，反劝之纵之，而独若有甚恨于盐贩之徒，务欲尽致之法！贩而为张

九四、谭阿招、蔡牵也者，杀之可也！贩而为衣食计，驱而戮之，毋亦有不安于心者欤！

古今议盐法者夥矣！顾氏炎武据李雯议盐：宜就场定额，一税之后不问所之。此祖刘晏之法而不知持其后者也，故主者半，而驳者亦半。主之者：道光时御史王赠芳、太仆寺少卿卓秉恬、光禄寺卿梁中靖、翰林院侍讲学士顾莼、孙太史鼎臣；驳之者：襄平蒋相国、盐政福森、安化陶文毅、冯桂芬。然皆得失参半。邱氏濬谓：令官给盐盘，任民自煮，每盘以一引为则，每引先取举火钱若干。此变桑、孔之术而不知隘其利途之旨也。或谓诸场广袤数百里，火伏有先后，势不能逐灶而验，犹其浅焉者也。然则鹾政遂无善策乎？曰：亦斟酌古今，参而用之可耳！

考明制有户口支给之盐，令户口赴盐运司关支食盐，而纳米钞：男子成丁、妇人大口各支盐四斤五两，纳米八升六合、五钞；不成丁、小口半之。计口授盐法似密矣。然实仿自朱子。朱子尝奏《浙东盐课状》，称："臣生长福建，窃见本路下四州军旧行产盐之法，令民随二税纳产盐钱，而请盐于官。然其弊也，官盐不支给，而民间日食私盐。"朱子乃谓有司既得产盐税钱，亦不复问其私贩。虽非正法，然实两便。夫纳税而给盐，则税必重。今盐亡而税在，便于上则有之，恐民未必以为便也。朱子贤者，乃亦为此言耶！明则官盐亦不复支，而纳米钞如故。夫既曰："请盐于言，而收其钱钞"，乃又令其食私，是重累吾民也。宋盐、钱二税之制不可考，明则口纳米八升六合零，以每石今制四千三百之价计之，此就吾温折征而论。已人纳盐课钱三百七十文矣，平民八口之家其何以堪？然则法当何如？曰：拟定制：每口税盐课钱三分，仅于产盐之所、如池镦、井灶等处。配盐较大之处，如蛋户、酱园之类。酌大小定为税则，而任令商灶自行煎运。纲举目张,似亦变通之一法也。

考《皇朝文献通考》:"乾隆四十五年,总计直省人口已二万七千七百五十五万四千四百三十一口。"今滋生日众,版图渐辟,据道光时林文忠折称:"湖北、湖南两省报部人数约共五千万人有零。"届今五十馀年,加以新疆、台湾又设行省,则各直省滋生又当日众矣!若以每口三分为率,已足抵盐课之所入。据孙鼎臣说:总共盐课银九百八十六万七千八百两,而四川不与焉。盖盐课实居天下财赋四之一矣。课银归县收纳,县设主簿一二员而裁盐院各官,省一切缉私兵勇轮船与凡卡局等员经费,则商贩之力自纾矣。姚莹谓缉私一项,岁常数十万。大抵有名无实,此盖仅就当时两淮而言。盖断其私于利薮之所在,毋论不肖官吏抉同作弊,资以自利,纵令认真查办,而大利所在,虽有重法不能禁,其纠党持械,拼命走私,皆可逆料。兵少而贩多,故势常不及。其得规卖放者有之,其惜死故纵者实亦有之。若改行新法,每户出钱无多,官可按簿而稽,胥吏不致横加酷派,即有拖欠,究不至多。盖法行则盐价自平。闻之湖广、江西、安徽之食淮盐,市价每斤制钱六七十文。晋省官运官销,每斤制钱三十五文。然短折秤两、搀和泥水,实仅得六七两,此已见邓庆麟疏。则且七八十文矣。其实出产之盐本不甚贵,据各处文报,皆仅一二文,与吾温场价不殊。自经商办,禁闽盐入浙,于是吾郡盐价顿长至十数文,盖渐有贵食之虑矣!层层盘剥,始有此数耳。自来理盐政者动以恤商、便民、裕课为辞,其实皆自欺欺君,纸上之空文,不揣其本而齐其末,未见其真能知治道也!

或曰:"旧时盐课已摊入地丁,今又格外议增,恐赋税之事减顺而加逆。且果行之,异日必有再议重增盐税者,是适为他日秕政之地。其说何如?"曰:"此书生撑持门面之迂谈,非识事务者之通论也!"摊课之举,圣恩浩荡,民久已不识、不知,况吾朝轻徭薄赋,迥异前朝，今税虽增，而价实减，剀切晓谕，上下均得其便，何不可行之有！为问今日之厘捐、盐税，取之于商乎？抑仍取于民也！火起于室，当之者无噍类，不亟求曲突徙薪之策，乃鳃鳃然虑执爨为引火之媒，是当令天下复燧人以前之治，不火食而后可，未为知言也！盐筴之正，管子以之富国，而后世乃适以病民。利权所在，旁落于奸商，中饱于蠹吏，县官不复过问，而惟一切苟且卤莽之是图，尚何富国之可言哉！尚何富国之可言哉！噫！

就场收税之法，明嘉靖时御史汪鋐已有此奏，其实必不可行，尚有为诸家驳议所未及者。试再申其说：

今天下盐课约千馀万，从前引商皆令先缴课银之半。若散之各场，则场户非殷商可比；若随盐随税，责令商贩先输全课，成本增重，历届实无此办法，害实不可胜言。且一税之后不复问其所之，是课银当全责之场户。任令按季分缴，则场户、灶丁类无多产，些小赋粮或多抗欠，盐课大纲安能应缴！况官既责之场户，场户不能不仍取之商贩。无论商贩势不能行，纵令商贩挪移抵课，则场户持有课银在手，不复计及缴课之时，青苗遗毒，往事可鉴也。若法穷计生，场户亦令商贩按季分缴，万一商贩倒折，是当全输之场户也。官垫民欠已非政体，乃令疲场垫散贩之欠，其何能堪！不宁唯是，从前盐课极重，而商仍不断者，以有引岸为之垄断，官取之商，商仍取之于民，挹彼注兹，持此尚可无虑。今既一任所之，弛其引地，小贩必多，大商既先输课银，成本较重，恐被小贩抢卖，闭运定多。小贩力不能及远，恐各直省不免有淡食之虞。若仿刘晏平官盐之法以济其穷，则搀和泥水，杂以砂砾。见杨士达《与王御史论淮盐书》。一归官运，百弊丛生。盖米盐日用之资断不可令归官办,晋省赈饥,粥厂且有杂以石粉者。仓场、漕务,弊尤不胜枚举。此皆硌硌可见者,故辄及之。

附:

拟定职官九品表

	一品	二品	三品	四品	五品	六品	七品	八品	九品
文内官	太师、太傅、太保、六部尚书	六部正卿	六部少卿	部六郎中	部六员外郎	六部主事 得自辟令史、司务、给事	六部令史 七品阴阳师 七品医师	六部司务 八品阴阳师 八品医师	六部给事 九品阴阳师 九品医师
文外官	各省总督	外省御史 称某省监察御史,驻省而内属吏部	各道刺史	宣慰使 主吏户礼工四科 刑狱使 主兵刑二科 经历使 主杂务 检法使 主纠察各务	各县知县		试用县 须用主事外补 宣慰副使 刑狱副使 经历副使 检法副使 七品阴阳师 七品医师	判官 主刑名 主簿 主钱谷 典狱 主捕盗 推官 主杂务 巡检 主察县内事务 八品阴阳师 八品医师	吏目 九品阴阳师 九品医师
武内官	将军	都统	副都统	总兵	游击	守备	校尉	千总	百总
武外官		提督	总兵	镇城都督	游击	守备 内外守备以上可参用文职,一归兵部本部选用	校尉	千总	百总

变法八

一曰漕政：漕运之兴其昉自《禹贡》乎！禹平水土，任土作贡，乃九州之终皆言达河，盖不仅四百里粟、五百里米而已。朱子亦云："冀州三方距河，其建都实取转漕之利。"汉兴，高祖时漕运山东之粟以给中都官，始有漕运之名。晋设督运御史，始有漕运之官。自是以来，陆运、海运、河运，法虽屡变，然皆以京畿而仰给于外省，终非计之得也。请施权宜之计而筹经久之策，非统归海运，改征折色，京、通建仓，畿辅兴屯不可。

何以言之？海运起于秦，秦欲攻匈奴，使负海之郡转输北河。而定于元。《元史・食货志》："元都于燕，去江南极远，而百司庶府之繁、卫士编民之众，无不仰给于江南。自伯颜献海运之言，而江南之粮分给春、夏二运，盖至于京师者岁多至三百万馀石，民无挽输之劳国有储蓄之富，岂非一代良法欤？"明永乐十三年疏会通河故道成，至元二十六年自安民山开河，北至临清，赐名会通河，便河运。洪武二十四年，河决原武，漫过安山湖，而河遂淤。至是，命尚书宋礼疏复。始罢海运。嗣是以后遂行河运。道光时以清口淤淀，陶文毅始倡行海运。同治四年，从部臣议，复试行河运。由是河、海并运，而实以海运为便。黄河北行、南行皆穿运河而过，漕艘待汛分溜必须借黄济运。于是运以借黄而淤，黄以济运而决，岁修堵合，费实不赀，而漕项之耗折不与焉，此海运之便也。

漕项本不全征本色，所征者特东南数省耳。闻南漕每石费银十八金，据嘉庆中协办大学士刘权之疏。魏氏虽驳其误，然旋为冯氏所纠正矣。虬按：秦转输北河，率三十钟而致一石。汉文时贾谊上疏，谓"输将起海上，而来一钱之赋，数十钱之费，不轻而致也"。盖自古已然。到京，旗丁领米易钱，合银一两，买杂粮充食，折给已久。是每石十八两归宿为易银一两之用,此真林一冯氏所谓可长太息者也!今蜡茶药材等方物实多折征解部,但分存其名而已。盖都门百货充牣,何求不获,此改征折色之便也。

隋炀帝置洛口回洛仓,穿三千三百窖,窖容八千,是积米多至二千六百四十万石矣。今拟于京、通各置大廒,贮米一千二百万石,为三年之蓄。折征既行,则酌裁兑费,提存入官,清厘牛录章京之耗羡归公,添给丁粮,采买仓米。复仿汉人入粟补吏之法,惟准虚衔封典,皆实令以米上兑。如此,则丁得增饷,民得减赋,国家无丝毫之损,而天庾丰足,太仓之粟已红陈不涸矣。此京、通建仓之必不可缓者也。

畿辅水利,言者不一。李氏祖陶据包氏说作《漕粮开屯议》,又引海盐朱尚斋太守之言谓:"画地为四区,区百万亩,以开方计之,但为方八十里,已得田四百二十四万亩。计其岁入,已足抵南漕四百万石之额。"然此尚画饼之谈也。彼仅知地方八十里已足四百二十四万亩之数,而不知垦费将安出乎!然则奈何?曰:请以千亩为一区,分区四千二百四十,考古井田、区田遗制,修复营田水利府,雍正四年设,命怡亲王董其事,周历三辅,开设四局,数年得水田六千顷。乾隆时尝特旨修复。李氏谓王仅开三百馀亩者,欠考。择农部领其事,详勘地势,绘图扦界,逐年分办,盖区分则地易辟,亩少则垦易集。复仿康熙时垦田补官之制,康熙十年,准贡监生员、民人垦地二十顷以上,试其文义,通者以县丞用,不能通晓者以百总用。一百顷以上,文义通者以知县用,不能通晓者以守备用。损益其数,六品而止。捐输不得太滥,此要策也,官垦则分年而办,招垦则按图而集。裁漕运、漕标以下各官,岁可节存廉俸经费数百万,以为垦费,期以十年,当无有不办者。田辟矣,仓将安施?闻每廒大者仅容千石,是当另置万馀廒矣。费又奚出?

曰:漕艘大小以万馀计,每年给油舱银五两,三年给小修银二十两,拆造尤巨,如变艘为廒,略可相当,此畿辅开屯万不可忽者也。盍亦加之意乎!

辽、金、元初皆兴自北方,未闻越大河而南资飞挽以自卫,盖漕运起,而燕冀之水利始废。今诚取四策而次第行之,则根本壮而皇图固,民力纾而元气厚,万邦作贡不难矣!尚奚事区区东南数省哉!

丁氏显作《请复河运刍言》,谓:"全行海运有当虑者四,折价采买,其害有三。"请祛其惑:往来如履平地,风涛之险,一不足虑;海军近设衙门,北洋、南洋已同陆地,海道之梗,二不足虑;将来海口之淤,必至交兑违限,言似征实,事尚凿空,三不足虑;一罢河运,恐失业之徒,啸聚揭竿,此鉴于咸丰初年之事,似不可不为之防!然海运既通,运河尽可召募、招垦,安插何难?四不足虑。至折征采买之法,津通设局收买,自无搭附轮船之弊。一害免矣。若改折征之半,按月采买,每月仅购十馀万石,往岁吾郡偶歉,米商云集,四十日中进米四十万馀石,价极昂时每石不过四千馀文。非全数取办于一时。况旗丁居十分之八九,折征之半尚不足敷,折给、采买尚可从省,则二害自除。既非派员购办,三害自无。其剌剌万馀言,请规复河运者,只欲施其设地洞、引汶水济运之下策耳。博而寡要,其丁氏之谓乎!

变　法　九

一曰圜法:近日钱币日穷,为救时之说者佥以通行楮弊之议进。其法本于唐之飞钱,实即《周礼》质剂之遗。吴县诸生王鎏著《钞币刍言》,具述崇祯时部臣议行钞十便之说。且言:"果欲行钞,必尽废天下之银,然后可行。"魏氏源驳之甚力,以为有十不便而无一便。言“宜仿铸西洋之银钱,兼行古时之玉币、贝币”。人说人殊,将奚适而从!曰:“钞币之设本以便民而非以罔利。今欲以空钞易实银,是以奸侩赚钱之术施之于国计支绌之时,示人以欺,强人以从,虽卫鞅复生,无能为也。宜备成本若干,与钞票相辅而行。省、道、县各设宝钞局,即官银号。使民可纳钱换钞,入钞取钱,勿欲者听。出入之间,官为量收微息。陆氏世仪亦有此议。如此则上下均受利益而无扞格不通之弊矣。”魏氏之言自铸银钱则是,其欲复玉、贝二币则非。圜法随时代为转移,首以顺人情为本。魏氏既知汉武帝造白金三品,增价而民废不用,又言白鹿皮为笼利,以古准今,其必不行。乃欲复古玉、贝二币,此亦知二五而昧于十例也。

虬愚以谓:宜于省会各码头较大处所设局,铸金、银、铜三品钱,分两一定,可即照今洋式铸成。本管上司察验,如成色不符,厥罪惟烹,钱价涨跌悉随时值,否则金银贱则市价高抬,金银贵则成本暗折,是倒授人以太阿也。钱价五日详报道、省,如今雨旸报例。道视其涨跌而酌行提拔,如大涨跌可请拨省会各局应销。禁元宝、银锭、小钱、洋钱不用,有盗铸者杀无赦。以中国君主自有之利权,坐令私铸充斥于下,洋钱渗漏于外,魏源谓洋钱熔净银仅止六钱六分,而值纹银八钱有奇。譬如世家古族,家计渐窘,犹视米盐为琐屑,纵令其子姓挥霍布施,日涸利源而不顾,乃亟亟然谋贸易,讲畜牧,未始为得也。一阓之市,钱肆林立,其势非能自开采、鼓铸也。转移之间,坐收毫息,犹足以起业。岂有幅员二万馀里之广,而司农持筹,尚有仰屋而叹之日也!

变　法　十

一曰礼节:苏氏辙曰:“周以文章繁缛之礼,柔天下之戾心,而去其刚毅果敢之气,故其享天下至久。而诸侯内侵,京师不振,卒废为至弱之国。"为墨之说者曰:"国有七患:民力尽于无用,财宝虚于待客,此其一也。"又曰:"俛仰周旋,威仪之礼,圣王勿为。"然则大礼必简,欲讲富强,宜删礼节。

夫礼非一端可尽也,试举其概。一曰舆服。衣冠参用西制,赵武灵王之改胡服,本朝之不守明制,皆深得自强之理。仪节一从简易,卑幼见尊长皆仅一揖,立而白事。文武皆令骑马,禁乘车坐轿,随从不得过四人。唯朝贺、衙参、阅兵诸大典,朝仪舆服,当遵国典,以存告朔饩羊之意。一曰昏丧。昏以著代,丧以送死,礼皆不废。顾文胜则情漓,而礼反无所丽。拟婚嫁禁奁费、酒食、六礼,仅取问名、亲迎,宋儒孜孜讲礼,乃于六礼首删问名,而径改三月庙见为三日,此岂复知礼意哉!贫富不得逾三十千,敢以妆奁遣者罚锾,充婴堂公费。《周礼》:凡嫁女、娶子入币,纯帛无过五两,是古已有禁矣。丧事以哀为主,以葬为归,禁浮屠冥镪,定期三月而葬,百日薙发后得墨衣任事,准考试补官。嫁娶未葬者不得与。参夏制及军营、满州各例,省夺情之议。三年服满,释吉而未葬者罪之:已仕革职,未仕褫衣顶,四民墨衣充力徭,官为贮赀营葬,葬毕而除。宋河南程氏颐,贤者也。其言亦曰:"圣人复出,必因今衣服器用而为之节文。"又曰:"行礼不可全泥古,须视当时之风气自不同,故所处不得不与古异。"斯言也,可谓知礼之情矣,而尚未得礼之用也。

夫礼者,经世之大权。故圣人之治天下也,通阴阳消息之机,察风土刚柔之异,原天理,顺人情,损益百王,张弛隆杀,勒为典礼,皆足以定一朝之制而救当时之弊。故五帝不相袭礼而同归于治,何其精也!盖通其原则为圣功,修其制则为王道,矫其弊亦不失为霸术。虬尝谓:礼束人筋骸而固肌肤者也,故非强有力者不行。在《易》之

《大壮》:"雷在天上","君子以非礼勿履"。实取震雷之厉,而继以天行之健也。盖上天下泽,履以立礼之体,震上乾下,大壮以尽礼之用。后世议礼诸儒,皆仅知于灿然者,见天秩之有序,不复深通其创制显庸之大旨。于是三千三百,尽付诸曲台绵蕞之徒。竞善为容,而礼之用微矣。呜呼!安得圣人复起,与之详议因革之方哉!

变法十一(上)

一曰营务:兵,重务也,亦危事也。非力不举,非胆不壮,非技不精,而实非壮年不能办、日操不能成。请易旧法,黜洋操,而于水陆重定新操之制。

力之途三:曰臂、曰足、曰身。举刀以练臂,设二等:六十、八十、百斤为准,须只手高擎,旋转自如为则。不及者汰,过者存记。夺标以练足,先于平原极远设一标,能先到夺标为上。练实以日夜行百里者下、二百里者为中、三百里者为上。跃沟以练身,沟以一丈、二丈、三丈为则。此之谓力成。蹑千仞之危峰,樵采者熟视若无睹;临万顷之洪涛,榜人径行而不慑,所素习也。若易地则各丧其所守矣。故胆非练不壮,乘女墙而趋,卧桅头而安,炮火夹击而勿乱,风涛逆卷而不迷,斯胆成矣。碇、缭、抖、柁,舟师之要技也。宜令各兵皆习泅水、以伏水久暂为优劣。驾舟,各兵须能自掉小舟,斗于洪涛中。庶应变有其材。弓箭、枪炮、藤牌,行伍之正技也。宜补令投石、以远以高为度。打旗、大旗手宜专练方精,然各兵亦不可不习。骑马、须令习骑秃马。逾高,如逾城上树。如此而水、陆二军成矣。然此皆非壮年不能行,请定限年之制:人年十六以上至三十六者方准补战兵,违限者退战作守,已赴战者给战粮。四十六以上则勒休。保甲乡团一例仿演,然后讲束伍应敌之法、出奇设伏之计,得其人而将之,五年之后可无敌于天下矣!另详《报国录》。

变法十一(下)

禁兵、省兵、道兵,皆战兵也。盖以备非常而梭巡所属。今入伍者类多习业之徒,借名粮以卫身家,计饷银以当产值,月费粮米,即可免操,私顶私替,勒定粮价,此弊吾温为甚,每名向索八九十元,近经卡制军札饬整顿,犹私定每名三十五元、费用十五元。有终身入伍、不识较场为何地者。如此欲望兵之精,其可得乎!

宜定限地之法:凡补伍者,须离家在百里以外,今文职教官须令隔府,而营弁都守以下准就近,皆非计也。考补以技。省、道各军每年调三分之一分巡所属,以其二为驻防,更番休息。三年一轮,视辖境广轮为驻扎日数之久暂,巡而过其家,赏假免操,兵行禁骚扰,水军则常驻各汛,不准上岸。南北梭巡以肃洋面而熟水道,近吾邑水师副将有畏风涛者,届会哨则坐轿,纡道三日而前,禁营船演炮,可发一叹!庶有济乎!

夫养兵以卫民,非借民以充兵。泰西人人皆兵,犹得古人寓兵于农之遗意。而中国乃兵民不分,是直无一兵之用矣!蒙犬羊以虎皮,驱而使斗猛兽,胜负之形盖不待智者而始决矣!

变法十二(上)

一曰刑律:呜呼!古今治法备矣!患在不行,不患其不至也。而独有一事为尧、舜以来四千年中圣君贤相所未及讲明协中者,则刑法是已。杀人者死,抵之者诚当矣,于已死者复何裨焉!金作赎刑,恤之者诚至矣,于被陷者又何甘焉!且抵矣,又何以处愍不畏死与一杀数人者乎!即赎矣,何以处贫而无力与多财纵暴者乎!生光天化日之中,作奸犯科,以自陷于囹圄、桎梏、缧绁不为过,而乃夏则给蒲扇，冬则施棉衣，囚粮、药饵各有差，于囚信乎其有恩矣！而还问被陷之家：一谳之成，倾其家而不足；所得恤埋，不足供幺麽走卒之使费；死无以葬，生无以养，是囚死其一人，而官乃杀其一家。死者而有知也，其饮泣叫号于冥冥中者，三法司亦幸而不闻耳。使有得于五听之外者，其将果何以为心哉！请定律为三条：今律例太繁，徒供吏胥舞文耳！曰杀人、致死者。伤人、成废者。误人，坏名失财者。已得实者听问官分别议拟用刑。刑亦有三：杀人者，杖而宫；伤人者，笞而钛左足，皆墨其背而髡其首，僧尼均令受戒，防逃逸；误人者，扑而墨衣，监禁匝月，疮未愈者验明展限二月。皆罚令亲身力苦，定率抵钱，扣存贮库，每年于犯事之日按提，责办于犯事处所，荷校，徇于境内三日，抵足罚款，始行责赦。寻常辞讼，酌定讼费，诬者着赔，无力者充力役留抵，唯应得罪名，乃不准以私财抵赎。有私逸私替者追回，十日一比，取见血。三月后照常徭役。凡被陷者，按月官皆廪给其家，以二十年为率。

曰："若此将遂废大辟乎？"曰："可！"夫天地以好生为德，人无知而杀人，吾亦以其无知而杀之，是亦杀人类也。人被杀，而吾不知恤其家；人杀人，而吾仅刑戮其身，平民冤抑不得伸，积之既久，皆足以伤天地之和而致阴阳之沴。相仇相杀，兵戈之劫未有艾也。不宁唯是，好勇斗狠之徒，其焰恶而魄强，虽死而实能为厉。困之辱之，磨之策之，柔之导之，以渐消其杰骜不驯之气，使憬然而生其悔悟，庶好生之德洽于民心，化枭为良，无刑之治或可几乎。闻之法者，取则于水也。故《大易》之象而坎主律，今水运已临，虬以古三元法推得同治三年已交水运。考古得水运者如唐尧、商太甲、周武王、宣王、秦始皇、汉明帝、唐高宗、宋太祖、理宗、明世宗诸君，皆能修明政体。当有重修庭坚之职者。数十年后，吾说亦将有所施也夫。

变法十二(下)

今日扰害平民之类不一,而讼师其首也。出入衙署,交结书差,羽翼既成,辄日肆鱼肉善良之计。被陷之家,其亲友虽有谙成律、怀公愤者,亦怵于帮讼之嫌,不克自伸其气。非无严明之官长招告暗访,然所惩者狐狸而已,豺狼固无如何也。

请参西法:明正律师之目,令平民诘告,各延律师应讯。律师无功名者不准呈,无律师者不收讯。定律师一例科断,语其指要,厥利凡五:人得公为律师,律师必有身家,则必深明定例,吓诈敲索,图告不图讯之弊自除,利一;庸恶险诈之棍徒不必设法拿办,人自无从过问,利二;原、被各破钱钞,而讼师唯知坐收渔人之利,谋事之不忠,心术因之愈坏,使之一例科罪或自能检制,其利三;律师许其上堂,则亲友矜耆尽可自占律师,日久自无所得,此不禁之禁,其利四;上下皆明定例,则徇私枉法之吏不得自肆,其利五。举直错枉,化莠为良,所谓以人治人,絜矩之道,或亦讲治平者之一术乎!

变法十三

一曰工政:国家自各口通商以来,凡一十九处二十七埠。皆知自强之道首在理财。于是海上之招商局、开平之铁路、漠河之金厂、粤闽之船政、矿务、两湖之铁政局,皆次第举行。顾办之近二十年矣,而权其得失,或入不偿出者,则以要领之未得也。夫利出一孔者富,事属众擎者举。今诚欲与泰西争衡,而收其利权,则虬不敏,请以六事进:

一裕财用:泰西百废具举,亿兆之数嗟咄立办,商则各设公司,近人钟氏谓：西国每立公司必禀请国家，由商部派员查勘事实，可凭利益操券，始准开办。每一公司由各股东公保董事十二人，由众董事再推总办正、副各一，而每人亦必有多股。于中总办受成于各董，各董受成于各股东，上下钳制，耳目昭著，自然弊无由生。君则预借国债，泰西每有大事必告贷民财，息仅数厘，故各国皆有国债。即富强如俄，考一千八百七十年，单其出利之债共存一千二百三十三兆二十万三千六十四银罗般①，其不出利之债共存五百六十八兆四十六万七千二十九银罗般，波兰之债共三十九兆四十五万七千五百二十四银罗般，总计债银一千八百四十一兆二万七千六百十七银罗般。届今又二十一年矣，其积债可知。各国虽略有上下，然皆在数千兆以上，乃民皆不疑者，以利银则一无错误，不妨藏富于国也。人已俱沾利益。财力既厚，故能以大而并小，以近而夺远，盖深得管子“隘其利途”之旨也。可设宝钞局即官银号，法详前以裕利源，定率以一分为息，填单注明某年给还，存积较巨者，准将关卡税厘划交。上下既孚，官民一气，则保险、信局、铁路、矿务、织布等局，官力所未及办者，可准华商包开，许其专利若干年。须预定货物货值，不准嗣后垄断居奇。财源既浚，利途自辟，此诚保国裕商之至策也。

一兴制造：有能自出新意、制器利用者，造成报官给照，酌准专利年分。其或确能利国者，准世其业，物勒工名。图成，建议而无力自措者，官为按验、核议，出示招股。泰西工即为士，中国士不知工，故势常不及，非真智巧之逊西人也。若遵前议设科，参用西学取士，则以士为师，以工为徒，引伸仿制，十年之后谓制造不及泰西者，吾不信也。

一奖工商：工商，图私利也。然因其私以济吾之公，裕国利民，则奖励之道亦有不可废者。工创物，商销货，皆令有籍可稽，给照

① 罗般，即卢布。

存执。注明三代籍贯。每人总销至百万者,以税则三分为率,是国家已收其税银三百两矣。宜奖以九品。二百万者八品,三百万者七品,四百万者六品而止。皆赐以利名郎,志乘列名。逾四万万者爵以通侯,锡名裕国,国史列传。此亦汉武赏卜式意也。

一讲懋迁:百工之事,迁地为良。今中国习用洋货,其实中国之器玩,西人亦嗜之若渴也。丝、茶、大黄,无论矣。此外如苏州之顾绣、处州之冻石、江西之瓷器,西人皆啧啧称赏。苟再能设局采购各省新奇可喜之器玩,载以出洋,当可获利。复设商务各官以总其事,开商报局,刺取西国器用之习尚与其制作之大概、价值之情形,附以图说;内地小件附销者,准报官搭卖,并小为大,交商运销,所得羡馀,公同匀分。如此则百千之货皆可外达五洲,人人觅利于外洋,风气一开,而内地之财不可胜用矣!闻之道光末岁鸦片行时,中国银钱输入外洋者八百万。今洋货广销,每岁漏出者且四万万,据光绪十三年洋关税册,中国通商共十九口岸,出入口税厘二千七百一十六万七千两。长此不返,其何以国?若大兴商务,有报馆以通其消息,有保险以防其耗折,有官局以剂其盈亏,因利而行,或可少修补牢之策欤!

一开新埠:泰西每次换约,辄求添设口岸。其得一埠,极力经营,置洋房、辟马路,整饬华丽,出人意表。以故百货辐辏,士女如云,商务因之日起,而彼得坐收十倍、百倍房租之利。若另于二十七埠邻近之处,参以形家旺气之说,扼要别开新埠,一仿洋式,彼高鼻深目之徒当亦噤无所施也。

一抚华商:华民散在泰西各国者,以南洋二十馀埠百馀万人计之,据戊子粤督张香帅疏,当不下千馀万。其间挟巨赀、尚名义者,所在而有。近西国凌虐吾民,无所不至,英、俄、美、法、德皆有禁止华工之议，或禁设领事、英吉利。或增重人税。法兰西。美尤无道，设计焚烧，盖祖龙之暴不是过矣！同为皇家赤子，一任其推之沟壑，坐之涂炭，叫天无辜，曾莫之援，毋亦君临万国者有所不忍闻者乎！夫华工之久在西国者，于制造、机器、矿务诸西学濡染既深，当能得其指要。若诚能于此时特饬各钦使晓以祸福，因势利导，设法招回内地，自行开采、铸造，徙其馀部署以实边，择尤授以冠带，越鸟巢枝，胡马依风，当有歌硕鼠而来归者！为汤武殴民，此其时乎！泰西力求通商，中国亦从此而得其格致之学，近又力驱华工，将自此而并兴其制造之利，日中必彗，操刀必割，时不可失，愿与榷国是者借箸筹之。

保　民

法变矣，而仍不得不取之民者，将以桑、孔商贾之术施之于周、孔礼义之邦乎？曰：不然！子夏之言曰："君子信而后劳。其民未信，则以为厉己也。"管敬仲曰："下令如流水之原者，令顺民心也。"古之为治者，杀之而不怨，多取之而不为虐，翳岂无道哉！亦视吾民之所甚苦者蠲去其弊病，养欲给求，力求保民之实而已。时则有若婴堂、粥厂、栖流所、药局、医院、官渡、清节堂，皆官为设。惠民局主一切善事，如恤埋、棺木、借钱等均是。择绅董其事，中国各善堂皆徒博豪举，于事并无实济：如四民无告者，当分住各厂，给以资本，令自食力。其实在病废者，方准其虚縻。如婴堂、栖流所、清节堂，万不可令其酣豢终日，自坏有用之身。官渡尽可取钱，唯贫民免输，计其岁入以充经费。药局、医院，实系无力始可酌舍。而实莫妙于借钱局，不妨起息。八口之家若得数贯钱为资本，日赢百数，即可无忧，此莫大之善举也。至掩骼埋胔、施舍棺木，尤仁政所不可忽，不徒泽及枯骨，实足以消疵疠而酿太和之气云。费则摊之各铺户。

盖治国以保富为要,保富以恤贫为先。人贫而吾不能独富也,国贫而吾不能徒治也。诚得良有司休息生养,煦之以仁,摩之以义,民也激发天良,有输将恐后耳,尚琐琐计及于锱铢哉!夫州县官一事之善,去思之碑、遗爱之祠,且不惮醵金从事,盖三代直道犹有存也。封建之初,君为民谋,而恐无以遂其生,故井田、学校之制计之甚详。郡县以来,民为君谋,而恐无以保其生,故安内攘外之策,筹之宜豫。自五洲通商以来,时局又一大变,如风雨之飒至,火焰之飙发,稍不为防,将鱼烂鼎沸,生民之祸有为吾口所不忍言者!出水火而欲登之衽席,则太史公所谓六家之学,实亦不得而偏废者。保民而王,在斟酌用之可矣。

治　　河

治河(上)

黄河发源西域,逦迤五千馀里而至内地,水利所在,实开九功之先。昔者,神禹随山浚川,任土作贡,遂转洪荒而为平成。法具于《禹贡》,而道则原于《洪范》。汉魏以后,师陻汩之智,昧畎浍之制,于是全河之利尽失,而滨河居民蕴昏垫之灾者,数千年而靡有定。然殷忧启圣,而贞下起元,去害兴利,此其时乎。故虬愚请以三策进:

导源葱岭,横绕北徼,率顺水性,循山入江,扼中朝内外之防,开塞外富强之源,以治河为防边,此策之上也。何则?山以水为用,水以山为体,故水以界山,山以摄水,欲明水道,先考山脉:天下之山以西藏极西之冈底斯山为祖,康熙五十九年遣理藩院主事胜住偕喇嘛楚尔沁等图得之。山周一百四十馀里,高出众山百馀丈,顶上百泉流注,在阿里之达克喇城东北三百十里,直陕西西宁府西南五千五百九十馀里,西三十六度四分,极出地三十度五分,实诸山之祖。居天下之脊,众山皆其分脉。分干有四:西北向者为僧格喀巴布山,蜿蜒起伏以趋西域,抵吉布察克山而结葱岭。魏源《海国图志》谓昆仑即葱岭,众山之祖乃葱岭而非冈底斯山,所谓河源出阿耨达者,乃葱岭脊上之大龙池,证引甚辨。唯疑后藏之水多南流入海,不知冈底斯山相近亦有四大山,其北自僧格喀巴布山,而西北为冈里木孙诸山,绕阿里而北二千五百馀里,入喀齐国,山行必有水,特不入中国,故未之考耳! 自葱岭而东,又分为三大干:北干由葱岭分趋东北,循乌什之贡古鲁克、阿克苏之穆苏尔、达巴罕、库车之丁谷山诸地之北,至于伊犁格登山:在伊犁西南百馀里。东北行逾鄂尔和绰尔山,循察尔古尔依特山;东行起阿尔泰山,即古金山,一作阿勒坦鄂拉。直趋肯特山而结于外大兴安岭。阿尔泰山绵亘二千馀里,高入霄汉。外兴安岭长几万里,二山山阴水皆东北流,山阳水皆西南流,故断为北大干。其中干则由腾格里山之空格斯山东南行过喀喇沙尔,起博尔图,达巴罕,循吐鲁番、罗卜淖尔:东行起祁连山,绕套外为贺兰、阴山,经归化城、宣府至独石口外之多伦泊,而起内兴安岭,东入辽左,起长白山,回龙穿海陆行而结泰山。圣祖仁皇帝谓长白山二干:一干东至鸭绿而结高丽,一干北折至盛京,复西行而南至金州旅顺口之铁山,穿海而结泰山。故泰山面西南而背东北。虬按:汶、泗水皆西流亦其一证。唐一行创山河两戒之说,谓北戒自三危、积石东循塞垣至涉貊、朝鲜者误,不知积石为北戒之南干,朝鲜为北戒之中干;而北干实当以外兴安岭为纪。魏源以祁连为上起于阗,与天山之脉不相属者误,山脉以界水为断。祁连来自喀喇沙尔所循之罗卜淖尔、小包尔腾海,达布逊池、大通河,皆其大界水之历历不爽者。和阗北距叶尔羌七百里,南行二十日即后藏,东皆戈壁沮洳之场,逦迤而至河源。其由天山直趋哈密者馀支也。中干龙脉腰落而起祁连,故天山尽于玉关,而哈密馀支尽于布隆吉河。松筠以祁连山之阳为吐鲁番、哈密,盖误以天山当祁连山也。其南干则由叶尔羌经和阗、尼莽，依山东南行，而起巴颜喀喇山，一云即古昆仑山，今河源之所出也。在星宿海西三百里，东北至河州界积石关计二千七百馀里。齐召南谓其脉西自金沙江南犁石山东来，疑误。河为北条，源出藏江，江为南条，源出藏南。巴颜喀喇山后有那木齐图乌兰木伦河、托克托乃乌兰木伦河二大河以为之界，故确定其来自和阗。循阿拉克沙尔山，过大积石山，入终南，逾河并雷首、底柱、王屋、太行而结恒山，南干之脉实结于此，盖正龙尽落未落，则沙少水多，恒山三面界水，桑干、滹沱二大河以及浕河、沙河、滋河诸小河层层缠锁，龙又焉往？魏源但知北干有二，故误以中干之脉原于三危、积石。一行误以北干之南干为北戒，故误以太行之脉东循塞垣而至朝鲜。所称中南二干，均就北大干而分，非今堪舆家所言三大干龙之说也。此其概也。然则北干水道可得而言矣。议由天山北路伊犁河西北图尔根河起，逾博罗拉达河、库尔喀喇乌苏河、安集海河、和尔廓斯河、苇河、乌陇古河、布尔干河、德伦时河、锡拉河、墨特河、推河、塔楚河、翁金河，循达尔罕山北麓入喀噜伦河、搭尔河，穿戈壁数十里，通科勒苏河、达敖嫩河入黑龙江；其由天山南路者，则由葱岭循乌什城河，沿开都河、博斯腾泊入阿尔辉河、托克逊河、蒲昌海、哈密河、布隆吉河，过花海子，入居延泽，穿阴山，达搭楚河，曲曲入江。虽开凿河道，汇巨川，堵支流，费固不赀；然河成，实子孙万世之利也。

曰："其扼中朝内外之防奈何？"曰："近者俄人逼处吾后，逾兴安岭而南与吾争东省三江之利；又西北新疆之地，膏腴尽为所占，东西横亘万馀里，防不胜防。若能特开新河，挖土筑堤以置铁路，征兵运饷，一水上下，俄虽强，不足虑也。盖山险既失，则当退而守河。夫宋太祖之经营河朔也，雄县等界皆令多植榆柳以防敌骑之冲突。秦始皇亦特筑万里长城以遏强胡，此皆严中外之防，明利害之机。况以治河为防边，实一举两得之计乎！""其开西北富强之源奈何?”曰:“西北为秦陇之屏障、燕晋之藩篱。自新疆开设行省以来,布置亦略当矣。然省不过十数县,城不过数十庄,地旷人稀,难骤望其生聚,盖沮洳戈壁之场,人畜俱困,故皆裹足不前耳。若大开河道,使舟车直达,则地大物博,懋迁自众,将来练兵筹饷,不患无措。且由此大修屯政,而吾圉固矣!”

顾或者难之曰:“北路如苇河、乌陇古河、推河、塔楚河之间,皆隔有古金山、杭爱山等麓,布隆吉、居延泽东行,有阴山以为之阻,又况瀚海之沙碛、天山之戈壁,又岂可借巨灵五丁之力哉?”曰:“地利未转,万人不能浚一湖,风气既开,匹夫可以达五洲。往者葡萄牙于印度西南界之孟买开凿海港,建立城邑,通行市舶。近法人海理色朴以苏尔士湖横连亚细亚、阿非利加二洲,以一人之力凿而开之,闻其子又将凿巴拿马,分南北美利坚为二。盖泰西机器百出,穴山而启铁路,入海而穿电线,今昔异时,又岂可以一隅之见自局哉!然则今日非常之举,亦患其无资耳,不患其无具也!”或又曰:“今国帑告匮,费又安出?”曰:“招内地流民以实边,准其自占地利。托泰西豪商以包工,许其酌操利权,经之营之,十年之后,河道大开,沙漠之地,水草沃饶,富庶可坐致也。”

或又谓:“汉武帝时齐人延年已有徙河塞外之议,或谓阴山大脊必不可逾,瀚海砂碛必不可疏,今吾子所陈,得毋摭齐人之剩说而为通人所见呵欤?”曰:“延年之言也,可按图书、观地形、准高下、开大河东注之海,则关东长无水灾,是仅知徙河关外,内地即可无忧,实不明当日水土之性、北中支干之界,诚不免或人之讥。然或所说亦一貉之见也。瀚海者,洪荒以前大河之旧大界水也。自神禹舍阴山而凿龙门,截中干之界水束入内地,于是漠北之地始尽成砂碛。龙门可凿,阴山独不可逾乎?有以知其不然矣!”或又曰:

"如吾子所议良然,岂神禹当日亦见不及此欤?"曰:"非也!唐虞之时地仅九州,荆、扬边地,视同瓯脱,故禹仅就中干之水,凿龙门使归内地,而又于冀、兖下流播为九河,所以漠北水利不甚计虑。盖秦汉以前,地气钟于西北内地。魏晋以下,东南始盛,沿及金、元,渐趋塞垣东北。此天时、地利、人事之自然而然者,非真圣人之知有不足也。"

或又曰:"今者回匪初平,哥老会党又所在而有,民情浮动,当持之以静。猝有非常之举,其不为之元氏贾鲁河之续者几希?"曰:"元氏之亡,亡于国政之不纲,非石人之谣所能动也。文作灵台,而庶民子来,秦筑阿房,而戍卒揭竿,固别有所以致之也。况全河外徙,则内河可垦之田当以亿万计,仿军屯之例,使人得占田自力,拔尤使卫边,以招抚为解散,即以解散为召募,利益岂有涯哉!"

或又曰:"河,大禹之所道也。圣人作事为万世功,通于神明,恐难更改。英明如汉武,亦为是言,将吾子之说终不行乎?"曰:"是又不然。河自周定王五年南徙,砱砾遂渐移而东,已非复禹之故道矣。自是以来,三千年中屡修屡决,害靡有止。夫河自郑州以下,南流东徙,皆其故道。历考迁徙,大抵决而北者十之八,决而南者十之二。盖行北地者三千六百一十馀年,其南行者仅五百一十九年,据光绪十三年翁同龢等疏。故兰仪铜瓦厢决后,仍改道北趋。盖山不离祖,水必归壑,亦可晓然于北干之水终不能以人力挽之使南也。天地之气以渐而开,河源之说始自张骞。唐、宋以来,谈者如梦,元世祖遣都实穷四阅月,始仅至阿喇脑儿。至本朝康熙五十九年,遣理藩院胜住等直穷至阿里以西三百里,而真源始得。盖天算、舆地皆历久愈明。近者英人之治印度河,一日之内,水可徒涨五丈。德人之治兰因河,源流二千四百里,水浊多泥,亦藉机器。埃及之治奈而河，建闸蓄放，他如意大利、奥国等国水患皆突过黄河，今皆一例顺轨。或者五德之说：水运将兴，以古三元法推得：同治三年交上元水运，详虬所著《三元运统表》。四海自此遂永庆安澜乎！是在有志澄清者次第举而措之其可也。”

治河（中）

天地有不涸之仓，国家有莫大之利，则内地之矿务、塞外之河防是矣。矿务之利近稍稍有知之者，而河防则从未之及。

夫内外蒙古起自元初，已六百年矣。以文武之圣，东迁以后，国势孱弱，尚不能自立，况亡国遗裔，其为再实之木乎！比闻其俗趋便易，少机警，习喇嘛教，吸鸦片烟，奄奄无气息，其不肖者至狗偷鼠窃，无所不为。朝廷虽设有办事大臣，增添卡伦，然戍兵无几，仅足供更番候望之用而已。其甚者亦且相从而靡，盖俗之不振甚矣。蒙古之衰，敌之所喜而吾之所甚忧也。卧疲羊于饿虎之旁，笼干鹊于饥鹰之侧，欲求其不噬，其可得乎！故欲收为唇齿之益，当重以腹心之寄，非大兴水利而实边防不可。拟堵黄河南行故道，使由河套北路图尔根河东北行，达德布色黑河，绕墨灰图驿，逾纳林河，循察罕鄂博入昭哈河，堵东洋河，达七七哈黑河，逾哈那台河，沿哈拉马苏河，改穿内务府镶黄旗牛群牧场，循察汉托罗海岭北麓，疏乌兰克勒、大马库朝。古者五河为数不及百里。堵五可儿河，而汇五河之水入乌兰城上都河，北流转东，复折而南，浮于库儿奇勒河；于郭家屯北堵滦水，截使东北行，循郭里岭东行，穿虾蟆岭，入英金河，沿西剌木伦河，达大辽水入海。

疏凿水道，改宽河身，厥利有八，而形家之说亦寓矣。汇万里来源，环卫神京，外固长城，以作金汤，其利一。区内外蒙古为水陆二防，以外蒙古为江北之濡须、淮南之合肥，舟车四达，接应利便，其利二。黄河自郑州合龙以后，时有决口。随其北行之性，则畿辅有漸车之虑；挽就东进故道，则东南无安堵之期；若改道使出河套，则河身尽占为田，堤埝悉令种植，五年之后，富可敌国，其利三。水草沃饶，荒漠之地顿致富强，备边之道莫大乎此，其利四。地辟人众，货物充牣，关外铁路由此大开，其利五。全河外徙，则秦、晋、兖、豫四省水利不能不开，开渠置闸，人自为力，四省之地可期富庶，其利六。河北岁修之费往时定五百万，近经裁节犹六十万，而意外之费不与焉。乾隆四十六年青龙冈之役，费帑二千万，嘉庆十六年上谕："河南近年以来，年年漫口，前此已费三千馀万，今郑州之役奏销亦一千二百万。"度支有常而漏卮无底，病国厉民，曷其有极！若全河北徙，百弊尽蠲，其利七。俄国近于西比利亚新造铁路，横亘新疆、蒙古、东三省，上策或难猝行，得此河亦可少折其锋。昔粤、捻诸逆窜扰曹、济，几无虚日，然未能过黄河一步。以河为防，不无少补，其利八。若夫形家之说，虽为体国者所不道。然涧东瀍西，周公亦尝借之营洛；而朱子亦云："冀州正是天地间好风水。"但仍误以山脉自云中发来，故取前面黄河为案。若大河北通上都，则万里来源，缠后而为荫龙之水，大小辽河为领龙之顺水，津门七十二沽为到局之逆水，旅顺、登莱对插海中，为固局之水，缠护聚会，永壮皇图，此岂复汉、晋中兴后之国祚所可拟其万一哉！夫古称"博求能浚川疏河及征能治河者"，皆谓其熟悉形势，而参以时局之人。不然，修堤筑坝之工、镶扫戗水之法，此河上老卒之事耳，尚有待于求而征之哉。

循北干大界水之旧，顺地脉而循天纪，竟神禹四千年来未竟之功，故谓之上策。若夫据中外之形势，固国家之基业，利及万里，功在当时，故曰中策也。试言下策：

治河(下)

河自神禹奠定以后六百馀年,至商始有水患,然不过迁都以避之,非有溃决漂没之痛也。周秦以来,河患史不绝书,至本朝尤夥。顺治间河南为甚。康熙六十年决詹家口,乾隆十八年决铜山,四十六年决兰阳,嘉庆朝河南屡决,靡费至三千馀万。道光二十六年决开封,次年又决中牟。咸丰三年决河南兰仪铜瓦厢,径入大清河,遂复北行故道。同治七年决荥泽,四月决,十二月堵合。十年决侯家林,漫南旺湖,始分入南运,壬申二月堵合。十二年决石庄户张支门,漫牛头河,始由南阳河径入运河。十四年三月堵合,贾庄普建南堤,北流斯定,而大清河乃全受黄河矣。光绪四年,大清河两岸旁决小口不一,至丁亥十三年八月十三日,郑州上南厅之决口宽三百馀丈,尤为百馀年来所仅见。而近之为河防之说者,其书汗牛充栋,其说膏润液美,究其治法,不外镶扫筑坝,戗水圈埝,重堤于淤,包滩下扫,与修九河之遗迹,复南进之故道而已。而大旨不出乎汉贾让增高陪薄、劳费无已之下策,潘季驯束水归槽、借水扫沙之成规。然其法固具在也,何患仍未已乎?呜呼!治河其果无善策耶?何昏垫之灾终不能免也!

夫善解斗者,批亢而捣虚;善灭火者,曲突而徙薪。河虽决于东南,然其源固自西北来也。闻之黄河入境至榆林府府谷县北,水深不过八九尺,至榆林府西,纳入无定各河,则水添至一丈一二尺。至孟门、壶口纳入汾、绛各河,则水添至一丈三四尺。至西安府三河口纳入渭、泾、浐、灞、沣各河,又至华阴,纳入北洛河,则水添至一丈八九尺。出潼关至河南巩县,纳入伊、洛二河,则水添至二丈三四尺。至武陟县,纳入沁、丹各河,则水添至二丈六七尺。至郑州,则已受大支河十六道,小支河一百六十馀道,除五十里小河不计。故三汛之期,黄河顿涨数丈,而横决不免矣。斯言也,盖得之陈君继本云。君字华亭,本浙山阴人。幕游陕西二十年矣,刻意考求河道,庚寅来东,条陈河务,遇于济南。其言治法,亦言请于山西、陕西、河南等处归入黄河之大小支流,添建水闸,以时启闭,杀水上流之势,此亦不刊之论也。

夫昔禹之治河也,下流既播为九河,而又浚畎距川,乃孔子称其尽力,而孟子赞其无事,意岂相妨哉!诚以水出高源,而实以海为尾闾。若能于上下流分杀其势,则自顺轨,此道本明易也。后世昧沟洫之制,万川归于一派,下流不分支河,不得不为增痹陪薄、束水归槽、借水刷沙之策。水由地上行,已谓之害;今河身日淤,齐河等县水皆高出城上。水,地脉也,张脉偾兴,人事当有隐酿其害而不觉者,岂仅溃决放滥之失哉!考古西北水利之书:郑、白二渠无论矣;他如召信臣之造钳庐陵,在穰县。增田至二万顷;后魏裴延儁之修督亢渠,范阳郡。溉田百馀万顷;魏刁雍之凿艾山河,在富平。溉官私田四万顷;唐云得臣开渠,自龙首引黄河溉田六千馀顷,唐武德中。宋程师孟引河水,淤京东西沿下田九千馀顷,至明徐贞明、万历时御史,陈西北治水十三利。汪应蛟,万历时巡抚。皆剧言西北水利,此皆载在史策,班班可考,今盍一仿其法乎!

曰:“请问上流蓄水放淤之法?”曰:“当于内地上流多浚大渠,相地形之高下,定渠底之浅深;下流设石闸,以时节宣。离闸数里,先筑小坝一二处,不必过高,底视闸口略深,留淤不使外放。盖水性润下,盛涨之来,所挟泥沙皆从地底而下,非从水面而过,有小坝以为之潴,其漫出坝上由闸入河者,水当渐清矣。内地即开设多渠,水势自杀,不必以小坝壅水为疑。沿渠居民岁使淘沙挖泥各一次,若多注下之地，更可仿重堤放淤之法，渐成高阜，法具治河各书，可考而知也。”

曰：“下流多开支河，是固然矣。近有请分黄入马颊河者，仅六百三里耳，枢臣勘议：约挑河筑堤之费已三百馀万两，而迁徙村户、五百七十六村三万九千馀户。坟墓、三万一千七百馀家。估买民田，六万馀亩。一切之费皆不与焉。支河之开谈何容易！”曰：“上流既广穿大渠潴水，则水势自减，而所谓支河者，口不必其过宽，原议口宽四十丈。堤不必其过高，地价、夫工均可从省，又安可以难自阻哉！近全河北趋，所恃为尾闾之泄者，仅东省利津县之牡蛎嘴而已。虬愚拟请仍张曜旧议：于齐河以下李家岸、赵庄之间引河使入徒骇，计地不过十里。使由流钟口入海。更于章邱县东山头店东通獭河，汇浒山泊入小清河，此其概也。”水以北行为性，南省不必再开支河。

曰：“黄潮冲击，久自成淤。淤高则倒灌横决，故往者云梯关积淤高至六七丈，故河改而北趋。近闻牡蛎嘴又渐淤矣，然亦他日之云梯关也。御之之法将奈何？”曰：“出口之淤由中溜挟泥沙而出，潮水性咸而力劲，顶冲而入，刚柔相搏，阴阳相荡，故积淤必坚。铁门关以下之铁板沙亦即此理。故咸水、淡水相错之处所生鱼虾必味厚而性刚。今拟于出口之外唇，束竹为桩，扦作三角形，斜入海中，挑水移溜，则害自除。试申其说：闻之大海捕鱼之法，扦竹为扈，相间数尺，盖潮水值竹，则逼流入网，视溜之大小为扈竹之远近，此即河工减水坝之遗意。若能量口门之宽狭，作角形之长短，则大溜由中直趋出海，而潮水之迎溜而来者自分趋于两边。所有沙泥皆直出而积于出口之外海，风潮鼓荡，横冲斜啮，海中流淤安从凝积？此计之上也。有逼溜分潮之功，无闸淤束沙之患，费省而功大，有利而无害，一得之愚，或亦有可取者乎？或疑河流过大，竹不能御。此皆不悟以柔制刚、以轻运重之法。瓠子之揵竹，即近日之稭扫，力皆胜于砖石。不出里门之儒，真有万思不得其故者。况此策得行，上流既杀其势，支河又多分其流，各口所出之水，视今日当减十之七八，又何不能御之有？西北之广渠既开，东省之支河盛启，诚于此时于汾水发源处，使绕管涔山东麓通入滹沱河，清北干南条之脉，兴畿辅大利之源。雍正四年设营田水利府，命怡亲王董其事，设京东、京西、京南、天津四局，数年之间得水田六千顷，成规具在，盍推而广之乎！穷其源于未入关之上，竟其委于既出口之下，实事求是，水利或自此大兴乎！"

或曰："鲧陻洪水，五行何以汩陈？箕子言：'彝伦攸叙，道备于《洪范》九畴'，愿闻其说。"曰："剖判以来，一气生人，而水为之祖。地球之上，地得一分，水得三分。故王者不修祭祀，时则有水灾。据《后汉书·五行志》。郊天用元酒，亦取报本之义也。礼本于太一，其降曰命，故元酒之尚不敢用亵味而贵多品，所以交于旦明之义也。盖水为天一之气所生，故即取其气以交于天，实非此则不能交，其义甚精，非仅贵质而已。故曰：郊之祭也大，报本反始也。汉、唐以来解经家皆未见及此，呜呼！此礼乐之所以不复兴也。水于卦属坎，于人属肾。坎为律而肾为命，水不顺轨则天纪乱而地脉紊，人生其中，则性情隐为改变而失其常度，律奸而命无以立，六极备而三德微矣！然则布五事、立五纪、修八政岂能外水而治哉！故《洪范》九畴独详治水。道原于《洪范》而治具于《禹贡》，一经一纬，皇极之所以建也。盖禹之明德远矣！民免其鱼，犹其小焉者耳。呜呼！安得神禹复出，使得陈说五行大义，从童律庚辰后一探阴骘之原乎！虽然，维皇锡福，富寿可期，拭目以俟其清可也！"

筹　海

国家慎重海疆，于南北洋各设兵轮。又特创海军衙门以为之统。顾宏纲虽举，而目则未详，谨采摭诸说，略参末议，敢再以六事进：

一定洋汛：沿海自广东乐会县起，接安南界。万四千里而北抵鸭绿江朝鲜界。卫所栉比，营汛鳞次，密则密矣，然以当今日之西师，则螳臂类也。海疆委命于舟师，乃将弁则浮冒克扣，船窳兵单不之顾，终日营营，皆侵上剥下之计，军国大事未尝有丝毫虑。囊吾瑞拆造塔波营船，报款三千两，某协仅费包工千两，干没其二，船成底薄，不敢哨洋，安放内港，待修而已。今年闻届大修之期，又可领费二千两。往岁大修安三营船，领费五百两，司房扣去五十两，包工一百两，馀三百五十两则副将、都〔司〕守〔备〕四六均分，船未放洋而渗不堪驶。瑞安额设水师一百八十名，岁需饷项三千两，近副将、都守冒扣二千两，无复旧规，瑞安如此，其馀可知。某协性畏风涛，不敢赴哨，尝纡道乘轿逾岭而过烽火营，更可一叹。虬尝谓天下有两等人心肝坏极，关吏、营官也。然则今日之水师将弁，直孙恩、徐道覆、徐海、汪直之徒耳，此可为痛哭者也！虬请罢沿海防汛，更营制，设兵轮，分海疆为四：近制以烟台南北分为二洋，北洋辖于直隶总督，南洋辖于两江总督。自成山以北至辽沈为北洋，而设提督行署于登州之威海卫。在文登县北九十里至烟台，水路一百三十里。从前仅知严防旅顺，其实地利不如威海有险可凭、攻守均便也。近险隘处设影灯、施电报，分建炮台，筑铁马头，立水师学堂，遂成北洋雄镇，以之添建行署尽便。成山以南至闽之五虎门为东洋，而设提督行署于浙之招宝山。五虎门以南至广东乐会县为南洋，而设提督行署于琼州。每洋各设水师提督一，南北梭巡，按季轮防，使得于平时练习南北沙水风线。内港另筹渔团海军以备不虞。再练外洋水师一枝，游驶新加坡、苏门答腊等处，无事则保护华民出洋，有事则断其归路，形容势禁，此致人而不致于人也。经费稍裕，自备兵商巡船数号，每年环球一周，商以贸易，兵以测量，纠合公司，逐渐添置。五年之后，谓富强无期者，吾不信也。

一设经略：四洋既设水师提督矣，宜就海军衙门中特简经略大臣以辖之，斟酌长江水师营制，添设将弁，而仿西法考补。考泰西各国兵轮之制，由四副、三副、二副、大副而后升至船主，皆亲身驾驶，以技而升，不阶别级，无弃材，无躐等，故技以考校而愈精。今宜破除积习，超补一皆以技。四提督皆归经略节制；旅顺、台湾各设经略大臣行署，分驻半年；旅顺东达朝鲜，北锁津沽，与烟台一水相对，洋面仅六百里耳，诚北洋大门户也。国家经营费逾数百万，近渐废弃，然地利终不可失也。夏秋南北游巡，校阅水操，而海军成矣。夫英、美、德、法各国，其国都不足当中国数省地，越重洋八万里，称雄海上者，恃有战舰之力耳。此不可不求所以制之也。

一制兵船：近日筹海防者均以铁甲船为急。考泰西各强国皆有铁甲船数十号，似中国不可不为之备。然一船之费，数在百万金以上，且仍购自外洋，是拾其所弃、攻其所出，驾御稍不如法，直赍盗粮耳，非计之得也。虬谓御敌之道，当以柔制刚、以小制大。岳武穆之破杨幺，林文忠之困义律，未闻皆以轮舟与之相角也。本国兵轮以外，可略购英之碰船、价仅二十馀万，能破铁甲。英之快船近英国阿摩士庄新出快船、快炮、铁甲、鱼雷均不足恃，价未详。数号，馀悉编取蚊子小舟，以渔勇为之，蜂屯蚁附，四散游徼，相机而动，困之于水，使不得锐意登陆，则鼯鼠之技穷矣。夫西师之来不过十数艘耳，并力御之于外洋，上策也。魏源《海国图志》谓守外洋不如守海口，守海口不如守内河，此亦淮阴侯背水阵、张仁愿受降城之遗意也。不善用之，则自抉其藩篱，能无开门揖盗之虑耶？纵之入内，合各洋之师，孰为正兵，孰为应援，孰为后袭，四面包抄，以逸待劳，聚而歼之，亦其次也。中国不求自精其制造之法，一一购之外洋，讲求三十年，其成就乃竟若此，则事事过守成规，不能变法改制之所致也。

一改炮台：扼之于外海则有兵轮，御之于内港则恃炮台。近日为炮台议者夥矣。然仅保护台基、升降炮位而止耳。夫番舶之来，其快如风，少纵即逝，是一台仅供一炮之用也。且炮力之里数本有定率，敌若购求视吾略远之炮，先施以轰击吾台，是一台并无一炮之用也。以死御活，势常不及。然则奈何？曰：于沿江地段较长、扼要必由之处，平筑铁路二道，炮座皆施活架，随船上下，左右更换。如此则炮位无定，敌难轰击，炮不必多，而沿江有备。更能自制炮弹，战船炮弹必须自制。左文襄光绪十一年有《请增拓船炮大厂疏》，词甚详切，大旨谓：近守口之炮弹皆购自外洋，久必损缺。万一有事，各国既守公法，一概停卖，则由难而少，由少而无，诚有不堪设想者。拟就旧船厂开拓加增，兴工铸造，虽经始之费需银五六十万两，而从此不向外洋买炮，即以买炮经费津贴炮厂，当亦有赢无绌云。如法演放，何泰西之足虑哉！炮台之设，当先明炮力之重数，筑基稳固，方可演放。大沽、旅顺，北洋之要扼也。记光绪十四五年间两处炮台有因雨倾圮之处、因震坍毙之事，皆未深究建置之法也。虬谓实炮台之法当以泰西为精。按英吉利每因山为炮台，故坚不易摧。炮位不覆以屋，故烟不自蔽。穴山以储火药，故不为敌炮所燃。兵房建于山凹，故能以山自障。此因山为台也。其无山之处则略仿比利时都爱司勾阿炮台之法，如今式炮台分内外、上中下三层：中空而圆，砖石向内砌毕，外四围皆培以土，斜拖而下，而覆其顶。每层数步，留炮眼，远视但见大土堆而已。按美金楷理所译《兵船炮法诸说》谓炮弹透土难于透木，故欲阻弹者土墙最宜，取用亦最便。日间击坏之处夜间可以修补，但须筑之甚厚，则大弹不能透过，若此，则中国所有旧城皆当广浚濠河，挖土培城，此一举两得之计，急宜未雨绸缪者也。

一编渔团：左文襄之督江南也，值中法失和，创办渔团。后大宪以办理者之滋弊也，遂概行停办。虬谓渔团必不可撤。可汰水师各兵，就渔户中挑选丁壮补充足额，练成海军。其馀丁仿照江南旧章,设立渔团局,给以薪水,各授以操练之法,沿海七省,十万人不难致也。不急为之地,其杰而有材者恐不免有楚材晋用之虑矣。

一开海山:国初惩台湾之乱,惧奸民之济匪也,定迁海之令。于是濒海居民皆令内徙,海中各屿不准搭盖。承平日久,禁网遂宽,县胥营弁资为利薮,而国家无丝毫之益也。他如山东之砣矶岛、北隍城岛,江南之大小洋山,浙之普陀山、大小落伽山,闽之大小柑山等处,岛屿纷出,大者容千数户,小亦数百户,诚为一一经理,添设官汛,升科起税,可即以其费充海军之需。夫郑经之据台湾,张煌言之守南田,许朝光、吴平明海寇。之巢穴南澳,皆乘明季清初多事之秋,竭十数年之力仅乃克之。今内寇、外患蠢焉欲动,先事之谋其乌能已! 岂可迁延不决,致再为澳门、香港之续哉!

朝廷于沿海防务致之未尝不力,购铁甲、设炮台,南北二洋水师又定为会操之制,亦似能自振作者。乃议及海战,则皆如谈虎色变者。以事事仅知摹仿门面,未尝深求其命脉、弊病之所在〔与〕极力整顿、改弦更张、实事求是之故也。吁! 洋务岂易言哉!

筹　边

今日边防之急者,东北则保满、蒙以卫本根,西南则护卫藏以固藩篱。虬愚以为宜仿筹海遗意,特设四部经略大臣,各练骑兵数万,辅以铁路,以为策应游击之师。用人行军,朝廷不拘以文法资格,予以全权,使得便宜行事,而边防始可言矣!

国家自各口通商以来,泰西各大邦闯然而来吾国。然诸夷,癣疥也,俄罗斯则心腹之疾也。俄与我接壤之区,东西几二万里。近又筑西卑里亚铁路,可由俄京而达东省。俄若用兵于吾,必当数道分出以疲吾师：东则出珲春以窥吾东三省，西则出倭穆司克以窥吾新疆伊犁，约近俄里二千。南由俄都近畿而托穆司克、而恰克图，斜探蒙古而窥吾直北之边，托穆司克至恰克图约二千里，距比得堡四千一百八十五里，然铁路数日程耳，直逼高丽；出黑海以牵制各国者，又皆必至之势，此不可不豫为之防也。西藏地处边徼，东界滇蜀——四川雅州府打箭炉厅及云南之澜江、怒江，东北界青海，西北逾大戈壁界伊犁，南界怒夷，西至巴达克、痕都斯坦，计横袤五六千里，环印度而接缅甸，为西南之藩篱。俄近屡遣使臣相视藏地，此可为寒心者也。朝廷虽设有驻藏大臣，然额设马步兵六万四千，而驻防绿营兵仅六百有奇，蒙古驻防亦不过三十九族，馀皆唐古忒土兵也。全藏所辖六十八城，亦仅官舍、民居、堑山建碉而已。僧多于民者十之七，相安无事，羁縻之可也；强邻压境，其能以数千骑稞坝、黑帐御之乎？

议分东、北、西及三藏为四部，而各设经略大臣以为控制：东部则东起混同江及吉林、盛京全省辖境，西至贺兰山，南界长城，北据瀚海，内蒙古六盟之地属矣；而驻东部经略于伯都讷城。北部则东起黑龙江全省辖境，西界阿尔泰山，北界俄罗斯，南界瀚海，而外蒙古四盟地属焉；与东部辖境作辅车之依，而驻北部经略大臣于土谢图。西部则东起阿尔泰山，西尽新疆，北界俄罗斯，南以喀什噶尔河、塔里木河为界，而驻西部经略大臣于塔尔巴哈台。而三部旧属之办事参赞大臣，皆择形势所在，增改为将军、都统，顺天府尹、新疆巡抚与蒙古王皆受约束，听节制。三藏则并驻藏大臣为经略，而驻后藏之札什伦布以便四面策应：北控青海、和阗，东通滇、蜀。增损三部之法，布置得宜，于以开拓缅甸、印度不难也。英、俄虽狡，其能禁我之所欲为哉！其举辟用人之法，则择取京外满、汉晓畅兵事、通达边务、耐劳苦者，使之娴习所部内外语言文字以备边材，而设驾部郎、参赞等职。驾部郎则分巡所部，凡边邮之险塞、防务之张弛、将领士马之贤否强弱，一一周知，假以举劾之权，优者后入为参赞以规画机宜。驾部郎、参赞无定员，人数视所部广轮。到部未三年者不得补，已补者不得改调别部及内省。勤干久任者仿宋人五等之制计功，给屯田为世禄，示激劝。年届六十者，经略各官皆告退。夫满蒙全境，考者谓丁口约得四百馀万，回疆又闻不下三百万，盖以三藏之众，兴屯保甲，因卡伦、鄂博之旧，筑土城，掘重濠，树杂木，以防敌骑之冲突。又授滋生宗室以散秩，招外洋华工以实边，徙内地囚犯以垦荒，绳以兵法，使之成军。生聚教训，期以岁年，将农服先畴，官有世禄，以守为战，二十年后，北庭、南部非复俄、英有矣。

国事仓皇之际，类皆设镇分藩，冀收捍卫之力。然守御无资，将率无方，张空拳而斗戟士，胜负之形有不待兵交而可决者。夫治国之道，有备无患，用兵之策，先发制人。吾不能禁敌之不来，要在吾有以制之而已。朝廷于东省、新疆防务亦似力求整顿，而各部则置若罔闻。然试问今日之卡伦、鄂博，其能当士克柏兴敌骑之冲突否乎？内外蒙古台吉、班禅、达赖、丁布木，其能当噶噶林挞尔、亚非士之理财治兵否乎？办事大臣徒拥虚号，其能号召骑士云驰电掣，使左右轰击、东西驰突如他邦铁道、电线之利便否乎？新疆、东省固若金汤，力能自守，无事后路之策应否乎？敌骑四出，各处驿骚，防不胜防，御无可御，敌人一旦狡焉思逞，将遂任其长驱直入已乎？盗者穴墙撬壁，隆隆有声，而主人犹鼾睡在床，思御之于堂除之间，何其惫也！

吾朝之于俄、英，皆有可取之势，而均失之于前。准噶尔之强也，征诸属国控弦之士数十万，圣祖三驾亲征，尽降其部落。于是自阿尔泰山以东皆隶版图，拓喀尔喀西境千馀里。不以此时沿乌尔会河直取俄都，此计之失也。道光二十年，广东禁烟之议起，罢英吉利互市，泰西之与英雠者，美、法皆请助兵船为国效力，俄罗斯亦欲约中国兵由缅甸、西藏夹攻印度，廓尔喀亦白驻藏大臣愿率部兵攻东印度，英夷皇然四顾，有岌岌之势，不以此时直取印度，又其失也。

虽然，昭烈不云乎："事机之来，宁有终极！"果能应之于后，未为晚也！夫圣祖之收雅克萨、尼布楚二城也，经两朝圣人数十年之力，始克力驱罗刹。高宗之征缅甸也，用兵二十馀年，始归属国，定十年一贡之期。其征廓尔喀也，用兵三年始克深入。今俄逾兴安岭与吾划黑龙江而守，缅甸、廓尔喀相继折入于英，而西藏又有锡金之衅，准通商。缔造昔何其艰难，守成又何其不易，东隅既失，其可不以鲁阳之戈为桑榆之计哉！

或曰："众建亲贤，分藩宗室，计亦良得。"不知封建之制，创制需时，当行之于全盛无事之日，应变救猝，似以添设经略为当。然胜国之季亦尝特设经略矣，关门内外，西北一隅，千馀里之地而有总督四、巡抚六、总兵八，防务不可谓之不密。弊在十羊九牧，事权不一，且广宁巡抚拥兵十四万，而熊经略关上无一卒，失在有经略而不知所以用，岂经略之果无益哉！是在得人而已。

呜呼！时变之来近在眉睫，而议者犹筑室道谋，畏难偷安，一任其鼎沸糜烂而不为之计，如秦越人之视肥瘠，漠然不以动其心，国事将奚赖哉！虽然祖宗玉斧之所区，金瓯之所奠，固将遗孙子以万世之利，今一旦拱手而让之于人，吾意天下之大，必当有起而议其事者，姑以吾说发其凡可也。

腹地广置木路议

呜呼！铁路之在今日，其真不可以已乎？近之为富强计者，动曰筑炮台，更练营，设商局，精制造，然无铁路以为之纬，则呼应不灵，终归无用，铁路其终不可以已乎！

顾或者谓腹地之设铁路，筹费不易，养路须资，宜先就通商口岸举行。蒙独以为铁路者军国之大计，非商工之末务，当视轮舟不及之处，宜先由西北而后及于东南。铁路之费诚巨矣！无已，则请先以木路进。

考木路之始，有新金山人马斯孟，于其地初开行铁路之时，劝用木路以引火轮车，作书一卷，极言木路之利便。普刺萨又试之于伦敦，尝以杉木为条，长约九尺，方六寸，其火轮车重十三吨，所牵五座客车各重二吨，每日行十点钟，平常之速每点钟行七十五里，可行八千次而并无损伤。至木路火轮车之价与一切修费，约省铁路一半有奇。且成路所费之时又约为铁路三分之一。译其旧说，参之时局，其利有十：能速成，利一；成费大省，利二；销磨甚少，利三；能易行弯曲之路与斜路，利四；如正轮忽断，则辅轮能受车体之重，行甚稳当，利五；车行时并不摇动且不发响，利六；因各项之费用少，则运客之价可便，而主人易于得利，利七；木条内地各足，无须洋铁，财不外渗，利八；木作、土工易仿，民无失业，利九；木厂视铁厂简易天渊，便利速成，利十。有此十利，胡不仿而行之。

其取道之法：请由宛平、良乡、涿州、正定计六百六十里。出井陉、计一百五十里。寿阳、榆次至山西太原，计四百里。循汾河南下而至潼关，计一千零七十里。达西安；计二百二十里。过商州、商南、陨阳而迄襄阳，计一千一百十四里。之江陵计五百五十里。以为干路，计长四千一百六十四里。再由西安至咸阳，西北由兴平、乾州达甘肃皋兰，西南由兴平、武功、沔县达成都，此备之于西北也。复由潼关循黄河东行至郑州、归德以及宿州，而以宿州为一汇。由宿州、滁州北上历滕县、济宁、德州、景州、保定达通州以卫神京。再由宿州、凤阳历滁州、江浦达江宁，由江宁北达扬州，南达江苏而止于浙江。如此而东南之声势壮矣。复由郑州至郾城，历遂平、应山下达武昌，再由郑州、许州、陈州、太和、寿州、庐江而至安庆，由安庆至九江达南昌，再由九江东行至铅山、广信、玉山左达浙江、右达福建，复由九江南下至临江，由新滏达广东，由新喻、袁州达广西，星罗棋布，节节可通，而全路成矣。

夫泰西各国皆各有铁路数万里，其成皆近在数十年之内，有开必先，宁可畏难而自画哉！蒙之为是说也，取道似纡，用费似繁，然实有深意存乎其间焉。欧邦之创铁路也，其始只取便商，而后乃假之行军。中国则当以军务为急，而辅以运载。东南沿海、临江之区既设有海军、长江水师矣，轮舟四达，形势利便，似不虑其单弱。所可虑者，独西北之策应不灵耳。万一江海道梗，轮舟之利与敌共之，则倚为臂指之助者非秦、晋、川、楚之兵而谁耶？古来兵冲四要之区，得之则足以制人，失之皆足为吾患。创中国从来未有之举，朝廷不惮持以全力，乃仅斤斤于目前养路之费，不顾将来之全局，非计之得也。且养路亦不患其无资也：西北膏腴之地，素称天府，特无铁路以开其风气，其利岂真薄于东南哉！全路猝不易办，当先举干路，计长不过四千馀里，若径改鸟斜，更可缩省。木路既视铁路省费过半，当不过一千馀万，期以三年，每年仅需三百馀万，似不患费无所出。

曰："然则费果将安出乎？"曰："国家度支有常，近岁出不复可计，当另筹裕财之法。"若俟临时而始议费款，未有不急切从事者。使由吾前各说先为之地，则以天下之财办天下之事，尚何有支绌之日哉！夫泰西各国，其岁计可考而知也。开办之初，可先就干地次第举行，而后及支路。山径过峻、水道较阔、猝难施功者，不必穴山架桥，视平地告竣始行从事，目前尚可省费十分之七，而人已大得其便利。利源稍裕，再易铁路，当易为力。全路若成，辅以轮舟，十八行省之兵征调往返，不旬日而麇至阙下，靖内寇，御外夷，节饷需，裕利源，进可以战，退可以守，岂非万世不拔之基哉！

夫秦皇之备胡也，特筑万里长城。近俄人亦新添铁路，计长七千馀里，合之中国，亦不下万馀里，岂有以堂堂中国四千馀年声名文物之邦，甘自局于一隅而不思急为变计哉！盖有非常之人而始有非常之功，在变通行之而已！

拟建洛阳为西京议

国家发祥辽左，应运入关，远法轩辕，近沿元、明，定鼎燕京。天戈横指，几尽亚洲，神谋睿断，遂为中国四千年来帝王所未有。然忧盛而危明者圣，居安而忘危者殆。虬愚以为欲固祖宗万年之基，当广汉、唐两京之法，请择根本重地，改建洛阳以为西京。开铁路，练兵勇，备器械，广积贮，另简亲王镇守，以曲突徙薪之计，为深根固蒂之谋。皇上又仿热河避暑故事，裁减卤薄，岁幸其地，纬武经文，增其式廓，则我国家万年之基巩于磐石矣。

何则？成周之兴也，武王都镐，而成王旋建洛邑。宋仁宗庆历二年，范仲淹请修东京汴京。以为乘舆不出，则圣人坐镇四海，而无烦动之劳;銮舆或出,则大臣居守九重,而无回顾之忧。夫成王,圣主也;庆历,盛时也。而周公、仲淹岂真知有东迁、南渡之举,而为此虫足、兔窟之谋哉?盖卜年、卜世,思患预防,先天下之忧而忧,谋国之道固如是也。

今俄罗斯逾兴安岭而南,划江为界,逼近东三省,而且左盼高丽,右眈蒙古;倭奴又屡欲跳梁。万一狡焉思逞,偏师直入,将遂以都城为澶渊之举乎?此可为寒心者也!

曰:“其必以洛阳奈何?”曰:“自来谈形胜者曰太原、曰长安、曰金陵、曰武昌、曰洛阳,此皆历来王伯之基。然形胜之论系乎时局:各海口自通商以来,轮舟直达,长江之险已与敌人共之,故金陵、武昌不足恃也。太原、长安僻处西北,在今日仅为自守之国,欲以规复东南,难矣!洛阳居天下之中,形势利便,而且远离海口,无引敌之患,虽四冲之地,以守则不足,而进则可以从事湖湘,退可入关自卫,铁道一成,佐以火车、轮舟,则秦晋吴楚之师可指日而麇至阙下,所谓以守为战,以退为进,又何外敌之足虑哉!”

或曰:“东三省不既有兴京、盛京矣乎?”曰:“本朝东省之二京,虽非仅有郃、丰沛之比,然辽沈门庭也,洛阳寝室也,有国有家者,金玉宝藏之守,其在门庭乎?抑在寝室乎?此固不待智者而可决矣!”

拟援公法许高丽为局外之国议

高丽,我属国也,于藩封中臣服最久,贡献每年不绝。崇德二年封李倧为朝鲜国王,赐龟纽金印、诰命,定每年四贡。高宗纯皇帝尝御书“东藩绳美”赐之。自光绪初年枢臣偶失检公法,准与各国通商,听其自立和约。按万国公法:与人立约惟自主之国得行之,藩属无自主之权,不能擅立。按之国书,则本为朝贡之邦,例以公法,则几失保护之权。于是俄夷诱之于北,倭奴眮之于东,逆番煽之于内,西人穆麟德、德尼使高丽时均私助俄定约。国王亦遂岌岌四顾,首鼠持两端,一误再误,听归俄邦保护,此真聚六州之铁铸大错者也。

朝廷旧虽设有驻防之师,然国境东西二千里,南北四千里,为道者八,统郡凡四十一、府三十三、州三十八、县七十,三面环海,北界鸭绿江,而且釜山、仁川、元山三口开埠以来,五洲兵商轮驰毂击,防不胜防,非仅豆满江、月尾岛、水源、马山浦诸险要而已也。夫日、俄之欲逞志于高丽也屡矣!日本明万历时征服国旁小国,已,并欲灭朝鲜。二十年,渡海直逼王京。朝鲜使来告急,乃命李如松等讨之,互有胜败。久之,其关白死,诸倭兵始退。关白者,华言宰相也。时其名为信长,为下所杀。光绪甲申,洪英植之乱,日人又直入皇京,名为保护,实则劫掠。俄攻高丽,必数道而出以牵制我新疆、满、蒙、东省诸师。倭奴在前明时幺麽小寇耳,而东南沿海数省大受其创,况今维新以后,兵船铁甲颇足自雄。若以数艇先扰江、浙,而潜出二军,一由对马直趋釜山浦为正兵,一由箱馆渡青森入图门江,北拊其背,前后夹攻,而吾分防则兵单而力弱,南北疲于奔命,一有疏虞,恐顾指失臂,有为今日所不忍言者,则噬脐无及矣!

然则若何?曰:开铁路,近山海关已经开办,此路若成,至高京仅四日耳。练海军,设炮台,兴军屯。久任驻防大臣,九年一更,六年之后许其自举属员帮办。任满,即以其人奏请换防,唯参赞简自朝廷。部署一定,怵以兵威,相机而动,使不敢再萌异志者,此为上也。若自揣力不能办,则莫如明告各国以公法——欧洲均势之议。按万国公法:欧罗巴大洲内,倘国势失平,诸国即惊惧张皇,且必协力压强护弱,保其均势之法。盖一国过分，恐有不遵公法而贻患于邻国也。请照摩尔达、袜拉几、塞尔维、以阿尼、戈拉告五邦旧例：许高丽为局外之国，各国共相保护，布告天下，不许他国强犯。无论何国兵旅，无论何故皆不得过其疆界，当亦公法之所许也。按万国公法：凡国恃他国以行其权者，人称之为半主之国，如摩尔达、袜拉几、塞尔维三邦，凭俄国保护而听命于土耳其，此土、俄历历有约而定为章程者也。此于近日中、俄议高丽事相近。一千八百十五年间，英、奥、普、俄四国立约于法国之巴勒城①，其第一条云："以阿尼诸岛合成一国、自立自主者，名为以阿尼合邦。"第二条云："此国全赖大英君主并其后代保护。"第五条云："以阿尼合邦既蒙此保护，当任大英君主屯兵于其关口、炮台等处，其合邦之兵亦归英将之麾下。"第七条云："合邦商船并本国旧旗亦当统带英旗。"此恐合邦新立，不能保其自主之权，故护主之权特重。然亦泰西所仅见。一千一百二十二年，维也纳公使会，以波兰之戈拉告一城并其辖下土地，公议立为一国，出告示许其永为自主自立局外之国，凭俄、奥、普三国保护。按公使会第九条："俄、奥、普三国互相应允，不强犯戈拉告局外之地，并不许他国强犯之。"又告诸天下："无论何国兵旅，无论何故，皆不得过戈拉告之疆界。"又互相应允戈拉告城内城外皆不准罪犯逋逃藏匿。若他国之有司追讨逋逃之罪犯，戈拉告之官立当捕之，护送出疆交还。盖各国互相保护，一国即不得独擅其权。此虽名为自立自主，泰西均称为半主之国，皆为公法所认。虬谓今之日、高犹虞、虢也。高亡，日亦随之，日虽垂涎高丽，然慑于中、俄，不敢竞发难端。巨文岛之役，英尝制俄东出，俄、法虽近联盟，然俄人欲占土但波一地，法国终未之许，盖泰西于地利形势所在，持之甚力。刻英、俄、美、德、日本等各国，于高丽皆驻有公使，领事此约，近日各国或能互相允应也。

夫今日之俄罗斯，战国之强秦也。五洲诸国皆有约纵之意，故俄欲出红海并欧洲，则英、法扼之于土耳其。俄既不得志于西，将

① 巴勒，即巴黎。

鼓棹东向朝鲜，英人又踞巨文岛以制之。现此岛仍归高丽。近又营铁路于西卑利亚，将次告成。由俄京达高丽十五日耳。俄若得志于东，非唯中、高无穷之虑，抑亦泰西之所深患也。况太西最重古迹，中国衣冠文物犹存古制者，琉球、日本、朝鲜三国已耳。近中山夷为冲绳，倭奴改从西制，独朝鲜片土犹存箕子遗规。诚能按照公法，推均势之例，共相保护，使地球之上永存三千年前之衣冠，以视赛珍会罗列古玩，当更别有利益，或亦泰西诸雄国所欣然乐从者欤！

或曰："近者中国于山海关新开铁路，且设有泰安、镇海、操江、湄云四兵舰，派往仁川，常川轮流驻港，何吾子之又有异议也？"曰："中国之保高丽，非贪其土地也，亦仅欲相安无事，永为吾国之东藩已耳！许以局外，而中朝仍不失保护之权。公之万国，而泰西可遂均五洲之势，环球之安危系焉，岂仅中、高唇齿之虑而已哉！"

虬尝议联五洲，设一大公法会于五印度，主持公法，取其地居东半球之中也。若准以《易》理，朝鲜其次也。"明入地中，明夷，君子以莅众，用晦而明。"《易·明夷》称："内难而能正其志，箕子以之。"而陈畴演《范》，独受朝鲜之封，必非无意。三十年后，上离用事，《明夷》之九三将起而应之，南狩之志乃大得也。吾说或亦将有所施乎！

治法在严刑赏议

法果可恃乎？何以周公官礼之精未千祀而坏？法果不可恃乎？何以管仲、卫鞅之材不数载而兴？然则法者治之具，而尚有所以济法者。道何在？在法。天之刑德，以严赏罚而已。春气至则草木产，秋气至则草木落，气使之也。古之人审其所以使，故物莫不为用。弃灰、徙木之信伪矣，而秦可霸。烹阿、封即墨之举晚矣，而齐亦治。其霸也，其治也，皆以能行其法也。舟行而致吴、越，车行而适燕、齐，人有所利，而吾乃可裹足而至。藏镪在窖不敢攫，遗粮栖亩不敢拾，人有所慑，而吾乃可高枕而卧。

赏罚者，驭世之大权，国势之盛衰系焉。市集之墟，贸易无方，里塾之师，功课不立，犹不能以有成，况国乎！国不必其强弱，法存则张。人不必其贤否，法行则理。考之古今，参之中外，固有历历其不爽者。国家忠厚开基，失在有赏而无罚。宜大申禁令，一持以法：有不次之赏，然后可以奔走天下之豪杰；有不测之诛，然后可以驾驭天下之英雄。汉宣帝之诏胶东相曰："有功不赏，有罪不诛，虽尧舜犹不能以化天下。"夫宣帝非真能求治者，而言则是。《皋陶之谟》曰："天命有德，五服五章哉！天讨有罪，五刑五用哉！"命、讨皆称天而行，明人主之不得而私也！息息为天地赞化育，事事为民生谋利病，廓然大公，奉三无私，故王者一喜天下春，一怒而天下秋，亦法天之刑德，严赏罚而已，其为治也几矣！

卷三　专著三

《救时要议》序

（1892 年 12 月）

学者生孔子后，皆称儒术，自秦汉来，未之敢异。而太史公《论六家要旨》独曰："儒者博而寡要"，果何说也？盖儒道其常而子权其变，故诸子之功救变与六经同。譬之于医：儒为粱肉，子为药石，无病而服药石，与病而强粱肉，人必无生矣！孔子曰："学在四夷"，犹信。荀子曰："法后王"，岂非以时哉！时也者，如四方、八位、十二节、二十四度，各有教令，顺逆存亡，皆意当为之消息，焉可慢也！

国家自通商以来，局又大变，华夷杂处，巧力相尚，有未可概以儒术治者。则诸子近法亦将有取焉。夫良剑期乎断，不期乎莫邪；良马期于千里，不期乎骥骜。循表而导溺，契舟以求剑，自谓能法古，不知时已徙矣！而法不徙，乌在其能儒也！抚时感事，因掇其要，为《救时要议》一卷，备借箸者他日刍荛之采焉。

时光绪十八年岁次壬辰冬月，陈虬志三书于瑞安城东之蛰庐。

〔按〕《救时要议》系作者继《经世博议》后提出的变法维新政治纲领，删繁举要，且多有《博议》中未曾提到或未曾阐发之处，实为作者紧密结合实际的经世之学的不朽之作。此序录自《治平通议》卷五。

救时要议

（1892年11月）

议　　目

何以立国？曰：富。何以御夷？曰：强。何以致富强？曰：在治人。人不自治，治之以法。富之策十有四：设官钞，定国债，开新埠，垦荒地，兴地利，广商务，迁流民，招华工，汰僧尼，税妓博，搜伏利，汇公产，开鼓铸，权度支。强之策十有六：更服制，简礼节，变营制，扼要塞，开铁路，改炮台，广司官，并督抚，弛女足，求材官，限文童，练僧兵，禁烟酒，限姬妾，优老臣，广外藩。富矣强矣，非人不治，治之法：开议院，广言路，更制举，培人材，广方言，整书院，严举主，疏闲曹，定户口，权盈虚，严嫁娶，定丧葬，汇祀典，正词戏，新耳目，申诰戒，目亦凡十有六。治不必其果通，要在救时之穷。删繁举要，请言其略：

富　　策

设官钞　何谓设官钞？今商民百金以上即就钱庄换票，其实钱庄、银号之倒闭者月有所闻。何如省、府、州、县各设官银号，使上下均沾其利益，尚为便民裕国之要着乎！

定国债　何谓定国债？考泰西各国，每有大事必告贷民财，息多不过六厘。故各国皆有国债，均在数千万以上，无论君主、民主，国事虽有移易，而债息则皆一例措偿。今若稍增其息，注明年限，许持钞票向附近州县支领，若官银号更便。则藏富于国，当亦殷富所乐从也。

开新埠　何谓开新埠？泰西各国每次换约，辄求添设口岸。其得一埠，极力经营，置洋房，开马路，整饬华丽，出人意表。以故百货辐辏，士女如云，商务因之日起，而彼得坐收十倍、百倍房租、车税之利。其实地气无三十年而不变，若参用形家言，于各埠近处另开新埠，风气一开，洋商皆将俯而受廛，此亦人弃我取，致人而不致于人，理财、治兵之道二而一者也。

垦荒地　何谓垦荒地？东南人浮于地，而西北则旷土尚多。其实东南荒僻未垦之处亦尚不少，宜令户部分饬司员，协同省委各官逐处履勘，招民佃种，地方官督劝居民赴佃，量给遣费，到佃后，官给籽种，三年始行科则，当无有不乐从者。若边外兴屯，尤为攘外之要策。

兴地利　何谓兴地利？地利之在中国者，即种植尚多未尽。瓜果、桑麻、竹木非如药材之当确守道地。今地气变迁，即道地亦未尽可守。近日本广种药材，而东洋庄充斥市肆，每年获利无算。田少人多，则示以区团之法；场地荒阔，则为讲沟洫之制。水泽之区，皆可植桑；内地塘塍，须种杂树。若能相土宜而广药材，则利益更大。每省各派精通化学、植物学者巡视辖境，专办其事，视有成效，册报存档，优以不次之赏，其利未可以亿计也。

广商务　何谓广商务？修工政，广制造，似可杜洋人外渗之利。然机器之学，步趋泰西，彼因吾创，势常不及，虽精其术，收效尚在数十年之后。为今之计，莫如广修洋舶，争利于彼都。盖懋迁之事，迁地为良。新奇可喜，中西一理。宜饬出洋大臣剌取西国器用之习尚，与价值之情形，附以图说，函致商局。又广搜内地玩好之物，开其风气；能自整洋舶者，官为减税保护，酌加奖励；小件附销，准报官搭卖；公正无欺，而商民劝矣。天地之气，无往不复，自通商以来，中国利源日竭，流入外洋者岁几四千万。此据光绪十六年江海关造报《通商各关华洋贸易总册》而言，进口货值银一垓二京七兆零九万三千四百馀两，出口货值银八京七兆一亿四万四百馀两。以鸡口之入为牛后之出，长此不返，其何以国？设法挽回，或亦天人合应之期乎！

迁流民　何谓迁流民？天灾流行，国家代有。故安集流民，不可不先为之防。近遇灾荒，流民辄千百成群。所过州县，沿途纠扰；其荒僻之乡则大肆劫掠。宜于西北及关外等处安插，使有定所，督令垦荒食力。

招华工　何谓招华工？华工之散在外洋者不下数百万。近美国行基利例①，驱逐华工。闻华工之在彼都，富或逾百万，宜特简大臣广为招徕，处以关外等处，随其赀财，区为数等，使之兴屯招佃，划地而守，仿土司之例，世袭其地以实边陲，此不可失之时也。其有仍乐经商者，由商局设法保护调剂，将吾圉固而洋务兴，保庶保富之道其在此乎！

汰僧尼　何谓汰憎尼？开奸盗之路，为邪淫之媒，其今日之僧尼乎！其确守清规者千不遇一，道场施舍，使天下有用之资财尽供其欲壑，不止为旷业之游民已也。若势不能去，宜修祖宗定例以示限制。年逾四十，方准招徒一人，未四十即行招受及招受不止一人

---

① 基利，即智利。

者，照违令律笞五十。虬谓披剃后当即就本师求戒，顶上施艾丸六穴，庶逃犯、盗贼不得混充。如年十六以上而必求出家者，则先报官，阉割、幽闭而后许披剃。

税妓博　何谓税妓博？妓、博，法所当禁，而势无可止。其场面较大之区，官吏皆有所染指，何如明正其税则之为得乎！禁私娼、私博，犯者重罚其锾。或曰："税及妓博，恐伤国体。"不知赵宋有官妓之名，广东收闱姓之费，此皆载之史册，达之天听。况鸦片公班明知为害人之物，而洋药税厘特严者，亦因时制宜之策也。尚何疑于妓、博之不可税哉！

搜伏利　何谓搜伏利？曰五金矿、曰煤、曰矾、曰硝、曰磺、曰脑、曰盐、曰制糖，此皆山泽自然之利，所在皆具，但有衰旺耳。诚得精于此道者，到处履勘，广开利源，而财不可胜用矣！

汇公产　何谓汇公产？无论宗祠、庙宇及一切公项善堂，皆令公举董事，报县注册。各董约计岁入之数，酌提二成，交官银号代为生息，俟本利积有千金，仍行发还本处，着其逐渐添设善堂，如育婴、恤嫠、施医、舍药、瘗园、粥厂，各以其所积次第举行。先行之于一族一隅，而后广之于一邑一县，数十年后，举国无贫民矣！

开鼓铸　何谓开鼓铸？今洋蚨私钱充牣市肆，而圜法失其利。法当严私钱之禁，通饬各直省勒限收卖私钱，分等给价，限满而仍有搀和行使者：初犯重罚其锾，再犯则严刑以治之。设官兼衔主其事。盖禁私铸，则法或有所穷；严私钱，则势自易及。事固有节流而源自塞者。银蚨来自外洋，利多外渗，宜自行仿造，并添金蚨，而开洋亦多备焉。近开洋多来自日本。曩阅西报，称长崎一带铸银局每日赶造约八万元，可知其获利之厚。铸钱自以云南为便利，可即令就地开铸。仿闽省例：重以八分五厘为率，防私铸。运给各省，而省京铜之运费。

权度支　何谓权度支？量入为出，理财之要务，而于今日之国势则有不尽可行者。国家岁入有常，而意外之出款究非可定。近岁入六千馀万，虽视前骤增，闻欠洋债亦尚二千馀万。皇上宜躬节俭之化，会计出入之数，大加整顿：施之下者严其浮滥，施之己者力归撙节。泰西议院岁终约计明年出款之数，摊之税则，似可仿其制。拟定四项之赋，于田曰田饷，可仅分上中下三则。地曰地税，区为九等。人曰口赋，照户口册分四等征银。近有按《东华录》汇核各省大吏年终奏报人数折片单等，称乾隆六年男女共一垓四京三兆四亿一万一千五百五十九名口，至道光二十二年共四垓一京四兆六亿八万六千九百九十四名口。每十年内添人八次，至少一京六兆人，至多六京五兆人；减人两次，至少三兆人，至多七兆人。计一百一年内所添之数共二垓七京一兆人。均匀率扯，每十年内添二京七兆一亿人，约合添一大省分之人。届今光绪十八年，又积五十年，当又添一垓三京五兆五亿，合前约人五万五千万馀，每人一分为率，岁可骤增银五百万两馀，视税厘半归中饱者，得失较然。店曰牌银，分九等，如牙帖之式。如岁出不敷，则酌加，先期榜示。国家不于无事之日先权度支，万有意外，而一切苟且之政起矣，此不可不急思变计也。

强　策

更服制　何谓更服制？赵武灵王之改胡服，本朝之不守明制，皆深得自强之道。盖褒衣博带，甚不便于操作。且隐消其精悍之气，故便服一切宜用西制，施以等级，唯朝贺、衙参诸大典一遵国制。

简礼节　何谓简礼节？自古帝王崛起及豪杰不羁之材，无不倜傥宽简。盖繁文缛节非所以待权奇任大之器。今上下苦于仪注，人材遂尔不振。宜一从简易，卑幼见尊长皆仅一揖，立而白事。文武皆令骑从，禁乘车坐轿。

变营制　何谓变营制？粤匪之乱，皆谓绿营不可复用而专事募勇。其实无赖之徒，乌合之众，不可以当节制之师。狃用其说，必将有中其毒者。绿营非真不可用，但当整率之耳。请照《博议·变法十一上》营务条以练兵，而将官皆当略通文义。须辑一韬钤简明之书，使令平日讲习。而非亲历行间者不得补主帅。

扼要塞　何谓扼要塞？御海寇者，当于沿江各筑长堤，堤以沙土，为之不必过高，基阔数丈，外削而内斜。堤上植竹木，内设长沟，沟畔栽树，而再纬以活炮台。约地二里再设一沟，以多为妙，非仅防敌，亦资水利。御内寇者，视形势便利，数村为一堡，堡设土城，而各乡之隘口则筑大土城以堵其入寇之路。酌提团勇以为守。城外皆设深沟，沟畔不必栽树。盖海寇诱令登岸，则内外隔断，而敌氛自丧；土寇施以坚壁，则四面受敌，且盗粮无资，是谓以守为战，策之上者也。若筹海、筹边议，另详《经世博议编》。

开铁路　何谓开铁路？铁路者，行军之要务，辅以商务为养路之费。《经世博议》卷四有《腹地广置木路议》，可考也。全路猝不易办，则由潼关循河东行至郑州，由郑州至郾城，历遂平、应山下达汉口与津、通三百里，此路必不可缓。此路若成，辅以轮舟，则声势自壮，而内地无单弱之虞矣。

改炮台　何谓改炮台？近日扼要之区多筑炮台，然以虬视之，皆无用也。非徒无益，而且有害。夫番舶之来，其快如风，少纵即逝，是一台仅供一炮之用也。且炮力之里数本有定率。敌若购求视吾略远之炮，先施以轰击吾台，是一台并无一炮之用也。以死御活，势常不及，平时既假炮台以张声威，一有疏失，全军丧气。敌若据吾台,假吾炮,用以反攻,则子无虚着而害不可胜言矣!法当于扼要必由之处分设数台,略如今式,台中空而圆,砖石向内砌毕,外四围皆培以土,留炮眼,护以大堤,平筑铁路二道,木路亦可。炮座皆施活架,随船上下左右更换,如此则炮位无定,敌难轰击,炮不必多,而沿堤有备,此策之上也。按西书炮法诸说,谓炮弹透土难于透木,故欲阻弹者,土墙最宜,但须筑之甚厚,则大弹不能透过。若再能因山为台,如泰西诸国法,更佳。

广司官　何谓广司官?山乡窎远之区,教令不及,易致抗粮滋事。宜广置分司而督令严行保甲及征粮事。

并督抚　韩子曰:"吴起之教楚悼王曰:损不急之枝官。"谓非要急之官也。若急而枝,则害尤大矣。今内既设六部矣,而复重出卿寺;外既设三司矣,而复重出各道,皆枝也。林一冯氏尝起而议汰冗员,谓如漕运、河运、盐务各衙门,及内务府各关监督等官,皆可裁汰。虬谓今既不能变法更制,则各员各有专责,势难一扫而空,究其流弊,尚不过赘疣、糜禄已耳,于军国大计无碍也。莫甚于督抚当并不并。督抚事皆枢要,名分敌体,同城办事,易致猜嫌偾误。以督谓无能耶?何令兼辖数省!以督为能耶?何须巡抚!留之皆足为累!十羊九牧,犹属其浅。如湖北、广东、云南三省巡抚皆可裁归总督,以一事权。

弛女足　何谓弛女足?泰西男女入学,故材亦相等。山乡女多大足,故可代工作。裹足之禁不严,承平之日已渐遏其生机,中国生人根基渐弱,未必非母气被遏所致。乱离之秋无异坑之死地。宜严禁裹足。又设女学以拔取其材,分等录用,此自强之道也。且以中国丁口约五万万,今无故自弃其半于无用,欲求争雄于泰西,其可得乎!

求材官　何谓求材官？有智勇过人、精神异常者，宜加物色以备录用。

限文童　何谓限文童？今之谋富强者皆谓游民宜汰，然尚有为游民之最者，文童是也。一县之中应试多者千数，少亦数百，而学额曾无十分之一。新旧相继，是中国长有此数百万无用之士蠹，安得不弱！不仅唯是，文童既无实学，又无别业，不得不以训蒙自给。以一训十计之，中国又增将来数千万之谬种，败坏人材，化强为弱，莫此为甚！宜定限年之制：年二十五而未入庠者皆勒令改习别业。人年十六尚未习业，一体勒限，违者罚苦徭。

练僧兵　何谓练僧兵？僧尼若猝不能去，可即因而用之。缁流饱暖纵欲，日以拳勇自卫者，十人中而九，其趫健迥出兵勇之上。可晓以大义，示以激劝，亦可收其指臂之效。昔唐太宗曾以少林僧兵破王世充，其明征也。令其中杰出者练成一军，假以义僧军之名，使之自率所属以备军旅，不可谓无姚少师其人在也。

禁烟酒　何谓禁烟酒？烟酒耗散真气，渐减人之热度，积久皆觉委顿。欲振刷精神，首宜此禁。内地禁栽种，进口重厘税，所以禁烟。酒则不许致醉，犯者罚重锾，职官犯烟酒，发烟瘴充军。

限姬妾　何谓限姬妾？伤精之事不一，而房劳为甚。人不幸中年无子，许置一妾。三年而仍无所出者退还其妾，准再置。职官一例，犯者重治其罪。唯优游林下者听便蓄置，不在此例。

优老臣　何谓优老臣？人生精神有限，健者亦仅能供二十年之用。若年届六十者，概令休致，无任衰庸久得恋栈。国有大事，安车聘令参议。

广外藩　何谓广外藩？今宗室滋生日众，宜令挈眷远徙外洋，隆以亲王之号，优给皇俸，储为他日椒聊蕃衍之用。元氏广建宗藩，今蒙古、回、藏尚皆多其遗胤，自古宗室之久盛从无其匹，此亦谋国本者所当知也。

治　　策

开议院　何谓开议院？泰西各有议院以通上下之情。顾其制繁重，中国猝难仿行。宜变通其法令，令各直省札饬州县，一例创设议院。可即就所有书院或寺观归并改设，大榜其座。国家地方遇有兴革事宜，任官依事出题，限五日议缴。但陈利害，不取文理。议式附下。为承议某某事，窃以为其利益有几，其弊害有几，实系利害多害利少，似可难举行。□□年月日，某都某处某某谨议。择尤议行，院中列名。某年月日，某事遵某某等几人议行。三年汇详，分等请奖。

广言路　何谓广言路？古时设铎悬鞀，善旌谏鼓，无非求通民情。故《夏书》曰："工执艺事以谏"。今制：外而督抚，内而科道，始得言事。以中国人民之众，事务之繁，可以言事者不过百人，安望治理！宜令内官自司员、编检，外官自各道以上，各许直陈时事，不由本官，直达通政司。若遇大事变，则下诏求言，无论军民，概许上书。

更制举　何谓更制举？帖括猝不可更，则请以策问为头场。策凡六道，即就吏、户、礼、兵、刑、工六部内臣掌故、时务出题发问。庶平时有所肄习，临期方不至茫无头绪。

培人材　何谓培人材？曰内臣、曰外臣、曰使臣、曰边臣，国家皆资以有事。内臣宜令堂官按月一课，试以策论。外臣令道府按季汇其门簿，而默次其材具之高下为大计地。使臣周历外洋，宜多带学生，广其识见，非任参赞者不得充钦使，非充学生者不得举参赞。尤要者,令隐访华民之在外洋、杰而材者,予以诰敕,使以兵法部勒华民,而钦使为之保护。万一有事,即可率之以行。边臣议另详《经世博议》卷四《筹边篇》。

广方言　何谓广方言?学聘方言教习一人。生员不谙方言、西学,不得补廪食饩。行之数年,而中外一切语言文字无扞格不通之患矣。

整书院　何谓整书院?今书院所在多有。聘请山长,按月课试,名为造士,其实所益无几。虬谓延师不如购书,听人自择。宜备洋报、一切西书。各县宜各设大书院,稍筹经费为游学之资。凡游学者,由地方官给照,所到书院酌助路费。

严举主　何谓严举主?科目资格既不足以得人,则荐举之法有不可废者。愚谓荐举当求实绩,职官则胪其治行,士庶当考其著述,庶询事考言一洗私援虚声之弊。然非严定举主之刑赏,则夤缘标榜,仍恐冒滥多而真材终不出也。

疏闲曹　何谓疏闲曹?内而词林部曹,外而候补各员,数岁不得差,皆有"臣朔饥欲死"之虑。虬谓宜定制:翰林未开坊者不准考差,而编检另试一场策其高下,补乡、会之同考官及各省学政之幕宾,而翰林清矣。部曹无所事事,宜遣出其半,分发各省,各以其部之事兴剔利弊。又特设分巡之职,使之周历州县,以济道府之不及,而部曹清矣。候补者,将用以为道府州县也。宜令藩臬道府州县各置帮办数员,任以一切,而任官但主其成,坐啸画诺,无伤也,庶精神有馀而事治。夫设官以经国也,乃先不能自给其身,尚望其宣劳于君国哉!

定户口　何谓定户口?国朝自地丁并入田亩后,所报丁口册皆约计其数,多不以实。宜逐岁转造册报。盖保甲、放赈、税则、科派皆从此出,不可不严其法,且可以知民生之登耗。

权盈虚　何谓权盈虚?州县每年于出产客货之进出,当皆令有籍可稽,而吾乃可施其进退之计。

严嫁娶　何谓严嫁娶?婚嫁之糜费,至今日而极。多者数千金,少亦数十金,其费数百金者,则视为寻常无足异。宜令嫁女之家不得以奁遣,娶妇者自备新衣一袭,舆接新妇。其敢再以片丝铢金私遣者,罚入婴堂充费。听告发,以二成充赏,特司以主其事。

定丧葬　何谓定丧葬?官设殡宫及义冢数处,家中不许停柩,宜令移置殡宫。三年而未葬者入义塚。

汇祀典　何谓汇祀典?今淫祠充满天下,而庙祀正神与名宦乡贤反无过问。宜罢淫祠而改祀名宦乡贤。须令教官、礼科每祠疏其生前功德及不朽之故,礼宜庙食者榜之神座。盖聪明正直之气久郁不伸,淫昏恣暴之鬼皆能出而为厉。故汇正祀典,不独教忠教孝,可以作民志气,实足隐消疵疠于无形,此亦燮理之要务也。

正词戏　何谓正词戏?唱书曰词,梨园曰戏,仍俗称也,势无可废。宜刺取史传中忠孝节廉、急公尚义、确有其人者、节为传本,改令肄习以作男女之气,而一切长欲导淫与无稽鄙野者,设禁以治之。

新耳目　何谓新耳目?国家励精图治,与民更始,上下皆当振刷精神,而耳目不可不新。宜更官制以振国宪,变要塞以挫敌谋,又为之齐冠服以昭等威,定启闭以节筋力。而一切服饰、旗帜、阶涂、耳目所接之处,皆当焕然一新,有蒸蒸日上之势,中兴之机庶有望乎!

申诰命　何谓申诰命?祖宗百战而得天下,经数朝圣人戡定夷疆,始克拓地万里。今边境日削,诸夷又屡肆要挟,此上下臣工卧薪尝胆之日,非粉饰太平之时。各宜激发天良,孜孜图治。昔唐庄宗负三矢以前驱,近法人图拿破伦被败之形,皆国雠未复,触目惊心,激厉上下之至意。宜令有司于宣讲圣谕之馀,告以外寇窥伺,内匪未靖,天灾时行,万一有事,则上下均受其害,不可不先图自强。而皇上亦当下罪己之诏,日以国事、夷氛诏监史,如夫差故事。将一成一旅,古藉以兴。况以中国行省二十有三,丁口四百馀兆,主圣臣贤,上下戮力,大一统之治何难再见哉!

〔按〕《救时要议》全文录自《治平通议》卷五。据策中多次提及《经世博议》,可见应在《博议》之后。据《富策·权度支》注文提及"届今光绪十八年",可见撰于该年。据《〈救时要议〉序》下署"光绪十八年岁次壬辰冬月",则正文应稍早于序文,当写于该年十月或以前不久。

卷四 专著四

《报国录》自序

（1893年2月）

《报国录》者，为团防而作也。光绪甲申，中法失和，沿海戒严，将录以贻当事，初名《东瓯防御录》，会事解不果，因重加改定，易今名，取《忠经》语也，乃为序而存之。

呜呼！今天下竞言自强矣，舍治兵不能以立国，而制实莫善于团防。

古之为治，初不言兵，寓之于农，寄之于理。当时政教修明，人安其业，无事于兵，非讳言之也。周衰道裂，官司失守，封建废而郡县起，井田、学校，始一切无所附丽。古制俄空，上下不复相维，国势遂渐趋于弱。一二权谋材智之士，思有以持其倾而救其弊，乃争起而谈兵，专门之学，顾指失臂，鲜所会通，不复能推先王经国体野之大法。于是中国二千馀年长蒙兵事之祸，而卒莫为之计，幸者亦仅用以戡乱而已，固未知所为利也。

夫法岂一端可尽哉！背水以犯死而生，增灶以反古而成，用法而不为法所用，斯无往非法矣。寓之农，寄之理，农、理可兼，谓兵独不可以或有所寓寄者，是仅知金刃之用异斧斤，不知缓急其利害，固各有其通焉者也。豨苓、桔梗，有时为帝，在因病药之而已。

纵观古今之变，乱民窃发，多激于一时之弊政。其来虽有自，祸或起于不及觉，容有防不及防之事。今斋党、教门、棚民，罗结遍天下；哥匪四处蔓延；而游勇、土豪群不逞之徒，醵饮椎牛相仇杀，纠党以千百计者，又所在而有。彼皆有鼓众之势、敛钱之术、济乱之具，谓天下尚可百年无事者，吾未敢信也。又岂仅外夷之足虑哉！盗者张弓挟矢、狙踞门庭，而又令子姓家人释甲解胄，执冰而嬉，仓猝莫为之备，果何意乎？诚能得吾说而通之，虽以之防天下可也。

夫报国之道有四：贡贤、立功、兴利，有任之者；若献猷，则固无禄益人者，所不敢不勉也！葑菲可采，敢以告之公忠而秉国钧者。

时光绪十有九年岁在昭阳大荒落陬月东瓯陈虬志三撰。

〔按〕《报国录》系作者在中法战争时期为了组织团防抗击外敌入侵的总体设想，其《团政篇》提出兴利、通变，意图利用绅民办团推动基层社会改革。本序录自《蜇庐丛书》之一《报国录》。《忠经》为东汉马融撰，有《子书百家》本、《汉魏丛书》本等。

报国录

天　泽

国家承天应运，抚有方夏，圣恩广被，实有度越百王，为往古所未有者。吾侪戴高履厚，懵不知天地之大，曾无涓埃以报万一。时事偶棘，薄海臣民破家纾难者固所在时有；而昧于大义，袖手坐视，一任其糜烂鼎沸，委室家长上而不顾者或亦不免。岂真民之无良哉？毋亦高、曾以来涵濡于圣泽者久，不识不知，如衢童壤叟，渐忘帝力于何有，实有不能尽谕之于孙子者。

列祖宵旰忧勤，无一日一事不与吾民谋乐利。休养生息，务使天下各得其所而后止。则凡圆顶方趾之徒，安可不念旧德先畴之义哉！皇恩圣政载在方策者不遑缕述，爰举硌硌大端为历代书史所无者以著于编。曰崇圣、曰待士、曰养廉、曰罢徭、曰蠲贷、曰采办、曰赏兵、曰卹囚、曰裁嫔、曰褒忠，以作其同仇敌忾之心焉。其于宣扬德意，激励臣民，或不无小补云！

崇　圣

历代帝王修明政教者，无不知崇儒重道，尊吾孔子。然考之往史:汉高祖十二年始以太牢祠孔子,平帝元始初始追谥为褒成宣尼公,魏文帝黄初二年始以百户奉孔子祀,令鲁郡修起旧庙,置百户吏卒以守卫之。赵宋号称崇尚理学,然亦不过临墓奠拜,追封从祀诸儒而已。真宗咸平三年。故汉臣梅福有言:"仲尼之庙不出阙里,孔氏子孙不免编户。"盖于尊崇之典实多所缺也。

谨按:《皇朝文献通考》称:《会典》所载:衍圣公祭田二千一百五十七顷五十亩,圣林地一十八顷二十七亩,宅基三顷二十七亩五分,佃户五百户,洒扫户一百十五户。又孔氏后裔祭田五十一顷六十亩,墓田十顷一十五亩七分,庙宅基三十九亩一分,庙户三十七户。康熙二十四年,圣林地于原额外增扩一十一顷十四亩九分,除免钱粮,其尊崇先师者至矣。而如颜氏、孟氏、仲氏、周公诸后裔,各给祭田五十顷。以上一切墓田、庙宅基、佃户、庙户、洒扫户、门子、护丁等又各有差,又皆世袭五经博士。乾隆元年复奉特旨:各地方先贤祠宇凡有祭田,例免丁粮。旷典隆恩,抗古未有,岂非以九两系民师儒,繄赖吾徒诵法圣贤,尊君亲上之旨习闻已熟。现当多事之秋,则联师儒以安万民,当必自有道矣。

待　士

养士之制,历代不同,周之比长、闾胥,汉之啬夫、游徼,皆今之士也。既为乡里之选,沾有微秩,即无不为朝廷效征发系刺之劳。本朝衿廪以下咸无所事事。或疑弃数十万子衿于无用之地为可惜,不知立法之初,五贡以上就职铨选,既各予以入仕之阶;而又设为学田以赡廪生、贫生,一青其衿,即复其丁徭,免派杂差。其所以优待士子者,原欲养其德器,练其材识,大用大效,为国家作梁栋之资,不欲以乡亭贱职薄待士类也。观唐睿宗时韩琬之疏,然后知乡职之累。殆非复汉、唐后以升斗之糈困贤豪于斗筲者所可同年而语。然则捍灾御患，保卫桑梓，怀铅握椠之徒与有责焉。上之待吾者既厚，则吾之所以报上者亦乌可薄哉！

养　　廉

国家沿明旧制，定文武官俸薪、禄米各有差。正一品文官俸银二百十五两五钱，武官九十五两，以次递减至从九品文职一十九两五钱、武职六两七钱各有奇；禄米则自一品至从九品俱十二石，文武一体；柴薪银则一、二品一百四十四两，九品一十二两。嗣以汉臣携带家眷者多，着照俸银数目给与俸米。至雍正五年，从山西巡抚诺岷之奏，耗羡归公，加给养廉，于是总督有至三万两，江南。知县有至二千二百六十五两者，广西。乾隆二年，又增京秩恩俸以资养赡，而武职犹循康熙四十二年部议核给亲丁名粮之旧。提督八十名、总兵官六十名、副将三十名、参将二十名、游击十五名、都司十名、守备八名、千总五名、把总四名、外委千把总加给步粮一分。至四十六年，始照文员之例加给养廉。提督二千两、总兵一千五百两、副将八百两、参将五百两、游击四百两、都司二百六十两、守备二百两、千总一百二十两、把总九十两、经制、外委千把总每员十八两。

三代制禄，书缺有间。汉虽近厚，然内史州牧即今督抚也，皆真二千石。延平定制：月俸钱六千五百，米三十六斛而已。详《山堂考索》。元氏尤薄，行中书省丞相视今督抚。俸止二百贯，皆视今制为薄。国家体恤臣工，无微不至，常禄之外，又制为养廉，近大吏又于佐杂、千把各增津贴。原欲宽其事畜之资，公而忘私，力图报称。则文武大小在事臣工宜如何激发天良以为保障干城之选乎！

罢　　徭

徭役之制，仿自《周礼》，法至邃密。国中自七尺以及六十，野自六尺以及六十有五，皆征之。而公旬之役，则丰年用三日，中年二日，无年一日。虽以成周之治，犹不能尽蠲力役之征。自是以后，法虽屡变，然从无不病民之役。至宋王安石，用雇役法，令民出雇募之费，官任雇募之责，而民间不扰。然犹贫富均出钱也。明刘光济行一条鞭法，合一邑之丁粮以充一年之役，法最简便。然犹按丁出钱，丁粮仍分而为二也。

本朝雍正二年，从直督李维筠议：令丁归地粮，于是丁徭与地赋合。又令以康熙五十年为断，滋生人户永不加赋，于是贫而无田者概免丁役，富而滋生者亦无增加，举古来役法征发扰累之积弊一解其症结。此不能得之于三代盛时者，吾朝独休息生养，皋鼓不惊，此岂复汉、唐以后七科三品、九等六色之民所能梦见哉！

蠲　贷

我朝列圣相承，勤求民瘼，无不以减赋薄征为首务。故一遇国家庆典，或巡幸，或军兴，或偏灾，无不立沛恩施，详分蠲贷。其见于《皇朝通考》者，有免科，有赐复。永停输纳者谓之免科，免复一时者谓之赐复。康熙元年，减免江西南昌七州县浮粮十四万九千馀石，米折银十九万五千馀两。雍正二年，又免江西南昌等七县浮粮三十万、银五千馀两。三年，从怡亲王请，除苏州浮粮三十万、松江十五万。五年，又将浙江嘉兴额征四十七万、湖州三十九万减十分之一。乾隆初年，再除江西省浮粮银二十万两。二年，免甘肃、江西马粮万馀石。十一年，免庆云县额赋十之三。其滨水坍荒、卤沙冲压、堤防侵占从而豁除者又史不绝书，此为免科。赐复则康熙朝一次，五十年，乾隆朝四次，十一年、三十六年、四十三年、五十五年。皆普免天下钱粮，计数皆在三千万上下。又普免天下漕粮三次，乾隆三十一年、四十五年、六十年。凡逋欠之在民,与民粮、食粮之贷而未收者,尤不胜枚举,计数当已逾亿万。康熙四十九年十月上谕:“前后蠲除之数,据户部奏称,通共会计已逾万万。”乾隆时户部会计江南蠲赈之数:雍正十三年间凡免百四十馀万,乾隆元年至十八年,计免银二千四百九十馀万,粮米称是。中兴以来以兵燹奏请豁除者,皆立蒙谕允。国家当全盛之时,天子不言有无,藏富于民,原未尝较及锱铢。则游其宇下者,亦曷可昧急公向义之举哉!

采　办

任土作贡,始于夏禹,掌皮典枲,职在周官。诚以王者统御万方,内府所需,自宜广储备用。况率土皆臣,区区葵藿之忱本难自已。乃我朝并无均输和买之政,凡宫府内外需用物料,于各直省原产处所支款置办,未尝责贡民间。列祖以来,轸念人劳,罢免贡献者史不一书,而三织造所以供朝廷御服、赏赉之用者,应需物料、匠食亦皆定价报销。在国家虽恤其力,在吾民当贡其诚。然则修我戈矛,当必有深明袍泽之义,起而应制造军需之用者。

赏　兵

我朝以弧矢定天下,开国之初,列祖皆亲历戎马,兵间疾苦,知之尤悉。定鼎以后,韬弓解胄,叠沛恩施。至高宗纯皇帝时,恩恤之典尤为优渥。如定内外武职养廉,给与绿营阵亡恤荫诸大政,皆所以策励戎士,轸念成劳。四十六年,以兵丁等红白事件,从前设有生息惠济银两以资赏恤。后因生息名色有关国体,特行禁止。旋据阿桂等奏请酌复,奉上谕:以国家赏兵之费,借商生息支给,究属非宜。因令自四十七年为始,各省兵丁赏恤红白银两,俱着于正项支给，造册报部核销。近又裁兵增饷，其为吾兵丁计者，恩至深厚。粤匪之乱专恃团勇，世遂以绿营为诟厉，愿为纠桓丈人，一雪斯耻。谚不云乎："千日养兵一日用。"击鼓踊跃，此其时矣！

恤　囚

赦宥之典，为谈治体者所不韪，故圣祖仁皇帝谕曰：自古不以颁赦为善政，以其便于恶人而无益于善人也。然不赦，无以召天地之和；数赦，易以长奸宄之渐。洪惟圣清不疏不数，与时偕行，则圣之时、德之至也。其热审、停刑、缓决、减等等例，历朝相沿者不具述。而如天之德、法外施仁，尚有二事焉：康熙四十五年，部议："凡经恩赐祭葬之子孙、难荫出身之人，不可使宗祀断绝。如审拟大辟，家无次丁者，令其妻妾入监相聚，生有子息再行正法。"乾隆八年七月，定孀妇、孤子有犯戏杀、误杀等案，如伊母守节已逾二十年，该抚查明被杀之人并非孤子，取结声明，具题法司核议留养。又例载："非应留养之人，追成招时，其祖父母、父母已成老疾，兄弟子侄死亡者，亦准声请留养。"明刑弼教，迥超往古，盖自列祖以来仁育义正，大德涵濡，真能体上天好生之心以为心者，即在髡徒，有不当感激馀生为王前驱哉！

裁　嫔

历朝册立皇后，悉属勋戚。而妃嫔淑女则多选自民间。一经入选，辄同禁锢。故每届选期，人多逃匿，甚有命各城推户举首隐匿，罪及地方邻右者。唐、宋令主放出宫人每以千数，明季宫人至九千人，饭食不能遍及，日有饿死者。见圣祖四十九年上谕。伏读乾隆五十六年上谕，称宫中嫔御以及给使女子，合之皇子皇孙乳媪、使婢,约计不过二百人。宫闱简肃,实从古所无。且皆选自满、蒙,汉人一无所累,巾帼胜流,何幸生逢盛世!万一军书告急,当必有停机买鞯,继小戎板屋而起者。彼娘子军、夫人城何难再见哉!此在有室家之责者晓以大义而已。

褒　忠

国家遇有军兴,戡定之后锡爵酬勋,文武臣工皆荣膺懋赏。而于捐躯毕命之臣民,一经奏恤,无不立沛恩施:大者赐谥、赐葬,或准建专祠,或饬付史馆;次者概与世袭各骑尉世职有差。袭次完时,统给恩骑尉世职罔替。褒忠之典,皆史册所无。

夫吾侪生长中朝,食毛践土垂三百年,国家有事,櫜鞬鞭弭,固人人所当自效。乃幸则功施社稷,不幸亦泽衍家门,较之射策、纳赀,冀博一命者,何啻天渊!大丈夫生不能封侯万里,死当庙食千秋。虬独何人,昂藏七尺之躯,可不知所自励哉!

防　务

团防,近制也,而意犹近古。古者井田之法行,寓兵于农,有比闾族党以起伍两卒旅,井邑丘甸以具车马甲士。平时则教以相保相受,结其恩义;一旦有事,农即为兵,士可为将,仓卒简阅,而民不惑。古未始为防,而虑民之深且远至于如此。呜呼!此三代圣人之所以为至也。

封建废而郡县起,兵农始分,以兵卫民,以民养兵,于是始有防秋、防海之目。顾其弊也,佥募无制,讲求无具,而天下驿骚。其靡者又以腹地广轮,防不胜防,厝薪苟安,甘为昆冈玉石,而于古来经国之书漫不省察以求其变通。果何说也？不揣愚陋，僭为此议，曰设局、曰分董、曰和众、曰协谋、曰筹捐、曰练团、曰选勇、曰筑城、曰扦港、曰聚粮，具于编。吾乡经制之学垂七百年矣，当必有振兴而修明之者，永嘉之盛或可冀乎！于防务乎何有？姑以此录为嚆矢云。录防务。

设局

兵事即起，当于城内适中之地或附近治所设一海防总局，而四隅内外及各乡以次划段，另设子局，分董举办。印官当先以优礼延请邑中名望素著、齿爵俱优者为总董，而分董、副董则由总董博采舆论公举。分董可就地择人，副董须因材器使，使各任以事而课其成。如总局则某定议，宜取器识深沉、通达大体者。某参谋，宜取晓畅兵机、熟悉时务者。某文案，宜取文词敏捷、叙次详实者。另雇书识逐日录登书、禀、一切文字，供作日记。某会计，宜取略通算数、素善经纪者。又雇帐房二人，一内一外，五日覆核一次。某筹捐，宜取材具开展、商民悦服者。某督工，宜取精力强盛、心地光明者。切勿划段分督，反致徇私误公。某训练，宜取精勤不倦、教导有方者。某巡察，宜取悃愊无华、劳瘁不辞者。某明算，宜取素精测量、精通制造者。某习数，宜取素精象纬、兼谙地学者。某应接，宜取气度从容、言辞敏捷者。某纠察，宜取素广耳目、不事情面者。各有专责，事乃不忒。部署已定，又须请一职官即佐贰亦可。以为帮办，供刑讯、差传、示禁等事。局董万不可自行讯供，易致激怒生变。局中可多备韬钤及舆地等书备检阅。议定乃刊印、刊木质条记，文曰："某县某局条记。""条记"字见《通典》，刊供策遣、支应之用。悬旗，择吉开局。

分　董

天下之事当与天下人办之，一郡一县，何独不然。盖任人者逸，自用者劳，古来能集大事者，未有不资群策群力。今邑中既设总局矣，而城厢内外，下及各乡，皆当分设团防分局，由分董以司其事。

盖兵事一起，杰而材者皆思脱颖而出，不可不有以厉其气。即乡里耆宿、素不任事者，亦不可不假以名号，隆以礼貌，以为激厉城乡兵民之具。若事权独揽，专取文弱少年以自便，人心一去，则强有力者显张旗鼓，恐谨厚者亦复从而暗中阻挠，而大事去矣。此亦人情之常，委心任运，知雄守雌者能有几人哉？此为收拾人心、和众丰财第一义。

和　众

孟子曰："天时不如地利，地利不如人和。"古未有众不和而可以集事者。文武、官绅以及城乡军民，如人之一身，头足、耳目、臂指皆当一气联络，方能呼应灵通。稍有痹废，则百病丛生，而人死矣。若局中过于精核，绳以官方，机以局势，无事则噤不与较，仓卒有事，恐争欲返戈相向矣，可不惧哉！

须知局董一席，乃城乡家门性命所寄，措置偶乖，祸及家国。当集人之长以辅己之短，不可护己之短以掩人之长。盖尺有所短，寸有所长，能用人之长即是其长。故《夏书》称禹曰："汝惟不矜，天下莫与汝争能。汝惟不伐，天下莫与汝争功。"乡里麇聚，不无睚眦，国事偶棘，当先公义而后私雠。一有自私自利之见，则訑訑之声音颜色将拒人于千里之外，人心涣散，岂当事之福哉！

唐文宗有言:“去河北贼易,去朝中朋党难。”诚有慨而然也。阳明先生征三浰时与薛侃书曰:“破山中贼易,破心中贼难。”区区翦除鼠辈,何足为异。若诸贤扫荡心腹之寇,以收廓清之功,此诚大丈夫不世伟绩也。吾于诸贤愿有进焉!

协　　谋

“筑室道谋,三年不成。”言人谋之不足恃也。而“询于刍荛”,则又何说焉?盖人必自有提挈纲领之材具,而后借人谋以辅吾之不及,是谓以吾用人,故能好谋而成。若胸中一无所见,专恃谋猷,将发言盈廷,鲜有不回惑无主而仓皇失措者。吾辈虽不乏读书应变之材,然毕竟是讨论之功多,阅历之日少。则集思广益,人谋终有不可废者。古之名将伟人成大事者,即退兵废卒皆尝与之讲求讨论,故能成其高深。鄙意谓筹办防务当先熟筹全局,方可次第举行。而次第之中尤有次第焉。应将所办之事明白晓谕,博采人言后,与参赞诸君互相驳难。迨驳之无可驳,始可举办。然却不可过于矜持,反至跬步难行。而邑中如有曾办防务或亲历行间者,皆一一以礼延请,不时入局以备顾问。

筹　　捐

今之议防务者莫不以筹捐为首,其捐法不出二途:曰按亩科钱,曰各业派捐。愚独以为不然。夫捐之难,不在于捐而在于收。措置稍不得宜,则暗中煽惑阻挠者必多,则捐如未捐矣。故筹捐次第当在分董、练团之后,杰而材者既分任其劳,则率马以骥,无难按图而索也。而开办之始则尽可先提公款。按亩科钱,名似至公,而实不平。人固有田多而家计转窘,无田而财力转饶者,不仅飞洒诡计、吏缘为奸已也。各业派捐,名似简便,而实烦琐。谚称:"同行带三分冤气",此亦情理之常。一令派捐,大铺必至勒派,小铺必致措缴,终当有受其剥削者。

然则法当何如?曰:可略分二项,曰团捐,曰局捐。每户日出数文以供本团之用,是谓团捐。而总局必当先将置办兵械,修理功程,以及勇粮、军需等项,从一年计,当须若干,约计总数,明白出示。另于团捐之外,视各人之力量劝捐。夫地方庙宇、桥梁,需费五六千金者,村董数人亦可集事。况保卫桑梓,各有身家性命,如果豪俊皆为致力,岂尚虑军需无出哉!捐务为军需所自出,愚若确无所见,安敢横生议论,故与人阻,贻误大事。特以不材周旋于世故者几三十年,于物力之登耗、人情之诚伪,知之颇悉,故敢倡为两捐之法以备荛采。

练　团

练团者,即保甲十家牌之法,变通出之,以大包小,联散为整,壮声援,资策应也。法以五家为比,比选壮丁一;五比为闾,闾举一人为闾长;十闾为团,则二百五十家矣,设团长。隋制:百人为队,队二十为团,后周则以一百户为一团。城厢内外则分四隅,隅设总团,乡则合一村为一总团,城乡总团各以千字文编号,除首二句不用。而听约束于总董。

丁分五等:未及二十曰幼,二十以上曰壮,四十以上曰中,六十以上曰老,妇女概称女户。各张贴门牌,载其事业、年岁,闾长分具其闾之丁数以上于团长,长又状其数以达于号团,团董共计某字团:幼丁、壮丁、中丁、老丁、女丁共若干以上于总局。间日出丁三人,照比次挨轮,以一归号团,二归本团,供更番巡查之用。另设烟户册二本，一存局，一交本户备查。二更后概令息灯。吸烟之人每日皆令有常数可稽：新添，准补报；过客、行商，令就近赴局。先领烟票，每张三文，注明日时，以三时为定，逾限即作废纸。馆中如有容留册上无名之人及无烟票者，准首告给赏。其团局应用人数、执事、职司等项，分别牌示以专责成。

选　　勇

今之议防夷者，仅知议守而不知议战。天下未有不能战而可以言守者，则练勇其要矣。裁兵以后，绿营不敷调遣，一遇寇警，不得不事召募。虬谓事急非客勇不可，稍缓则当自练土勇为可倚。盖土勇有数善焉：同处乡里，各顾室家，既免通匪，可期力战，善一；以本地之财养本地之人，久防而财无外渗，且隐为裒多益寡之计，善二；土勇经练则技自精，如历战阵则胆壮，出境讨贼可建奇勋，善三。而选法则以二十以外、四十以内为率，就中挑分二等：一陆勇，一水勇，水勇人日给钱二百，陆减三之一。统计城乡几团，令每闾各选一丁为勇，不得徇私滥充，不愿者准别闾挑补。而养勇置械之费即出自本闾。综计每户日出钱不过十数，贫者免，富者加倍。一县十馀万户，五千人可立致也。荆公新法："十家籍二。"司马光谓："古丘甸：八百家才出甲士三人、步卒七十二人。"是亦十家抽一也。明刘宗周《保民训要》："每甲养健丁三名。"则十籍其三矣。文天祥方镇之议可谓先得吾心。《永嘉新志》：光绪五年编民户一十五万八千七百九十，丁口九十五万零。

至操练之法约分五项：曰泅水操舟、跃沟、逾高、放枪、跳矛。另选大旗手数人，而皆令平时囊沙于足以练足力，临时解去其缚，则自然矫捷如飞。一切击刺之术听便演习，得其人而训练之，三月已可，一年而军成矣。

筑　　城

御夷之法，石城不如泥城，建治之城不如沿江之城。何以言之？炮弹透土最难，刚以柔克也。泥城且易于修补，若墙石等城，当之立轰矣。治城多居中，若俟敌炮入城，落地开花，奔避不及，此致危坐困之道也。法于沿江接筑泥城，基广二丈四尺，高八尺，上阔八尺，再加子墙高四尺、阔三尺，基并子墙，高共一丈二尺。其制先竖长木桩，交错疏布，中以大毛竹密排为夹墙，相间以尺，前后及中各填以沙泥，夯硪实砌，厚八尺者可任受三四十号之炮弹，此亦筑垒之要务也。据《洋务用军必读说》。

城内向斜拖而下，视要扼处，于城半腰、潮水所不及者，开一炮洞，洞基须用木梁连为铺板，功忌用石，反受震坍。城外不必挖沟，徒致潮淤。城内凿沟须阔二丈，深半之，自城脚斜拖而下，一取保护城基，一取其留积土泥，以备临时补筑之用。挖沟先成多层，历下如阶级，后铲其角即成斜坡。其城外涂涨以后可即报充海防局。唯灶丁准其量授地段，如法煎洒，此亦军屯之遗意也。无平不陂，无远不复，此其时乎！

扞　　港

扞港者，于江口用物拦阻船路之谓也。瓯人常呼“江”为“港”，旧法多作一字形，或眠弓、反弓式，中开缺口，待临时堵塞。在今日则有不尽可恃者：泰西机器便利，一字长坝立可轰毁；况夷艇之来飘忽无常，临时猝不及堵，则两边皆成虚设，而金钱浪费矣！且一经堵塞，以之防夷则毫无把握，而吾舟师内外皆不得逞，非计之得也。

善驭夷者,守外不如守内,守远不如守近,守正不如守奇,守阔不如守约。当使敌有堵截之虞,吾无拦阻之累,可战可守,可暂可久。此岂可漫然从事哉? 法于两岸相间多作一字长坝,长逾半江而止,先以巨舰试水流之长短,分排桩坝之高下、斜正,一循水道,遥如犬牙相错,不见缺口,少则五折,多亦不可过七折。过少过多皆足坏事。务使水流变曲,则敌难直驶,而两岸炮台皆可迎头轰击矣。平时又当扈竹为识,防击撞,此吾乡捕鱼之法。拦阻船路。布希理哈《海防新论》说颇详审。

今既创为新法,参以旧说,约有六要,请详其目。一要择地:须在两岸冲要便利之处及内地炮台炮力所及界内,借炮保护,方无被毁之虑。二要测水:如水流之方向,水道之阔狭,水底之浅深,风浪之大小,泥沙之硬软,皆当一一测定,方可施功。三要防患:拦截之后,两岸就近地方农田水利有无妨碍。四要固基:近来桩坝多开小口,此当密排木桩,实以船石,一经泥淤,俨成长堤,方能束水改流。五要备料:寄桩须用枞树,取入水不朽。装石当用竹篓。往时装石多以炭篓、破篓,甚不中用。一经抬放,即破漏无馀。破船之外又须多备柴料、竹木等项,数户派载瓦石一船,运赴江边,局中自行装放入篓,庶无片瓦抛弃。六要估工:先绘图样,算定尺寸,然后估明物料、工程,始行鸠工庀材。开办之始,可先筑外坝,以次及内。如虑炮台不能抵御,亦可预备物料,于内口一层界直堵截,较之一字常坝单薄堪虞、一任直撞而入者何啻倍蓰,尚何铁甲之足虑哉!

〔**按**〕所附图式略。

聚　　粮

远来之师利在速战,以主待客,守为要着。则士饱马腾,首当峙乃糗粮矣。

法:令号团核计一团之中五等丁口约共若干,每口以日食七合为率,共需食米几石,然后细查各户现存米谷多少。手实报册,可即散存各户,不必公贮一处,恐遭焚掠。至少亦须筹及三月,如有不敷,即当作速购补。而总董又当统计勇丁粮饷等项,广为积贮以资接济,方免临时罗掘。其一切油柴食料,亦须一一先时筹备,则有备无患,安堵不惊。将众志成城,何难克奏肤功哉!

兵　　略

孔子曰:"我战则克。"而于灵公问陈,又谢以未学,何哉?盖战为夫子所慎,故平日于教战、即戎,不惮再三致意。然则兵非学不精,非试不效,不信然欤!

虬于韬钤之学若有宿契。垂髫读诗,至《六月》:"文武吉甫,万邦为宪",辄问当今吉甫为谁,师无以答。少值寇乱,逐队登陴,觅敌击鼓,不耐家居,时则为同治辛酉、壬戌。中年多病,精力顿衰,髀肉重生,功名念绝。因欲汇胜国以来中西战事,分门别类,辑为《兵要》一书,取其年代较近,有裨时用也。仓卒未果,因先录其平日所得切近团务者,约著于编,以供治兵者之荛采!曰束伍、曰列队、曰布陈、曰安营、曰兵约、曰简器、曰操技、曰军号、曰开仗、曰水团、曰陆战、曰城守、曰教战、曰兵钤,凡十四篇。"略"之云者,非敢自谓精通方略;以未试之躬,率尔谈兵,盖以谓此固昔人所已言,而虬尝窃闻其略云。录兵略。

束　　伍

治兵之道,先定行伍。伍束以五,行次以八,五八综而队成矣。

由队而团而部,乃始可与言营。阵止曰营,行曰阵。阵原于伍,伍以成阵。请言束伍:五人为伍,伍有长,责令相保。五伍为行,行二十五人。《左隐十一传》:"行出犬鸡",注:"二十五人为行。"制而成队,队有目一、副队四,目即中行之长,队副分领牌、枪、矛、刀四项,供临阵之用。又设司旗一、副旗四、护勇五,合四十人;直列五行,行各八人,伍在其中,此之谓行伍,是为一队之制。《左襄十传》:"以成一队",注:"百人为队。"《虎钤经》:"一队者三十五人,一部者二十队也。"是队本无定制。队以成团,则二百五十人也。队区为四,各视其方,中为大队,设团正一、副团一、先锋四、校左右各一、文案、医流、匠作、号手各以次列中,逾四队之半,计九十人,以为各队工兵及游徼、设伏、缺补之用,是为一团之制。《史记·田完世家》:"冯因抟三国之兵。""抟"字本作"团",《索隐》谓:"团,握领也。"此为今团练字所始。隋制队二十为团,后周则以一百户为一团,此为今团制所昉。至唐,始设团练使等官。

部则由团而推,议部设统领一、副领一、骑八,执事人员各以数登,计一千五百人,是为一部之制。《前汉·李广传》注:"将军、领军皆有部曲。大将军营五部,部校尉一人。部下有曲,曲有军候一人。"是五部为军,汉制已然。由部而军,则一万(二)〔五〕千人矣。宋张预谓治兵之法,五火为队,则五十人也。二曲为部,则四百人也。二裨为军,则仅三千二百人也。与古亦异,见《孙子注》。县得部二,郡得军一,迎抄游徼,夷氛虽恶,使只轮不返,无难也。近日营制仍前明之旧,率以旗哨分领。《明史》卫所之制,百人为百户,五十人为总旗,十人为小旗。又京营:成祖时又分中军旗为中军、左右掖、左右哨,亦谓之五军。稽之时制,按以古义,则旗似过僭,本朝八旗之外又设绿旗营,旗制实为历代所无,寻常小队,似不宜袭用其名。近并有误书作旂者,非特违制,抑且僭古。而哨近于俚,哨,《广雅·释诂》,"衺也",《韵会》引《说文》:"口不容也。"《方言》六:"秦晋之西鄙、冀陇而西,使犬曰哨。"故援古而正其名。军非乡邑所称,当禀请大宪,统以知兵大帅,制当益详,不遑具述,然其意可推也。

列　　队

队平列为五,而前后分为八行:旗一、牌二、枪三、矛四、刀五、伍长六、队目七、护勇八,每人占地四十九尺,居中,而四面各开三尺,务令旋转自如,且为抽调开放鸟枪之地。列必雁行,进必鱼贯,左右有局,步伐正齐,则队整矣。若队化而成阵,阵式另图列下。(辑注:图略)则伍顾其长,长顾其目,副队专顾大旗,冲锋陷阵,失其所顾,而队目、伍长、大旗丧元无归者,是师无后继以致败也。长失则一伍通斩,目失则五伍齐戮,旗失则四副皆杀无赦。中弹而得归骨者,此非人力所及,不在此列。

布　　阵

在昔黄帝受命之始,顺杀气以作兵法,因丘井而制为阵图。虚其中,大将居之,诸部连绕,环其四面,八阵由是而生焉。然鱼丽、鹳鹅,或假物象;六花、五行,渐兆方圆。有不尽守《握奇》之旧者,毋亦时势改变,因时制宜之道然欤。然则苟得其意,奇正相生,大小相维,隅落钩连,曲折相对,队间容队,曲间容曲,回军转阵,互为前后,进无奔迸,退无违走,则可以制阵矣。

请制阵为十字,前后左右,触处为首,将居中而转运,可散可整,可合可离,可正可奇,唯变所施。"盖天地之数始于一,成于五,而盈于十。三者之变不可胜穷,此乾坤之法窍,河洛之元机,得之者昌,失之者亡,谨守其道,以为国宝。"斯言也,盖得之中州田隐居。庚寅遇于泰岱,曾授虬以河洛大阵。别详《营阵述闻》。

夫用兵之道不外奇正,奇正之变不出四端:曰首兵以待迎敌,曰两翼以备旁抄，曰中权以供游徼，曰后路以资策应。阵法虽多，不出此数。若能参之天时以卜其吉，相之地利以合其宜，则布阵之道尽矣。

或曰："善战者不阵。故张巡行兵，不依古法教战阵。"然史称其临危应变，出奇无穷，是亦阵也。岳武穆亦云："阵而后战，兵法之常；运用之妙，存乎一心。"故知应变、运用之妙者始可与言制阵。所谓神而明之，存乎其人也。若胶柱而鼓瑟，瑟或不调，过及其柱，柱岂任其咎哉！

安营

安营之法，先择形势，可战可守，方为万全。四宜四忌，不可不知：忌迎高，军宜视生处高，恐高处为敌所乘，则自高下击，而吾仰面受敌矣。忌绝水，绝，度也。前为水所隔，则敌难径度。然临水而营，当避下流。忌当敌冲，谓背固前隘，此即《九地》之围地。忌居屺地，谓山林险阻地，处陷曲难行之道，如绝涧、天井、天牢、天罗、天陷、天隙之类，及童山、古城、窑灶、社墓是也。是谓四忌。宜近山水，以助濠墙。宜筑土垒，以资声援。营多宜分，营小宜联，是谓四宜。宜忌既明，乃定营盘，插竿牵绳，施以濠墙。墙高六尺，阔如其高，另加子墙，高及三尺，顶阔二尺，寻常炮弹，可以无虞矣。濠以护墙，内外兼施，外阔六尺，深亦如之。半其阔深之数以挖内濠，唯加横路以便出入。周布既密，乃视方向，参时日，定军帐，开营门。奇遁非尽人可传，而九宫紫白法实简要无两，安营出阵，不可不知。列表置队，勿离其次。分别部居，不相杂厕。坑厕、市场，各居营外，又施蒺藜，以固营基。更为之定樵、汲之节，谨晨、昏之守，明则鸣鼓角以壮军营，隐则数筹珠以防奸细，近虽有洋表，而数筹珠之法终不可废。刁斗森严而鸡犬不惊，则可以为大将矣。

兵　　约

《易》曰:“师出以律,否臧凶。”师而无律,虽孙、吴犹不能以决胜,况在其他。但同处里闬之中,驱使相从于患难,势实有不能尽以威克者,则约数不可以不简。请定约为三章:过误者鞭,违犯者贯耳,失律者斩。鞭之途二:离营喧哗,强买食物。贯耳之途四:攫财物,离本伍,反顾,冒功。斩则法无可贷,功始可抵。斩之制三:杀平民者斩,私焚掠者斩,伍长陷阵,本伍不继因而致死者,合伍通斩,部长失则戮团,团失戮队,队失戮伍,各以其长,馀不相及。长而被敌炮死者,此非救可及,各免死。其所不及,比例而行。罪应死而杀敌献馘者免,获逃军者与杀贼同功。行赏之法不宜预施,须临事立制以励士心。《司马法》所谓“见敌作誓、瞻功行赏”是也。《甘誓》曰:“用命赏于社,不用命予则孥戮汝!”仁义之师不废节制,故《吴子》谓:“将之所慎者五,而终以约。约者,法令省而不烦也。”谨师其意以作《兵约》。

简　　器

两军相遇而勇者强。勇与勇斗,器利者良。兵器之目夥矣,而用者唯六:曰藤牌,牌,古谓之盾,皆以木为之,编藤为牌实出福建。《纪效新书》曾载其说,亦明言铳子不能御。曾文正试以四层厚牌,仍不能御铳子,故湘军遂无牌队,直以血肉之躯相抟。不知滚闪得法,铳子亦间可避。彼盖仅知枪炮流质之重力,不悟藤牌有斜滑分力之用,实由不明动重学之理也。《圣武记》谓罗刹甚畏中国藤牌,谓之大帽子兵。且马队大旗唯牌可御,其制终不可废,不仅如南塘所云“便于南方田塍泥雨中”已也。曰火枪,枪制日新月异,有前膛、后膛、单响、连响之殊。近二十年来,泰西皆改用后膛,以其灵便而且及远。薛叔耘星使谓西国用器皆出一律,取其缓急各处可通也。近来英枪悉用马梯尼,德用毛瑟,美用林明敦。考林明敦致远码数仅一千一百码,较马梯尼已减三之一,视毛瑟几减一半。但此枪中国自能仿造,似较稳便,且得弹力六百馀步,已逾旧枪数倍,当一体改给演放。闻广东线枪势能及远,可敌西制,颇为西人所许,泰西近又改用自来药弹之线枪,或仿造,或购办,军营可汉用此三枪。旧遗鸟枪须发交团局以为守备之用。曰长矛,盖古夷矛之遗。陈祥道《礼书》据郑氏说,谓矛之柄亦以竹,锐底曰鐏,平底曰镦。但古之矛制,上锐而旁钩,今无旁钩,此为小异。实即《释名》所称之激矛,《晋书》所载之蛇矛。曰斩马刀,按《钦定工部则例》"兵仗式":刀有一十九式,临阵似以斩马刀为便用。而小刀可悉如其旧。曰狼筅,曰抬炮。狼筅非素练不精,《纪效新书》:"凡用狼筅须要节密、枝坚、杪加利刃,又要择力大之人能胜此者当之,试法以枪不入为熟。"抬炮非小队所宜,行营小炮,旧制劈山、过山鸟以外,则德之克虏伯四磅弹或六磅、三磅后门炮,美之格林连珠炮仍不可少。发熕、子母等炮可分给团局备用。牌以护前,枪以冲锋,矛以陷阵,刀以杀敌,故小队得四已足,而用之广则莫如旗。旗有大用三,而壮军容不与焉。旗以济鼓,为军耳目,用一;卷地疾趋,使敌目眩,猝不得其多寡,用二;军无所蔽,心胆易慑,随旗而前,继之以藤牌,辅之以号手,能令志气发皇,奋不顾身,用三。得其用而胜负之机决矣。大旗号手须选湘淮勇目以为教习,故两营中月饷有加至四五倍者。火器近敌可施灰包,候风而行,当责令护勇赍负备用。器之可以为兵者尚十有六,曰枪、棍、剑、斧、标、锏、叉、钯、箭、弹、镰、勾镰。弩、挡、戈、戟、锤。门法虽异,道出一原,苟精其术,亦足以卫身而制人死命。然对手则解数无穷,临阵则转掉不灵矣。晁错有言:"器械不利,以其卒予敌也。"故简器为要也。

操　技

《吴子》曰:“用兵之法,教戒为先,一人学成,教成十人。”然则由十而百而千而万,非教不成。故兵而无技,与徒手同。齐之技击,魏之武卒,秦之锐士,皆当时习练之选锋也。技分水、陆为二:水以泅水、久伏为上,先用猪脬或漆牛皮、竹筒演习,能再备泳气钟更佳。而辅以迎风看靶、抛罐、平时量包沙土以代药罐。烧蓬等法;陆以拳勇为主,拳法多端,不出长、短二路,可各如其地之旧。盖手法、眼法、腰力、足力,非熟于拳勇者不办。一切杂技皆从此出。如素精枪棍者,可删其花法,分使教习,令逐势分解,则心易入而技自精。而辅以牌、牌手以短小灵滑为上。操时务藏身不见,上露双目,下管脚下,闪滚合度。《纪效新书》仅列八势,似过于简。近营中堂牌有二十四势,而花牌则多至七十有二,尽花法也。唯滚法实多妙用,宜删为一编,教令演习。短拳、步实、筋鞭,实非牌手所宜,若长拳则无施不可。枪、操枪之法须明三法四差。何谓三法?起、坐、卧是也。何谓四差?远近、阴晴、左右、早晚是也。表尺数太高,子盖靶而差远,太低不及靶而差近,名曰远近差。晴天打靶指中月者,阴天必指上边;晴天起码五六百步者,阴天必再起一线,方与平日线路相合。轻阴、重阴亦微有不同,忽阴忽晴则高下在心,是谓阴阳差。准偏侧,子或向左右斜走,名曰左右差。观日光之左右,眼光与日光相射,则有偏左偏右之不同:如向东之靶,午前光正;向西之靶,午后光正。日初出,光在南,枪必走北;日将入,光在北,枪必走南;向南向北之靶,早晚光多不正。惟日中时可打中月。若一律认定中月打去,线亦多出入矣。是谓早晚差。节冯国士《操练洋枪浅言》说。矛、操法与狼筅同。《纪效新书》有中平、骑龙、钩开、架上、闸下、拗步退六势,但须兼习右手操,方能两手得力。今唯湘、淮营勇间多右手。刀、刀以斩马刀,长短适中合度,须选熟于拳棍者。盖上剃下接,走马跳步,终不出乎棍法也。《俞虚江剑经》云:“阴阳要转,两手要直。前脚要曲,后脚要直。一打一揭,遍身著力。步步进前,天下无敌。”理可互通，唯刀法两手不能径直耳。合操可与藤牌对演，少时见台湾、漳州之勇各带飞刀数柄，形如偃月，回头飞击，百发百中，以防敌追，似当添习此技。本技。按定日时，每日二操。须令各长亲督，逢三则队阅其伍，逢六则团阅其队，逢九则部阅其团。大旗号手当挑取湘淮勇目，留心教习，优以廪饩，数年之后可所向无前矣。

昔勾践之兴也，绝江淮而都琅玡，奄有今江、海二防之地，有习流二千，教士四万，诸御千，遂霸东诸侯，非十年教训之明效哉！今山河如故，而人民加增，苟修其法，何东南之足虑哉！

夫将者国之心膂，兵者将之臂指。将之祸福在神，兵之胜负在气，静定以葆其神，操练以结其气。千人以上，气结成云，非久操则气散而不聚，若驱市人而使之战，心驰神骇，安望有游龙斗鸡之祥哉！

军　号

军以鼓进，以金退，此为定法。旗纛以济金鼓，蠡角以引声乐，法皆不废。顾金鼓之制，今昔异状，按《周礼》小师六鼓，唯鼖鼓、晋鼓用之军旅，此外唯提鼓用之于马上，鼙鼓引之于鼓先，略得四鼓，制皆不存。陈祥道《礼书》谓今之大鼓即鼖，然制亦微异。四金则錞、镯、铙、铎，皆似铃而小。今一易以锣。铙吹虽尚存铙之名，而实大异。钹之变制，与古亦异。则从宜从俗。古亦有不能尽泥者，在变通其用而已。今取临阵所需，一仍时制之旧。

鼓之属二：曰大鼓，曰战鼓。按《皇朝三通》及《钦定大清会典图》所列鼓制，微特与古不同，即与时俗亦尚多异。可一如其地所有。但战鼓须以小而长者为要。盖鼓小而长，则其声舒而远闻也。今战鼓短而声浊，似不足以作勇气。金之属二：曰锣，不知其制所自始。元戴侗《六书故》始言今之金声用于军旅。《正字通》虽称始魏宣武以后，然唐李筌《虎钤经·金鼓篇》犹列四金之名,并未及锣。盖汉唐以前所称金皆即四金,宋元后始指锣为金,而四金之制始失。今《会典》图以面径一尺三寸为锣,径一尺四寸五分八厘为金,虽分为二,其实一也。曰铜点。按《会典图》称制如铜鼓,而小径四寸八分零。虬谓实即唐人所说钲之变制。李筌谓“六师持之,以和乐节制。钲者,进退用之”是也。金属收二,此为临阵所需。若行营则铜鼓、金口角、琐呐一名海笛、铙钹,皆不可少。角之属二:曰蠡角,六尺曰角,五尺曰蠡。曰铜角。即《通考》所称二号,上截直,下截哆,通长四尺一寸四厘,俗呼掌号。军营通称喇叭。铜角于八音本属金,兹取其用,改属角。旗之属三:曰纛,纛有二:曰大纛,曰中军坐纛。曰旗,旗有四:曰门旗,曰角旗,曰五方旗,行营则添金鼓旗。曰令,令有二:有尖式,五色;方式,五色宣令旗。凡站立传令、结阵出队、呐喊急斗,皆进之属也。凡换令转阵、止斗收队、急退回营,皆退之属也。进以鼓为主,而节之以金。退以金为主,而制之以鼓。先之以旗,倡之以角,示以音节,详以分数,而号令明矣。

队团小队,数可从略。全部大营,须多备物以壮军容。安营临阵,又须哑号以防奸细,号不宜简,简则不辨。又不宜烦,烦则致喧,故古人慎之。《心书》有曰:“耀以旌旗,威以金鼓,发号施令,而人愿斗。兵合刃接,而人乐死。”盖必严赏罚之科,兼刚柔之术,故能静若潜鱼,动如奔獭。军号者,主将之威势,三军之司命,兵机寓焉,顾可忽哉!

开　仗

兵,杀气也。临阵打仗,非静不精,非定不胜。静则气肃,定则神全,气肃神全,则所向无前。敌若来抄,必先呐喊,伏旗息鼓,勿离厥伍,陈列执兵,有如勿闻。待其再冲,乃始前攻。此虽恒言,实乃兵筌,不可不察也!

进兵之法,炮继以枪。须量弹力,切勿试尝。坐起更放,不准不止。将近百步，牌手前驱。长矛夹刀，如风疾趋。喷筒火罐，乘其前敌，若当之，无勿颠。伍长行队相钩连，冲锋陷阵以身先，是为节制之师，实无往而不宜。若夫设伏兜抄，利在速进。探报瞭望，防敌策应。静如处女，动如脱兔，则兵家之元机也。善乎曹刿之论战曰："夫战，勇气也。一鼓作气，再而衰，三而竭，彼竭吾盈，故克之。"真千古开仗之秘钥矣。

水　团

今之议海战者，外洋则恃铁甲，铁甲又须碰船、快船为辅，方不至为敌所乘。内口则事水雷。水雷有杆雷、拖雷、鱼雷、伏雷、浮雷五种。近杆雷、拖雷渐废，所用实止三种，小者价仅五六十金，大亦不过数百金，价尚廉而颇适用。但泰西机器日出不穷，抓钩抓网，皆足以破水雷，目前虽尚可用为拦阻之资，终非长久之计。然御夷之道，毋恃敌之不来，在吾有以制敌。当以小制大，以散御整。纵令入港，多练水勇，辅以小舟，星散棋罗，困之于内，则敌之长技穷矣。

水团之制，人各一舟。系绳于身，逐水沉浮。不待指挥，伺便乘机。重设功次，以鼓其气。慎备火攻，火罐、喷筒。或从黑夜，或乘上风。十数为群，注意烧焚。各带器具，椎凿斧斤。挨近舟次，蛾附蜂屯。平时四布，星散无数。敌炮虽利，用非其地。若出小船，圈使不前。纵有神龙，坐困则蝼蚁得而肉之；虽有猛虎，入阱则群羊得而蹴之。舍我之长技，而惟泰西船炮之是疑，一任长驱直入，如无人之地，岂黄种尽愚而白人独智欤？毋亦讲之不得其制耶！请治水团以作后观。渔团法非不佳，然各有所业，势难常操，仅足练为平时防捕之用。水战似当另练水勇，可即就渔户中挑令归伍，故改称水团。

陆　战

兵家大较,战守两施。客主之势,守为战基。夷入内洋,必当登陆。扼要堵筑,圈令就局。绝其内侵,逼鱼入罾。预择要处,以为战场。场设土垒,高下东西。错落参差,互相犄角。设伏出奇,勿令敌知。

作垒之法:三角相叠,每角长数,各五十步。墙厚八尺,炮弹可御。再言其高,外五尺四,以三之二,三尺六寸为内之高。下为立坡,阔须四尺,两行兵交,中挖一池,制弹高抛。战场前后,多设长濠。左右相去,约九百尺。前后之数,百步是积。两角用枪,宜用倒放。远取百步,免自击伤。场垒十数,便可无虞。沿江上下,仿斯为图,实实虚虚,用歼厥渠。村堡之守,密堵隘口。勇夫乘墩,若敌在间,老弱妇女,恃械守庐。余丁外伏,呐喊擂鼓。四面设疑,使敌首鼠。敌入堡中,内外夹攻。敌若外走,尾追其后。平原之战,利用土车,独轮架板。上列三箱,植柱系绦。左右叠土,中设水槽。平铺其上,可置军装。或推或挽,以贳人劳。四尺五寸,为长之数。去九之一,以为阔度。高三尺四,下施轮路,一车之用,可避九人。前后钩连,横蔽阵先。西法避枪,专恃土墙。临阵挖土,锹凿成伍。咸同以来,西国陆战,如英、法、俄、意、奥、布及南北花旗,皆专恃此法。土车之制似更便利。

炎运之中枪炮兴,火金相击射杀人。河洛灵文存至理,化之唯土制唯水。垒三角,车独轮,三一之数穷鬼神,调和水土无比伦。征实谈玄,视吾图编。

城　守

欲明城守,先数垛口,乃料人数,各令分守。九垛为棚,棚十设长。丁分三等:老、弱及中。棚各三人,毋使或空。上施压牌,加以礌石。灯下缒城,离根数尺。日夜四餐,分派各团。枪炮火器,相地所宜。某甲某乙,各有专责。团勇丁壮,均列城下。持兵待战,如猫伺鼠。

凡战之道,豫则不虞,备则不惧。贼冲缺口,直前勿后。画地战守,勿离左右。更以其馀,分守胡同。巷筑短墉,穴洞其中。轮派分守,致死不移。妇女乘高,杂物下抛。预备瓦石,火器灰包。另设游兵,四出分迎。攻冲击尾,电驰雷轰。虽有铁骑,难遽横行。贼若入城,必先放火,以乱人心。宜备火兵,积水满罂。又备勾镰,拆屋使倾,既免延烧。人自不惊。敌多巨炮,守城为下,精锐若失,急何能择。若拚巷战,似胜守垛。昔许逵行之于乐陵,文忠林少穆。防之于粤东,唯且守而且攻,乃足以固吾崇墉。兵法曰:"先为不可胜,以待敌之可胜。"此之谓也。更有要言:安堵为先,效死勿去,城乃可全。再事储蓄,何寇不歼。人言城守,用著于编。

教　战

孔子曰:"以不教民战,是谓弃之!"今以新集之众,辍其耨耒之常,而予以枪矛之利,若不假以时日,加以训练,虽孙、吴复生,亦无所施其长矣。

夫敌之乘我也,有必死之心以厉其气。我之御敌也,无偕生之法以固其志,蔑以济矣!束之以行伍,维之以营阵,整之以队,结之以团,旗纛以练其目,金鼓以一其耳,器械以卫其身,赏罚以励其心。日之操以技,旬之操以队,月之操以阵。合而分之,分而合之,互为主客以示胜负。得其人而教之,假以三军之众,予以数年之期,可无敌于天下矣。

昔吴阖庐教七年，奉甲执兵，中楚国而朝宋与鲁。至夫差之身，东而攻越，济三江五湖，而葆之会稽，九夷之国莫不宾服。况以中国之大，人民之众，上下讲求，以守则固，以战则举，区区岛夷，稽颡阙下不难也。

兵　铃

《老子》曰："以道佐人主者，不以兵强天下，其事好还。兵者，不得已而用之。"闻之道失而后德，德失而后刑，刑失而后兵，兵作而道沦矣！若兵而并不知所以兵，则世变益剧，而生人之道苦矣！

兵有四制三本：围城必缺，缺乃外遁；穷寇莫追，追或反噬；搜伏宜断，断则分剿，而我绝后患；受降须遣，遣则远散，而势难再叛。此为四制。不知其制，转胜为败。治军之本在严，行法之本在信，待下之本在恩。以严为辎，以信为旗，以恩为衣。本得其宜，功乃可期。

虽然，"兵者，不祥之器。"故伐国不问仁人，诚以战罹万死，而赏无重生。贪钩芒之饵，弃径寸之鳞，吾无愚下之心，而使人忘生敢死，戾其天和，如游鱼之离重渊，纵在敌国，能无慨于心乎！同处覆载之中，圆馗跂踵，同此含灵，吾固乐生，而谓人甘就死，理岂然乎？是以公输刻木之作俑，不若墨翟九距之有功。然则兵端既开，曷禁其来。是惟固规制，严守备，练兵筹饷以遏乱萌，上下勠力示以必胜，以兵止兵，乃可以致太平。故圣王安不忘危，以不忍人之心修忍人之政，战胜于庙堂之上，势雄宙合，不事征争，而万汇归仁，殆古之聪明睿智、神武而不杀者夫！

图　说

规制无图曷营？辞义非说不明。略举一隅以概其馀。录图说。

〔按〕作者原著中附有：一队四十人图、中团九十人图、全团二百五十人方图、中部四先锋分队之图、中部二百人之图、畴星飞宫图、水团新制快犀船之图、三角垒之图、三角坎字垒图、独轮土车图等计十幅图式及说明，主要是行阵、驻营、筑垒及小型轻便之战用舟、车制作方法图说。今图说从略，存目。

团　政

法既联二百五十家为一团矣，而团政不可以不修。孔子曰："吾观于乡，而知王道之易易也。"又曰："施于有政，是亦为政。"然则乡者，天下之所由积也。苟得其理，政本在是矣。

封建之世，详于治下。保受葬救之制责之比闾族党，给求养欲，人皆有以自存，故揭竿斩木之事不见于三代。秦循商君之法裂为郡县，虽有垦令、徕民之政，然仅用以战守而已。先王教养之法荡无复存，后世袭而不察，而瓦解之祸亟矣。

圣清受命，历将三百，君无过举，朝无苛政，此非草泽苟为揄扬之辞，凡稍识字、谙文史者皆可历考。而知亭毒过久，间生淫蠹，而异类遂有自外生成，致烦庙堂之擘画者。则同仇敌忾，由乡团而达之郡县，不背乎时制，以渐规乎古法，所以稍酬国家养士之效者，殆其时乎！抑岂独鄙人之私哉？因条其目：曰留防，曰表忠，曰建塾，曰置仓，曰兴利，曰防弊，曰通变，曰审因，曰制乱，曰移杀，曰任人，曰饬法，曰纪事，曰颂圣，以著于编。录团政。

留　　防

《传》曰："不备不虞，不可以师。"孔子谓教民七年始可即戎。今之议防务者，事急始筹团练，稍夷则议散撤，意在惜费，而从前之浪费不计也。虑在滋乱，而后日之制乱不问也。泰西眈眈虎视，终不能保其不变。舍久防不能自强，但当设法损益以善其后耳。

酌裁子局，合十五团而设一总团。如上选勇、束伍法，设团正、副团各一，严约团勇，有事则联为一部，稍加操练，便可自成一军。平时纬以保甲、社仓、义塾诸法，分任各董，给以薪水，而团政修矣。

表　　忠

兵事既平，在事诸人例有赏恤，然势不能遍及也。于激劝之道似尚未备，恐无以为将来之地。各团宜就祠宇添建一祠，署曰表忠。集众公议，取其死事最烈、任事最苦者，第其姓氏，各分三等，标名于匾，以存直道，以励公忠。而总团又当汇乡团一等之死事者，于城内及四乡各建一坊，勒碑以纪其事。

建　　塾

勇而害上，不登于明堂。说礼敦诗，知方之本。宜令团各设塾，可即就表忠祠为之塾，设射圃。团勇一例习射。盖射者，志正体直，躁释矜平，非特凝神命中，可通各技，实足隐消其犷悍恣睢之气。又当延师严定功课，为之讲解兵略，约分三项：中外舆图、近来战纪及名将故事，取其可为法程，有资劝戒者，当另节一书。演习礼文，不宜过繁，反失其刚毅果敢之气。取束筋骨、固肌肤而已。《汉书·艺文志》移《七略》兵书《司马法》于礼经，颇能独见其大。则雅歌、投壶，方不失儒将风流。邑有大事，即塾中集众会议。此专为团勇而设，若义塾又当另议加增。

置　　仓

社仓之法善矣，然行之往往不得其效者何哉？盖孤置一仓，官绅视为具文，无团制以持其后也。若就团设仓，人各为守，互相觉察，则弊自去。朱子本隋长孙平义仓之制设立社仓，亦行之十四年而条目始备。尚赖有刘如愚父子之助耳。故本朝虽以理学名臣如李光地、张伯行，犹不能举。每号团以一家五人、人食米五合为率，虽不及《周礼》二釜之数，然已可疗饥。青黄不接约三月期计之，团共一千二百五十人，例以一米二谷，得谷一千一百廿五石，则流亡可免。每团须令有常积谷五千石，以为一年之蓄。乾隆十三年，常平定额：我浙二百八十万。常平以外别有贮谷，玉环同知仓亦六千石，见《石渠馀纪》。此皆官仓，义社尚无所考。迨查三十一年各省奏销报实存谷数：湖南一百四十三万，视旧额增至一倍有馀。我浙则已减少二百二十万矣。或增或减，视乎其人，不得因噎废食也。捐法则亩各三升，佃取其二，城市及无田之家而饶别产者，酌定捐数，折钱代购。或疑：家及千亩，岁三十石，不无过取，恐致窒碍。不知社仓之设非惟安贫，实兼保富。平时所亏不过三厘，而荒歉之岁便可高枕，此在晓以大义而已。

少米之区可置杂粮。春放秋收，概取燥谷，不准折钱，加息二成。丧病荒歉无力齐偿者，分年带缴。旧法多存七粜三，视年之丰歉以计息。官仓则可，义仓但当严于散放。若拘成法，反多壅遏侵蚀之弊。出入均用官斛，权衡上下，易致失平。放时听便，不得抑配，致同青苗遗祸。收放一皆以谷,不准折钱。盖谷春贵秋贱,名虽得息,而人仍无损。得其人而经理之,积以岁时,菽粟如水火,不难也。

兴　利

利之当兴,农田为首。昔管子堙塞河道,商鞅广开阡陌,皆仅知为一国一时之计。今当反用其道以渐规古人五沟之制。

东南水利饶于西北,此就天下大局而论。其实东南水利当兴者不知凡几:吾乡田有湖头、二进、三进以至十数进之目。盖濒湖为头进,以次入内,则得水渐艰,收成之多寡、价值之高下相去殊甚。愚谓若公买中进之田,浚而为浍,接通大湖,则前后左右无一非湖头也,并可建闸畜鱼,公取其利。少水之处,可于十数亩间开一池,上种芰菱。团政若收,当易为力。若夫畜牧种植之宜,常人狃于其故,皆不知变通仿效。宜派人考究以收实效。

义塾添设商学,专取聪颖子弟教以商务,习算,习看银洋,习方言,习书札,兼阅洋报以广见闻。学成资以外出,此亦树人之计,莫大之利也。

防　弊

利与弊相因也,有一利即有一弊,则防之不可不豫。练团诚善矣。然齐、鲁之晾团,铜、沛之湖团,其始亦皆团也,弊乃至于环城露刃,挟众骇官,结棚窝匪,通逆构兵,此为团防之弊。是宜开衣食之源,简婚嫁之制,清奸宄之路,倡亲睦之风;大旨尤在使有恒产可恋。百废具举,用人必多,良莠不一,克扣侵蚀,势所必有,此为团政之弊。是宜严赏罚之约,广耳目之途,设考成之法,修激劝之典;大旨尤在优给薪水,使得自赡。若烟赌、械斗,有妨团政,禁当加厉。烟禁既弛，乡局但当严禁吸食，不必穷及栽种，反致自狭利源。一切奇邪无益之物，不准入境，致坏风俗。

通　变

上古兵农合一，农即为兵。管子治齐，制为轨里连乡。于是国中之士为兵，鄙里之民为农，兵农始分，此为近制所自始损益乎。

今古之间，权其利而通其变，则莫如乡团。农田所急首在水利，今多淤废，以无官守专司其事也。国朝陈潢始创河兵之议，左文襄复用兵勇浚湖，当师其意，专以挑浚之事责之团勇，详设定章，农田、铺户、埠船岁各出钱若干，归团以作经费。其海滨斥卤、山场荒僻之区，皆当逐渐兴屯以资军实。

审　因

经始之道在握利权。因利而行，虽劳不费。苟得其要，而财不可胜用矣。

讲种植，慎畜牧，工制造，是为开财之源。省婚丧，减迎会，删应酬，是为节财之流。但当定章酌减，去其太甚。理财之道，若未事开源，遽议节流，反至细民失业，仍为继富之敌。大旨尤当设公司以御奇零，汇众产以广积贮，和众丰财，在审其因用之耳。

制　乱

上工不治已病治未病，若病已成而后药之，则渴而掘井，斗而铸锥，势无及矣！

制乱之道不外教养，因利局、药厂、粥厂、社仓之遗，皆所以养之也，可时其缓急以施赒赈之方。清节堂、废疾院、迁善所、义塾之遗，皆所以教之也，当责以事业，消其邪淫之念。而瘗园、义冢尤当择地分设。盖阴磷鬼火，沉阴不散，阳气被掩，积久皆能酿为兵荒，不特泽及枯骨，且可隐消疵疠已也。苟能一一举行，则野无游民，乡皆善俗，岂仅制乱于未萌已哉！

移　　杀

天地之道不外阴阳，阳主生而阴主杀，怀、葛已远，嗜欲日开，血气之偏，沴及阴阳。若久郁而无所泄，则发为兵戈。故古之圣人渐移默化，制为渔猎以杀其机。仲兄言神圣不废屠宰，亡友许拙学谓古人制为射猎，皆所以预泄杀机，各有所见。许名启畴。陈启源作《毛诗稽古编》，乃疑网罟非圣人之制，可谓小儒不知大义。

宜令团勇于秋冬无事之日，一例钓鱼、打鸟。盖钓者一志凝神，理通于射。弹者视高命中，事同于兵。故当设科劝赏，以习其勇技，以杀其悍气，且可隐化杀机。夫人魁含灵，体殊贵贱。齐物之论究戾仁民，但当制之有经，取之有节，方不失为仁政王道耳。

任　　人

团政既修，百废具举，则一切用人之途自广矣。宜因材器使，各给以薪水。人无恒产，不得不借横财以自给，岂真其本心实然哉！势驱之也。

今天下孜孜求治，而纵令不官不农、不工不商之绅衿、里魁，无点金之术、避谷之方，起居服御又畏齐民者，逍遥乎里门，莫为之所，此岂复有善举哉！隐居求志，居贫食力，未易为庸俗道也。若各任以事，竭其聪明智力为乡里兴剔利弊，较之官办，不啻倍蓰！其中不肖侵蚀，诚所不免。然无良之辈，与其明施敲索，已得一而人且去十，何如稍令沾丐，众损一而渠已得百，以涸鲋之润，杀贪狼之欲之尚为得哉？况予之以利，即可制之以法。蓬生麻中，不扶自直，王霸之兴，不闻借材异代，在慎其举措而已。

饬　　法

刑赏，法四时也，贵得其平。而处宽文积弱之时则又当济之以猛。商君变法而秦强，荆公变法而宋未见治，变法同而收效或异者，则商君能得法家之精，而荆公犹牵于儒术也。

汉、唐以来，每历一朝，治具加详而不能无乱者，盖上下皆视为具文，而无严刑峻法以持其后也。其间非无刑章之设，而科条繁密，过于矜慎，官司相蒙，徒为匪人开宽纵之门，名虽存而实则亡，由于不简、不明故也。

各团皆就其事俗立为禁约章程，违者虽贵富不贷。

纪　　事

团二百五十家，联二团则古之一党也。总团三千七百五十家，联二总团，则古之三州矣。是其事不可以无纪。

考之《周礼》，州党“属民读法，书其德行道艺”；闾师会众致事，校及六畜、车辇；非特三年大比，借以宾兴，而小行人五书即原于此。故能周知天下之故。

总团宜仿志乘例：凡男女之生死，岁时之丰歉，水利之兴废，土产之登耗，及营寨、坊巷、桥梁、祠庙之改变，以至风俗、时政、官董、灾祥之善恶，皆当设例汇记，以为将来作志修史张本。

颂　　圣

《易》首乾元，《书》称帝典，风诗托始周南，《春秋》书王正月，皆所以明帝统，申王道，使晓然于天泽之分，今古不殊。凡在血气之伦，宜极尊亲之典。而《周礼》大司徒“正月始和”，又“悬教象之法于象魏，挟日而敛”。州长之下，又行读法会民之礼，一岁之中，读法者州长三、党正七、族师十有四，而闾师则并无定期。其多为之制者，非第布教纠民已也，将使观听之下皆凛然有天威咫尺之意，以筦摄其心思。天子当阳，诸侯用命，畏神服教，有自来矣！

盖三古已上，君民可令相忘。去古已远，当令民不能忘。故歌功颂德，圣明不废其隐，纳民于轨物者，亦可使由、不可使知之意也。近禅门日诵之科仪、西教七日之礼拜，亦具深意，故能独行其教。当于每月朔望，宣讲圣谕，集一团之人，黎明分衿、耆为左右两班，列坐听讲，团勇站立。讲毕，齐歌《皇清圣德颂》以答皇仁。歌法如文庙乐章，歌止团拜。礼毕归班。谨集成语，制而为颂，辞曰：“维清缉熙，诞膺天命。念吾皇祖，聪明齐圣。义征不惠，仁育群生。永清四海，天下太平。帝德广运，德惟善政。人永其寿，物极其性。圣子神孙，以赫厥灵。思皇多祜，鉴于大清。”

〔**按**〕《报国录》全文录自《蛰庐丛书》之一《报国录》，并校以缩印本。陈黻宸序见本集附录。

卷五　专著五

《利济教经》序

（1894 年 8 月）

余建院讲授，医经之外兼收杂家，蕲为明体达用之学。其时来学弟子有尝在外就傅六七年者，竟未能粗解文义；叩以中外近事，更懵无所知。予颇病里师教法之未善，髫龄时性灵受蔽，为可叹也！

《记》曰："黄帝正名百物。"孔子曰："必也正名乎！"苟名义未谙，而欲遽求了慧，是行不以径，出不以户，无所往而不迷矣！因次为韵语三十六章，句约三言，举凡古今中西学业规制以及世间一切人事，皆标举指要，事繁语赅，以期急就。每逢讲期，按章详说，颇益学子。

呜呼！自秦愚黔首，焚书祸烈，医以轩、岐遗泽，独免郁攸。吾意当时抱遗通变之彦、喙志康世者，不师于吏，必取于医。今五洲回沉，图书夥夥，学者穷老尽气犹不能竟其端绪。道以多歧而亡，恐昔之以学愈愚者今将学而益愚。然则振聩发聋，材益八疾，木铎非吾官师责欤？昔晋皇甫谧《甲乙》之外，曾欲作《教经》以惠医流未果，因袭其名，刊刻以贻同院。

时光绪二十年岁次甲午敦阜纪孟秋日东瓯陈虬志三书于瑞安利济医院之蛰庐。

〔**按**〕《序》及《教经》三十六章均录自《蛰庐丛书》之二:《利济教经》。《利济教经》是百科式的蒙学课本。三字为句,协韵好读易记。这种通过简要的语言,传授多方面基本知识的教学方式,是作者成功的尝试。其中许多知识,在当时还是学子们前所未闻的世界知识和新鲜事物。

利济教经

蒙学章第一

物始生，称曰蒙。万类中，人最灵。养以正，即圣功。小学法，参赞融。妙燮理，医之功。天地人，为三才。圣儒学，中西通。

医道章第二

百家学，医为始。通阴阳，原生死。疗君亲，泽乡里。开大道，首神农。本草创，药通灵。轩、岐兴，垂《内经》。六合理，归纲纪。张长沙，伤寒家。作《金匮》，方、法备。唐《千金》，集大成。宋后书，慎所趋。神乎神，通古今。

生人章第三

人之生，贵性命。阴五脏，阳六腑。五官正，七窍通。气与血，两大纲。若灵明，天所赋。志为主，气为辅。气生精，精生神。神通玄，唯圣人。践其形，分五种，同一原。

明伦章第四

人根本,在五伦。定尊卑,君与臣。若父子,主有亲。若兄弟,重友恭。若夫妇,贵有别。若朋友,信义结。五伦外,有九族:高、曾、祖,父、己身,子与孙,暨曾、元。

师范章第五

教婴孩,首规矩。正名称,分礼数。先认字,次记典。世间事,随指点。文字外,加体操。认字法:先形体,次衣服,次动植,次飞潜,次饮食,次器具,次舟车,次钱币,次色味,次数目,次方位,次姓氏,次地理,次时令,次天文,次图画。就近浅,易明晓。典为则,取则效。古忠臣,及孝子,或义士,与节妇,圣与贤,尤称首。伦常理,时提醒。事理确,视各学。

语言章第六

婴始生,同一声。及长成,互变迁。区南北,判古今。等切法,合音兼。明四书,定七音。西音兴,字母新。二十六,拼法足。福利音,出利济。教愚蒙,益万世。

文字章第七

语言定,文字正。仓、史后,篆、隶兴。草书变,正楷行。小学书,《说文》尊。近欧洲,重腊丁。英、法文,亦通行。

四民章第八

天生人,本一类。贤愚判,区十等。约而纪,分四民。士与农,工与商。

五行章第九

天地气,判五行。水、木、火,土与金。百物中,寓生、克。五方位,从此别。

原质章第十

中土学,崇五行。西学兴,化合分。分原质,六十四。气质五:轻、养、淡,绿与沸;流质二:曰溴、汞;馀定质,五七种:碘、硫、硒,碲、磷、铈,矽、炭、钾,钠、锂、铋,铷、钡、锶,钙、镁、铝,铪、锆、钍,钛、铒、铽,错、锒、镝,铁、锰、铬,镍、钴、锌,镉、铟、铅,铂、锡、铜,铋、铀、钒,钨、钽、锗,钼、铌、锑,钟、银、金,铂、钯、铑,钌、铼、铱,世间物,皆各质,合而成。精化学,分数明。

干支章第十一

天干十:曰甲、乙,曰丙、丁,戊、己、庚,辛、壬、癸。若地支,十有二:子、丑、寅,卯、辰、巳,午、未、申,酉、戌、亥。干支配,循环代,终六十,复其初。大挠作,纪日书。以名岁,出后儒。

时令章第十二

时有四,天所令。十二月,分布定。春为首,夏次之,次秋、冬,五气齐。五年间,两置闰。始唐尧,岁序顺。三正建,有由来。行夏时,寅月推。

天文章第十三

天最高,不可攀。星虽繁,约二种:曰行星,曰恒星。金、木、火,水与土,名五星;益日、月,即七政。近西学,言八星;五星外,加地球,外天王,与海王,较地球,大而光。黄、赤道,寒、暑分。习天文,先中星,浑天仪,逐时移。步天歌,分三垣,合天星,三千馀。

地球章第十四

地球上,判东西,分五洲。东半球:亚细亚、欧罗巴、三阿洲——非利加。西半球:亚美利,分南北,合五洲。五洲中,分五洋:东太平,西大西;印度洋,地居中;外冰洋,有南北。

疆域章第十五

大清国,半亚洲。东辽沈,西新疆。蒙古北,滇、粤南。直隶省,附京师。山东、西,左右驰。中河南,邻陕西。甘肃外,有四川。

云、贵地，犬牙穿。湖南、北，江西连。浙偏东，界闽、台。两广分，南洋门。安徽省，江苏兼。东三省，王气钟。曰吉林，曰盛京。黑龙江，最著灵。

世纪章第十六

开天地，首盘古。三皇起，五帝继。夏、商、周，称三代。秦兼并，归两汉。蜀、魏、吴，三国峙。晋司马，分东西。宋、南齐，梁与陈。北元魏，齐、周、隋。李唐后，又五代。宋、元、明，统大清。

经学章第十七

人初生，灵明胎。浚其智，在读书。十三经，目可举。《易》、《诗》、《书》，《春秋》、《礼》。五经外，重《论》、《孟》。春秋学，有公、穀。《礼》有三，《仪》、《周官》。研《尔雅》，小学基。《孝经》编，人道全。

史学章第十八

六经外，廿四史。首《史记》，《两汉》继。《三国志》，合四史。《晋书》后，《宋》、《南齐》。《梁》、《陈》、《魏》，《齐》、《周》、《隋》。《南》《北史》，外《唐书》。与《五代》，有新、旧。《宋书》外，《辽》、《金》、《元》。加《明史》，全史完。

子学章第十九

经史外，曰子书。崇道德，老、庄、列。管、晏、墨，主富强。尚刑名，申、韩、商。《司马法》，兵家详。孙、吴外，尉缭良。翊大道，荀与扬。《吕春秋》，《刘淮南》。宾彦作，材华优。诸子外，皆支流。

文学章第二十

翼圣道，在文章。源流一，制体纷。文骈、散，诗古、今。诗、赋、词，本一源。歌曲体，分今古。古乐府，今传奇。功令文，重八股。帖括体，名时文。

中学章第二十一

汉、宋后，学分门。名虽夥，约五纲：曰训诂，曰考据，曰辞章，曰义理，曰经制。

西学章第二十二

中外通，来西学。算为体，化为用。热、光、声，汽、水、电，矿、地、重，格致门。诸新学，由此推。

方术章第二十三

正学外，参术数。卜筮法，古所尊。若星相，亦可观。兵家言，重壬遁。太乙数，九宫布。堪舆书，河洛图。五行家，术入神。古微言，往而存。

仕进章第二十四

开国始，重贡举。应小考，称文童。附、增、廪，由学升。五贡生，曰明经。乡、会试，甲乙科。试三场，举人外，进士同。殿试后，判四途：入词林，分中书，主事贵，知县富。若老榜，名钦锡。武少异，大致同。近出身，更多门。

冠服章第二十五

圣清盛，重翎顶。分花、蓝，贵三眼。金、银嵌，别贡、监。白车渠，上水晶，蓝宝石，红珊瑚，加蟒补，分九品。视形状，识文武。

职官章第二十六

君定位，分职官。古至今，名不一。我圣清，分满、汉，区京、外，爵五等，官九品。公孤三：师、傅、保，别太、少。大学士，分殿、阁。军机处，外总理。内六部：吏、户、礼，兵、刑、工。九卿班，朝仪崇。曰翰詹、曰科道，京朝官。此其纲，诸职要，难具论。内官讫，请言外：督抚尊，河、漕、盐，将军并，织造同。运、藩、臬，称三司。道、府、县，间州、厅。武提镇，权最崇。副参、游，都、守从。若钦差，大总裁，二主考，暨学台。外洋差，贵辩才。

典制章第二十七

国大政，在祀典。上圜邱，下方泽。先社稷，后农蚕。厉祭坛，岁三举。先师庙，重释奠。岁春秋，仲上丁。若堂子，满州隆。祀典外，首朝贺。迎春礼，耕藉仪。日月蚀，各救护。乡饮酒，礼尤古。各方土，风俗殊。

礼乐章第二十八

近时礼，约有四：冠与婚、丧与祭。乐工尺，即律吕。六艺微，御法废。射改枪，书入洋。唯九数，近胜古。

刑律章第二十九

设刑律，治奸宄。笞与杖，徒、流、死。五刑外，有凌迟。

权量章第三十

平天下，重权量。钱两斤，斗斛石，寸尺丈，由纤积。古今异，中西殊。医门例，准利济。

机器章第三十一

泰西通，制造工。量天尺，察天筒，显微镜，寒暑表，风雨通。自来水，电气灯，陆电线，水火轮。铁路开，自西东。轻气球，行半空。蜡人院，医家庸。传语言，德律风。石印法，照相同。馀杂物，以类从。

武备章第三十二

近武备，恃火攻。开花弹，西洋炮。棉花药，铁炮台。铁甲船，风铳穿。旱水雷，电气开。洋枪炮，工试放。

时务章第三十三

识时务，主富强。讲公法，明约章。自强基，在公司。近洋务，南北洋，设大臣。方言馆，遵同文。制造局，机器足。刊官书，破群愚。闽船政，沪招商，电报通，赈济公。税务司，洋债支。海关外，卡抽厘。邮政局，官银行，今虽止，后当起。兴亚洲，入手方：设报馆，开学堂。

租界章第三十四

口岸外，分租界。夷冢墓，开马路。设领事，立巡捕。大跑马，寓讲武。弹子房，嬉戏场。东洋车，纷如麻。吕宋票，保险行。番菜馆，供大餐。唱书楼，任冶游。年少人，谨守身。欲拍卖，视礼拜。

教门章第三十五

天生民，君作师。三代降，师儒尊。我孔子，儒之宗。俗称教，道、释兼。外天方，即回教。若天主，与耶稣，派本一，后分途。外教门，难具云。

医统章第三十六

医正统，肇轩皇。揖岐、雷，开明堂。悯侯王，哀众子。《至真要》，秘千祀。神圣业，融百氏。诸旁门，徒纷纷。师道尊，统长存。志利济，是真诠。墨百八，孔三千，薪火传，永万年。

〔**按**〕《利济教经》刊于《利济学堂报》第一册《书录》（1897 年 1 月 20 日出版）。

卷六　专著六

教经答问

弁　言

（1897 年 2 月 2 日）

余既作《教经》三十六章以课学子，每逢讲期，为之逐章演说。章分三帙，以次口授。近创《院报》，因命同院分门设为问答，以牖方来。乃进诸生而语之曰：答问之体，肇始《内经》，三坟之一，实先经传。今为文言，古皆成语。旨在发蒙，文须通俗。约其体要，厥有二纲：宁质无华，宁简无繁。言近指远，乃为正轨。质须不俚，简贵能赅。譬啖野果，得味中趣。如张古琴，有弦外音。闻根在肾，功倍自治。导以新机，相说以解。夫君子五教，答问居一。大叩大鸣，道资觉悟。若依题检对，虽省简览，仍勘启沃。如文士射策，扯挦故纸，亦无取焉。许叔重不云乎："将以晓学者，达神旨。"斯言韪矣！

光绪丁酉元旦

东瓯陈虬志三漫书

〔**按**〕《利济教经答问》,系根据陈虬《教经》口授,“分门设为问答”编纂而成,原载于《利济学堂报》第二、三、四、五、六、七、八、九、十、十一、十二、十三、十四、十五和十六各期《书录》,下署“东瓯陈虬志三纂”,列入《蛰庐丛书》。

《弁言》及《答问》四卷,均见《蛰庐丛书》二。《弁言》中所引许慎(叔重)语,见《说文解字·自序》。

卷　一

蒙学章

问:何谓蒙?

答:小也。

问:小何以称蒙?

答:物初生,蒙蒙然也。

问:何谓万类?

答:天地间一切物是。

问:物类中总目有几?

答:有四:飞、潜、动、植。

问:何谓飞?

答:禽鸟是。

问:何谓禽?

答:鹅、鸭之类是。

问:何谓鸟?

答:燕、雀之类是。

问:何谓潜?

答:鳞、介是。

问:何谓鳞?

答:鱼、龙之属是。

问:何谓介?

答:龟、鳖之属是。

问:何谓动?

答:凡能运动之物皆是,而兽为著。

问:何谓植?

答:草、木、花、果是。

问:人何以灵?

答:得天地五行之正。

问:何谓正?

答:一切正路事。

问:何谓养正?

答:即教以一切正路事。

问:何谓圣?

答:是人类中第一人等。

问:何谓中西?

答:中国、外国也。

问:何以谓之中国?

答:即今我大清廿三省是。

问:何谓外国?

答:西洋诸国是。

问:中国西国风俗、政治、学问同否?

答:有同有不同。

医道章

问:医何以为百家首?

答:凡学皆不若医为切用。

问:医有何切用?

答:可以保身,可以治病,可以谋生,可以济世。

问:神农即炎帝神农氏否?

答:是。

问:神农传有何书?

答:《本草经》。

问:轩、岐何人?

答:轩是轩辕黄帝,岐是黄帝之师岐伯。

问:《内经》是何书?

答:黄帝与岐伯问答医学之书,内分《素问》、《灵枢》。

问:长沙何人?

答:汉长沙太守张机,字仲景,著有《伤寒》、《金匮》等书。

问:《千金》是唐孙真人《千金方》否?

答:是。

问:《千金》何以能集大成?

答:此书所论习医次序与治病方法、采药时地,无一不备,而又旁通一切方术之学,如今星相、选择、堪舆、壬遁、算数、体操与五行家言,非集大成而何。

问:宋后书坊间通行者约有几家?

答:宋有许知可、陈良甫、陈无择,金有刘河间、张子和,元有李东垣、王好古、朱丹溪,明有滑伯仁、葛可久、王安道、戴原礼、薛立斋、汪石山、江应宿、孙文垣、王肯堂、李濒湖、缪仲醇、张景岳、吴又可、方有执,本朝有喻嘉言、张风逵、傅青主、林药樵、徐忠可、张路玉、张隐庵、高士宗、尤在泾、薛生白、王晋三、徐灵胎、黄坤载、戈存吉、冯兆张、陈飞霞、孔毓礼、高鼓峰、聂九吾、万密斋、沈芊绿、唐立三、陈远公、武叔卿、黄宫绣、叶天士、陈修园、吴鞠通、王清任、夏禹铸、章虚谷、王孟英,近人陆九芝、唐容川。

问:各书皆可从否?

答:否!有醇有不醇,尚须分别读之。

问:近日西医盛行,当读何书能得其概?

答:《儒门医学》、《全体新论》、《西药大成》。

问:医书甚多,学者从何入手?

答:看院中医藏书目表,自得门径。

生人章

问:生人之始为谁?

答:盘古氏。

问:盘古生人见何书?

答:《述异记》云:"盘古氏,天地万物之祖也。今南海有盘古氏墓。"又《三五历记》亦云:"天地混沌如鸡子,盘古生其中,万八千岁。"

问:西国生人亦始盘古氏否?

答:西国传记称生人之始为亚当,十一世有挪亚者,有子三:曰闪、曰含、曰雅勿,分王各地,为西洋各国之祖。

问:以上二说确否?

答:荒远难稽。但古说相传,亦不可不知。

问:人本乎祖,中国四百兆人民究竟当以何人为祖?

答:黄帝。生人之始虽难考实,而得姓受氏,实皆出自轩辕。有《左传》、《史记》诸书可证也。

问:性、命作何分别?

答:心为性,肾为命,此道家说,养生家当从之。

问:何谓五脏?

答:心、肺、肝、脾、肾。

问:何谓六腑?

答:小肠、大肠、胃、胆、膀胱、三焦。

问:五官何名?

答:相书以耳为采听官,目为鉴察官,鼻为审辨官,口为出纳官,眉为保寿官。

问:古人五官不言眉,其一是何?

答:古书言五官皆不甚明白,惟《荀子》有耳、目、鼻、口、形五官之名。

问:五种之人何别?

答:亚洲东方蒙古之人发黑唇厚,鼻阔色黄,为黄种;亚洲西北及欧洲之人面白鼻高,眼深唇薄,为白种;亚洲之南苏门答腊等处之人,貌圆发黑,面如棕色,为棕色种;阿洲之人发卷额削,貌如炭色,为黑种;美洲土人身长颧高,肤红如铜,为红种。

问:五种之人地判东西,何谓同出一原?

答:刘康公曰:“人受天地之中以生,所谓命也。”《中庸》曰:“天命之谓性。”同此性命,即同出一天。《五运历年记》曰:“元气濛鸿,萌芽滋始,遂分天地,肇立乾坤,启阴感阳,分布元气,乃孕中和,是为人也,首生盘古。”《三坟》云:“天地孕而生男女,谓之三才。三才者,天地之备也。”游神动而灵,故飞、走、潜、化、动、植、虫、鱼之数必备于天地之内,谓之太古。知五种之同出一原,则当无分中西,一视同仁。

明伦章

问:五伦之目?

答:君臣、父子、兄弟、夫妇、朋友是。

问:何谓君?

答:出令治民是也。如今之皇上,古之天子、诸侯是。

问:何谓臣?

答:事君者也,如今之内外满汉文武官员是。

问:何谓父?

答:生我者也。

问:何谓子?

答:我生者也。

问:何谓兄?

答:先我而生,长于我者也。

问:何谓弟?

答:后我而生,少于我者也。

问:何谓夫?

答:女子所嫁之人,事以终身者也。

问:何谓妇?

答:夫之配也。

问:何谓朋友?

答:同类同志之人也。

问:九族之目?

答:高祖、曾祖、祖、父、己身、子、孙、曾孙、元孙是也。

问:九族有别说否?

答:有。或谓父族四、母族三、妻族二。

师范章

问:婴孩何别?

答:女曰婴,男曰孩。人始生,可通称婴儿。

问:规矩是何物?

答:规圆矩方,皆造物之器。世界万事亦各有规矩在中。

问:何谓正名称?

答:小儿能言,即教以称呼,如父母、伯叔、兄弟、姐妹等名。

问:何谓礼教?

答:如拜跪作揖、叩头请安之类。

问:认字有何便法?

答:当从小儿耳目习见、已知之物始,分门为之解说,每类皆仅就浅近事物指点。

问:何谓记典?

答:取古人典故,教令记忆。

问:何谓体操?

答:操演以练其身体。

问:体操之法如何?

答:可仿本学堂新出《卫生经》逐式演之。

问:形体之类当先认何字?

答:头、目、手、足、眼、口、鼻、耳。

问:衣服之类,何字先认?

答:帽、靴、袜、鞋、衣。

问:动、植之类,何字先认?

答:如鸡、鹅、鸭、牛、羊、狗、马,是动类;花、树、草,是植类。

问:飞、潜之类,何字先认?

答:如鸦、雀、鹰、燕,是飞类;鱼、鳖、虫、蛇,是潜类。

问:饮食之类,何字先认?

答:米、酒、粥、饭、油、盐。

问:器具之类,何字先认?

答:桌、椅、箸、碗、杯、盘、盏。

问:舟车之类,何字先认?

答:轿、船、车。

问:钱币之类,何字先认?

答:金、银、铜、铁、珠、钱。

问:色味之类,何字先认?

答:青、红、赤、白、黑,是色类;甜、苦、淡、酸、咸,是味类。

问:数目之类,何字先认?

答:一、二、三、四、五、六、七、八、九、十、百、千、万。

问:方位之类,何字先认?

答:东、南、西、北、前、后、左、右、上、下。

问:姓氏之类,何字先认?

答:先本姓,次举熟识邻右,如在院则陈、何、池、张、胡、高、刘、王、冯、周、金、伍、邱、林、朱、黄、罗、钱、孙、叶、吴、徐、季、杨、赵、李、程、郑、鲍、项、韩、唐。

问:地理之类,何字先认?

答:山、河、江、海、湖、水、石、路、井、池、桥。

问:时令之类,何字先认?

答:春、夏、秋、冬。

问:天文之类,何字先认?

答:日、月、星、风、雷、云、雨。

问:图画之类,何字先认?

答:先示以花卉、人物,次及山水。

问:忠臣先举何人?

答:取说部传奇中人所素晓者,参以史传,如比干、伍子胥、诸葛亮、狄仁杰、岳飞、方孝孺、杨继盛、周遇吉等及吾瓯之陈傅良、王十朋、卓敬、章纶诸公是。

问:孝子先举何人?

答:闵子骞、董永、杨香、丁兰、孟宗、王祥、郭巨等。

问:节妇先举何人?

答:先取卫共姜、鲁伯姬等事实与之解说。

问:古圣人最著名者何人?

答:唐尧,虞舜,夏禹,商汤,周文王、武王,孔子。

问:古贤人最著名者何人?

答:周颜子、曾子、子思、孟子,宋朱子。

语言章

问:婴儿何以有声?

答:出胎之后,天气乘空窍而入,自能发声。

问:天气何以能发声?

答:气是声之母,有气即有声。天地空廓之处,无处无气,即无处无声。

问:此声何以众人不闻?

答:众人气浊而实,故不闻。惟至人冲虚之体,无所不闻。

问:气乘空窍即能发声,何以窄口空瓶终日无声?

答:瓶底无应声之橐籥。

问:人身之橐籥何在?

答:在内则肺管、会厌,在外则唇、喉、齿、牙、舌,其实五脏中原藏有声在内,故能一感即应。

问:五脏中先藏有声,声自何来?

答:人身小天地,天地间所有之气质无所不备。

问:身中藏声之理终未明白?

答:譬如撞钟即显钟声,金自有声,假击始鸣。若遇木钟,虽击勿闻。

问:吾人向空张口何以无声?

答:唇、喉、齿、牙、舌相轧,始能吸天气入脏而发声。

问:婴儿无知,何以自能相轧?

答:初生气微,天气暴触,呼吸之间能令肺管、会厌自行相轧,生凹凸力发声。

问:婴儿始生之声,古今南北同否?

答:同。

问:何以同?

答:人同一天,即同此气,气同则声同,所谓元音也。

问:年长,音何以变?

答:婴儿荤食步行之后,收地气日多,故逐渐改变。

问:地气何以能变声?

答:土气深浅广狭,随处不同,故声从而变。

问:音何以南北不同?

答:山川各别也。

问:声与音何别?

答:声是四声,音是七音。

问:何谓四声?

答:平、上、去、入。

问:平上去入如何调法?

答:每字各有四声,如利字以瓯音调之则曰:梨、里、利、力,济字则曰:支、纸、济、只。

问:五音宫、商、角、徵、羽何以有七?

答:加变宫、变徵为七音。切韵法则有半商而无半宫。

问:七音如何分法?

答:喉为宫,齿为商,牙为角,舌为徵,唇为羽,半舌半齿为半徵半商。

问:调七音有何书?

答:观字典卷首所载三十六字母见、溪、郡、疑等便明。

问:反切始于何人?

答:魏孙叔然。

问:字母之学出于何地?

答:天竺。考《大藏经》字母同异共十二种。

问:中音三十六字母始于何人?

答:唐僧守温。

问:反切二字何解?

答:一音展转相呼谓之反,一韵之字相摩以成声谓之切。

问:反切如何调法?

答:先调上一字,视在何母,再看下一字属何韵,即从其韵调以三十六音,遇上一字所止之位即得。

问:欲明等切之音先观何书?

答:司马光《切韵指掌图》。

问:何谓合音?

答:合两字之音以成一字。如不律为笔,急读"不律"二字即得"笔"字之音,其法较反切为密。

问:西国二十六字母书法、音读及江浙方音如何?

答:可观后表。见图版

问:西字何以分四种?

答:正书二种,系刻版所用为多;草书二种,则日用所写也。

问:西字字母、音韵何别?

答:字母无音,音韵有音。音韵能发音,不赖字母拼合;字母须赖音韵拼之,然后有音。

问:英、法、美三国音韵何以不同?

答:当于异处求同,则思过半矣。

问:英文何指?

答:即上爱、皮、西、提二十六字是。

问:著沪、甬、瓯三土方音何用?

答:便初学也。若能平时认识此二十六字,辨正声音,依次读熟,能后学习拼法,自易得决矣。

问:英文二十六字,有音韵几字?

答:五字:爱、衣、挨哀、蛙、雨何是也。馀二十一字悉为字母,然有二字可当作音韵,如"特勃而雨乎"与"雨何"字、"槐哀"与"挨哀"字俱可通用,故名为半音韵字。

问:法文音韵字有几?

答:六字。英文五字外又增一"格亥格"字。

问:法文字母仅二十五字,中缺何字?

答:英文"特勃而雨乎"也。

问:二十六字母之数,各国同否?

答:同者多,唯希腊三十六字,罗马、法国均二十五字,希利尼二十一字。

问:近今英语通行,欲学英语先读何书?

答:先读《泼勒末》、《法司利头》、《色根利头》、《收而利头》、《小巴拉马》、《大巴拉马》,或即从《司配林卜克》入手,继以《大巴拉马》亦可。

问:以上书无师能通否?

答:不能,须从洋教习讲授方准。

问:有浅近易购、无师能通之书否?

答:英文有《英字入门》、《英语集全》,法文有《法字入门》、《法语进阶》。

问:学洋文此外尚有何书?

答:《无师自通英语录》、《英语注解华英尺牍》、《华英字典》、《翘巴采挥》、《智环启蒙》、《官话指南》、《官话常谈》、《法汉常谈》、《法文规范》。

问:拼法大概?

答:泰西每字皆合数音而成,西人即取二十六字母,审其硬软、长短,拼为一字,故或二字、三字、六七字不等,大旨与纽切之学相同。

问:福利音既传同院,何不刊出以教不识字之人?

答:此书字皆新制,当时未便早刻,今风气大开,公理渐出,此书可以行矣。

文字章

问:造字者何人?

答:黄帝史官仓颉。

问:仓史造字从何处悟起?

答:仰观奎星圜曲之势,俯察龙文鸟迹之象,博采众美,合而制字。

问:文、字二者有别否?

答:有。上古所造谓之文,后世所增谓之字。

问:天下字皆同否?

答:不同。有华文、有洋文。华文,中国字也;洋文,西洋字也。

问:仓史所造即蝌蚪文否?

答:是。后变为篆、隶、草、正四体。

问:四体书何人所造?

答:篆有二:大篆,周宣王时史籀;小篆,秦丞相李斯与赵高、胡毋敬;隶书,秦下邽人程邈;草书,西汉元帝时黄门史游;正书,古谓之楷书,始于汉章帝时王次仲。

问:解说文字有何书?

答:《说文解字》。

问:何人所作?

答:汉祭酒许慎字叔重所集,凡十四篇、五百四十部,文九千三百五十三,外重文一千一百六十三字。

问:华文、洋文,读法各异,何昉?

答:《释典》言造字者兄弟三人,长曰梵,其字左行,即今之梵书、蒙古书也;次曰佉卢,其字右行,即今之泰西各国书也;季曰仓颉,其字下行,即今之华文也。

问:腊丁文即希腊字否?

答:略变,即钦天监所书之拉体纳字也。

问:英、法文通行何别?

答:贸易用英文,公牍用法文。

四民章

问:何谓贤?

答:聪明正直者是。

问:何谓愚?

答:鲁钝顽恶者是。

问:十等人是何?

答:王、公、大夫、士、皂、隶、僚、仆、舆、台。

问:何谓四民?

答:士、农、工、商。

问:何谓士?

答:读书明理者。

问:何谓农?

答:耕田种植者。

问:何谓工?

答:制造器用者。

问:何谓商?

答:贩卖货物者。

五行章

问:何谓五行?

答:水、木、火、土、金。

问:五行相生之次?

答:水生木,木生火,火生土,土生金,金生水。

问:五行相克之次?

答:水克火,火克金,金克木,木克土,土克水。

问:五方之位?

答:东方属木,西方属金,南方属火,北方属水,中央属土。

问:五行之用?

答:用处甚大。天地万物俱不出此理,若能随时理会,于格致之学思过半矣。

原质章

问:西学何学最要?

答:化学。

问:化学何用?

答:化察万物,分其原质。

问:何谓原质?

答:万物之质,现在所不能化者,名为原质。

问:何谓化分、化合?

答:用器化物,使一物分为数种,复化数种合为一物。

何:万物分几类?

答:分两大类:一化成类,如金、土、气、水等物;一生长类,如动、植等物。

问:原质之目若何?其数有几?

答:如养、轻、淡等,计六十四种。

问:六十四原质有分类否?

答:亦分两类:一金类,五十种,如钾、钠、锂等质,金字旁皆金类也,汞亦金类;一非金类,十四种,如养、轻、淡等质,非金字旁即非金类也。

问:二类原质中分几种?

答:三种:一气质,一流质,一定质。

问:气质有几种?

答:五种:一轻气,一养气,一淡气,一绿气,一沸气。

问:流质有几种?

答:二种:一溴,一汞。

问:定质有几种?

答:五十七种,碘、硫、硒以下等质皆定质也。

问:何谓气质?

答:虚浮流行、无色无臭无味者皆气质也。

问:何谓流质?

答:寻常活泼流动者皆流质也。

问:何谓定质?

答:寻常或坚或软者皆定质也。

问:养气者何?

答:养气为万物中最多之原质。地球全体有养气三分之一,地面之水有养气九分之八,地面之空气有养气五分之一,空中之霞、雾亦有养气九分之八。凡动物呼吸、植物生长、火之发光发热皆所必赖焉。

问:轻气若何?

答:轻气在万物中亦无自然独成者,必用法化分而后得。惟水最多此气,水内有九分之一。

问:淡气若何?

答:淡气亦为万物中最多之气质。空气内有五分之四,动物亦多,惟植物内则甚少。

问:绿气若何?

答:此气多化合在别质内,金类与非金类并有,惟食盐内最多,凡动植物内之各流质亦多有此气。因其色黄绿,故名绿气。

问:溴质若何?

答:此质海水中有之,每七千分中约有一分。

问:碘质若何?

答:此质遍藏万物之中而不多,海水内有之,泉水内间有之,海中所生之草及蛤、蚌、介属亦皆有之。

问:沸气若何?

答:此气常藏于钙,成钙沸矿,古时炼取金类,用此矿为配合料。今确知其内之沸气亦为一原质。

问:硫质若何?

答:万物中皆含硫黄,而地质为最多,凡有火山之处则更多。凡植物内大半含硫,动物几尽有之。

问:硒质若何?

答:此质万物不多有,且无自然独成者,常化合铁、铜、银内。

问:碲质若何?

答:此质不常见,偶有自然独成者。其常见者间合于金类之内,如金、银、铜、铋等亦含之。

问:磷质若何?

答:此质无自然独成者,惟各种土含之,而植物借以生长,故植物含之最多。动物食植物,而体内亦含之。

问:硼质若何?

答:此质无自然独成者,常与养气三分剂化合成硼养,地球上独产硼养处亦甚少,其常与钠养合化而为硼砂。

问:矽质若何?

答:此质亦为地球上最多而最繁者,凡石类皆含之,但无自然独成者。水晶之质几全为矽养,白沙、火石之质大半为矽养。又藤之皮、竹之筠、人之毛发齿甲、禽兽之羽毛爪角及血肉无不有此。

问:炭质若何?

答:此质最多而最要,地产惟煤含之最多,空气内亦有之。又动、植二物之质并动物内取出之质,含炭者大半。

问:钾质若何?

答:此质常化合于别质之内,未有自然独成者。地产晶粒形之石多有钾养与矽养化合在内,而草木内含钾尤多。

问:钠质若何?

答:此质于地产各物质皆有化合,惟食盐含之最多,而动物中亦多含之。

问:锂质若何?

答:此质不常见,形性与钠略同,大半自石中取之,烟叶之灰亦微有之。原质内为定质者,此为最轻。

问:铷质若何?

答:此质乃化学家用光色分原之法考验某处泉水定质而得。每水一吨仅含此二三厘,又有数种石亦含之。

问:铯质若何?

答:此质亦用光色分原法考验某处泉水而得。又有数种石并数种植物之炭含此少许,性略同于钾。

问:钡质若何?

答:此质白色,金类,可打为箔,煅至红色即熔。亦有地产者。凡钡之杂质,水中能消化者皆甚毒。

问:锶质若何?

答:此质为白色金类,与钡略同。

问:钙质若何?

答:此质为淡黄色金类,可打箔如纸,加热至红色即熔;再热则有极明之白光。

问:锌质若何?

答:此质无自然独成者,与别质化合之矿,产处甚多。

问:镉质若何?

答:此质为白色之金,形如锡,性如锌,常合于锌内而不多。

问:铟质若何?

答:此质产日耳曼国,色白,可打箔,热至红色即烧。

问:铅质若何?

答:此质独自生成者甚少,与别质化合而为矿者甚多。

问:铊质若何?

答:此质用光色分原法试而得之,其形与铅相同。

问:锡质若何?

答:锡矿恒杂有别质,有(三)〔两〕种:一为锡块,或锡板,质粗,一为纹锡,质纯。

问:铜质若何?

答:此质有自然独成者,其质坚致而韧,而结力不及铁之大。

问:铋质若何?

答:此质为硬脆之金,与别金配合有大用,而独自一质则无用。

问:铀质若何?

答:此质为罕见之金,性与锰、铁略同而无用。

问:钒质若何?

答:此质瑞颠国所产铁矿数种可取,又不甚有金属合养之性。

问:钨质若何?

答:此质为灰色之金,甚重甚坚甚韧。其矿与锡矿同见而重于锡矿。

问:钽质若何?

答:此质形性略同于铌而不多见。

问:镨质若何?

答:此质为铜相似,为长立颗粒,铁矿内多有之。

问:钼质若何?

答:此质为白色之金,最难熔。

问:铌质若何?

答:此质为黑粉,用处甚少,其矿为极坚颗粒。

问:锑质若何?

答:此质为蓝金色之金,与铋略同而坚脆过之,可捣为细粉。

问:钟质若何?

答:此质如深灰色之金,质如钢而甚脆,可研为粉。

问:镁质若何?

答:此质色如银,可打为箔,无独自生成者。常合化于别物之中,亦为地壳极多之物。

问:铝质若何?

答:此质色与坚并同于银,而价值两倍于银,不易生锈。

问:铪质若何?

答:此质与铝相同而罕见者,昔人化分宝石而得之。

问;锆质若何?

答:此质似异形之沙,大热不能熔;置沸水中能渐使轻、养二气化分。

问:钍质若何?

答:此质奴耳威国之矿内得之,但矿不常见,而形似铝大。

问:钛质若何?

答:此质之矿产瑞颠国以大皮地方。

问:铒质若何?

答:此质与钛同出一矿。

问:铽质若何?

答:此质亦出钛矿。

问:错质若何?

答:此金类,亦在加度里内得之中取得者,然昔来得矿中更多。

问:锒质若何?

答:锒出于错矿,与错有别,与养气化合,止有锒养一质。

问:镝质若何?

答:此质亦出于错矿。

问:铁质若何?

答:此质为金类中最多而最有用之物。凡动物之有脊骨者,其血内必含之。

问:锰质若何?

答:此质为灰白色之金。

问:铬质若何?

答:此无自然独成者,必与养气化合。

问:钴质若何?

答:此质为红灰色之金,地产无独成者,惟空中坠下之铁中有之。

问:镍质若何?

答:此质为光亮之金,地产者恒与钾、硫、钴相合,凡空中坠下之铁内几皆有之。

何:汞质若何?

答:此质有自然独成者,常见者为汞硫矿,其色黪红。纯汞为亮白之金,质甚密。又有汞绿,即轻粉;又有汞硫,纯者名朱砂,升炼而成者乃银朱。

问:银质若何?

答;此质有自然独成者,金类中其色为最白,其坚在金、铜之间。在空气中或湿或燥,养气质不能侵蚀。

问:金质若何?

答:此质为地产而无矿,独成片粒或颗粒,间有大块,恒为立方形。

问:铂质若何?

答:此质即白金,地产甚少,独成片粒,色如银,微带灰色,其坚在铜、铁之间。

问:钯质若何?

答:此质恒与独成之银同见,形与铂形似,性坚而质轻,可作最精之器,亦为贵金。

问:锛质若何?

答:此质恒与铂矿同见,性甚脆,易打碎。

问:铢质若何?

答:此质恒与铂矿同见,亦为片粒,质重于金,性极坚,其气甚毒。

问:钌质若何?

答:此质亦与铂矿同见,性硬而脆。

问:铱质若何?

答:此质有自然独成者,有与铂同见者,质重难熔,比水重二十二倍三。

问:何谓衰?

答:原质有化成、生长二类。物之属于二类分界间者,其名曰衰,即炭与淡所化合也。

问:原质外有杂质,何谓?

答:一质不能再分者曰原质,二质以爱摄力相合而成者曰杂质。

问:原质仅有六十四种否?

答:此就译出化学诸书而论,如有再得别物不能化分者,或现有之物再能化分者,均可增益其数。考嘉庆五年以前,泰西亦仅知原质二十九种,现闻化学家已分得七十馀种矣。

问:原质之名除硫、铁、铅、锡、汞、银、金外等字读何音?

答:仍读本音,如碘、硒、碲、砷、矽等字仍读典、西、帝、布、夕是也。

卷　二

干支章

问:何谓干支?

答:干,天干也;支,地支也。干支云者,犹言以天干为干、地支为枝也。

问:始作甲子者何人?

答:黄帝之臣大挠。

问:天干有别称否?

答:甲曰阏逢,乙曰旃蒙,丙曰柔兆,丁曰强圉,戊曰著雍,己曰屠维,庚曰上章,辛曰重光,壬曰玄默,癸曰昭阳,此为岁阳。

问:地支有别称否?

答:子曰困敦,丑曰赤奋若,寅曰摄提格,卯曰单阏,辰曰执徐,巳曰大荒落,午曰敦牂,未曰协洽,申曰涒滩,酉曰作噩,戌曰阉茂,亥曰大渊献,此为岁名。

问:岁阳、岁名既得其称矣,请问月阳、月名?

答:在甲曰毕,在乙曰桔,在丙曰修,在丁曰圉,在戊曰厉,在己曰则,在庚曰窒,在辛曰塞,在壬曰终,在癸曰极,此为月阳。正月为陬,二月为如,三月为寎,四月为余,五月为皋,六月为且,七月为相,八月为壮,九月为玄,十月为阳,十一月为辜,十二月为涂。此为月名。

问:天干之义若何?

答:甲,孚也;乙,轧也;丙,柄也;丁,壮成;戊,茂也;己,纪也;庚,更也;辛,新也;壬,妊也;癸,揆也。即形声可悟其训。

问:地支之义若何?

答:子,孳也;丑,纽也;寅,演也;卯,冒也;辰,伸也;巳,已也;午,牾也;未,昧也;申,身也;酉,秀也;戌,恤也;亥,核也。亦可即声而悟其训。

问:干与支有阴、阳之别否?

答:干为阳,支为阴。

问:天干亦自有阴、阳之别否?

答:有。甲、丙、戊、庚、壬为阳、乙、丁、己、辛、癸为阴。

问:地支亦有阴、阳之别否?

答:有。子、寅、辰、午、申、戌为阳,丑、卯、巳、未、酉、亥为阴。

问:天干于五行方位何属?

答:甲乙属东方木,丙丁属南方火,戊己属中央土,庚辛属西方金,壬癸属北方水。

问:地支于五行方位何属?

答:子属北方水,丑属东北方土,寅属东北方木,卯属正东方木,辰属东南方土,巳属东南方火,午属正南方火,未属西南方土,申属西南方金,酉属正西方金,戌属西北方土,亥属西北方水。

问:干支循环配合,得甲子几何?

答:六十,始甲子,终癸亥。

问:闻古人甲子本取纪日,其用以纪年当始何时?

答:始于东汉以下。

问:干支尚别有精义、妙用否?

答:有,当深研阴阳五行家言及《易》理自悟。

时令章

问:天有四时,五气即寓于内否?

答:然。

问:四时分主十二月,如春三月木,夏三月火,秋三月金,冬三月水,而土果何属?

答:每时之末十八日悉属土。

问:土贯四时,何以居每时之末十八日?

答:一年三百六十日,每气各王七十二日,春时木王,土隐不见,立春后七十二日木气已退,土始用事,如浮云翳月,非空无月,云消始出,非馀时无土气也。三时仿此。

问:四时之义若何?

答:春,蠢也;夏,假也;秋,就也;冬,藏也。

问:四时之气若何?

答:春为青阳,夏为朱阳,秋为白藏,冬为玄英。

问:四时有别称否?

答:春为发生,夏为长嬴,秋为收藏,冬为安宁。

问:四时之节气有几?

答:二十有四。始立春,终大寒。

问:二十四节气分几候?

答:七十有二候。每节三候,每候五日,如东风解冻、蛰虫始振等候,详见《医历》。

问:历家何以必须置闰及五年再闰之理?

答:从今年冬至数至后年冬至,凡三百六十五日四分日之一,日行一周天,而十二中气一币,是谓中数,古谓之岁。从今年正月朔数至后年正月朔,凡三百五十四日有奇,日、月之会十二终,而十二月朔一周,是谓朔数,古谓之年。以中数、朔数两数相较,差十馀日。三年馀一月,故三年一闰,五年再闰。若不置闰,则年馀十一日,积三年,则以正月为二月,积九年,则以春为夏矣。故须置闰而岁序始顺。

问:何谓三正?

答:周正建子,商正建丑,夏正建寅,古人三正并用,以夏正为顺。国朝亦以寅为正月,正行夏之时也。

问:欲粗知历学之概,当观何书?

答:可视《医历答问》。

天文章

问:天圜而高,有何推算否?

答:自地以上皆天也。高而无极,无可推算。西人分为九重,谓第一重宗动天,离地六万四子七百三十三万馀里。馀详见《医历答问》。恐亦只就目力测量所及以之人算,非真天之高度也。

问:行星、恒星何说?

答:行星各有轨道环日球而行,恒星本体虽或自为转旋,在人望之,宛似常列一处,端然不动。《公羊传》:“恒星者何?列星也。”

注:“恒,常也,常以时列见。”

问:中土言五星七政,西学言行星有八,请问其目并离日近远之次?

答:最近曰水星,次曰金星,次曰地球,次曰火星,次曰木星,次曰土星,次曰天王星,最远曰海王星。

问:天王、海王二行星,从前何以不知?

答:二星离日甚远。乾隆四十六年,英国天文士侯失勒维廉始测出天王星,其轨道距日五百二十六千二百万里。后法、普二国天文士又测得海王星,距日八百二十三千八百万里。非用最精之远镜不能测出,故近日始知有八行星。

问:日是行星否?

答:否。八行星皆绕日而行。

问:月是行星否?

答:月是地球上行星。

问:八行星约几时绕日一周?

答:水星三阅月,金星七阅月有半,地球星一年,火星廿三阅月,木星十一月又四阅月,土星三十年,天王星八十四年,海王星一百六十四年。

问:月约几时绕地球一周?

答:二十七日又一小时四十三分。

问:行星绕日,阅时何以参差不齐?

答:轨道近则阅时少,轨道远则阅时多。

问:诸行星外围面积较地球外围面积大小比例若干?

答:水星约小地球三分之一,金星约与地球相若,火星约小地球一半,木星约大地球十一倍,土星约大地球九倍,天王星约大地球四倍,海王星约大地球五倍。

问:日、月全体较地球大小比例若干?

答:日较地球大一百四十万倍,月得地球四分之一零。

问:何者为恒星?

答:如东方角、亢、氐、房、心、尾、箕,北方斗、牛、女、虚、危、室、壁,西方奎、娄、胃、昴、毕、觜、参,南方井、鬼、柳、星、张、翼、轸二十八宿等是,亦名经星。

问:经星仅二十八宿,何以称四十五恒星?

答:西人测得二十八宿外,尚有大角、贯索、帝座、织女、河鼓、天津、北落师门、土司空、天囷、五车、天狼、南河、北河、轩辕、五帝座等十五星,亦为恒星。

问:恒星既有四十五座,而角、亢及大角等实止四十三座,外有二星何名?

答:参右足,参左肩。

问:欲明恒星度象,有简览切用之书否?

答:视院定《中星图略》。

问:《中星图略》如何用法?

答:可查《医历表》,本日是何节气?昏旦是何时刻?南方正中是何星?即是中星。

问:习天文从何入手?

答:先明四十五大星,然后按三垣求之,再视《天球图》,久久则天星自历历可数。

问:寒暑从黄赤道而分,何解?

答:天体圜圆,北高南下,北极出地三十六度,南极入地三十六度,两极相去二百八十度,适中之处谓之赤道。中国在赤道北,春分日行赤道,从此渐北,夏至行赤道北二十三度半,故昼长而暑;夏至以后日渐南,至秋分还行赤道,与春分同,冬至行赤道南二十三度半,故昼短而寒。日之行处谓之黄道,黄道斜交于赤道,可参观《医历》、《地球五带图》。

问:浑天仪何物?

答:测天文之仪器也。始造于汉洛下闳,今灵台所用天体仪较浑天仪尤精。

问:作《步天歌》者何人?

答:隋丹元子。

问:何谓三垣?

答:紫薇垣、太薇垣、天市垣。

问:合天星若干?

答:恒星三百宫三千八十三星,乾隆九年命监臣戴进贤等据新法测定,以证旧经名同《步天歌》者一千三百十九星,增列一千六百十四星。三垣二十八宿外,记近南极星中国所不见者一百五十。

地球章

问:地何以称球?

答:谓其圆也。

问:地既称球,是圜圆?是椭圆?

答:椭圆。

问:地球何物所成?

答:水陆交错而成,陆得一分,水得三分。

问:地球围广直径几何?

答:围广九万里,直径三万三千七百零三里。

问:地球可分为二处否?

答:可,在东名东半球,在西名西半球。

问:全球约分几洲?

答:五大洲。

问:东半球有几大洲?

答:三大洲:亚细亚洲、欧罗巴洲、亚非利加洲。

问:西半球有几大洲?

答:二大洲:南亚美利加洲、北亚美利加洲。

问:近日又有称六大洲者实是何洲?

答:澳大利亚洲,在东半球。近或并南、北美利加为一洲,而以澳大利亚足五洲之数。

问:五洲有简易之称否?

答:有。亚细亚曰亚洲,欧罗巴曰欧洲,亚非利加曰非洲,亚美利加曰美洲,澳大利亚曰澳洲。

问:亚洲经纬线起止度数?

答:纬线自赤道北初度起至七十八度止,经线自京师正线偏东七十五度起至偏西九十度半止。

问:亚洲全境方里几何?

答:长一万七千七百里,广二万里,总计五万八千万方里。

问:亚洲疆界若何?

答:北枕北冰洋,东至太平洋,南接印度洋,西连欧罗巴、亚非利加。

问:亚洲近最著名者何国?

答:中国、俄罗斯东境、高丽、日本、南掌、廓尔喀、印度、阿富汗、俾路芝、波斯、吕宋、安南、暹罗等国是。

问:欧洲经纬线起止度数?

答:纬线自赤道北三十六度起至七十二度止,经线自京师正线偏西八十四度起至一百二十六度止。

问:欧洲全境方里几何?

答:长八十里,广一万二千里,总计一千四百万方里。

问:欧洲疆界若何?

答:东连亚细亚、里海,西至大西洋,南界地中海,北枕北冰洋。

问:欧洲近最著名者何国?

答:俄罗斯、瑞颠嗹、日耳曼、普鲁士、奥地利、土耳其、希腊、瑞士、意大利亚、荷兰、比利时、法兰西、西班牙、葡萄牙、英吉利。按日耳曼本合众国名,自普鲁士胜法,列国尊普为共主,称德意志,即今之德国也。

问:非洲经纬线起止度数?

答:纬线自赤道北三十六度半起至赤道南三十五度止,经线自京师偏西正线六十五度起至一百三十五度半止。

问:非洲全境方里几何?

答:长一万七千里,广一万五千里,总计四千万方里。

问:非洲境界若何?

答:东距印度洋及红海,西接大西洋,南界印度、大西二洋,北枕地中海。

问:非洲近最著名者何国?

答:埃及、努比阿、阿比西尼、阿尔及、摩洛哥、的波里、亚然、苏丹、撒哈拉等国是。

问:美洲经纬线起止度数?

答:纬线自赤道南五十五度起至赤道北八十二度止,经线自京师正线偏东七十八度起至偏西一百五十度止。

问:美洲全境方里几何?

答:长三万一千里,广或一万里、或百里,总计北境二千六百三十万方里,南境二千三十五万方里。

问:南、北美洲近最著名者何国?

答:北美洲:美利坚、墨西哥;南美洲:巴西、秘鲁、玻里非等国是。

问:澳洲经纬线起止度数?

答:纬线自赤道北三十五度起至南五十六度止,经线自京师正线偏西二十三度起至偏东一百四度止。

问:澳洲全境方里几何?

答:南北约二万里,东西约四万里,总计一千五百万方里。

问:澳洲疆界若何?

答:该洲环列太平、印度二洋之间,在亚细亚之东南、亚墨利加之西方。

问:澳洲近最著名何岛?

答:非利比纳、苏门答腊、爪哇等岛是。

问:五大洋在何处?

答:太平洋在地球东,大西洋在地球西,印度洋在地球中,北冰洋近北极,南冰洋近南极。

问:环游地球约几日可到?

答:从前至速须八十馀日。近俄国新造西伯利亚铁路,成时水、陆并行,约三十二日便可一周。

问:中国始言九洲者何人?其说若何?

答:从前中土不知有五大洲,周人邹衍始言中国居天下八十一分之一,九洲外又有九洲,有大瀛海环之。当时尚疑其说漫衍,而今始知非谬。

问:泰西觅得新洲者何人?

答:意大利人哥伦波,于明孝宗弘治十一年第三次出洋寻得亚美利加洲,遂为亘古非常之举。故西历一千八百九十二、三年间,美国举行四百年大会以永哥伦波之名。

问:地球上只此五洲否?

答:近日西人专事觅地,已屡有人向南、北冰洋寻觅矣,将来或当再添新洲。

问:地球将来能大通否?

答:必通。以力通者用机,以精通者用教。通以机者凿地脉,已有先吾任之者;通以教者开人智,肩斯文者与有责焉。

疆域章

问:地球五大洲既闻其略矣,请问中国在地球何境?

答:在亚细亚洲东南境。

问:中国疆域所至?

答:北界俄罗斯,东界日本等岛,南界安南、暹罗等岛,西界西域诸回部。

问:中国幅员几何?

答:西人谓得三百馀万英方里,按每英方里合中国十一方里。

问:中国几行省?

答:二十三行省。

问:二十三行省何名?

答:曰盛京,曰直隶,曰江苏,曰安徽,曰浙江,曰江西,曰福建,曰湖北，曰湖南，曰河南，曰山东，曰山西，曰陕西，曰甘肃，曰四川，曰广东，曰广西，曰云南，曰贵州，曰吉林，曰黑龙江，曰新疆，曰台湾。台湾今改隶日本。

问：各行省古何地？今何界？道里若干？所统属府、厅、州、县有几？可举其概欤？

答：可。

盛京：古《禹贡》冀州之域，今在京师东一千四百七十七里，东西距五千一百里，南北距三千馀里；北界蒙古游牧，东北界吉林，西界直肃，东南界朝鲜，南界海，其东为兴京；奉天府尹本属府一，所属府一、厅四、州四、县七。

直隶：古《禹贡》冀州之域，今在京师西南三百三十里，东西一千二百二十八里，南北距一千六百二十八里；东界盛京，西界山西，西北界内蒙古游牧，南界山东，西南界河南，东南界海；顺天府驻京师，统府十一、直隶州六、州十七、县一百二十三。

江苏：古《禹贡》扬州之域，今在京师南二千二百二十七里，东西距一千六百三十里，南北距一千七百里，北界山东，西界河南，西南界安徽，东南界浙江，东界海；省会江宁府，统府八、厅三、直隶州三、州三、县六十二。

安徽：古《禹贡》扬州之域，今在京师南二千七百里，东西距若干里，南北距若干里；东南界浙江，西南界江西，西界湖北，东北界江苏，西北界河南；省会安庆府，统府八、直隶州五、州四、县五十一。

浙江：古《禹贡》扬州之域，今在京师南三千三十里，东西距八百八十里，南北距一千二百八十里；北界江苏，南界福建，西南界江西，西北界安徽，东界海；省会杭州府，统府十一、直隶厅一、厅二、州一、县七十四。

江西：古《禹贡》扬州之域，今在京师西南三千二百四十五里，东西距九百七十里，南北距一千八百里；东南界福建，西南界广东，东北界安徽、浙江，西北界湖北，西界湖南；省会南昌府，统府十三、直隶州一、厅二、州一、县七十五。

福建：古《禹贡》扬州之域，今在京师南四千八百四十五里，东西距九百五十里，南北距九百八十里；东北界浙江，西北界江西，西南界广东，南界海；省会福州府，统府十、直隶州二、厅四、县六十二。

湖北：古《禹贡》荆州之域，今在京师西南三千一百三十五里，东北距二千四百四十里，南北距六百八十里；南界湖南，东南界江西，东界安徽，北界河南，西北界陕西，西南界四川；省会武昌府，统府十、直隶州一、州七、县六十。

湖南：古《禹贡》荆州之域，今在京师西南三千五百八十五里，东西距一千四百二十里，南北距一千一百五十里；北界湖北，西北界四川，西界贵州，西南界广西，东南界广东，东界江西；省会长沙府，统府九、直隶厅三、直隶州四、州三、县六十四。

河南：古《禹贡》兖、豫二州之域，今在京师西南一千五百四十里，东西距一千一百二十里，南北距一千二百九十里；南界湖北，东南界安徽，北界山西，东北界直隶、山东，东界江苏，西界陕西；省会开封府，统府九、厅一、直隶州四、州六、县九十七。

山东：古《禹贡》青、兖二州之域，今在京师南八百里，东西距一千六百四十里，南北距八百一十里；北界直隶，西南界河南，南界江苏，东与东北俱界海，省会济南府，统府十、直隶州二、州九、县九十六。

山西：古《禹贡》冀州之域，今在京师西南一千三百里，东西距八百八十里，南北距一千三百六十里；东界直隶，南界河南，西界陕西，北界蒙古、察哈尔；省会太原府，统府九、直隶州十、厅二、州六、县八十五，又归绥道属厅五。

陕西：古《禹贡》雍州之域，今在京师西南二千五百三十五里，东西距九百三十五里，南北距二千四百二十六里；东界山西、河南，西界甘肃，南界四川，东南界湖北，北界蒙古；省会西安府，统府七、直隶州五、厅八、州五、县七十三。

甘肃：古域外地，今在京师西四千零四里，东西距二千一百二十里，南北距二千四百里；东北界乌拉善，东南界陕西及西川，西南界青海，西北界科布多及伊犁；省会兰州府，统府九、直隶州六、厅九、州七、县五十一。

四川：古《禹贡》梁州之域，今在京师西南五千七百十五里，东西距三千里，南北距三千二百里。北界陕西、甘肃，东界湖北，东南界河南、贵州，西南界云南，西界西藏；省会成都府，统府十二、直隶厅三、直隶州八、厅六、州十一、县一百十二。

广东：古《禹贡》荆州之域，今在京师西南五千四百九十里，东西距二千五百里，南北距二千八百里，北界江西、湖南，东北界福建，西界广西，南界海；省会广州府，统府九、直隶厅二、直隶州四、厅二、州七、县七十八。

广西：古《禹贡》荆州之域，今在京师西南四千六百四十九里，东西距二千八百十里，南北距二千九百六十里；南界广东，东北界湖南，北界贵州，西界云南，西南界越南；省会桂林府，统府十一、直隶州一、厅五、州十六、县四十七。

云南：古《禹贡》梁州之域，今在京师西南五千八百九十五里，东西距二千五百十里，南北距一千一百五十里，北界四川，东界贵州、广西，西界西藏，西北界怒夷，西南界缅甸，南界阿瓦、南掌、越南；省会云南府，统府十四、直隶厅四、直隶州四、厅九、州二十七、县三十九。

贵州：古《禹贡》梁州之域，今在京师西南四千七百四十里，东西距一千九十里，南北距七百七十里，西界云南，北界四川，东界湖南，南界广西；省会贵阳府，统府十二、直隶厅三、直隶州一、厅十一、州十三、县三十三。

吉林：古域外地，今在盛京东八百四十五里；西南界盛京奉天府，北界黑龙江城、呼兰城，西界郭尔罗斯、科尔沁旗，南界朝鲜，东及东北俱界海；吉林将军治吉林城，领城八、厅三。

黑龙江：古域外地，今在吉林北一千七十二里；南界吉林，西界喀尔喀、车臣汗部，西南界内蒙古之乌珠穆沁左翼旗、科尔沁右翼中旗、前旗、后旗、札赉特旗，北界俄罗斯。

新疆：古域外地，今在京师西八千六百零七里，东西距七千馀里，南北距三千馀里；东界甘肃安西州，南界西藏、科布多，西南界克什米尔、回伯特等部；省会迪化府，统府二、直隶同知九、直隶州四、县十一。

问：中国疆域近有增广否？

答：不但无增，属地则香港、台湾、澎湖、北徼等割于外夷矣，属国则缅甸、越南、琉球、高丽等不复循例朝贡矣，恢复神州，责在吾党，食毛践土，尚亦有闻尊攘之风而起者乎！

世纪章

问：开天者何人？

答:中国称盘古,泰西称亚当。

问:三皇何人?

答:伏羲、神农、黄帝。

问:五帝何人?

答:少昊、颛顼、帝喾、唐尧、虞舜。

问:三皇在位各几年?

答:伏羲一百一十五年,神农一百三十年,黄帝一百年。

问:五帝在位各几年?

答:少昊八十四年,颛顼七十六年,帝喾七十年,帝尧七十二年,帝舜五十年。

问:三皇、五帝既闻其略,夏、商、周三代能详言其姓氏、都邑、传世、历数欤?

答:能。

夏:姓姒氏,禹受舜禅而王,都安邑,终履癸,凡十七传,历四百五十年,履癸即桀也,无道而国亡。

商:姓子氏,汤放桀而王,都亳邑,终纣辛,凡二十八传,历六百四十四年,纣辛即纣王,与夏桀并称,曰桀、纣,为自古暴君之首。

周:姓姬氏,武王发伐纣而王,都镐,至十三世,平王迁洛,终东周君,凡三十五传,历八百七十四年。

问:周以后一统者有几?

答:有九。曰秦,曰两汉,曰晋,曰隋,曰唐,曰宋,曰元,曰明,曰圣清。一统者,谓一统天下也。

问:偏安者有几?

答:一十有二。曰蜀汉,曰东晋,曰宋,曰齐,曰梁,曰陈,曰后梁,曰后唐,曰后晋,曰后汉,曰后周,曰南宋。偏安者,谓偏安一隅也。

问:割据者有几?

答:二十有六。蜀汉时曰魏,曰吴;东晋时曰二赵,曰三秦,曰五凉,曰四燕,曰蜀,曰夏;南北朝时曰北魏,曰东魏,曰西魏,曰北齐,曰北周;五代时曰吴,曰南唐,曰西蜀,曰后蜀,曰南汉,曰北汉,曰楚,曰吴越,曰闽,曰南平;两宋时曰辽,曰夏,曰金。割据者,谓割取一方而据之也。

问:秦?

答:秦姓嬴氏,始皇名政,灭六国而一天下,都咸阳;终子婴,凡三传,历四十三年。

问:汉?

答:汉姓刘氏,高祖名邦,灭秦并楚而帝,都长安;至孺子婴凡十二传,历二百二十三年篡于新莽;又十五年,是为西汉。东汉自光武帝秀中兴,终献帝协,凡十二传,历一百九十六年。

问:汉末分三国何名?

答:蜀、魏、吴。蜀亦刘氏,昭烈帝名备,以帝胄即位成都,终后主禅,凡二传,历四十二年;魏姓曹氏,文帝丕篡汉自立,据中原,终常道乡公奂,凡五传,历四十六年,丕即操之子也;吴姓孙氏,大帝名权,承父兄业,据江东而称帝,终乌程侯皓,凡四传,历四十九年。权,坚之子、策之弟也。

问:晋?

答:晋姓司马氏,武帝名炎,篡魏并吴,都洛阳,至怀、愍,凡四传,历五十二年,是为西晋。炎,懿之(子)〔孙〕也。

问:东晋?

答:东晋自元帝睿中兴,都建康,终恭帝,凡十一传,历一百四年。

问:东晋间有十六国,何名?

答:二赵、三秦、五凉、四燕、蜀、夏。

问:十六国中何国最大?

答:五胡。

问:五胡为谁?

答:匈奴刘渊据平阳,称前赵;羯石勒据襄国,称后赵;氐酋苻洪据长安,称前秦;羌姚弋仲据长安,称后秦;鲜卑乞伏国仁据金城,称西秦。

问:五胡外更有何国?

答:曰五凉:张轨据凉州称前凉,氐酋吕光据姑臧称后凉,鲜卑秃发乌孤据广武称南凉,段业据张掖称北凉,匈奴沮渠蒙逊继之据姑臧,李暠据敦煌,称西凉。曰四燕:鲜卑慕容廆据邺称前燕,慕容垂据中山称后燕,冯跋继之据昌黎称北燕,慕容德据广固称南燕,慕容冲据阿房称西燕。李特据蜀称蜀,匈奴赫连勃勃据朔方称夏。

问:南朝?

答:南朝曰宋,姓刘氏,武帝裕篡晋而有天下,至顺帝凡八传;曰齐,姓萧氏,太祖道成篡宋而立,至和帝凡七传;曰梁,姓萧氏,武帝衍篡齐而立,至敬帝凡四传;曰陈,姓陈氏,武帝霸先篡梁而立,至长城公凡五传。计宋至陈共一百七十三年。

问:北朝?

答:北朝曰魏,本鲜卑拓跋后,改姓元氏,据中原。自道武珪至孝武修凡十三传,历一百四十九年。元善儿据邺曰东魏。元宝矩据长安曰西魏,凡三传。高洋篡东魏曰北齐,凡六传。宇文觉篡西魏曰北周,凡五传。

问:隋?

答:隋姓杨氏,文帝坚篡周并陈而一天下,都长安,终恭帝侑,凡四传,历三十九年。

问:唐?

答:唐姓李氏,高祖渊起兵平隋乱而一天下,都长安,终昭宣帝祝,凡二十一传,历二百八十九年。

问:五代?

答:曰后梁,姓朱氏,自太祖温篡唐自立,至末帝凡二传;曰后唐,姓李氏,自庄宗存勖至废帝凡四传;曰后晋,姓石氏,自高祖敬瑭至齐王凡二传;曰后汉,姓刘氏,自高祖知远至隐帝承祐凡二传;曰后周,姓郭氏,自太祖威至恭帝宗训凡四传。按:五代共五十三年,凡八姓十三主,皆都汴。

问:五代时有十国,何名?

答:杨行密据淮南,称吴;李昪据江南,称南唐;王建据四川,称西蜀;孟知祥据西川,称后蜀;刘隐据广州,称南汉;刘崇据晋阳,称北汉;冯殷据湖南,称楚;钱镠据两浙,称吴越;王审知据福州,称闽;高季兴据荆南,称南平。

问:宋?

答:宋姓赵氏,自太祖匡胤起义戡乱,荡平天下,都汴,至九世高宗构南渡,都临安,迄帝昺凡十八传,历三百二十年。

问:辽、夏、金?

答:辽姓耶律氏,自太祖阿保机至宣宗凡十传,历二百一十九年;元昊据夏州称夏,凡十二传,历二百四十年,女真完颜阿骨打称金,凡十传,历一百二十年。

问:元?

答:元世祖忽必列继宋而主中国,混一天下,都燕京,至顺帝妥懽贴睦尔凡十传,历八十八年。

问:明?

答:明姓朱氏,太祖元璋以布衣定天下,都金陵,至成祖棣徙都燕京,凡十六传,历二百七十七年。

问:圣清?

答:圣清姓爱新觉罗,发祥长白山,入承大统,浑一区宇,舆地之广为亘古所未有。世祖章皇帝年号顺治,在位十八年;圣祖仁皇帝年号康熙,在位六十一年;世宗宪皇帝年号雍正,在位十三年;高宗纯皇帝年号乾隆,在位六十年;仁宗睿皇帝年号嘉庆,在位二十五年;宣宗成皇帝年号道光,在位三十年;文宗显皇帝年号咸丰,在位十一年;穆宗毅皇帝年号同治,在位十三年;今皇上光绪万万年!

问:观历代世纪,何裨实用?

答:观国祚之短长,可究其政治之得失;观天下之分合,可悟夫元运之嬴绌。

卷　三

经学章

问:何谓经?

答:经,常也,古今之常道也。

问:经之目有几?

答:十三。曰《易》,曰《书》,曰《诗》,曰《周礼》,曰《仪礼》,曰《礼记》,曰《春秋左传》,曰《春秋公羊传》,曰《春秋穀梁传》,曰《孝经》,曰《论语》,曰《孟子》,曰《尔雅》。

问:世称五经、七经、九经何谓?

答:《易》、《书》、《诗》,《礼》、《春秋》为五经,加《论语》、《孟子》为七经,再加《周礼》、《孝经》为九经。

问:十三经卷数各几何? 注疏约几家? 可详述欤?

答:可。《周易正义》十卷,魏王弼、晋韩康伯注、唐孔颖达疏;《尚书正义》二十卷,旧题汉孔安国传、唐孔颖达疏;《毛诗正义》四十卷,汉毛亨传、郑玄笺、唐孔颖达疏;《周礼注疏》四十二卷,汉郑玄注、唐贾公彦疏;《仪礼注疏》十七卷,汉郑玄注,唐贾公彦疏;《礼记正义》六十三卷,汉郑玄注,唐孔颖达疏;《左传正义》六十卷,晋杜预集解、唐孔颖达疏;《公羊传注疏》二十卷,汉何休解诂、唐徐彦疏;《穀梁传注疏》二十卷,晋范宁集解、唐杨士勛疏;《孝经正义》三卷,唐玄宗御注、宋邢昺疏;《论语义疏》十卷,魏何晏注、梁皇侃疏;《孟子正义》十四卷,汉赵岐注、宋孙奭疏;《尔雅注疏》十一卷,晋郭璞注、宋邢昺疏。

问:读经益处何在? 请言其概。

答:读《易》而知化,读《书》而知政,读《诗》而知情,读《春秋》而知义,读《礼》而知节文。馀如《周礼》具治国之经,《孝经》立人伦之极,《公》、《穀》深明名例,《尔雅》有益见闻,至《论》、《孟》二书,尤为孔、孟心法所在,平正切实,读之尤为有益于身心家国,洵人德之门、作圣之基也。

问:读经之法?

答:每读一经毕,当掩卷静玩,想见当时之典制名物、政治风俗与其人之性情气象、踪迹学术,神与之往,则所学自进矣。

史学章

问:何谓史?

答:记事者也。先王有左史、右史以记言、动,故即名之为史。

问:自汉迄明,正史之目有几?

答:二十四。

问:何谓二十四史?

答:由十七史加宋、辽、金、元四史为二十一史,国朝诏增《旧唐书》、《旧五代史》并钦定《明史》为二十四史。

问:二十四史之目?

答:首《史记》,次《汉书》,次《后汉书》,次《三国志》,次《晋书》,次《宋书》,次《南齐书》,次《梁书》,次《陈书》,次《魏书》,次《北齐书》,次《周书》,次《隋书》,次《南史》,次《北史》,次《旧唐书》,次《新唐书》,次《旧五代史》,次《新五代史》,次《宋史》,次《辽史》,次《金史》,次《元史》,次《明史》。

问:二十四史何人撰著?有无注释?各若干卷?可汇举之否?

答:可。《史记》,汉司马迁撰,褚少孙补,凡本纪十二、表十、书八、世家三十、列传七十,计百三十篇,都百三十卷,宋裴骃《集解》,晋司马贞《索隐》计三十卷,唐张守节《正义》。《汉书》,汉班固撰,其妹班昭续成之,凡本纪十二、年表八、本志十、本传七十,计百篇,分为百二十卷,唐颜师古注。《后汉书》,宋范蔚宗撰,凡本纪十、志十、列传八十,都百三十卷据内府刊本,唐章怀太子贤注。《三国志》,晋陈寿撰,魏纪四、列传二十六、蜀列传十五、吴列传二十,都六十五卷,宋裴松之注。《晋书》,唐房乔等奉敕撰,帝纪十、志十、列传七十、载记三十,都一百三十卷。《宋书》,沈约撰,凡纪十、志三十、列传六十,都一百卷。《南齐书》,梁萧子显撰,凡纪八、志十一、列传四十,都五十九卷。《梁书》,唐姚思廉奉敕撰,本纪六、列传五十,都五十六卷。《陈书》,唐姚思廉奉敕撰,本纪六、列传三十，都三十六卷。梁、陈二史，思廉皆推其父之意以成书，故卷末间题陈吏部尚书姚察。《魏书》，北齐魏收奉敕撰，宋刘恕、范祖禹等校定，凡纪十二，志十、列传九十二，分为百三十卷。《北齐书》，唐李百药奉敕撰，本纪八、列传五十二，百药承父德林之业，纂辑成书，大致仿《汉书》体，卷末各系以论赞，计五十卷。《周书》，唐令狐德棻等奉敕撰，本纪八、列传四十二，计五十卷。《隋书》，唐魏徵等奉敕撰，纪五、列传五十五、志三十，计八十五卷。《南史》，唐李延寿撰，凡本纪十卷、列传七十卷，都八十卷。《北史》，唐李延寿撰，凡本纪十二卷、列传八十八卷，都百卷。《旧唐书》，晋刘昫等奉敕撰，帝纪二十、志三十、列传一百五十，计二百卷。《新唐书》，宋欧阳修、宋祁等奉敕撰，曾公亮监修，凡本纪十、废传六十一、增传三百三十一、志十三、表四，计二百二十五卷。《旧五代史》，宋薛居正等奉敕撰，钦定《四库全书》厘为《梁书》二十四卷、《唐书》五十卷、《晋书》二十四卷、《汉书》十一卷、《周书》二十二卷、世袭列传二卷、僭伪列传三卷、外国列传二卷、志十二卷，都一百五十卷。《新五代史》，宋欧阳修奉敕撰，本纪十二卷、列传四十五卷、考三卷、世家十卷、十国世家年谱一卷，附四夷录三卷。《宋史》，元托克托等奉敕撰，凡本纪四十七、志一百六十二、表三十二、列传二百五十五，都四百九十六卷。《辽史》，元托克托等奉敕撰，凡本纪三十卷、志三十一卷、列传四十六卷、国语解一卷，都一百十六卷。《金史》，元托克托等奉敕撰，凡纪十九卷、志三十九卷、表四卷、列传七十三卷，都一百三十五卷。《元史》，明宋濂等奉敕撰，凡纪四十七卷、志五十三卷、表六卷、列传九十七卷，都二百十卷据内府刊本。《明史》，国朝保和殿大学士张廷玉奉敕撰，凡本纪二十四卷、志七十五卷、表十三卷、列传二百二十卷、目录四卷，都三百三十六卷。

问:国朝有何史?

答:国朝未出正史,惟蒋良骐之《东华录》、近人《十朝东华录》载历朝掌故事实颇详,亦可作别史读。

问:正史以外犹有史否?

答:约分三类:有古史,有别史,有杂史。

问:何谓古史?

答:古无史例,周、秦传记与经、子、史皆相出入,如《尚书大传》、《穆天子传》、《世本》、《竹书纪年》、《国语》、《国策》、《越绝书》、《吴越春秋》之类。此外,如晋皇甫谧《帝王世纪》、宋罗泌《路史》、本朝马骕《绎史》,所纪皆古事,亦为古史中之别史。

问:何为别史?

答:原本正史,关系一朝政治者,如汉刘珍《东观汉记》、唐吴兢《贞观政要》、宋王称《东都事略》、国朝王鸿绪《明史稿》之类。

问:何谓杂史?

答:杂记政化、风俗佚事者,如宋何光远《鉴诫录》、司马光《涑水纪闻》、元刘祁《归潜志》及明季稗史之类。

问:史之体例有几?

答:有纪事体,有编年体。纪事者,专纪一朝一人之事,如二十四史之属是。编年者,历志累代之事如《通鉴纲目》之属是。近又有纪事本末体,其例创自宋袁枢,以《通鉴》旧文,每事为篇,因各排比其次第,而详叙其始终,命曰"纪事本末"。后遂相沿,此于正史记事体中又别创一体也。

问:编年之史以何为最?

答:宋司马光《资治通鉴》二百九十四卷,国朝毕沅《续资治通鉴》三百二十卷。

问:编年之史,简括精当易购者以何为最?

答:《御批通鉴辑览》一百二十卷。是书乾隆三十二年奉敕撰,始伏羲,迄明末,兼用《通鉴》及朱子《纲目》义例。

问:记事本末,本朝切要者有何书?

答:魏源《圣武记》十四卷,李元度《先正事略》六十卷。

问:读史次第?

答:当先读编年之史,如《御批通鉴辑览》(即坊刊《易知录》亦可),以明历朝始末(本朝记事之书尤要);后读《四史》,取其辞义之古;继读《明史》,取其年代之近;再读《新五代史》,取其义例之精;然后泛览诸史,自有贯通之妙。

问:读史当从何书入门?

答:唐刘知几《史通》,国朝万斯同《历代史表》,沈炳震《廿一史四谱》,李兆洛《纪元编》、《历代地理合释》,王鸣盛《十七史商榷》,赵翼《廿一史札记》,钱大昕《廿二史考异》之属。

问:读史之法?

答:每读一史,当先看其一切政治教养之法,又深求其国祚修短、风俗美恶与凡治乱兴衰之故。遇有君国重事,必掩卷深思,料其后来得失,再读下卷,或设身处地自筹办法,方能得其益处。

子学章

问:经与史既闻其略矣,敢问何谓子?

答:六经诸史以外能立记自成一家者,皆子书也。

问:子书甚夥,《教经》所列仅十七家,当系切要之书,可举其时代、姓氏、里居、名位欤?

答:可。

问:《老子》?

答:李氏名耳,字伯阳,谥聃,楚之苦县人也,为周柱下史。书分上下二篇,即今《道德经》也。

问:《庄子》?

答:名周,宋之蒙人也,为蒙漆园吏。书分内篇、外篇,合十卷,成称《南华经》。

问:《列子》?

答:名御寇,周之郑人也,书凡八卷。

问:《管子》?

答:名夷吾,字仲,颍上人也,为齐桓公相。书八十六篇,合三十四卷。

问:《晏子》?

答:名婴,字平仲,莱之夷维人也,为齐景公相。书七卷,号《晏子春秋》。

问:《墨子》?

答:周之宋人也,为宋大夫。书六十三篇,合十五卷。

问:《申子》?

答:名不害,京人也,为韩昭侯相。其学本于黄老而主刑名。《史记》称其著书二篇号《申子》,《汉书·艺文志》称六篇,阮孝绪《七略》称《申子》三卷,书均佚。

问:《韩子》?

答:名非,韩之诸公子。书五十五篇,合二十卷。

问:《商子》?

答:姓公孙,名鞅,卫之诸庶孽公子也,秦相。书二十九篇,今存二十四篇,合五卷,近称《商君书》。

问:《司马》?

答:名穰苴,族出齐田氏,为齐景公将,书一卷,即今《司马法》也。

问:《孙吴》?

答:孙是孙武,吴是吴起,皆周时人也。今所传有《吴子》三卷、《孙子》二卷即十三篇。

问:《尉缭》?

答:尉氏缭名,周时魏人,或称吴人,书五卷。

问:《荀子》?

答:名况,楚兰陵令,书三十二篇,合二十卷。

问:《扬子》?

答:名雄,汉之蜀人也,著《法言》十三篇。

问:《吕氏》?

答:名不韦,周之濮阳人,秦相,集其宾客所著,书一百六十篇,合二十六卷,号《吕氏春秋》。

问:《淮南》?

答:汉淮南王刘安著,今存二十一篇,合二十一卷。

问:诸子约分几类?

答:十家。曰儒家,曰墨家,曰兵家,曰名法家,曰纵横家,曰农家,曰道家,曰释家,曰杂家,曰阴阳家。

问:《教经》所列十七子外,于十家中可再举宋以前诸子欤?

答:可。儒则汉孔鲋《孔丛子》、陆贾《新语》、贾谊《新书》、刘向《新语》、《说苑》、荀悦《申鉴》、徐幹《中论》、晋傅玄《傅子》、隋《文中子》、唐张弧《素履子》,兵家则风后《握奇经》、太公《六韬》、黄石公《素书》、诸葛亮《心书》,名法家则《邓析子》、《尸子》、《尹文子》、《公孙龙子》、《慎子》，纵横家则《鬼谷子》、唐赵蕤《长短经》，农家则后魏贾思勰《齐民要术》，道家则汉张良《经符经注》、周尹喜《关尹子》、汉魏朴阳《周易参同契》、晋葛洪《抱朴子》，释家则唐释道世《法苑珠林》、释智升《五灯会元》，杂家则周《鬻子》、《计倪子》、《于陵子》、《子华子》、《鹖冠子》、《文子》、《燕丹子》、汉班固《白虎通》、王充《论衡》、应劭《风俗通》，阴阳家则汉扬雄《太玄经》、焦延寿《易林》，此皆不可不阅。

问：子书以何代为最优？

答：周秦间为最优。

问：优处何在？

答：周秦诸子皆能自成一家学术。

问：诸子可以治天下否？

答：可。

问：诸子可以治一时之天下乎？抑可以治万世之天下乎？

答：诸子仅可以治一时之天下，不足以治万世之天下。

问：何故？

答：诸子之书主权者多，而主经者少，所以行之万世而不能无流弊。

问：诸子之识有过于圣人之处否？

答：有。

问：何以能过圣人？

答：诸子矫世厉俗，悲愤著书，直伸所见，实有独到之处。虽不及圣人之纯正无偏，然救弊扶倾，思力鸷悍，微特圣人不忍为，实亦有圣人所不能为。

问：然则圣人不及诸子欤？

答:此就其独到处而言耳。若举大较而论,则诸子皆为圣人所笼罩,刘彦和所谓“百家腾跃,终入寰内”者也。

问:凡见人读子书,一读到偏驳之处即谓其蔑圣非礼,为不足道,是欤非欤?

答:诸子之书,其议论虽有纯驳、浅深之不同,而其救世之苦心则百家无异。其愤时之过切,嫉俗之太深,所以易有蔑圣非礼之论,要其用意,皆非议论故与圣人相戾也,殆矫枉而过直耳!此孟子所以教人读书之法,谓不可以文害辞,不可以辞害志,太史公所谓“好学深思,心知其意,难为浅见寡闻者道也”。阅子书亦当如是,方无窒碍。

问:读子书其益何在?

答:大则足以翊政教之偏颇,小则足以穷文章之变化。

问:近日子书有可用否?

答:今日政治、学术,正当以经为体,以子为用。

文学章

问:文章何以翼圣道?

答:文以载道,无文则道无所丽,即行亦不远。

问:文之体有几?

答:分之则有制诰、文檄、碑铭、论赞、奏疏、笺启、骚赋、诗词、歌曲诸体,合之不外散、骈两体。

问:何谓诗?

答:诗,持也,缘情而绮丽者是。

问:何谓赋?

答:赋,铺也,体物而浏亮者是。

问:诗之体有几?

答:有六:曰风,曰雅,曰颂,曰赋,曰比,曰兴。

问:六体外,后世亦有分体否?

答:有经体,有汉魏体,有六朝体,有三唐体,有宋元体,有近时体。

问:赋之体有几?

答:有五:曰古赋,曰俳赋,曰文赋,曰律赋,曰小赋。

问:诗之古今体何别?

答:古体不拘对偶,有自一言递增至十一言之制。今体专尚对偶,有五律、七律、五绝、七绝之制。

问:诗、赋、词何以一源?

答:班固云:"赋者,古诗之流。"若词则长短句,仍出于诗。

问:乐府始于何人?

答:始于汉高祖唐山夫人之房中词。

问:何谓传奇?

答:即今之院本词曲也。

词;何谓八股?

答:即今应试之四书文也。

问:应试之文仅八股否?

答:犹有诗赋、策论诸体。

中学章

问:何谓中学?

答:即中国周、孔之学也。

问:中学之纲有五,所谓训诂者何?

答:解释经义,笺注句读,所谓小学是。

问:考据谓何?

答:考求掌故,实事求是,所谓汉学是。

问:词章谓何?

答:骈、散文与诗赋、歌曲之类是。

问:义理谓何?

答:格致事物之理,讲明心性之事,所谓理学是。近又称为宋学。

问:经制谓何?

答:修身、齐家、治国、平天下之道是。

西学章

问:何谓西学?

答:即今欧罗巴洲之学也。

问:算学何以为西学体?

答:泰西算法始于几何,万物之理无所不包,故各学皆出于算。

问:化学何以为用?

答:万物各有原质,必明化学之理始能配合分数化成万物。

问:热学何用?

答:如寒暑表、自准摆之类,法皆出于热学。

问:光学何用?

答:如千里镜、显微镜之类,法皆出于光学。

问:声学何用?

答:如收声筒、传声管、德律风以及音律、琴弦之属,法皆出于声学。

问:汽学何用?

答:如行船、牵车、起重、制造等事,法皆出于汽学。

问:水学何用?

答:如运水转动机器等事,法皆出于水学。

问:电学何用?

答:如造电灯、电线之类,法皆出于电学。

问:矿学何用?

答:如分别金、石、煤、铁之类,法皆出于矿学。

问:地学何用?

答:如考求地球中各类土石之形势、蕴藏之物迹、质点之化成,以明古今变迁之理,法皆出于地学。

问:重学何用?

答:如各种机器行动、以小运大、以轻运重,法皆出于重学。

问:此外尚有何学?

答:讲格致者犹有天学、医学、画学、植物学、动物学、机器学、测量学、农务学、世务学,又有考较货物多寡之数学。

方术章

问:术数亦出于正学否?

答:术数亦正学之支流,精其术者可补正学之未备。

问:术数家卜筮始于何人?

答:始于宓羲。

问:卜筮之法若何?

答:卜者以火爇柴,灼龟为兆,其璺拆形状有五:如雨形,其兆为水;如雾形,其兆为火;如蒙形,其兆为木;如驿形,其兆为金;如克形，其兆为土。筮者用蓍草五十茎，四营而成《易》，三变而成爻，十有八变而成卦。

问：星相始于何人？

答：星始于晋徐子平，相始于姑布子卿。

问：星相之法若何？

答：星以人之始生之年月日辰干支，生胜衰、死生、王相，斟酌人之寿夭、贵贱、利不利；相法看人之形貌、颜色知其吉凶、祸福。

问：壬遁之法若何？

答：壬乃六壬，遁乃遁甲。六壬有七百二十课，遁甲有阳九局、阴九局。

问：兵家何以重壬遁？

答：六壬可以逆知敌情，遁甲可以埋伏队伍。

问：太乙数如何？

答：太乙数能知天道、地道、人道，故有理天、理地、理人之局。苟精斯术，则豫知战事之胜负，君基、臣基、民基之吉凶。

问：九宫？

答：坎、艮、震、巽、离、坤、兑、乾、中谓之九宫。

问：何谓堪舆？

答：即今形家之法。

问：堪舆始于何人？

答：始于晋郭璞。

问：古有何书？

答：《宅经》、《葬书》、《青囊》、《奥语》、《天玉经》诸书最古。

问：河洛若何？

答：《河图》以五生数，统五成数，而同处其方。其位一六居下，二七居上,三八居左,四九居右,五十居中。《洛书》以五奇数统四偶数,而各居其所。其位戴九履一,左三右七,二四为肩,六八为足,而五居中。

问:以上诸术皆五行家言否?

答:是。

仕进章

问:小考事例?

答:岁科两试,与考童生由州县录取送府,由府送学政,照所取次序五人为一结,取行优廪生亲笔画押保结,方准考取生员。其有刑、丧、替冒等项不得与考。

问:何谓附、增、廪?

答:童生由学政考取入学者曰附,由附考取优等,曾经帮增、补廪者曰增、曰廪。

问:帮增、补廪何如?

答:帮增、补廪,新、旧相间。以考案为新,起复、考复、办复者为旧。无新尽旧,无旧尽新,新、旧总以考案为主,如第一是新,则先新后旧,第一是旧,则先旧后新是。

问:五贡之目?

答:曰恩贡、曰拔贡、曰岁贡、曰副贡、曰优贡。

问:恩贡事例?

答:凡遇国家有喜庆大典,恩诏各直省府州县学,俱以本年正贡作恩贡,副贡作正贡。

问:拔贡事例?

答:定例十二年题请举行一次,直省各学于现考一二等生员内遴选文行兼优者,府学二名、州县学各一名。

问:岁贡事例?

答:各直省起送贡生,府学每年一人,州学三年二人,县学二年一人。

问:副贡事例?

答:每逢乡试,各直省取有中副榜贡生如干名,与恩、拔、岁、优诸生一体送监肄业。

问:优贡事例?

答:各直省学政三年举行一次,任满例准一体报举优生以作优贡,大省无过五六名,中省三四名,小省一二名。以上恩、拔、岁、副、优五贡总称明经。

问:何谓乡、会试?

答:贡举之礼,以子、午、卯、酉岁秋八月,大比直省诸府、州、县学诸生而宾兴之,曰乡试;丑、未、辰、戌岁三月试天下举人,曰会试。

问:三场事例?

答:首场四子书文及五言八韵排律诗,二场五经艺,三场策问,乡、会试并同。

问:何谓殿试?

答:会试揭晓后,皇上御太和殿,临轩发策,礼部引诸贡士对策殿廷,曰殿试。

问:词林等四途何以分?

答:以殿试朝考,上者充庶吉士,为词林,次中书,次六部主事,次即用知县,不及即用者,归班截取。

问:老榜何如?

答:乡试揭晓后,汇不入选者年满八十,特恩赐予举人,会试年满九十,特恩赐予进士,故曰钦赐。

问:出身多门,可略举欤?

答:甲乙科外如博学鸿词、保举经学、世袭博士、孝廉方正、山林隐逸等科则间或举行,近复添捐纳、军功两途。

冠服章

问:圣清何以重翎顶?

答:圣清制度以冠上顶辨等级,有军功者赏戴翎羽。

问:蓝翎、花翎、双眼、三眼何别?

答:六品以下官司蓝翎,五品以上花翎,其双眼、三眼者则奉特赏。若军功、若射布靶之赏翎者准常戴,及升调他职亦得戴用。若职任之戴翎者如巡抚兼提督衔准戴翎之类,离任则除。

问:品官常用顶戴何别?

答:一品大臣珊瑚顶,二品起花珊瑚顶,三品蓝宝石顶或蓝色明玻璃,四品青金石顶或蓝色涅玻璃,五品水晶顶或白色明玻璃,六品车渠顶,七品素金顶,八品起花金顶,九品起花银顶,未入流与九品同。

问:候补、候选者顶戴如何?

答:与现任官同。

问:金、银顶何别?

答:进士、举人、贡生用金顶,生员、监生用银顶。

问:何谓蟒补?

答:蟒,蟒袍;补,补褂也。

问:蟒袍品级如何?

答:正从一品,通身九蟒四爪,不拘颜色,六品以上同。正从七品,通身五蟒五爪,不拘颜色,八品以下同。

问:文官补服品级如何?

答:正从一品仙鹤补,二品锦鸡补,三品孔雀补,四品云雁补,五品白鹇补,六品鹭鸶补,七品鸂鶒补,八品鹌鹑补,九品练雀补,未入流黄鹂补。

问:文武冠服一体否?

答:顶戴同,蟒补异。

问:武官蟒补品级如何?

答:正从一品麒麟补,二品狮子补,三品豹补,蟒袍均通身九蟒四爪;四品虎补,五品熊补,蟒袍均八蟒五爪;六品彪补,蟒袍五蟒五爪,七、八、九品同。

问:文官补服皆绣羽族,武官皆绣毛族,其中亦有不同否?

答:文官在京都察院衙门,在外按察司衙门等官,不论品级,但穿獬豸补服,馀如所官。

问:命妇冠服如何?

答:凡九品命妇朝冠,顶皆镂花金顶,惟中饰及上衔互异。如一品命妇朝冠中饰东珠,上衔红宝石;二品中饰红宝石,上衔珊瑚,二品中饰红宝石,上衔蓝宝石,四品中饰小蓝宝石,上衔青金石;五品中饰小蓝宝石,上衔水晶;六品中饰小蓝宝石,上衔车渠,七品饰小水晶,上衔素金。蟒袍通五蟒四爪,馀皆如六品命妇。

职官章

问:官何分满汉?

答:圣朝开国满洲,其后定鼎燕京,遂分满洲、蒙古旗籍人为满官，内地二十二行省人为汉官。其曰汉人者，大抵自汉以来不属中国人之称中国人也。

问：五等爵何名？

答：公、侯、伯、子、男。

问：何谓九品？下尚有官否？

答：自一品至九品各别正、从，九品凡十八等，下此为未入流。

问：太、少师、傅、保外，尚有官品相近否？

答：尚有太子太、少师、傅、保六官。

问：大学士于古何官司？

答：此仍明朝，即周之冢宰、秦汉之丞相、相国也。

问：殿阁几所？何名？

答：设官司之殿五，其最著者曰保和，曰文华，曰武英；阁三：曰体仁，曰文渊，曰东阁。

问：军机所治何事？

答：治军国大事，独秉机宜，为一切政令所从出。

问：总理所治何事？设于何时？

答：总理各国(时)〔事〕务衙门设于咸丰十年庚申，中英和议既成，以广理藩院之所不及也。

问：六部官何名？

答：各尚书各左、右侍郎为堂，馀均名郎，官属亦曰部曹。

问：九卿何官？

答：大理、太常、光禄、太仆、鸿胪五寺，内务府，上驷、武备二院，奉宸苑等卿。

问：翰詹何官？

答：翰林院、詹事府属。

问:科、道何官?

答:六科给事中,十五道监察御史。

问:督、抚、河、漕、盐何官何事?

答:总督、巡抚治军民,河督治河运,漕督治漕运,盐政治盐务。

问:将军何官何事?

答:武官最贵者,为驻防设。集满洲、蒙古八旗、汉军另城各省城中,非宗室、外戚、旗籍不授。

问:织造何官何事?

答:织造监督,由内务府官出驻江宁、苏州、杭州三首府,管理进御绸缎。

问:运、藩、臬三司何官何事?

答:盐运使司盐运使管盐运,布政使司布政使管钱粮、诠选,按察使司按察使管刑狱、驿传。

问:道何官何事?

答:有分巡、分守、兵备、水利、屯田、粮储、盐法、河差、关税及兼茶马、学政等职事。

问:府、州、厅、县外尚有官否?

答:尚有佐贰,府如同知、通判、教授,州如同知、学正、县如县丞、教谕、训导;尚有杂职,府如经历、知事、照磨,州如吏目,厅如主簿、巡检、驿丞、典史。

问:提、镇、副、参、游、都、守何官司?

答:提督、总兵、副将、参将、游击、都司、守备。

问:都、守以下有官否?

答:有千总、把总、外委。

问:各钦差以何官为之?

答:总裁以尚书、侍郎、左都御史、左副都御史为之,主考、学台以侍郎、左副都御史即翰林院编、检已上、各部主事已上为之,出使外洋则不知洋务、不讲交涉、不言西学者虽部、院、馆、阁之贵不与。

典制章

问:何谓圜丘?

答:圜丘,祭天也。《周礼·大司乐》冬日奏乐于地上之圜丘,“乐六变则天神皆降”。

问:何谓方泽?

答:方泽,祭地也。夏日奏乐于泽中之方丘,“乐八变则地祇皆出”。按:方泽本作方丘。

问:社稷之祭何如?答:岁春、秋仲月戊日,直省府、州、县守土官各致祭于社稷坛。按:坛高二尺二寸,方二丈五尺,社右稷左,异位同坛。

问:先农之祭何如?

答:岁仲春亥日,直省府、州、县守土官各致祭于先农坛。按:坛制与社稷同。

问:先蚕之祭何如?

答:先蚕庙在浙江,省城杭州、嘉兴、湖州三府各有蚕神祠,每岁春月吉巳致祭,祭品、仪节与社稷坛同。

问:厉祭何如?

答:岁三月寒食节、七月望日、十月朔日,直省府、州、县守土官司各致祭厉坛于城北郊。

问:先师释奠之仪何如?

答:岁春、秋仲月上丁,皇上暨直省府、州、县守土官均行释奠礼于老先师庙。

问:以上诸祀典外,犹有常祀之神否?

答:如云、雨、风、雷、岳镇、海渎诸神及龙神、火神、城隍神,各神各有专祠。岁春、秋仲月,守土官各诹吉致祭。

问:堂子何如?

答:国家有设竿祭天之礼,又总祀社稷诸神祇于静室,名曰堂子。

问:朝贺之仪节何如?

答:皇上朝贺分三大节:曰元旦,曰万寿圣节,曰长至节,凡贺长至以南郊次日。先期,诸王、大学士率京朝官,直省文武率阖属官具贺表上贺。

问:耕籍之礼何如?

答:直省府、州、县各在东郊先农坛侧择沃壤为籍田,田广四亩九分,岁仲春吉亥或季春有事先农之日,省会总督若巡抚率在城文官耕籍,致祭先农仪详《通礼》,若府不附省,州、县、卫不附府者,正官率佐贰、丞史耕籍,各以耆老二人执箱播种,仪同省会。

问:救护日月,其礼何如?

答:直省府、州、县、卫凡遇日、月食,各按钦天监推定时刻分秒随地救护,以素服将事,均以正官领班正仪,教职纠仪。阴阳官报时至,班首官上香伐鼓,众官祇跪行礼。

问:乡饮酒之礼何如?

答:京师及直省府、州、县,岁以孟春望日、孟冬朔日举行于儒学。

问:举行乡饮酒礼义果何在?

答:所以申明朝廷之法,敦序长幼之节耳。

礼乐章

问:礼乐之始?

答:礼事始于燧皇,礼名始于黄帝,乐始于祝融。

问:冠昏丧祭仪节何如?

答:详见古之《仪礼》、今之通行《朱子家礼》。

问:今之工尺,其合于古之律吕何如?

答:黄钟用合字,大吕、太簇用四字,夹钟、姑洗用乙字,夷则、南吕用工字,无射、应钟用凡字,各以上下分为清浊。其中吕、蕤宾、林钟不可以上下分,中吕用上字,蕤宾用勾字,林钟用尺字,黄钟清声用六字,大吕、太簇、夹钟用五字,而以上下紧别之,详见《利济新乐谱》。

问:御?

答:御有五:一和鸣鸾,二逐水曲,三过军表,四舞交衢,五逐禽左。

问:书?

答:书有六:一象形,二会意,三转注,四指事,五假借,六谐声。

问:洋文若何?

答:详见《教经答问·语言章》。

问:九数?

答:一方田,二粟布,三差分,四少广,五商功,六均输,七盈朒,八方程,九句股。近来讲九数者兼精代数,其法遂远胜于往古。

刑律章

问:何谓刑律?

答:刑,侀也;律,法也。

问:律即例否?

答:否,断法为律而准情为例,律守一定而例则因时变通。

问:律文有几?

答:原文四百五十七条,至雍正五年删改增并,定为百三十六条。

问:例有几?

答:雍正五年以后,嘉庆六年以前,现行例律详为订正、增删、改并,计共一千五百七十三条。

问:何谓五刑?

答:曰笞,曰杖,曰流,曰徒,曰死。

问:五刑之目有几?

答:笞刑五、杖刑五、徒刑五、流刑二、死刑二。

问:何谓笞刑?

答:笞者,谓人有轻罪,用小荆杖决打,自一十至五十为五等,每一十为一等加减,今以竹杖折责。

问:何谓杖刑?

答:杖者,谓人犯罪,用大荆杖决打,自六十至一百为五等,亦每一十为一等加减,今以竹杖折责。

问:何谓徒刑?

答:徒者,谓人犯罪稍重,发本省驿递应一切用力辛苦之役,自一年起加至三年止,为五等,每杖一十及徒半年为一等加减。

问:何谓流刑?

答:流者,谓人犯重罪,不忍刑杀,流去远方,终身不得还乡,自二千里加至三千里为三等,每五百里为一等加,罪减概从徒。

问:何谓死刑?

答:曰绞,全其肢体也;曰斩,身首异处也。

问:何谓凌迟?

答:腐割也,犯大逆、忤逆者间用之。

问:五刑即古五刑否?

答:否,古五刑曰墨,曰劓,曰剕,曰宫,曰大辟,见《吕刑》。

问:古金作赎刑今有否?

答:有,今例分纳赎、收赎、赎罪三门。

权量章

问:权量何始?

答:始于黄钟。

问:权何以始于黄钟?

答:以黄钟所容千二百黍,重十二铢,倍之为两,十六两为斤,三十斤为钧,四钧为石;两下有钱、分、厘、毫、丝、忽、微、纤、沙、尘、埃、渺、漠,皆以十进,是为权。

问:量何以始于黄钟?

答:以黄钟之管容秬黍中者一千二百粒为一龠,两龠为合,十合为升,十升为斗,十斗为石;合下有勺、撮、秒、圭、粟,皆以十进,是为量。

问:权、量外有度,亦始黄钟否?

答:以黄钟之管长,横累秬黍中者九十粒,一粒为一分,十分为寸,十寸为尺,十尺为丈,十丈为引;分下有厘、毫、丝、忽、微、纤、沙、尘、埃、渺、漠,皆以十进,是为度。

问:权、量、度古今互异,能详考否?

答:大约古轻而今重、古小而今大。

问:中西权量度如何?

答:详见《算纬》。

问:利济所遵权量何据?

答:王绳林《古方权量考》。

卷　四

机器章

问:何谓机器?

答:谓不用人力,纯以汽机运行也。

问:何谓泰西?

答:西洋各国之通称。泰,大也;西,谓在吾国之西。

问:泰西制造何以独工?

答:西人能出新法制器,国家即准其专利若干年,故制造日精。

问:量天尺何用?

答:其用甚广,以海道行舟为最要。

问:其形若何?

答:形似纸扇,能开能合,中一横尺一斜尺,尺中皆刊有分寸,以横者为体、斜者为用,可以测道途之远近及海道之深浅。然量其尺须于午刻。

问:何谓察天筒?

答:用玻璃管如笔大者二,长尺馀,内盛水银,平置木匣,旁记号码,晴明则水银下沉,阴晦则水银上浮,以此能察天气。其法与寒暑表、风雨表略同。

问:何谓显微镜?

答:能影微为显,有故大至七百馀倍者。

问:镜始于何时何人?

答:当明万历时荷兰人德里白始。

问:时辰钟始自何人?

答:当明中叶时意大利人嘎里娄偶见悬灯(与)〔于〕室,摆摇不定,因悟以摆为钟可定时刻。

问:其法如何?

答:每日十二时,每时二点,分为昼夜二周,自一点至十二点止。如子正十二点,丑初一点,午正十二点,未初又一点,每点行四刻,一日合九十六刻。

问:钟外可定时刻者又有何物?

答:时辰表,其应时刻之法与钟同而无声,圆小如晷,可佩,以小为贵。

问:寒暑表、风雨表如何?

答:其制皆与察天筒同。

问:何谓自来水?

答:谓其水不借人力挑运也。

问:其法若何?

答:先于都会审其水源深阔处,造水塔高数丈,上架吸水机器,塔下广开深池贮水,池旁设铁管引水,大可径尺,节节埋设,引入内池;又于沿街每数十步竖一吸水铁桶,高四尺许,下面与水管联络,顶上置一小机括,用时将机括扭开,水自激射而上,甚便居民。

问:何谓电气灯?

答:用玻璃制为圆球,中引电火为灯,矗立高柱,远望如万月齐明。

问:其法若何?

答:电线以(锌)〔铜〕为之,或明或暗,接通灯杆,用时以机器发电气,收闭随时。

问:电灯外西人通行更有何灯?

答:煤气灯,别名地火灯。

问:其法若何?

答:地中埋粗铁筒,坊巷居铺另有小铁管接连,用时热煤,使气上达各管,今通商口岸多用此灯。

问:电线若何?

答:沿途竖立木杆,上系铜丝一条,以锌为之,借电气设机报字以通消息,穿山透水,数万里之程(倾)〔顷〕刻可达。

问:其法创自何人?

答:道光十三年英摩师森始作电报。

问:火轮船创自何人?

答:始自塞明吨,英苏格兰人也;美人富拉吨客游法国,亦造轮船,后遂盛行。

问:铁路何用?

答:行火车路也。

问:铁路之制若何?

答:用坚木横跨路上,相间尺许,两头嵌以铁条,中作凹槽以受车轮,车借火气激轮,连缀前驶,一点钟可行二百里。

问:火轮车始自何人?

答:道光初,英国德微底造而未善,嗣有斯提反笋父子相继,始通行焉。

问:轻气球之制若何?

答:始英人以绸绫作球,内藏烟焰,乘轻气凌空而行,能升高至二万数千尺,欲下则机启气泄,渐渐而下。近愈出愈奇,竟用以攻取。或云:当乾隆时法人始作。

问:蜡人院如何?

答:熔蜡像人,医家所用,如中国之铜人也。

问:蜡人制法若何?

答:院中熔蜡为男女老弱婴孩之形,一切膜肌、皮肤、孔窍、筋骨、经络、脏腑以及男女受妊月数胞胎,罔不毕肖,即疡科各种秽恶之症亦一一备具。

问:德律风若何?

答:法与电报略同。彼但仅达文字,此则并能传语言。其法由欧人名德律风者所创,故即其名名之。

问:石印法如何?

答:泰西有吃墨石,以水墨书字于纸,贴石上,少顷,墨字即透入石中,复以水墨刷之,则有字处粘墨,无字处不粘,印之与印板无异也。或云:嘉庆四年日耳曼人始用石版印书。

问:照相法如何?

答:始自法人,创用银片傅药,置箱于室中,围幕以蔽日光,顶开一孔,用镜使形返照,以海蓝草熏之,复熏以水银气,再用黄碱水洗之。

问:杂物尚有几件?

答:甚多。约略记之,如风磨、风称、折光镜、机轮纺织、入水汞气钟、凿山机、脚踏车等皆是。

武备章

问:何谓武备?

答:制战具以御武也。

问:何谓火攻?

答:以火器攻人,所用火药有饼药、棉药、炸药之类。

问:何谓开花弹?

答:弹藏炸药,磕裂机发火四射如花开。

问:创自何时何人?

答:明弘治八年荷兰人文奥,亦名子母弹。

问:何谓棉花药?

答:法以净棉花浸于浓硝强水内若干时,取出以清水洗净,使毫无酸性,晒干即成,发时无烟。

问:西洋炮以何为最?

答:西洋炮有大、小、中三等,当以德克鲁伯厂、普墨迭儿、鲁士厂所制为最,而纳弹入药有前膛、后膛之殊。

问:何谓铁炮台?

答:其台外面系钢铁所包,可以避极猛极烈之枪炮。

问:何谓铁甲船?

答:其船外面亦钢铁所包,有厚近及尺者。

问:何谓风铳?

答:其状与铳相似,有二种:一用铜球,一用铁条,借气发机,声不甚响。

问:何谓旱、水雷?

答:旱雷用之于陆,水雷用之于水。

问:旱雷若何?

答:旱雷即地雷,中藏炸药,电线机发,能击数十里。

问:水雷若何?

答:有浮于水际者,作圆锥形,内容棉药一百磅,价约五六十金;有伏于水底者,作龟形,用药五百磅至二千磅,价百金至数百金不等。

问:水雷有几项?

答:三项:有伏雷,有送雷,有行雷。

问:伏雷又有几种?

答:亦分三种:一曰伺发之雷,一曰触发之雷,一曰伺、触兼用之雷。

问:送雷有几种?

答:亦分三种:一曰杆雷,一曰舵雷,一曰鼓雷。

问:行雷有几种?

答:亦分三种:一曰怀台氏鱼雷,一曰黎氏箭雷,一曰马克登那水炮。

问:旱、水雷何用?

答:用以埋伏要处,皆借电气轰炸敌人之用。

问:枪制以何为最?

答:英则马梯尼,德则毛瑟,美则林明敦,法则沙士钵,俄则俾尔建奴,奥则韦恩斯,义则书脱里,近者英之黎姆斯为尤精,而其制有前膛、后膛、单响、双响之殊。

时务章

问:何谓时务?

答:近日救时之要务也。

问:公法何用?

答:万国通行一切交涉之事,皆协情、理、法而定,故又别称为性法,其义最精,其用最广。

问:公法之学创于何人?

答:荷兰人名虎哥。

问:何谓约章?

答:两国议定交涉之事,各照所约章程而行。

问:中国与各国立约始于何时?

答:英国,道光二十二年江宁始订和约十三款;瑞国,道光二十七年;法国、美国、俄国均咸丰八年;布国即普鲁士,十一年;丹国即嗹国、和国即荷兰,均同治二年;日国即日斯巴尼亚,亦即西班牙,三年;比国,四年;义国即意大利,五年;奥国,八年;日本国,十一年;秘国即秘鲁,十三年。

问:何谓公司?

答:西人创兴商务,集股定章,以司其事者皆秉大公,故谓公司,分有限、无限二类。

问:南、北洋大臣所办何事?驻何地?

答:分办洋务,北洋以直隶总督、南洋以两江总督主之。

问:方言馆何学?

答:学泰西英、法各国语言文字。

问:同文馆创于何时?

答:同治初,总理衙门添设。招集满、汉聪颖子弟教以各国语言文字,以算学为重,兼翻译、测绘等事。

问:制造局创自何人何年?

答:同治丙寅,李少荃爵相奏设于上海,基广二百馀亩。

问:制造局何处最大最精?

答:天津、上海、江南、湖北为最。

问:官书局创自何人?

答:粤匪平后,两江总督曾文正公首开于金陵,后湖北、扬州、浙江、山东等处继之。

问:船政局始于何人?

答:始于左文襄,成于沈文肃,自闽设厂,仿造轮船以备海军之用。

问:招商局始于何人?

答:李少荃爵相创办于上海。

问:电报何用?

答:借通消息,其法仿自泰西,详前“电线”条,一切军报、商务及诸要事皆可用。

问:何谓赈济?

答:劝赈以济人也。凡遇荒歉之岁,官绅每设局筹捐劝赈,亦善举也。

问:税务司何官?

答:西人代司我国各海关税务。

问:税务司始于何时?

答:咸丰三年四月自上海开办。

问:何谓洋债?

答:我国所欠泰西贷项即于关税分期支取本息。

问:中国厘卡始于何时?

答:咸丰季年粤匪之乱,雷以諴奏请筹助军饷。

问:中国厘金岁得银若干?

答:光绪十九年实收银一千四百二十七万七千三百四两二钱三分零。

问:何谓邮政局?

答:各地信局归总官办,立章不病商民而有益国用。

问:何谓官银行?

答:即钱庄、银号之大者。若由国家开设,则可以造钞票,铸银圆,汇兑军饷、钱粮,官商通便。前李爵相鸿章曾奏请开设,为言者所阻。近盛京卿宣怀复奏,未蒙谕准。

问:报馆若何?

答:外洋报馆林立,不仅采取新闻,有一学一艺即有一报,有日报、旬报、月报之分。近如我国《申报》、《沪报》、《苏报》、《新闻报》之类,皆仿西国而行之,开辟心智,莫善于斯。

问:学堂若何?

答:即书院也。泰西学堂随地而设,自国储以下,士农工商、妇女八岁以内罔不入学。据《益闻报》:美有学堂二十三万六千八百八十四所,法有八万一千八百五十七所,意有五万二千六百所,俄有四万七千九百七十所,德有四万七千三百九十所,日本二万五千三百七十四所,英有一万九千四百九十八所,奥有一万八千五百九十八所,土耳其有九千五百五十所,惟吾国当时尚少此举,近亦渐渐开矣。

问:或谓兴亚当以议院入手,然否?

答:否,议院当俟民智大开之后方可行。

租界章

问:何谓租界?

答:各国通商,租我国之地为己界,如上海所称英界、法界、美界是也。

问:何谓口岸?

答:海禁大开,准外洋人口上岸通商。

问:通商始于何年?

答:道光廿七年各国俱和约通商。

问:通商共有几国?

答:俄、英、美、法、瑞典、德、丹、荷兰、日斯巴尼亚、比、义、奥、日本、秘鲁、巴西、葡萄牙,共十六国。

问:通商口岸多在何处?

答:有沿海,有长江,有陆路。

问:沿海几处?

答:牛庄、天津、大沽、烟台、上海、宁波、镇海、温州、罗星塔、厦门、汕头、淡水、安平、潮州、黄(浦)〔埔〕、广州、琼州、海口、北海。

问:长江几处?

答:镇江、芜湖、九江、汉口、宜昌、重庆。

问:陆路几处?

答:恰克图、库伦、伊犁、塔尔巴哈台、喀什噶尔、嘉峪关、龙州、蒙自。

问:租界几处?

答:上海、香港、天津、杭州、苏州。

问:何谓夷冢墓?

答:租界之地当时多中国人丛葬处,今皆平为马路。

问:何谓马路?

答:凡有租界即开马路,以轮船到埠、车马上岸而设。

问:何谓领事?

答:外国讯问官差,驻中国埠头管理洋人讼事。

问:何谓巡捕?

答:列国巡街者之称。昼夜换班,值文街心,西人持刀,华人手棒为号。

问:租界中有包探即巡捕否?

答:包探皆华人为之,为巡捕之耳目,系工部局雇用,专探租界杂事,防人识认,不穿号衣,薪俸较巡捕为厚。

问:何谓大跑马?

答:租界洋商春秋二季各跑马以赛胜负。

问:何谓弹子房?

答:洋人有打弹子之戏,亦犹中国围棋、马吊之意,其房皆高大洋楼,有大弹子、小弹子之分。

问:何谓大弹子?

答:地上铺长木为槽,长六七丈,槽尽处平列小桩十竿,人远立抛弹,能三弹打翻十桩者为胜,不及者负,是为打大弹子。

问:何谓小弹子?

答:有台长丈许,广半之,四周略高,覆以素呢,碾象牙为弹,如鹅卵大者四,分置台面,二人各认一丸,抵以小木棍,抵其一弹能转中彼弹者为着,以三十六着为满,是为打小弹子。

问:东洋车是东洋人创否?

答:是。

问:其形若何?

答:一人挽行,形似坐椅,有盖自后覆上,暑、雨皆便,各租界多有之。

问:东洋车外有他车否?

答:有马车,有脚踏车。

问:何谓吕宋票?

答:吕宋国人大赌票也,以号数为凭,每张洋蚨四元,头彩得洋六万元,趋之如骛,屡禁不止。

问:何谓保险?

答:此法创自西人,凡通商租界俱有保险行,一切轮船、房屋及动用杂物、衣服等俱可托保,每岁约取保费六厘,设遇不测,照值赔偿。即人出外经商,亦可向公司托保,倘在保限内病故,则视保价之多少赔偿。

问:何谓番菜馆?

答:馆中饮膳皆洋式也。

问:馆中食品若何?

答:每人一肴,肴各一色,或一二人,或十数人,分曹据席,计客数不计席数。其膳则有做茶、小餐、大餐诸名;其酒则有舍利、火克斯、白蓝地、皮诸色;惟牛、羊、鸡、鸭俱用火烤,其味非酸辣即腥膻,席终饮以牛酪、咖啡以消油腻。

问:何谓唱书楼?

答:集妓女上色者十馀人,四围高坐,前列茶肆,后列管弦,且唱且弹,声色俱佳,少年子弟易为所惑。

问:何谓拍卖?

答:西人招客买货也。

问:章程若何?

答:先日定期,届时悬蓝、白二旗,价定,即以小木槌拍桌一声成交。然拍卖多在礼拜日,然亦有不定礼拜者。

问:何谓礼拜?

答:西俗:七日礼拜天主,辍业停课以示安息。

问:礼拜在何日?

答:即中国房、虚、星、昴四禽宿之日也。故或称礼拜日为星期。

教门章

问:何谓教门?

答:中外各教各分门类也。

问:君作师何解?

答:上古教民之法,一切皆主于君。降至后世,政刑不修,治民无术,有大智慧者乃别创教以牖民,实皆具不得已之苦心,遂变为师儒之局。

问:孔子为儒教之宗,生于何时何地?

答:周灵王二十年、鲁襄公二十一年,今山东曲阜县也。

问:道教始于何人何时?

答:李聃,周时人,为柱下史,初本以清净为宗旨,迨汉张道陵,乃改事符箓,自为一宗,世袭天师之号,近已六十馀世矣。

问:释教始于何人何时?

答:周定王八年,释迦牟尼生于印度。

问:回教始于何人何地?

答:陈宣帝大建元年,摩哈默德生于阿喇伯都城,是为回教之祖,以唐高祖武德五年为回教纪年之始,即天方教也。

问:耶稣生于何地?

答:犹太国。

问:生于何朝?

答:汉平帝元始元年,是为泰西列国纪元之始。按耶稣生年有二,或云元始元年,或云汉哀帝元寿二年,后经教士细推,尚在前五年,实哀帝建平二年也。

问:天主、耶稣是一是二?

答:初本一教,一千五百十七年当明正德十二年,日耳曼人路德始别创耶稣新教。

问:天主、耶稣如何分别?

答:天主教守童真,耶稣教可娶妻,天主教称神甫,耶稣教称牧师。

问:此外教门署名者能举其概否?

答:有火教,有婆罗门教,有犹太教,有希腊教,此皆西国之古教。今派别虽众,然大旨亦不外此数者。若中国三教之外,诸教门悉多伪妄。

问:古人创教何意?

答:古人皆欲自行其道,世既不用,乃不得已而创教,当时一人行之,自为学术,后世遵守其法,乃成教派。

问:各教皆不许教中人崇拜别教,何意?

答:归于一教则精神身心有所管摄,不至外驰;久而久之,愚者可以安分守己,智者可以尽人合天。

问:各教皆有益于国家否?

答:甚益。各教派别虽异,然宗旨皆主劝人为善,故能成为公教。且既有一教,则其教中所有一切教民、养民之法皆具,实足以补国家政教所不及。

医统章

问:医统何解?

答:统,纪也,又属也,谓医之所纪属也。

问:轩皇何人?

答:轩辕皇帝也。

问:医统何以肇轩皇?

答:黄帝始作《内经》,医家始有方法可守。

问:轩皇之前有人否?

答:神农氏。

问:神农有传书否?

答:神农虽作《本草》,然一切诊病之法未备,故统不属也。

问:岐、雷何人?

答:岐,岐伯,黄帝之师;雷,雷公,则师黄帝者也。

问:"明堂"何解?

答:明堂,布政宫也。八窗四闼,上圆下方,在国之内,故曰明堂。《素问·五运行大论》:"黄帝坐明堂,始正天纲,临观八极,考建五常"云云。

问:"侯王"、"众子"何说?

答:雷公曰:"足以治群僚,不足至侯王。"黄帝曰:"然而众子哀其不终,哀而悯之,故作《内经》以著治疗。"

问:"至真要"何解?

答:《内经·素问》有此篇名,此言《内经》一书所言客主运气、胜复加临、幽明寒暑之理,上而天文,下而地理,中而人事,一切皆备,真秘书也。

问:"千祀"何解?

答:祀,年也,谓此道已秘数千年矣。

问:"神圣业"何解?

答:《灵兰秘典论》:"黄帝曰:'余闻精光之道,大圣之业。''非斋戒择日,不敢受也。'"

问:何谓“融百氏”?

答:谓诸子百家一切学术皆融贯于医学之中也。

问:“旁门”何解?

答:谓九流杂技皆不若医之用广理精、独得其正。

问:学堂医学之外兼及中西一切学问,于习医宗旨得无相妨否?

答:《素问·示从容论》:“黄帝燕坐,召雷公而问之曰:汝受术诵书者,若能览观杂学,及于比类,通合道理,为余言其所长。”是不通杂学,不能以精医学,古已有明训矣。

问:“尊师”何意?

答:学必有师,尊师则守道,道存则统不废。

问:“利济”何解?

答:利己济人,人不可无谋生之术以养身,不可无救世之道以传后,求其并行不悖、穷达可施者,独有吾医。若无济人之志,但求利己,则技而已矣,非吾所谓道也。

问:“真诠”何解?

答:诠,旨也;真诠,真宗旨也。中国皆祖黄帝,则亚洲四百馀兆人皆吾同胞,凡有类于疲癃残疾、颠连无告者,皆吾医事也。吾辈不可不长存利济之志。

问:“墨百八”何解?

答:《淮南子·泰族训》:“墨子服役者百八十人,皆可使赴火蹈刃。”按:墨子弟子禽滑厘等三百人见《墨子·公输篇》,此百八十人则可同患者也。

问:“孔三千”何解?

答:孔子从者三千,身通六艺者七十有二人。

问:以医道行教有所始否?

答:有,《素问·解精微论》:"臣授业传之行教,以经论从容、形法阴阳、刺灸汤药所滋行治,有贤不肖,未必能十全"云云,是黄帝、雷公皆欲后世之行教也。

问:"薪火传"何解?

答:《庄子·养生主》:"指穷于为薪,火传也,不知其尽也。"

问:"永万年"得毋过夸?

答:非夸。世无万年不敝之国,有万年不灭之教。孔子降生至今二千四百四十八年,释家称佛涅槃四千三十一年,回称一千二百七十五年,耶稣称一千八百九十七年,黄帝调历至今亦仅四千五百六十七年,苟能修明其道,薪火相传,其绵远尚可以亿计哉!况人本乎祖,中国皆黄帝之后,帝又为体天立极、首出之神圣,遗书具在,圣业必昌,百馀年后,水德数盈,黄种之兴,其意在斯乎!志利济者,幸馨香永之!

卷七　专著七

《蛰庐诊录》序

（1880年2月）

《记》曰："医不三世，不服其药。"《左氏传》云："三折肱，成良医。"医虽小道，顾可以无恒哉！

周秦以后，医无世业，一二大医如华佗、张机、皇甫谧、褚澄、徐文伯、孙思邈之伦，代有其人，并皆高世妙材，有托而逃，相与修明绝业，不惮降心为之，斯道犹有赖也。

近俗日靡：浮浅庸奴，学无师承，略视方书十数部，辄率尔悬壶。持长柄油黑伞，步行烈日中，望门投入，昵妇妪若家人。盐汁交流被两颊，吮笔叉手，书方如扶乩，仓卒以十数。暮归计囊金，较日常多聚，妻孥大欢笑，环问日来从谁？某某何病？病何治？则蒙然张口，漫不记忆。其遇之通者，则借名流揭医招，故自高声价：设拔号，坐飞轿，奚奴前导，悍然自命为名医。叩以寒热攻补、标本佐设之旨，囫囵恃两端，声嘤嘤蓄鼻间。处方欠伸，登轿逐逐去矣！甚矣其偷也！

虬自庚午患病，始有志于医。甲戌始排日自课，习之数年矣。丙子，始敢出议方药。每临一证，究其阴阳向背、虚实来去之至数。幸而得之，则私自诧，以为未知于古奚若？然势不多医也。尝谓人有必无可医之病，医有必不能医之时，故设例自限。年来求诊渐夥，颇乖吾旨，恐终不免为庸医之归，因录其曾经有效者以自勘。

子夏曰："日无忘其所知，月无忘其所能。"辞以未遑而不得，吾与病者两无恨也，尽吾心焉而已！已能而或失其故知，则医之罪无可逭矣！因录此卷，备温故知新之助，不足云案也。

时光绪六年岁次庚辰春三月，陈虬志三书于瑞安城东虞池之衍泽堂。

〔**按**〕序文录自《蛰庐丛书》之五的《蛰庐诊录》。原刊《利济学堂报》第八册(1897 年 5 月 5 日出版)的《文录》。以下《蛰庐诊录》则以连载形式刊于同报第十一、十二、十三和十四册的《书录》。

蛰庐诊录(卷一)

上舍黄叔颂令政验案
——详言产后服姜糖饮之害

(1887 年 12 月)

黄叔颂令政产后服姜糖饮过多,渐变痉厥。医以其有寒热也,投以小茈胡汤,不愈。继而认为血少,改投当归补血汤,而热益甚。乃乞诊治。脉数,舌绛,长热不解,但渴而不能多饮,知为营液亏少所致。乃告之曰:此症以误服姜糖饮过剂,夫人而知矣。其始发寒热者,阳虚则寒,阴虚则热,内伤,非外感也。投补血汤而益热者,病当增液,不当补血,盖脉数而非濇也。归芪动火,安得不热! 授以养液大剂,如二冬、二胶、杞地之类,调治旬日而愈,计服冬地各斤许。

吾乡恶俗:新产即投以生姜、砂糖,调饮温服。姜至四五斤或十馀斤,甚或至二十馀斤。妇媪相戒以为服姜不多,易致产后诸病。但平时片姜不能入口之人,产后虽食姜旬日,或得姜稍缓,即胃反不能纳食。故产家既相沿成俗,医者亦习为不察。其实检遍群书,屡询别省,无是法也。仆始亦相疑,而不得其故,近始得之。盖新产之人气血暴亏,内外皆虚,故能任受辛甘发散、温中去淤之品。迨服至数斤之后,则辛多甘少,砂糖之温中不敌生姜之耗气,于是中气渐就虚寒。若非辛开温热之品,自不能开胃进食。昧者以为非姜不解,岂知其实由食姜过多所致哉!

夫妇人足月而产,如瓜熟蒂落,花放水流,自然而然,自无他故。纵有停瘀别疾,只一味生化汤,随症加减进退足矣。数剂之后,自然畏姜如火,何劳取鸩止渴哉!盖服姜之害有二:偏阳者易致阴虚发痉,如此症是也,尚可以药急救之。偏阴之人则阳气无几,复投以辛散耗气之品,无不暗折其寿元。故我邑产妇,数胎之后,虽在壮年,亦同迈妇,可以知其故矣。呜呼!安得遒人之铎遍儆聋聩,而使产家皆得免此大劫哉!

儒士贾楚玉尊政逆经结瘕奇症验案

（1878 年 5 月）

永嘉贾楚玉尊政,黄漱兰先生令爱也,孕十四月而不产。永、瑞医者,日从事于养胎诸剂,而胎终不长不产,因乞予以卜产期。脉之两手均见浮洪,唯左寸关稍弱。审其胎前,并无弄胎、试月诸候,唯恶心至今未除,心颇疑之。因自勘曰:以为胎耶,何孕已逾年,屡服补剂,而胎终不长?以为病耶,岂有经停年馀,而起居食息、步履色泽毫无病状者?继而思之:孕二三月而呕吐恶心者,盖胚胎初结,血难骤下,故壅而上僭也。迨四五月,则血渐下行荫胎,而恶心愈矣。今十四月而此候尚在,血逆已甚,况脉又浮洪,于法当病倒经,问向有齿血、鼻衄否?皆答以无。忽忆喻江西治杨季登二女案,因再问曰:“比来身常得汗否?”曰:“汗虽常有,但不甚沾濡,不以为意也。”予作而起曰:得之矣。此病结瘕而患逆经,医不细察病情,故往往背谬。请竟其说以解众疑。

按《病源候论》称:"症瘕之病,不动者直名曰瘕。"即此病也,故虽十四月而不动不长。内病瘕而外无病状者,经自行也。凡妇人病,经犹未止,虽甚,可治。今经不行,非果经停也,经逆行旁溢,人自不察耳。盖汗出于心,而心实主血,汗血本属一家,故伤寒家每指血为红汗,若知平时所泌之汗即血,血即是经,则此病不过逆经结瘕,无他故也。盖妇人终身病瘕,而一切如常者比比皆是,又何独疑于此之经停十四月而无病状哉!方以木通二钱、莲子带心七枚、正阿胶钱八分、生白芍钱五分、白芨末八分、麻黄根七分、浮小麦钱五分,清心敛肺、养血止汗之品先收其汗,十剂而汗果止;继以当归钱二分、杞子三钱、阿胶二钱、龟胶二钱、生灵脂杵细八分、桃仁二钱、新绛七条,养肝滋肾、活血通经之剂以通其经,十五剂而月事果来。命将本方分半,守服二十剂,按期而经水又来,于是群疑始释。翌日,予制一破积消瘕之方,令其合丸守服。渠家见皆攻伐猛烈之品,畏不敢服,宁甘带病延年。盖血足经行,瘕已无几,故渠惧攻中止。仆尝谓认症之诀,当于反正,疑似处辨别明白,自解自难,久之自有一种真正道理横飞跃出,焕然于心目之间。特非多读书、多临症者,亦断不能有此境耳。吁!安得潜心医学者与之参究其间哉!

儒士林永馨吸烟致病,诊脉而知案验

(1878 年 6 月)

林永馨,许小岳妻弟也。患胸膈胀痛,噫气不除,医治罔效,因介小岳求医。脉之,左关结而右寸促,馀皆弦细,予以病轻而脉异常,疑为过吸鸦片所致。然年少姣好,绝不类嗜烟者,果严询不承。予以病无指名,辞不写方。乃潜语予曰:“是诚有之,但人无知者,不识先生何以知之?”予曰:“常人呼吸和平,故藏腑无病。吸烟之人吸多呼少,手忙目眩,肝肺易以受病,吾验之屡矣!但微妙之间,可意会而不可以言传耳。”乃以百合一两,浸透,绞取浓汁;复取乌药,和汁,磨取一钱五分,微煎,取服三剂而愈。

阅二月,渠家知其吸烟成瘾,塞户令戒,驯变寒厥。始则得烟稍止,继则虽烟不愈。乃飞舟相请,至则牙关紧闭,肢厥微汗,六脉依稀欲绝,唯足趺阳尚见长滑。急炙其气海三十壮,目睛略动,乃投以陶先节庵回阳救急汤,六君加桂、附、干姜五味。而另以蜜制粟壳一两先煎代水。煎成,入麝香四厘冲服,随药而苏。复取原方,去麝香,守服二剂,而吸烟、食粥如常人矣。继以温补之剂,调理半月而愈。西医于寻常之症辄入鸦片少许以为引导,盖鸦片之性旁通曲达,无微不至,故取效视他药独捷。顾其法虽不可狃,然治吸烟成瘾之人亦当以此意消息其间也。

〔**按**〕卷一病例十则:一为“社友许小岳伤寒两感治验”**丙子孟冬**,二为“上舍黄叔颂令政验案——详言产后服姜汤饮之害”**丁丑仲冬**,三为“许芳荪直中厥阴证验,并明厥阴治法”**丁丑仲冬**,四为“儒士贾楚玉尊政逆经结瘕奇症验案”**戊寅孟夏**,五为“舅氏邱寿皋热症治案,因明酒客感病之理”**戊寅孟夏**,六是“儒士林永馨吸烟致病,诊脉而知案验”**戊寅仲夏**,七是“儒士项条甫尊阃伤暑,误药垂死,奇验,因示用药之法”**戊寅季夏**,八是“友人蒋子渭尊政癫症治法”**戊寅孟秋**,九是“董田陈银浩饮症,变法治愈案”**戊寅孟冬**,十是“吴孝廉某误服石膏,停饮用药克制法”**戊寅仲冬**。现录三则,其馀从略。

蛰庐诊录(卷二)

上海某妇三年鼓胀治验

(1879年7月)

上海某妇以不得于其夫，有柏舟之慨，因病鼓胀，已三年矣。申江医者称陈曲江、朱滋仁为最。二人所定之案，后医辄不敢翻。然二人医亦不甚分门户，唯此症则陈以为宜补，朱以为宜攻。但投剂初，皆少效，旋即增胀，故因循三载，未得治法。

予脉之，寸尺均见结辐，唯两关累累如循薏苡，而面色晦滞，头低语迟，嗒然若丧。乃断之曰：病系积郁所致。初以气结而血凝，继以血瘀而气泛，于是鼓胀成矣。盖气血犹夫妇也，气以血为妻，今荣血既亏，无以涵摄卫气，而气亦遂如荡子不归，侨寓外宅，任情飘荡，故气外结而为鼓。法当于养血之中加以纳气之品。盖此气宜调不宜补，宜疏不宜攻，妄补妄攻，皆宋人之揠苗也。拟大剂逍遥散，倍当归，加丹皮治之。五剂而病减，十剂而胀愈过半，盖六月上旬事也。予旋以事至金陵，因命守服一月。迨七月初旬，客有自海上过金陵者，问之，则已步履自如，洁妆赴席，嬉笑如常人矣。

杭垣陆家小儿寒热飧泄治验

(1879年8月)

己卯秋试,寓杭城广兴巷陆家。陆本世族,庚申之乱,举家殉难,近唯一子一孙。孙方三岁,病飧泄寒热年馀,因乞医治。面色光白,目青,手鱼络脉粗大,检视前方,皆补脾利水之剂。予谛视良久,曰:此儿病本不重,医重之耳!久风成飧泄,实指此病而言。盖风气通乎肝,肝风内煽而克脾土,故寒热飧泄,面白目青而络脉粗大也。医误为脾虚作泄,强行补濇,风气愈不得上升,所以经年不解也。若果脾虚作泄,断无三龄婴孩而能经岁不死者。法当疏肝散风,可立愈也。

乃以麻黄一钱,先煎,去上沫。再入北防风六分,归身三分,川芎二分,甘菊三分,白术六分,升麻三分,共作一剂。煎服而飧泄顿愈。乃于前方去麻黄、升麻而加生芪六分,酒炒芍六分,得微汗,而寒热亦止。

庠士周小苓内伤感暑治案

(1879年9月)

周小苓赴省应试,夜宿逆邸,感梦而遗,次日又伤暑热,自饮火酒数杯,不解。医误以香燥发汗之剂重竭其阴,身遂大热。比至省,急延予入诊,则体若燔炭,骨瘦如柴,两目炯炯,如丧神守。

诊脉:两手空数,左尺尤甚。但重按至骨,两尺尚有一丝神气,如晴丝之袅于太空,知尺脉犹属有根。乃告之曰:“病由内伤而致外感。法当养阴,所谓补正所以托邪也。今脉虽恶而尚不至犯,病虽重,可药而愈也。”拟大剂生脉散,加阿胶三钱,龟胶三钱。盖以暑热伤肺气,梦遗伤肾精,燥药耗心之液,火酒动肝之阳,故以生脉补心肺,而加二胶以养肝肾也,五剂而止。乃改投滋肾疏肝之剂,以东洋二钱,玄武胶三钱,阿胶二钱,大生地七钱,连心冬八钱,羚羊一钱,鳖甲二钱,当归三分,十剂而热退,但身出白疹甚多。此阴液已足,托邪外出,但阳气衰微,无力运送,故着而为暗。因拟东洋二钱,茯苓三钱,苡米三钱,淮山三钱,桂枝三分,阿胶二钱,制草一钱,羚羊一钱,四剂而退。复以镇心敛神之制善其后,约二月馀,始觉平复。凡诊虚损及危急之症,脉当候至五十动以外。觉小有变,即当明告以故。否则一时暴脱,易被无识姗笑。

〔**按**〕卷二病例十则:一为“杨剃匠某夫妇同患瘟疫,攻补异治法”**己卯季春**,二为“上海顾缝匠之妇奔豚病以奇方得效案”**己卯季夏**,三为“上海某妇三年鼓胀治验”**己卯季夏**,四为“杭垣陆家小儿寒热飧泄治验”**己卯孟秋**,五为“杭城乐司房室人停经误胎案验”**己卯仲秋**,六为“庠士周小苓内伤感暑治案”**己卯仲秋**,七为“五弟叔和场后患热症,纯以重剂补痊治述”**己卯季秋**,八为“家慈邱太孺人两病急症,出奇治愈案”**己卯孟冬**,九为“荆室张孺人关格治验,因详论关格脉因证治大法”**己卯仲冬**,十为“洪小湘上舍湿症误补治案”**己卯仲冬**。现录三则,其馀从略。

瘟疫霍乱答问

（1902 年 8 月）

问:上吐下泻,谓之霍乱。夏秋时有,何本年发早而多死?

答:本年发者疫病也。能传染,而患者多相似,而霍乱不过疫之见证[①]。

问:何谓病证?

答:病为纲,而证为目。如以霍乱为病,则肢厥声嘶、转筋汗出为证。以疫为病,则霍乱又为疫中之证。盖疫病所发不止霍乱,论疫各书所列名目至七十馀种,霍乱仅居其一。

问:何以名疫?

答:《说文》:“民皆病也。”

问:疫即是瘟否?

答:是。此病古仅称“温”,或“天行”,六朝时始有连称瘟疫者。元和陆氏谓宋、元以后始名为“瘟”,盖偶失考。

问:疫即是疠否?

答:略异。疫自天来,疠从地至,具详《内经》,由司天、在泉之分。

问:本年疫病何以发霍乱?

---

① 辑注:“证”通“症”,为中医常用词。下同。

答:此当推五运六气知之。

问:本年运气何属?

答:本年壬寅,丁壬化木,是谓太角木运。少阳相火司天,厥阴风木在泉,又谓之同天符。天符为执法,《内经》言中执法者病速而危。五运:主客二三,皆属徵宫,徵宫为火土。六气:则夏秋之间三之气均属少阳,四之气则主太阴而客阳明。一派皆系木、火相煽,土、木相忤,故病发于此时,木邪克土,乃成霍乱。

问:运气之说或多不验,故自来医流多不甚信。何先生持之甚坚?

答:此当旁参他术方验。精于此学乃知五行家言均出于吾医运气。但当曲类旁通,沿流溯源,方能得其肯綮耳。而与医最密切者,则九宫紫白之法。

问:本年紫白何属?

答:光绪甲申以后,二黑坤土管局,而本年小运又同。月白,则三月九紫离,四月八白艮,五月七赤兑,六月六白乾,七月五黄土,八月四绿巽,九月三碧震,与五运六气所值多同,故病气独盛。

问:运气普天皆同,何以四方发病有轻重之异?

答:此所以不可不知畴星紫白法也。如本年五月,七赤入中宫,五黄到震,木上克土,本方为杀气方,故偏东如沪、闽等处独甚。六月六白入中宫,二黑到坎,下克本方,则壬子癸为死气方,故京都独盛。

问:先生曾言五、六、七三月当剧,而细按月白,则自三月九紫起,至十月二黑止,皆于运气中宫相克制。何以独举此数月而果有验?

答:以五月丙午、六月丁未、七月戊申知之。盖寅、午半会,丁、壬作合,寅、申相冲也。凡吉凶悔吝生乎动,不遇刑冲克合则不发,虽发亦不甚。

问:“病证”二字为治法所系,故夫子必先正名,否则事亦不成。今既得闻命矣,又闻运气之说,于此病源流亦略得其概。敢问此病究竟属热属寒?

答:霍乱有寒有热。若瘟疫之霍乱则悉属热而寒者,不过虚人百中之一。

问:然则各书所言寒疫皆非欤?

答:《素问》但分金水五疫,并无寒疫。盖疫者,毒疠之气,未有不热。余另有说。

问:是病初起,即吐泻少气,肢厥无脉,爪甲唇面皆青,状类阴寒,何以决其为热?

答:既知疫多属热,死亡接踵,非常时霍乱。又病者每大渴内热,喜饮冷水,则自不惑于见证之属阴寒矣。盖肢冷者,热深厥深也。无脉者,邪秽阻塞隧道,深伏不出。脉伏,非脉绝也。故有挑出紫血而轻者。

问:病从传染之后,或易知疫悉属热。若初发之时,并未有所见所闻,而无脉可候,无色可参,何能遽断为热?

答:此医家所以不可不读《内经》诸书,预详本年运气应发何病,则临证方有把握。

问:先生言疫悉从热,然实有服热药而效者,此是何故?

答:其人中气素虚,一经吐泻汗出,阳气随之而陷,故或用阳药救急于其前,然终必转热证;或用寒冷过剂,而以辛开之药济其后,此救药误,非真治病医病者。治愈尚茫然如坠云雾,而于服凉药不及者则引以为过,此疫病未必尽死证,而医法错乱,则未有不死。

问:凉药、热药之误请示要诀,以祛世人之惑?

答:此本易知。凉药之误,必入咽则病愈甚,吐泻或由轻而重,且汗出无臭气,或口由渴而淡,或神由清而陷,脉或由细数而沉迟,面色由黄赤而渐青白,或自觉心头寒凉,必无得药略轻之理;若热药之误,则必口渴烦躁,目赤身热。试问近日之病,孰寒孰热?当自知之矣。故富贵之家,医生沓至,必有一二剂参桂姜附催其速死,而贫寒无力者或恣饮黄泥水、雪水、西瓜,多有得生,可以悟矣!

问:此证如早投凉药,可决其悉愈否?

答:不能!疫非仅热,实兼有毒在。一二日内死者,肠胃先坏,恐卢、扁莫救。若延至数日后始死者,多系传染而来,用药得法,必能十全六七,其死者则医学之疏也。

问:近日西医盛行,其论此病,系毒虫为患,或由天风,或由流水,或由衣服食物,均能传染。一入肠胃,多使肠胃津液立变为色白如乳之物,将吸管闭塞,不能收摄精华,以致阴阳失和,血气顿滞,险证迭呈。然否?

答:理亦不谬。

问:西医疫虫之说有何凭据?始自何时?

答:西历一千八百八十四年香港大疫,日本派医生吉打苏滔前去考求,用显微镜验出核内之脓有虫,始知传此证时系疫虫侵入人身之故。是年四月,吉医生曾撰为《疫虫书》。同时法医雅仙、德医美谷,亦著有论说,辨明各种疫证原委,如黑疫、核疫之类,由是其说始盛。

问:疫虫取出尚活否?

答:活。据西说,在水中能活五日,在干爽处能活四日,在热愈甚之处则死期愈速。若在人身,本难传染,唯受伤见血则较易染。

问:西医言疫有虫,中医似未之及,果西胜于中耶?

答:西医不独言疫有虫,其论人身有无数微生虫,皆能致病。其实中国古籍皆已引而不发,无论蛔厥蛊胀、狐惑蛟蛔,明言虫病。即《天行温病方》中所用如桃叶、荇叶、石榴皮、马齿苋、川椒、苦参、小蓝、穿山甲、獭肉、地龙、屋尘、水银、雄黄等味,无一不兼取其杀虫。至范、汪麝香丸疗天行热毒,明言当下细虫,如布丝缕大,或长四五寸,黑头锐尾;唐王焘《外台秘要》卷三《天行䘌疮方》录至八首之多;但中医束书不观耳。余尝解五积肥气,谓"肥"系"蜚"之假借,亦详证其有虫。《内经》为轩皇教医之书,特言风为百病之长,而其臣仓史造字,"風"字从虫,实已微露其旨。

问:霍乱古方,何以多用辛热?

答:此元运使然。世补斋有运气大司天之说,虽与仆所校不同,然其理可推。

问:霍乱有何书最精?

答:王孟英《霍乱论》力辟辛热之非,可称暗室一灯,然于治法亦尚未得要领。所制《黄芩定乱汤》等八方仍专主湿热,且轻浅无力量,易至迁延误事。盖此证未有不涉及厥阴者:风性疏泄,开于上则为吐,开于下则为泄,风轮一动,炎烈沸腾,燎原之势,断非杯水能平。病者每胸膈热懑,大渴引饮,此即《厥阴提纲》中所谓"消渴,气上撞心,心中疼热"之的状。厥阴之藏原有相火游行也,此时但当保护心主,令邪火不至上窜;一面熄风解毒,散血疏气,急移火邪,使从火府而出,则于此证思过半矣。盖手厥阴上系包络,而手太阳亦络心主,正可借小肠间道为曲突反风之举,但不得漫施苓泽——渗利劫阴之品,速其毙亡。故此证初起,不妨任其吐泻以少杀毒气。仆乙未所论和阴阳、分清浊,交纽中宫,固为医门正轨,然尚落第二义——升平馆阁体裁，非下马作露布时所急也。

问：此证有何流传最灵之药以便修合施舍？

答：药以治病，当先议病而后制药。故设局舍医，主脑首当择人。天行一发，单方秘药纷贴街衢，无知仓卒，易罹其毒。严明官长当悬为厉禁：凡有方药，须令疏明此为何病、方治何义，方准刊印售买，则枉死者必少。若所举不当，恐以生人之具罹杀人之罪，不如其已。

问：此证有刮刺而愈者，何理？

答：瘟疫霍乱与痧同源异派，皆秽毒所酿而成，故在气皆宜刮，在血皆宜刺，均所以解散其毒气也。

问：可刺不可刺，以何为辨？

答：先将要处用头篩脑蘸香油，顺手刮之，有毒则自有紫黑粗筋隆起，随用磁锋点其尽处，当出紫黑血而愈，若无粗筋则不必刺。

问：当刮要处何在？

答：背脊两乳直上两肘臂、两腿弯，如项下及大小腹软肉处，可以食盐研细，用手擦之，或以指蘸清水撮之。

问：当刺要处何在？

答：大指向里如韭叶许，先用力将患者两手臂从上捋下，使恶血聚于指头，以油头绳扎住寸口，用针刺之。又重者，须看舌下有黑筋三股，男左女右，用竹箸嵌磁锋，刺出恶血，又两臂弯及两膝弯先以温水拍之，露出青紫红筋者刺之。

问：此证有简便不甚值钱之药否？

答：有。新汲井水和百沸汤名阴阳水，又锅底墨煤、百沸汤煎呷一二口，又路旁破草鞋煎服，又鸡矢白水温服，腊月收者尤良。又地浆水，掘黄土地作坎，深三尺，以新汲水搅取服，皆良方也。如西瓜、梨汁、生藕、冬瓜、莱菔、绿豆之类，亦为神丹。

问：人遇此证多以为痧，率先延剃匠及平素刮痧之辈来看。问当刮刺与否，而此辈意在居功射利，到必大试其技，因而误事者不少。请问证之不必刮刺者，以何为验？

答：凡当刮刺者，谓其有秽毒蕴结也，否则开门揖盗矣。可先以生黄豆，或生芋，或生姜等试之，如不腥、不涩、不辣者，毒也，可以刮刺。若有本味者，切当忌之。

问：近日用乾隆大钱，嚼碎可治，此是何义？

答：此本古方，《肘后方》用大钱百文，水一斗，煮八升，入麝香末三分，治时气欲死。又方：用比轮钱一百五十七文，水一斗，煮取七升，服汁；须臾，复以水五升，更煮一升，以水二升投中，合得三升，出钱饮汁，当吐毒出云云。而《圣济总录·治霍乱转筋方》则用青铜钱四十九枚、木瓜一两、乌梅炒五枚、水二盏，均言之凿凿，但世医不之知耳。昔亭林先生（倦倦）〔睠睠〕明社，曾六谒孝陵，嗣见时疫盛行，以顺治钱煎服者各愈，疑为天命有归。盖先生虽习医，而所见未广之故。

问：此证嚼铜钱有多至六七十枚，究属何气使然？

答：气相克制，无坚不破，硫强水可以蚀铜，尽人而知，此证亦硫磺气过重也。瓯人称口热臭者为“热磺气”，淮北人则直称“硫磺气”，于此可悟。西医亦称铜之功用能安肚腹、脑气筋，但过多则吐耳。

问：铜何以有安脑气筋之功？

答：盖肝主筋。筋病者，肝火太旺所致。金能平木也，本年此证悉木邪过甚，故能愈也。

问：闻西法每用鸦片止下痢，义尚易晓，而止霍乱呕吐用钾养、绿养、纳绿，其功用何如?

答:二药皆盐类改血药，咸生炎而有凉性，钠绿即寻常食盐，但西法化过较净耳。

问:闻西法樟脑酒哥啰昉亦均治霍乱，可用否?

答:须慎用。二药辛窜走气，似于近证不尽相宜。哥啰昉即蒙迷药，多服令人醉欲死，唯蘸于手帕用以解毒则可。

问:此证古方既不可用，西法又不相宜，先生何不出其心得及曾经治验之方，录示远近以作南针?

答:仆曾制有一十八方以供荛采。

问:十八方中精义，先生可略疏其概以开聋聩否?

答:各方实从《伤寒》、《千金》脱化而出，于近今瘟疫门中另辟手眼。如八股老批头所云“长枪、大戟、细针、密缕”，皆兼而有之，似非时下温热诸名家仅事扬汤止沸者可比。减轻其剂，并可治十年以内木火之时邪，非止瘟疫霍乱也。但每方作解，不特辞费，且亦非引而不发之旨，明眼者当自得之。

问:方中所用益母、桃根、柏叶等，皆按节气收采，仓卒未备，奈何?

答:可即用近时所采者，但不若如法修合者力量较大而灵异耳。

问:按时采药，虽有其说，恐亦影响之言，未尽可凭?

答:院中曾历试有验，古人司岁备物，如戊、癸年则收干姜，丙、辛年则收黄连，皆取其年化气以助药力。《内经》，人或未必读，而三年蓄艾载在《孟子》，当皆童而习之。况腊月猪油盛夏常冻，冬春粟米经久不蛀，其故可思。若六日鸡鸣水则更奇矣。

问:第一方全剂甚重，何以大黄仅用八分?

答:此取其通火府,使毒从前解,重则直趋大肠矣。

问:第一方注云:“多煎少服,中病即止。”又云:“轻者减半。”何不即将全方分两减轻,而云重者倍服?

答:重病用大剂,中病即止,不必尽剂,此本古法,具有深义。譬如以斗米煮粥,得饮三升,就取一升。若径以三升米煮粥,取饮一升,其浓厚、粘稠之力实自有别。

问:第二方意在迎阳归舍,防其虚脱。敢问欲脱之候尚有别诀可认否?

答:人中上吊、汗出、囊缩,口开、撒手、神夺、目上视,不得仅以眶陷辄投此汤,盖泻多,眶未有不陷者。

问:第七方救焚汤,不用煎而用水浸,此是何义?

答:此义甚精。盖大吐大泻之后,藏津内槁。一切汤液皆经煎沸,阴精已漓,浓浊之味与藏津不相周浃,故取天一真气,使其浸淫灌溉,一气相生,以资吸摄。古人郊天用明水亦即此义。

问:《定乱九方》为霍乱之主方,各有主义,顾名可思。《天行八方》则多预防救误之方,先生前言各方尚可治十年以内木火之时邪,其义云何?

答:以仆古三元法推得同治甲子已交水运,而今日所发之病尚多属火者。盖火未退位,水未迁正也。十年以后,运才交足,此如奇遁家超辰接气之诀,未易明言也。近日冬地寒滞之品已多误事,薛、叶、吴、王诸家皆不免将束高阁矣。

问:霍乱从前皆仅专顾太阴一经,故用药不出理中方法。先生著《霍乱病源方法论》,始言当求之厥阴,不悉此证尚别兼证否?

答:著书者但能明其纲领,而曲折实不能尽也。吾院陈栗庵长于燥证,言此证亦有由金气不宣而木火愈郁者,论甚精确,《应验第三方》即采其意。

问:霍乱吐泻虽止,而仍有不得生者,此是何故?

答:邪实者当时虽经寒剂急救,而透发不早,多至馀热内燔。正虚者虽扶阳得效,神清汗止,而脉终不起者,此元气无根,如瓶花得水,非不暂润,终必萎落。

问:热病禁食,痧疫尤甚,不知如何始可令食?

答:禁食者恐馀热未尽,得食则热着而复发也。如邪已尽,舌苔必净,口必不渴,小便必清长,大便必不燥不溏。若热病大便干燥,则为邪尚未净,切当忌之,即欲进食,总宜先以绿豆饮试之,继以番薯丝干煎汤,后方可以泡饭取汤,略和胃气。唯舌绛、身和、汗出多者属真阴渐亏,宜用薄粥。

问:疫病既能传染,泰西防疫章程可仿行欤?

答:否。泰西平时饮居均已尽合卫生之道。但能慎之于发病之地、受病之人,故设法当愈严愈善。中国事事不合医轨,若临时猝然防疫,实非独无益,且于平人大有妨碍。

问:华人防疫有简便易行之事否?

答:沟衢宜打扫清洁,衣服宜浆洗干净,水泉宜早汲,用沙滤过,鱼蔬忌久顿,用冰更佳,房屋大者宜多开窗牖,小者须急放气孔。而尤要者,则厕桶积秽之处日施细炭屑其上,以解秽恶。

问:此皆外治之法,不悉内功有何简便之法?

答:内功非一言可尽。大要在提元神,而提神猝未可学,一切耗神之事总宜戒断。其目约有数条:戒多饮猛酒,戒多吸干烟,戒远视,戒久立,戒远行,戒多言,戒多用心思致令彻夜不寐。而尤要者则在房室,如房劳后七日内患病者,十中难救其一,验之屡矣。

问:探病人有何防避之法?

答:饱食后再饮保命平安酒一杯,提起元神,自觉此去有一将当关、百邪退避之概。不知此义,当思如戏场上关圣帝,手提单刀,过五关斩六将,何等神勇,心目中跃跃然亦有欲学作关公之想,则神完气足,病气自不能侵。坐定时,又须谨避风口。视今日是何风,如属东南风,则宜向西北方侧坐,切不可使病人之气顺风吹入吾口。又须闭口不言。

问:何法实能提起元神?

答:《素问遗篇》有想五气法,然亦须平时习熟,临时不外竖起脊梁,张开眼孔,闭气凝神而已。玄矣哉!《遗篇》之言曰:"正气存内,邪不可干。"

问:瘟疫,俗皆称为鬼病,每事祈禳,明者从不之信,而昧者又言之凿凿。然按之古籍,如《周礼·方相》:"黄金四目",已言逐疫。而刘熙《释名》亦言:"疫,役也,言有鬼行役也。"一似有征。先生平时如东坡喜谈鬼,而临证独否,敢问?

答:唯圣人为能知鬼神之情状。夫子之告樊迟也:"务民之义,敬鬼神而远之!"告季路曰:"未能事人,焉能事鬼!"医,人道也。当务民义,尽人事。平时当具伏魔之道力,临时方能施逐疫之神方,提起元神,念念救世,则灵光四射,笔锋横扫,自能战退群邪,还吾仁寿世界,奚事上效驺摇,始能永命哉!《素问》不云乎:"拘于鬼神者,不可与言至德。"欲昌轩、岐之教,岂可稍背其宗旨哉?

利济瘟疫录验方

利济定乱第一方——定乱救急汤

治男女老幼瘟疫：霍乱吐泻，肢冷脉伏，脐腹绞痛；或不痛而心躁口渴，舌苔秽黄，甚则灰黑，目眶内陷，唇面爪甲俱青，危在倾刻者，此方主之。

白头翁五钱　大青叶四钱　水连三钱　木通二钱　东引桃根三钱，清明采者尤佳　秦皮三钱　益母草三钱，端午午时者尤佳　川柏一钱二分　升麻一钱二分　槟榔二钱　大黄八分　吴萸八分　鬼箭羽二钱　马齿苋三钱，六月六日采者尤良　绿豆七十二粒　赤小豆三十六粒　鲜车前一两　青大钱六枚，古文钱更佳

右十八味，用地浆水或阴阳水煎，多煎少服，中病即止，轻者减半，重者再加金汁一杯。得药吐者加猪胆汁少许或童便冲服。

利济定乱第二方——定乱迎阳汤

治证如前，而中气过虚，眶陷声嘶，或口不渴而汗出脉绝者。

高丽参一钱，无力者以东洋三钱代之　土炒当归一钱　附片

二钱　木通八分　吴萸炒川连一钱五分　老式紫草一钱五分　赤小豆七十二粒　东壁土二钱,灶心土亦可　藿香一钱五分　乌梅一枚　防己一钱　川椒二钱　桃根三钱　青大钱三枚,古文钱更佳

右十四味,用阴阳水煎。得药吐者仍用童便或猪胆汁少许冲服。

利济定乱第三方——定乱安中汤

治吐泻已减,舌苔秽浊渐退,而神倦脉弱者急宜扶正和中。

西潞三钱　苡仁三钱　盐水炒桔红三分　白头翁三钱　吴萸炒水连一钱五分　藿香一钱五分　老式紫草一钱五分　蚕砂四钱　桃叶大者十四片　扁豆叶三钱　石榴皮六分　绿豆四十九粒　赤小豆三十六粒　古文钱三枚

右十四味用阴阳水煎。

利济定乱第四方——定乱舒筋汤

治霍乱而转筋不止。

白头翁五钱　大青三钱　蚕砂四钱　鲜地龙九条　水连一钱五分　钩藤五钱　木瓜五分　血馀八分　马齿苋五钱　大钱九枚　甘草梢三钱　绿豆百八粒

右十二味再加丝瓜络、忍冬藤各一两,用地浆煎汤代水,煎成候微凉服。

外治法:用陈醋三沸,以故绵浸擦患处,亦可用食盐。

利济定乱第五方——定乱排痛汤

治霍乱而腹疼欲死者。

东引桃根四钱　柴胡根三钱　白头翁三钱　白芍三钱　槟榔二钱　川连一钱五分　广郁金八分　蚕砂五钱　枳实一钱五分　柏叶二钱,元旦社中南向者尤佳　木通一钱　鬼箭羽一钱　绿豆七十二粒　赤小豆三十六粒

右十四味用地浆水煎。

利济定乱第六方——定乱止渴汤

治霍乱而大渴不止者。

白头翁三钱　胆草二钱　川连三钱　乌梅二枚　生白芍二钱　鲜车前八钱　苦参三钱　大青五钱　盐水炒川柏二钱　老氏紫草二钱　木通一钱　大黄五分　绿豆百八粒

右十三味用地浆水煎,雪水更佳。

利济定乱第七方——定乱救焚汤

治证如前;或吐泻已止,而内热如焚,汤药不受,服后应验——四、五两方不愈者,主以此方。

鲜生地一两　鲜麦冬一两　鲜元参八钱　西洋三钱　葳蕤六钱　生枇杷叶八钱　西瓜二两　鲜藕一两　荸荠一两　消梨一两　鲜百合八钱　鲜车前一两

右十二味，用井华水浸三时许，不时恣饮。

利济定乱第八方——定乱泻心汤

治霍乱而心下痞鞕、上下格拒者，或吐泻已止而见此证。

旋覆花三钱　吴萸炒川连一钱五分　蚕砂四钱　半夏一钱五分　木通八分　盐水炒桔红四分　石菖蒲六分　桃根二钱五分　枳实一钱　鬼箭羽八分　绿豆衣三钱　赤小豆四十九粒

右十二味，用碓稜水或急流水煎。

利济定乱第九方——定乱达郁汤

治干霍乱不吐不泻、心腹绞痛欲死者。

生栀子十四枚　豆豉三钱　枳实一钱五分　石菖蒲五分　蔻仁三分　川朴八分　水连一钱二分　山慈姑八分　木通七分　诃黎勒一钱五分　槟榔二钱　人中黄二钱　五灵脂三钱　荷梗一尺

右十四味，用阴阳水煎取，稍凉服。不止，再研加来复丹一钱。

利济天行应验方

一

治时邪，初感头晕、胸闷、筋掣、腹疼、神气不爽、将成吐泻者。

白头翁二钱　扁豆叶三钱　生枇杷叶三钱　藿香二钱　枳壳四分　桃叶十四片　香豉三钱　滑石三钱　丝瓜络二钱五分

九味，用阴阳水煎。

二

治天行，初感壮热头痛，或心中热，不论有汗无汗，此方主之。

葛根二钱　大青叶三钱　香豉三钱　葱白三条　生石膏四钱　生栀子九枚　黄芩三钱

七味，用地浆水煎。

三

治天行，初感寒热如疟，或身见疹痱，或喘逆上气，肩膊胸胁掣痛，甚则眩晕，脉或伏而不起。此木火久亢，金气暴复，宜辛凉透发，宣通气机为主。

豆卷三钱　升麻一钱　杏仁三钱　桑皮一钱　制草二钱　僵蚕二钱　马勃二钱　生石膏三钱　大青叶三钱　连召二钱　桔梗八分　当归八分　赤芍一钱　牛蒡三钱　西河柳二钱　鲜柏叶一钱

右十六味，用井华水煎成，冲荷叶露一杯。

四

治霍乱止而仍内热烦渴者。

大青叶五钱　香豉三钱　瓜娄根二钱五分　生地三钱　生栀子九枚　苦参二钱　连翘二钱　绿豆衣三钱

右八味，用地浆水煎。

五

治吐泻已止，身和神清，忽腹中大热，口渴鼻燥，舌黄，喜饮凉水，曾服苦寒益燥者。宜改事甘寒，主以此方。

生石膏四钱　鲜枇杷叶三钱　生草二钱　桑叶三钱　西洋二钱　鲜藕四钱　绿豆百八粒　消梨一个

右八味，用井华水煎成，冲银花、竹叶露各一杯。

六

治霍乱证，误认肢冷脉伏为寒，而用辛热之药以致危急垂死者。

人中黄一两　陈细绿茶六钱　生莱菔汁大杯　绿豆一撮

右四味，用地浆水煎。

七

治霍乱证，虽宜凉药，而用之过剂，或饮雪水、地浆等太多，以致呃逆痞闷作痛者。

鲜藕三钱　扁豆叶二钱五分　丝瓜络二钱五分　木通一钱　灶心泥二钱五分　鲜枇杷叶三钱　六神曲一钱　细辛三分　石菖蒲五分　蔻壳三分　竹茹三钱　滑石二钱五分

右十二味，用阴阳水煎。

八

治霍乱愈后，身和脉起，舌苔已净，知饥思食者。先以此方交媾阴阳，安和五藏。

合欢皮三钱　扁豆叶二钱五分　北参二钱五分　石斛一钱　丝瓜络二钱五分　麦芽一钱五分　葳蕤二钱五分　荷叶一钱　冬春米一撮　清炒甘草八分　白茅根六钱，先煎代水

右十一味，用阴阳水煎。

利济秘制保命平安酒方

用堆花烧酒十五斤，浸七日，每服一小杯。

白头翁三两　东洋一两　藿香二两　生蓍一两五钱　防风一两　当归一两　川芎一两　苡仁一两五钱　萆薢一两　川椒六钱　大黄六钱　柏叶一两，元旦社中南向者尤佳　鬼箭羽一两　水连一两　石榴皮六钱　荷叶一两　槐实二两，上巳日采者尤佳　雄黄一两　菖蒲六钱，端午日采者尤佳　益母一两，端午日收者尤佳　赤豆二两　绿豆二两　木瓜一两　苍耳子一两，端午采者尤佳　檀香二两　通草六钱　东引桃根二两，清明日采者尤佳　冰糖二斤。

〔**按**〕录自《利济丛书》之六。首署“主讲东瓯陈虬蛰庐初稿同院诸子校”。温州市博物馆藏木刻本。

卷八　杂著一

史法章

（1876年）

古史之兴，肇乎仓颉。宣尼笔削，乃有《春秋》。丘明受经，创为传体，年经月纬，一主编年。龙门继简，始为纪、传，各史因循，遂沿不改。揆其始作，人自为传，不相杂厕，总会人物，区详易览，亦有足多。其时汉氏初兴，去古未远，公私学术，尚少分门，列之一传，自无不赅。

魏晋以降，英彦蜂起。一人之身，兼有数长。若施以独传，则舛驳无伦，苛以文体，遂乖史法。于是载笔之徒类多删削，详其所略，略其所详，疏阔之讥，殆难免焉。似宜参用编年，如名先年谱，略施小传，次其履历，分年缀事，不取文言。庶文无泛论，按实而书，详实准当，可称史则。其儒林、循吏、职官等目，可仿班氏《古今人表》，区为九等，钩元提要，以示龟鉴，明白头讫之序，品酌事例之条，虽殊古式，自谓颇得事序。一得之愚，冀有采焉。

〔**按**〕本文录自《治平通议》卷八《蛰庐文略》第十三篇，篇末注明“丙子”。

《说雅释概》序

（约1879年）

《说雅释概》者，吾弟述庐之所为书也。

粤自书燔秦火，七章启仓颉之传；道失周輶，六书昧保氏之制。宝刀左右，乃出《榖梁》，王珽曲园，或云葵叶。以故毛公作《传》，误仍六驳之文；伏波上书，舛甚冗芊之印。雅训沉霾，经典轇轕已！洎乎许君有作，《说解》成书，罗众说者二十八家，广成体者六百二字，乃群书之渊源，实小学之权舆。唐、宋以来，郁而未显。圣清勃起，斯道中天。桂、段、王、朱，以淹通延誉，严、姚、钱、惠，以精核垂声。人登《苍》、《雅》之堂，钲搣古义；家守《凡将》之字，扳饰文言。郁郁乎文，吁其盛矣！然而榛芜虽辟，隐括无方，掇其大凡，厥有三弊：自古籀既邈，向壁遂多。天乃二人，地从一力，丁字失实，壬夫嫁名。京洛更颛臾之音，叔孙订周、孔之雅。桐梧、司吾之革沿，郡志遂订其误；拓技、拓拔之原流，乐府莫详其解。遂至戴侗释故，径改镘馆之文；韩昶校书，尽改金根之字。此逞臆之失也。尼山雅言，征诸古昔，荐绅之道，唯贵雅驯。乃帖括鄙士，耻委巷之丛谈；呫哔陋儒，改经天之古字。飞禽即须安鸟，水族便都著鱼，虫属尽作虫旁，草头皆从两十。犬乃向外，证自昔闻；虫为屈中，传诸故记。充箱照轸，皆王、邵《俗语》之编；琐语谰言，成郭显《杂字》之旨。此谐俗之弊也。经史相沿，或资金石，搜罗所及，用广见闻。

乃桐棺、金错之铭，悉加甄录；□□□、洛铃之谶，曲赐爬梳。宛委探神禹之书，岐阳猎周宣之鼓。是虽文成汗简，著目录者七十一家；书出萧梁，辑隶法者五十二体。纵运筹而役志，等入海而算沙。此务博之弊也。从此三弊，蚀甚六经。遂使公羊入座，高唱齐音；司马传书，间收秦隶。能言鼮鼠，少博物之终军；误食彭蜞，来讽学之谢尚。康成之序《论语》有八十宗，徐铉之附《许书》尚十九字。虽复号称书笥，人诩淹通，亦仍痴等诊符，要归寡当。譬之导源星宿，难求桮勺之需；伐木邓林，转乏棁栌之用。津梁孰逮，巨楔安歧，此吾弟是书之所为作也。

"说雅"云者，以《说文》正经典，略依《尔雅》篇次，举概其例，其馀明未备也。盖洨长说文，旧为九经权度；元公释诂，实乃六卷□□。释谬驳妄，不争淹博之能；节解条分，唯取挦扯之便。仿陆元朗《释文》旧例，详列音声；视颜元孙干禄遗书，兼详点画。元亭问字，赍油素以穷年；碧简搜奇，乞铅黄之馀景。敢谓刘芰字说，仿张有《复古》之篇，庶几剸缉铅书，拟陆玮《晤蒙》之章云尔！

〔**按**〕录自《瓯风杂志·蛰庐存稿》。文中提到的桂、段、王、朱和严、姚、钱、惠，应指桂馥、段玉裁、王筠、朱骏声(《说文》四大家)和严可均、姚文田、钱大昭、惠栋。郭显则为郭显卿(东汉人)之略。

瑞安广浚北湖条议

（1881年）

瑞城之水发源于城北之集云山，合大小二溪，湖流屈曲，入东虞池门。北两水门，交于署前之正阳桥，文庙近在署东，泮水合襟，故吾邑文风特盛。分左右二流汇出东水门，东行至九里，复折而北，与郡城之水会，而泄于东山、内陡门三间，阔二丈五尺四；外陡门二间，阔一丈一尺。此去冬与仲舫兄及诸友履勘而得者。上码、名永荫河。新开内陡门阔一丈二尺一寸，水出口在天盘乙；外陡门阔一丈，出口在天盘巽。南河、即通海湫，共四间。阔二丈九尺四寸，出口在天盘巽，场桥、即龟山陡门，共四间，约四丈，出水在天盘乙。海安一间，约丈许，水口在天盘丙。五陡门。国初时湖流深广，舟行绕山麓北上，可直至岭脚。嘉庆时犹可至头碓。道咸以来，滋生日众，梯山为田，如棋枰、博卦盘，垦至山巅。夏秋时潦，溪流迅急，挟沙石而下，全湖浑浊、陡涨入城厢，故道遂淤。登高四望，中流一线，溓溓如长沟而已，旱潦均受其害。再久不浚，下口日涨，如遇大水，南西岙等处皆将有倒灌之虞。往岁治前大火，城内干涸，救火水龙皆临河袖手，始渐有议开浚者。虬不敏，因僭为末议十二条，冀供当事者之采择焉。曰设局、曰商功、曰筹捐、曰出土、曰束沙、曰包工，此为开办之次第，而大旨则以包工为要着，尤当设局以善其后。善后又约分数事：曰丈田、曰护堤、曰设准、曰绘图、曰计簿、曰立庙，都十二条，倘不以葑菲见遗，于浚务或不无小补云。

一曰设局：拟择宽敞地如忠义庙等处设局。公举练达有名望者为董事，又选副董二人司会计，司事数人供弓算、测绘、立向、分捐、督工宜分段，便覆勘。及庋藏物件，另雇局工十数名为工头，总董外皆给薪水，吾乡公事向无薪水，易致富者滥竽、材者弹铗，故难责以考成。名虽撙节，实易侵蚀，为地方谋久远之利似不宜惜此小费。季路受拯溺之牛，不以为过，安得贤者一倡其风！令各有地段，职事不得推诿弊混。功成，勒碑记姓氏。

一曰商功：开办之始，当先就湖身画段测量。万不可先行清丈田亩，举事之始过于纷更，不特畏难易止，且防掣肘。分松土新涨。坚土老淤。计分几段，共长若干丈。湖分阔狭二道：阔者面开广一丈八尺，底广一丈二尺八寸；狭者减三之一，皆以深九尺六寸为率，潭面各径三丈六尺，深皆一丈九尺二寸。上周十丈八尺，中周九丈二尺四寸五分，下周七丈六尺九寸。核计应开之湖当出土若干尺，每工日出几方，每方百尺。统驭以《九章·商功》之法，开浚方有把握，不至茫无头绪。吾邑工作皆不知《商功》之法，往往以糜费过多而草草了事。

一曰筹捐：捐分三项，曰山厂，闻约千馀家，须查十二都地保门牌册。按户派工，一例捐钱，准其以工相抵。切勿派工，致令老弱抵数，有误商功章程。曰田亩，闻近万数，须细核十二都冬藏往三号田鳞。每亩业佃各输若干斤，不必分等。曰城厢，闻约四千馀家，亦须查保甲册。大户捐银，中户输米，设米关，按月一收。下户免。又当另借公款或罚锾。以为先事之举。而城厢湖道则令遵照局章画段自浚，局中派司事以督之。

一曰出土：县龙发脉于集云山，内堂龙虎，第一山蟠其左，赵家山踞其右，而左苦其龙神之短，右苦其岩石之丑。宜于第一山就近出土，迤东接筑沙丘以避牛卧岭之凹风，庶高家阳等处方可生聚。

高家阳本大村落,近岁渐无人烟。赵家山就近出土,遮培岩石,直至外陶尖。两处广栽松桧柳杉,务使蓊郁成林。湖岸两傍各开长堤,上广四尺二寸,下广四尺八寸,高五尺四寸。每丈计可占土二百四十三尺。而不尽之土则以西门外竹排头江边为尾闾,先行揵木,施以桩橛杂料,而后填筑沙土,大可垦田置屋。切勿堵塞小浃及填百岁坊之新潭。盖此潭尚宜接通大湖为妙。而出土则宜用牛板车如省城、西兴载货车式。为便利。

一曰束沙:山作势无可禁。预当设法以堵新涨。宜浚旧潭以为束沙入潭之举,查全湖旧有深潭数处,旧湖水法确有深意:河埭桥之水不使直趋第一山,必令纡道折而西北行,绕高桥浃,逆流入东垟湖,则第一山以南皆成横水之局。而又多设深潭潴水,令气不直泄,盖出水过驶,实形家所忌。今当一一修复,约共数处,非唯潴水备旱,兼取束沙放淤。西岙则牛角潭,南岙则赵家山前,河埭桥别牛轭甩,此潭尤要。高家阳则牛溪潭,牛卧岭前则李姓墓前龙池。盖五处首受沙淤,潭底前后当筑小坝,高一丈九尺二寸,令与湖底平。防沙涨则沙石皆先及五潭,而后汛及湖身。以每潭中周九丈二尺四寸五分、下周七丈六尺九寸、深一丈九尺二寸计之,可受沙淤一千一百五十尺另四寸,计五潭所积约近六千尺,每岁可仅就五潭兜淘数次,较易为力。此外,如沙城头、高桥浃口、四板桥坎、旧有三大潭。雕桥底、东垟桥、后菱湖、陈府庙北,皆当一体修复。如势难遍举,则赵家山前、牛轭甩、牛溪潭、沙城头、雕桥底、陈府庙北六处必不可少,此其要也。

一曰包工:所谓包工,非令画段包浚也。宜令局工数人自行先浚一处,约每工日可出土几方,每船可载几千斤,刻其大木为识。然后分段令浚,计船给值,出土近远仿此。须就筹捐所及之处招工,不可远募,以示调剂。盖千锸齐设,耳目难周,实以包工为利便。但当令就近居民包估出土,万不可画段计值,统令地豪概行承浚,致碍局章。而施工之先后则以出土出水之远近为次。

全湖告竣,然后细按鳞册清丈。凡民田被浚者,照时值给价。旧系湖身者,入局招佃。此谓丈田。

沿堤皆令栽树以护堤身,全湖日久方无移占之虞。堤在东者宜桃、柳,在西者宜梅、柚,而皆间以桑、竹、乌桕。禁攀折,画地招佃承管。不特四时掩映,可增风景,尽可兼收其值以裕经费。此谓护堤。

城厢旱干,固由来源不旺,然亦各陡门走泄过甚所至。宜于治前及篔筜桥与各陡门处所、详定水则,转设闸夫,示以启闭之节。违者重究,首告给赏。从前闸夫得规,陡门日启,以便捕捉、走私。夏秋水满之时,大潮灌入,稻田被浸不少,苦无举告。去冬虬偕友人曾燕卿广文等联名呈禁,此风少革。此谓设准。

邑乘水道旧无全图,宜分北湖、城厢为二图,开方测绘,存局备稽考,此谓绘图。

办过工程,一应夫工、钱、捐等项以及分段督工姓氏,一一汇清登簿,转派司事十数人常年轮管湖务,此谓计簿。

吾邑祠宇甚多,而独无水神,亦非思源之道。宜就河埭桥等处立庙以祀水神,湖田堤产概充庙祀,庙勒吉金以垂久远,此谓立庙。

《管子》曰:"利陂沟渍泥,滞通郁闭,此谓遗之以利。"其实水之为用尚不尽此:蠲疵疠,清犷悍,息火患,振文风,一皆主之于水。盖水为天一之气所生,人寓其间,涵濡沐浴,动与天游。故古人水正设官府,事修和,酿成于变之化。若能参用形家之术,修改湖道,更以其法遍及各乡，一例开浚，利赖尤无穷哉。

〔**按**〕本文录自《蛰庐文略》第九篇，篇末注明“辛巳”。方言中，“河”“湖”同音，本文所用“湖”字，实为“河”字。今辑录仍从其旧。

瑞安何氏旌节坊记

（1882年）

光绪纪元之八年春，瑞安何氏旌节坊告成。其从孙迪启乃规汉魏阙铭之遗制，将具其事实于坊阴，而以文属友人乐清陈虬。虬谓："甄表先德，谊至隆也，当求世之蓄道德、能文章者。虬不敏，恐不足以阐吾母，敢辞！"启乃揖而进曰："间亦尝闻吾子之论矣。秦汉以来，太史失官，乡曲之事有不尽登简册者矣。吾徒见闻所及，苟有关于风化伦纪者，当件系成编，以俟輶轩之采。然则欲求纪实之文，岂可并世而失吾子哉？愿吾子之终有以存之也。"虬乃综其概曰：

节母姓林氏，瑞之集云山人。年十三，归同邑何公瑞泮。泮故贫，与兄瑞荣尝负贩于外，而别令家人营造腐之业以自给。道光十四年，饥、大疫，死者相枕藉，泮染疫病，不能具药饵，遂亡。节母年十八，生子甫数月，居丧尽礼，哀动邻右。母以夫亡，故事事益力。日鸡始唱，即起操作，白髻练裾，入腐灶，壁上灯荧荧如青磷，光不满一舍，母仄身布武，只手转豆砻，得浆日以斛计。终其身无少弛。闻何氏之兴，母之力盖居多。岁馀，所生子复病死，母痛可知也。其兄瑞荣公乃以三子廷兰为之后，母抚若己出，俾得成立。年五十有三，同治八年正月辛巳淹疾终。当道以事上，得旌如例。至是，廷兰谋其兄廷英、廷浩，乃共建坊于锦湖之西，礼也。

初,其母家欲夺母志,阴遣某妪往。妪乘间而言曰:“昨从乡间来,暮投某氏庐中。夜,比邻有泣者,声甚哀,问其故,则少年失其所天者,零丁孤苦,冻馁不能以自存。今忽忽将老,不复堪作人妇,旦暮会填沟壑耳,伤哉嫠也!”母若不喻其意,叨仍如故。妪复言曰:“如君者,亦岂能长年少耶?”言未竟,母突起,飞木杵击中其面,血流被腮颊,妪狼跄逸去,谋始辍。

瑞安俗诞而好巫,高明之家妇女喜与觋妪、斋尼相往还,而妖妄之婢因挟以自重。每广树徒众,幻张名号,日以其诡秘邪淫之术诱妇女入教,而被其所惑者如入阱之兽,势不复得自拔,败名堕节,丧家亡身,为世道人心之患。母独诚谨,识大体,避之若浼。故尝有道以茹素事者,辄严绝不与通。呜呼!夫若辈之足以乱人闺阃也,学士大夫有身受其毒而尚不自知者。母以一妇人顾能早见及此,克全其节。然则由母之道,虽以防今日之瑞而有馀矣,又岂仅仅凡处嫠者所当法哉?故特书之以励世之欲饬其闺门者。

〔**按**〕录自《瑞安县志稿·古迹门》。《瓯风杂志》刊此文,题为《瑞安何节母后阙表》。

附:金鸣昌《答陈志三书》

(1882年)

承示《何节母石刻文字》一通,结体谨严,用笔洒脱,必传无疑。后段愤世嫉俗,大声疾呼,当魑魅罔两横行无忌之日,复有搢绅先生扬其波,不肖子衿传其异,此文一出,贾怨必深。然古人达而在上,以身为教,穷而在下,以言为教,吾辈既无明刑弼教之责,而托诸空文，补救万一，言之者虽有罪，而闻之者或足以戒，于世道人心庶少裨乎！

且今之学士、大夫，其所自为者诚得矣。彼其日暮图远，自唯生平行事不获罪于天也，又见佛家有祸福忏悔之说，妄谓罪之可免而福之可邀也，乃以老悖垂死之年，乞灵于朽质淫腐之鬼。方今圣主忧于上，小民穷于下，夷狄交讧于中国。身任方面之重，漠然不顾，而日出其剥削侵刻之钱求田问舍，较锱铢，析秋毫，以树身后子孙百世不拔之业。然恐天下后世之嗤之也，于是著书作文，阴窃陈、薛之绪言，显附永嘉之骥尾，以掩其邀福图利之迹，以欺天下、欺后世，天下后世之读其诗文者，见其议论宏博、体用兼赅，谓其居官必有善政。至于沧海横流，长鲸不靖，感时抚事，咨嗟涕泣，往复再三而不自已，则以为□□□屈原、贾生之伦，为之悲其遇而惜其不见用也。呜呼！其所自为者诚得矣！譬有人于此，其父累于婚丧，鬻其田产，而其子复从中盗之，既饶于财，乃遂自立门户，视其父子之忧劳焦思也如秦人视越人之瘠，且日举其视膳问寝之具文以号于众曰：我孝子也。善则归己，过则归亲，呜呼！吾谁欺？欺天乎？然彼不虞天下后世之不可欺，而唯虞乡人之发其覆。故常以其所自为者假托先哲，诱其后进，陷溺聪明英隽少年之士，使皆嗜利无耻而出其门下。故其坏风俗、丧廉耻，为世道人心之害，祸盖甚于洪水猛兽，而不第在闺阃也。伏愿坚持定见，勿为利害所惑，使巧伪者得售其欺，则此文不特有裨吾瑞之世道人心，其关于天下后世者诚非浅少也。

前日谆谆见谕，不惮下问，诚贤者虚怀乐善盛心。窃惟爝火之光何当日月，涓滴之流何与江河，第友道贵在切磋，智者岂无一失，刍荛之献，或亦吾兄所不弃也。

昨已命志源录副本,原稿谨奉左右。篇中替易处,祈与小岳并诸兄商之。此函可与小岳、小云观之,即藏诸箧笥中,俟弟盖棺后出以问世,或再加点定,附兄之文以传后之考古君子,庶有取焉尔。

相见在即,馀意不宣。

〔**按**〕据温州市图书馆藏原件誊录本(1957年手录)。《碑记》中"高明之家妇女喜与觋妪、斋尼相往还……日以其诡秘邪淫之术诱妇女入教……夫若辈之足以乱人闺闱也,学士、大夫有身受其毒而尚不自知者"等语,"学士、大夫"指孙锵鸣及其兄孙衣言,"不肖子衿"指孙衣言之子孙诒让,"方面之重"指孙衣言任江宁布政使,"永嘉"指永嘉学派。孙家立有佛堂,孙衣言析产时,孙诒让"与大房分田,每人得七百馀亩,额租十八万"。孙衣言"自提三百亩,祠堂尚有七八万谷"。足见金函所云"佛家"和"求田问舍"实有所指。看来陈虬后来和孙诒让之间矛盾极为尖锐应根源于此。金鸣昌,字稚莲,瑞安林垟人,廪生,著有《治平述略》等书,为求志社主要社员,因学事被革,改名晦,字韬甫。从此书激烈反对孙家的言论,可见陈虬和孙家的矛盾还不只是个人问题。

均　子　篇

（1883年）

古圣制礼，事可义起，治平有基，齐家为首。诚以王化之原本于门内，故父子、夫妇、昆弟属五达道，此而勿讲，遑论参赞。

晚近浇漓，父子、夫妇，尚多循分，友于之风，渐至阒如。追念昔人形影声响之喻，同案传服之论，辄用慨然。仆为此惧，特创均子之说，庶连枝同气，寒暖可均。虽憐鲑离跂，未可绳武他氏，垂之家训，冀后吾者，永共遵焉。

考之古法：小宗可绝，大宗则否。今俗皆立继，意犹近厚。国朝定制，一主亲爱。然争继夺产，身后频闻，一讼之兴，倾家破产，手足参商，视同胡越，覆宗绝祀，曾莫之顾。固由末俗天性之薄，抑以先天良法以剂之也。

法：如兄弟三人甲、乙及丙共得七子：丁、戊、己、庚、辛、壬与癸。不拘亲生，须令丁、庚、癸为甲子，戊、辛、己、壬分后乙、丙，统以所生先后为次。岁周断乳，即令继养。女子伯仲，悉从一例。按序不足，可行兼祧，独子无后，间取五服以济其穷。约其此法，有数善焉：天显之义，势难户晓，若知子嗣即出昆弟，则人乐多昆，友爱倍笃。一善也。家道成败，半由妇人。阴教不修，刑于易阻。若易子而抚，子侄一体，妯娌之间，自然无间。二善也。不孝有三，无后为大。父母生子，各冀其成。若同父之子无虑乏嗣，亲心大慰，非惟劝悌，兼可致孝。三善也。子女繁多，类耗家财。一均之后，产自无偏。嗣续家产，两免向隅，且可暗杜争产之风。四善也。长房之子常长各房，昭穆之间，长幼秩然。且继不异祖，将亲亲尊祖，动乎天性。五善也。变通宗法、井田之意，均其劳苦，同厥安乐，蚩蚩之氓，皆将勉为孝子悌弟，民日迁善而不自知，风同道一，郅治可期。六善也。

仆少遭孤露，先严亡叔弱龄见背，迁瑞以来，传世十数，群从兄弟仅止七人。门祚衰微，惄焉心伤。年逾立境，犹虚膝下，季弟劬学，未婚又殂，仓卒立继，未协伦序。昆季之间，势无可改。有后吾者，可遵斯旨。如乖吾趣，春秋麦饭，吾必弗歆。虽违越礼教，见呵儒先，而一得之愚，颇谓撷经之精，执圣之权，业以整齐门内，提撕孙子，其于世道人心亦良有裨，知我罪我，又何计焉。

〔**按**〕本文录自《蛰庐文略》第十一篇。篇末注明“癸未”。

善举尽可计利以图扩充说

(1884 年)

人性之善犹火之附薪,无以发之则不明。善在行不在言,在实不在名。而实非强有力者不能行,虽行亦不广。以财分人,愈分则愈少;以火分人,愈分则愈广,故君子慎所分。

今天下善堂众矣。皆惑乎为善不可计利之说,故开办之始皆踊跃输捐,其继也皆以费绌而止。虬谓可捐则逐年加增,而开办之始则尽可权其子母以为久远之计。如医院、婴堂、议均见下篇。义渡、两岸排列船只,标明渡夫姓名、年齿,岸口各设钱柜,择朴诚人司其事,而榜其上曰:"此为某渡,定例需钱。每人几文,货物照数。留难、重载,向受其害。特设义渡,以便行人。人数一定,放筹照行。特告仕商,照旧施钱。积有馀赀,置船救生。再以其馀,接修桥梁。偶失携带,尽可勿输,本系义渡,无藉区区。"借钱局、始于扬州,而邵小村中丞继行于馀姚。或曰:因利局皆不取息,兹议人以二千为率,五日一收,三月而毕,每日应缴二十五文,计息可谓重矣。然人得二千文为母,每日所赢子钱约可得数百,八口之家即可无饥。本利带缴,限满而资本长留矣。局中造册后,遇家道隆裕者亦当令其自行酌捐。清节堂、略仿女婴堂遗意。子年十二,先送出堂;俟子能娶妇,或在堂三十年,或年届五十,方准嫠妇出堂。每日亦令缴工作钱三十文。子嗣兴起者,劝随量捐助堂费。嫠妇终日无事,易起外心。否则日事经斋,流为左道,为害更甚。废疾院亦当少收其工作之资。等类,势非一地所可了、一时所能办，则欲扩而充之，当必有道矣，非开常捐、收工价不可。

夫人当危急之时，力有不瞻，而吾为之济其厄可也。若彼力尚能自拔，乃竟使之囚首待哺，报效无门，终其身受嗟来之惠，永无迁善之日，岂立法之初意哉？所贵乎善举者，充其量由一隅而达之天下，修其法由一时而被之百世，不欲独居君子之名，隐为钱虏破悭囊，明为无告谋利赖，饮之食之，教之谕之，使人人皆得以自励，庶乎可矣。乃昧者惑乎义利之说，辄疑二者不可得兼。不知心乎利则无义非利，心乎义则无利非义，以天下之利公之天下而已无所私，即酌收薪水亦属取不伤廉。一人行之为学术，举世效之为风俗，将喜气洋溢，蒸为太和，翾飞跂息，各得其所，体天地好生之仁，弥尧舜犹病之憾，所谓凡有四端于我者，知皆扩而充之，若火之始然，沛然莫之能御，善与人同，其犹足多哉！

〔**按**〕本文录自《治平通议》卷八《蛰庐文略》首篇。篇末注明“甲申”。

医院议

（1884年）

疾病人所时有而命悬于医。医关人之生死而道贵精。然非幼学壮行，则技必不专，而实非建院以督之不可。

院设前后二厅，翼以长廊，廊左为诊室，右为药房，平价便民，馀资购置公产，以其息为舍药之资。后以处学徒。又建阁藏书，以其馀修置客房，待远来之就诊养疴者。植花木，饰亭沼，为怡养地。举通博有志学者董其事。肄业学徒择取聪颖子弟十二岁以上者，优其廪给，假以十年，以五年习医籍，五年览群经，严立程课，而学成矣。

院中润笔之资视常行酌减，贫者免。人设号簿。午前在院轮值，午后各自出诊，日以十五人为限。在院满十年者视所入医资多少，不足三十六千，则院中代为补足其数。每人岁计所入提还二成归院充公费。公费除添给薪水外，以五成购书，以五成置产，皆永为例。权其利益厥凡有八：医道专精，贻误自少，利益一；书籍、师友，随处获益，修德进业，人得自立，利益二；院设药房，考验本草，得其泡制、收藏之法，不特伪药可捐，亦且深谙物性，别资启悟，利益三；院设客房，以便养疴，既可免其投亲租寓之烦，又可省其远地延师之费，况有花木亭沼颐养性情，病当易愈，利益四；减润出诊，病家既省医药之费，医者又得薪水之便，人己两利，利益五；学徒在院，一满十年，每年即可坐致三十六千，节省者可纾内顾，专心志学，利益六;院医工便,庸医自绝,医道消长,民命所关;利益七。院中既得良师益友,附骥益彰,道苟不朽,俎豆长留,利益八。

夫医不三世,不服其药,十全其六,犹为下工。故《周礼》医师隶于天官,诚重其事也。医道不明,杂流竞进,于是草泽无识之徒以生人之道为杀人之具,毒流祸积,曾莫之悟。一二才智之士振兴其间者,亦复著述之功深,诊治之日少。如性理经济家言,凿空易奇,征实多谬,而轩岐之道几乎熄矣。夫百工居肆以成其事,君子学以致其道。僚之丸,基之射,庖丁之解牛,特一艺之微耳,然皆用志不纷,乃凝于神。况其为身家之重、性命之微,可漫然从事,遽令其操刀使割耶?在有志燮理者广之而已。吾意天心仁爱,祸不终穷,必将笃生神圣以苏斯民,于医院乎卜之!虬囊偕陈介石孝廉、何志石明经、陈栗庵茂才,于瑞安城东创建利济医院。一俟工峻,刊发章程以便仿行。

〔**按**〕本文录自《蛰庐文略》第二篇。篇末注明“甲申”。

女婴堂议

（1884 年）

育婴，善政也。办之者往往不得其法，男孩尚易为功，女婴每苦无术。虐之如鸨，豢之如豕，人遂视婴堂如废疾院。纵至出堂之后，或取为假女、养媳，邻右亲串亦耻为伍，终其身不能自拔。人数过多，经费不充，于是朝暮更张，或刻削衣粮，或暗任贩卖，其隐遭病枉而死者又不知凡几，则直以济人之所为坑人之场，蒙甚伤焉。

议于城市隐僻之地公建一堂，即就寺宇修改亦可。五楹两座。翼以长廊、井湢、园厕，咸皆修广，令可供百人之用。床铺须仿北地坑式，可卧多人；又多开小牖以泄炭气。堂中自雇壮盛乳妇，期以十月为率，济以粥糜、洋乳，先后轮哺，每妇可养十婴。十月之后即可断乳，轮流更替，济以洋乳，故每人可养十婴。须用乳妇十名。每名计工食三十千，每婴五千，合以使费，岁约千金，当裕如矣。

措资之法：选劝殷实铺户，日捐数钱，中户米月数升，皆分三等。约里千户，岁一千贯，不难致也。俟堂中公积罚锾，每年积有出息千贯者，即行停捐。女婴六岁以后渐督以女工，十一岁则每日令缴计工作钱十文，每年各加五文，每日加至三十文即止不加。年以十月为限，能自勤作蓄积者有奖。年届十三，各令夜课文史及算数，书则《千字文》、《百家姓》、《蒙求》、《女四书》、《毛诗》、《幼学须知》等类。以二更为限，初办则延朴诚老成儒士，后即堂中以次轮教。五年，董事亲试优劣,各加赏罚。定期十九岁而遣嫁,须令婿家捐堂费三十千,嫁后每年劝出堂捐三元以为折礼。夫家子嗣殷实者,劝其续捐以广堂产,综计每人自入堂以至出嫁,堂中约需百五六十千。今所得之数略可相抵,计十八年后便可骤得堂捐三千元。每年约遣十人,岁又可得堂捐、折礼等共六七百元,三十年后堂中岁可坐致千金,不患其无措矣。

盖此举有数善焉:收其身价而吾不伤廉,缴足堂费而人无辜思。予以更生之路,开其自新之门,善一;女婴聪颖者,五年夜课即一生受用不尽,人争求娶,善二;督作女工,每日限钱,则自趋勤俭,目前既可消其邪念,即为他日持家张本,善三;勤干善撙节者,约计嫁期约有私蓄数十千,婿家并无破钞,善四;女婴既略识书,将来即可教子诵读,可省父师数年之力,善五;人人视为天堂,不致猥弃,并可令良家妇女附课,善六;堂产既裕,逐渐推行,俗美风良,蒸为郅治,善七。呜呼!父母能生之,势不能自存,此人道之穷所无可如何者也。吾力能收养,而顾使之沦为异类,蠢然争鸡鹜之食,恤恤乎终其身与孤贫残疾等,毋亦仁人君子所洫焉心伤者乎!吾郡婴堂,各县皆有,每年出数皆在千金以上。外省市镇之墟,数万金嗟咄立办。费又不患其无出,此在一转移间耳,亦何惮而不为哉?

〔**按**〕本文录自《蛰庐文略》第三篇。篇末注明“甲申”。

书《校邠庐抗议》后

（1888 年）

右《抗议》二卷，吴县冯林一宫允所著书也。宫允自序称：“桂芬读书十年，在外涉猎于艰难情伪者三十年。一官无言责，怀欲陈之而未有路。乡居时创小大户均赋议，辄中佥壬所忌。”盖当时顾亦未有好之者。

嗣读《显志堂集》，知宫允于辛酉、壬戌在沪设会防局，襄筹防剿。继又定入皖乞师之策，东南大局赖以旋转。又与当道详减东吴浮赋。殁后，乡人追念前劳，吁请奏建专祠，旋蒙俞允。

夫儒者任道之重，著书用书，皆完吾分内事，原不冀异日之馨香。然有阴行者必有昭名，当时谣啄之徒，娼嫉性成，百计以挠其议者，卒无损乎毫末。乃有志竟成。俎豆之报且近在身后，而遗书亦遂稍稍见采于世。士之怀材不遇，汶汶于当时者，亦何患无见伸之一日哉！议凡四十九条，与拙著《治平通议》颇多异同，然各有宗旨，并存可也。

夜庐灯火，意有所感，爰书以自励。

〔**按**〕本文录自《蛰庐文略》第十四篇。篇末注明“戊子”。

温州出口土产宜设公司议

（1889年）

温州，自守之国也。杂粮鱼盐、麻桑油铁，皆足自卫，而出产实苦无多。阖郡出口之货以药材、茶、矾、瓯柑为四大宗，岁约百数万金。近年类多折阅，盖无公司以持之也。拟请练达绅富主其事，一切出口货物皆分设公司，郡城、上海各设一局，拣正货物，平定价目，分次出口，以我驭人，而不为人所驭，方可稍持利权。即如瓯柑一项，外商以进口之少也，辄故意骤涨其价，及至货物一齐，遂即从而大跌，则致于人之故也。三项之中尚属吾郡特产，茶则无论印度、东洋、俄、美等邦日渐广植，即就内地而论，吾瓯亦不敌鄂省之夥。宜聘请谙练茶师，先于郡局自行严拣，分等装箱，务使瓯茶着实可靠，庶瓯庄名目大振，将来获益可无算也。

其公司之法当略为变通，郡城设局收买，不得故意刻削，致碍士民。愿入股分者，先将货物按时酌值，计数给与股票，由局运货到沪，沪局自行分等另议价目。综计本值及一应局用外，须极力撙节，此为公司成败枢纽。所赢子钱若干，照数派还以昭大信。《管子》所谓"利出一孔者，富可务券矣"。再为定私销之禁：官先出示晓谕，如有，公司各项货物违禁私运出口者，准报官查拏，即以其物充赏费。关弁巡丁及旗长汛兵一例提讯，重究不贷。如再有走私者到地，公司先行贬价以窘之，当无有再不入股者矣。

通商以来,天下大局皆以强并弱、以大并小。久而不知变计,将土产小贩日窘,中国利源日竭,长此不返,将何以国?当道诸公有国计民生之责者,亦盍加之意乎!独温州乎哉!

〔**按**〕本文录自《蛰庐文略》第七篇。篇末注明“己丑”。

乐清东西二乡宜急设保甲局议

（1889 年）

乐清县分东西二乡：东乡界〔天〕台、太〔平〕及永嘉之楠、西溪。民俗犷悍，每多劫掠、敲索，抢夺之案，月有所闻；西乡地多财富，而所苦者则在地痞恶丐。宜各设保甲局以为之卫。

东乡村各为局，局举正副董各一，瞭望一人，司更二人，局勇二十名，均带器械，合二十五人，阖村轮值。略筹油烛、火药之费，如何村有警，即令举火为号，鸣金放炮，各局齐应，皆自守隘口，各穿勇衣为识，不必追剿。顷刻之间，阖乡齐出堵截，贼难飞越，自无漏网矣。傍山沿海等处宜先约定地段，某处有警，某某等村局勇当抢先齐列。山麓江干，堵其归路。如遇不测，除报官恤请，列入义勇祠外，另行酌助丧费。其途路被索者，许附近报局查究。

西乡尚无劫掠之风，可数村合设一局，有索赖平民皆畏讼累。忍气被勒。及恶丐衣服若平民。到处凶勒钱米，甚有索去六七千者，后遂视为定额。纠扰者，许报局代为送官究办，免其讼费以杜浇风。而殷富之家亦当于平日以恩义结其村民。

盖谋国以保富为先，保富以安贫为要。人贫而我势不能独富也。欲得守助之益，宜广收受之策，寓井田于保甲，其犹足壮矣哉！近吾友吕文起大令于郡城设立保甲局，人颇称便，惜尚未广之各乡耳。

〔**按**〕本文录自《蛰庐文略》第八篇。篇末注明“己丑”。

君子之道孰先传焉孰后倦焉譬诸草木区以别矣

（1889年9月）

道确有其序，可借观而明也。夫孰当先传，孰当后倦？君子固不能无别也。彼不知道者盍观草木。

且自大道不明而异学兴，世遂有谓道体荒忽，不可方物，而欲以疌获开顿悟之门，于是道中之阶级始淆，而古来君师相传之法乃散佚而无序。呜呼！其亦未尝观物而求其通也。

游以本末相诘，游固知区末于本矣。夫物有本末，而以知所先后为宗。吾且与之论君子之道。物必先根于本，君子之道则非以其本为先也，可曼传哉？抱质纵极轮囷，而结实离离，移植必资于木末，是同气相受，亦如转注之相孳生也。道不先本而先末也。物必后成其末，君子之道则非以其末为后也，岂图倦哉？庇荫必蕃枝叶，而咢跗韡韡，成功终恃乎深根，是循流溯原亦如稹木之有由槸也，道不后末而后本也。

夫其别末于本者何也？为先传地也。既有先必有后，何必讳言倦哉？盖必相乎枝柯节目之何自施功，则深浅难易之情形，虽复长养栽培，总不戾生物降材之义。姑无论乎苗莠、粟秕之截然异用，即高明沉潜所禀受，就其芳臭气泽，亦各有群分类聚之形。有草木焉，区以别矣，不可为先传后倦譬乎？天地之生物也，雨露风雷，必不为草木而特殊钟毓，然其区自别矣。松柏经冬弥茂，而木槿仅历十二时；蒲柳望秋先零，而大椿独寿八千岁，此岂复意计中哉！纵留夷之与藒车，形本易讹，在草木容或有区无可区之理，乃吾也叙《诗》而寻草木之疏，觉犁然在目者，亦且与道大适也，尚其肄业及之哉？

工师之取材也，良楛美恶，必不于草木而故事品题，然其区有别矣。茹藘可以染绛，而替木竟传染王之奇，檿桑可以为弓，而条草亦有为竿之质，此岂复寻常事哉？纵黄精之与钩吻，状原易乱，在草木亦或有别无可别之时。乃吾也肄《雅》而有草木之释，觉悠然会心者，窃幸至道非道也，何妨过而存之哉？盖孰先传焉、孰后倦焉，君子之道贵刚者，以道无可诬也。若夫一以贯之，则圣人之能事，可遽求之小子哉？

〔**按**〕本文录自陈虬光绪己丑恩科浙江乡试硃卷首篇。原题出于《论语》卷十《子游章》。

日月星辰系焉

（1889年9月）

即所系以验无穷，知在天无不动之物也。夫使日月星辰有动有不动，反不能长系无殒也。明其为动，不益见高明之实乎？且谈天者谓天有九重，凡丽乎天者，有动有不动，吾谓其说皆非也。

盖太空一积气之区。惟天真不动，有假太空之气以为体者，咸各据其高下大小之枢机，旋转于昼夜之间，不使有一息之停，而其力始得摄而不坠，此即吾系之之说也。

试证诸天之所系。一曰：日寅饯永短，《尧典》见钦若之致焉。近有倡为不动之说者非也。创本轮、均轮以驭高卑之体，仍不出乎三角成规。求面积行度以测椭圆之形，仍暗据乎四分旧术。盖日常居六合之中，诸行星环而绕之，不觉其动耳。不动又何以系焉？一曰月朒朏弦望，《周书》志生明之候焉。古有随天西行之说者是也。月距日最远，常行二十九日而始会。月离地较近，每行一十三度而尚强。盖月常行二道之交，每交食得而推之，故见其动耳，惟动故得而系焉。推而至于星，古记所谓五纬者也。然五星古法以地为心，近法则以日为心。夫冲伏留退有定时，可悟取次轮之理，顺疾退迟有定准，当探求两弧之仪。可知五星固无日不动也。天之所系者又其一。推而至于辰，《春秋》所称恒星者也。然古亦有谓恒星不动，而黄道西行者。夫鹑首六星在赤道北者，何以纬度古多而今渐少？星纪六星在赤道南者，何以纬度古少而今反多？可知恒星断无不动也。天之所系者又其一。

宇宙如此其浑沦也！其间阳愆阴伏、水沴木饥之灾，在日月星辰亦几乎有倾移之虑而无虑也。转日月于寰中，系不借天闾为栖息；摘星辰于上界，系不藉天柱为维持。一阖一辟之中，实有所以为鼓荡者，任风雷之激射。自能历万古而常新，故康回有冯怒之雄，缺坤维而何害，娲皇称炼天之手，补造化以无功，盖系者自系而已矣。

大空如此其辽廓也！其间躔度凌犯、次舍冲击之故，在日月星辰亦几乎有殒落之虞，而无虞也系必归于极。昊苍司握巨之权，系必缀其旒，帝坐即振纲之轴，无声无臭之际，实有所以为提挈者。历章之蔀迁流自足，奠三灵于不敝，故善射曾闻夷羿，解羽无伤迭运之仪，湎酒亦有羲和，奏鼓何损集房之旧。盖系者自系而已矣。此皆动象也，是可以证天之高明也。

〔**按**〕本文录自陈虬光绪己丑恩科浙江乡试硃卷次篇。原题出于《中庸》第二十六《故至诚章》。

由孔子而来至今百有馀岁
去圣人之世若此其未远也
近圣人之居若此其甚也
然而无有乎尔则亦无有乎尔

（1889 年 9 月）

亚圣不敢以道统自任，殆虑千古无真儒也。夫自孔子至孟子，于见知虽过，而于闻知尚近也，乃竟不敢自居焉。然则道统之承谈何容易哉！且自道统之说兴，咸谓孔子以前统在君臣，孔子以后统在师弟，于是庸妄无识之辈辄号召门徒，标立支派，皆欲自附孔子徒，以妄冀斯道之一脉。吾甚惜夫三代以上无统而道常存，三代以下有统而道转晦，窃不禁于私淑之馀，拟议论定以祛世人之惑焉！不然，尼山为海内人物之宗，虽世历千秋，犹将伸其景行高山之志，何阅世未及十纪，即已有风流歇绝之悲？洙泗为春秋降材之薮，虽地暌万里，犹将寄其溯洄秋水之思，何结邻不出一乡，即已有斯道沦胥之感？

盖予生于烈王己酉，距敬王壬戌孔子之卒，仅百有八年耳，世固未甚远也。又予族出鲁公室，而居于邹，为陬大夫子，为乡后学，其居又甚近。盖自孔子以来仅百馀年云。间尝之鲁，入夫子庙，登其堂,见其车服礼器犹有存者,手泽尚新,辄低回不忍去。以为天苟不欲斯道之绝而无统,意必将有挺生特出之人,得遗经于不传之秘者。顾予非其人耳,乃迟之又久,而竟无所遇焉。岂孔子殁而微言绝,七十子丧而大义乖,天生孔子,殆使其删述六经,垂教万世,将自此遂不复再生圣人矣乎?噫!其难也!

五德之运有所终,虽帝王不能不授权于苍昊。道统则薪火自传也。夫唐虞至今二千年,只此落落数圣贤,独往独来于宇宙,知师儒之局,其寿乃过于帝王,而要非庸妄细人所可附。百世之庙虽不祧在宗祖,不能不乞怜于末裔。道统则流泽孔长也。夫尧舜至今数百世,只此寥寥数神圣,若绝若续于人寰,知宗派之延,有时褒及乎世系,而必非异端外道所可承。然而无有乎尔,则亦无有乎尔。宜有心斯道者闻之而执卺欷歔不能自已也!彼世之委巷小儒,偶有一善,辄欲以道统相奉,吁!何其妄也!

〔**按**〕本文录自陈虬光绪己丑恩科浙江乡试硃卷第三篇。孟轲生于周烈王己酉年即公元前372年,孔子死于周敬王戌壬年公元前479年。原题出于《孟子集注》卷十四《尽心章句下》,因制义必须替圣贤立言,故用第一人称。

《斗山陈氏谱》序

（1889 年）

叙曰：

陈氏望有三：曰颍川、曰广陵、曰万年，而独颍川为著姓。吾宗相传出齐工政敬仲后，则颍川其望也。由敬仲上溯黄帝，得五十四世，盖征之史牒云。

唐开宝间，有官永嘉郡经学博士者讳竹屋，清溪郡沙岸人也。为工政四十八世孙，以乱家永嘉。五世而太域公始迁乐城萧台，遂为吾乐大宗。公十世，当宋咸淳时，殿元公应祥乃始为谱，届今葺者凡七，时则为明永乐、嘉靖、崇祯、国朝乾隆、嘉庆、道光，存者仅后四谱而已。国朝三谱率谬乱不可从，赖明谱裒然独存，始得清其脉络，即今所据本也。

虬不肖，不克早树以显扬祖德。顾维旧谱之乱，葛生蔹蔓，重惟贻缪，宗祖之灵必有恝焉不安者。慨焉命简，庚续成篇，岁历八稔，幸克蒇事。顾今叙录之旨可得言焉：

曾曾小子，系自轩辕。人本乎祖，如水之源。放乎四海，汇为万川。百千亿道，实发昆仑。谱源流第一。

工政奔齐，遂昌吾宗。太邱隐德，为蛇为龙。笃生武帝，大启陈封。谱世系第二。

扶桑之东，有木童童。苟取萌焉，吾唯其蔓。倘椮格而无条，何羡乎龙门之桐。谱本支第三。

斗山之区，以佃以渔。生斯长斯，吾爱吾庐。非爱吾庐，吾祖所居。谱族居第四。

男儿万里，志在弧矢。远辞庐墓，如弃敝屣。山峨峨，水泚泚，何不归来，视我乔梓。谱迁徙第五。

维古有训，姓原乎性。汉京周孔，吹律以定。哀此穷人，骈枝是命。谱双姓第六。

失祀之痛，鬼神所恫。此人道之所穷，无可如何。吾有丝蚕，既取其蛹，取遗厥蛾。谱继绝第七。

假子义儿，史氏所讥。彼昏不知，尤而效之。然吕嬴、牛马，纪正史者不得而更也。谱鞠养第八。

松溪、潜室，蔚为儒宗。均发源于太邱，宜百世而可通。况伦序一一相当乎？谱旁通第九。

自井田、学校、封建之制坏，宗法因而失序。支子不祭，示人有祖。敬宗收族，此焉是主。谱宗子第十。

椒聊繁衍，晋氏其昌。独行踽踽，不如跭蹝。人亦有言，视彼雁行。谱行次第十一。

文翁石室，翳岂在貌。虎贲中郎，非敢曰诮。苟形容之毕肖，亦足以作吾敬恭而致孝。谱画像第十二。

百行以孝为源，三物以义为根。其蜕者形骸，有不敝者正气之常存。谱孝义第十三。

十步之内，必有芳草。十室之内，必有忠信。出类拔萃，翳岂无人？谱贤秀第十四。

进不遇于时，退若有所思。仰屋著书，聊用自娱。谱艺文第十五。

古豪杰未有不奋于功名者。上以显扬其亲，下以康济斯民。谱仕进第十六。

石烂海枯，此心不渝。子孝臣忠，实同厥趋。谱贞节第十七。

乡间矜式，翳维有道。人惟求旧，亦既寿考。谱耆旧第十八。

父兄之教不先，则子弟其乌能贤？其有不率，盍视此编。谱董劝第十九。

事或不登于史，名或不出于里，故事懿行，亦颇可喜。爰命子墨，终始条理。谱摭馀第二十。

呜呼！谱岂易言哉？古今称迁、固为史学最。子长谓司马氏出重黎氏后，乃又言分散者或在卫、在赵、在秦，派别迄莫能晰也。孟坚序班氏谓出楚谷于怿，而系其别于楼烦，顾晋、代之间不能一一数，盖世系亦莫能详也。此不足以疏病迁、固，不幸而书缺有间矣。

虬生数千年后，无太史职官之掌，犹得网岁放失，勒为宗谱。虽晋、唐以前，史乘不尽可依据，而自竹屋公以下，班班可考者已三十馀世矣，何其幸也！

顾或者谓谱者表也。所以表章先德，勉为完人，毋裨宗祖羞，故君子先之。抑知不然，不朽之人精气留河岳间，兵燹水旱，不得而澌灭；历数十世，天壤间尚传其姓氏。子姓绳绳，衣冠济济，而烝尝勿替、神灵如在者，其人盖与王侯贤圣同量。积厚流光，郁久必发，理固自有其不能终閟者在，孙子奚力焉？而吾于此犹有进焉：夫生人之精神世泽，皆祖宗一脉所贯注。如初生之婴，寿夭视其父母之气血。苟节宣得时，类能自尽其天年。其疾病、康强之有微甚，此则视乎其人之所自养。吾宗自唐以来历千馀祀矣，积累不为不厚，迄未有名德大曝于世者，或修之不得其道耶？抑发之会有其时耶？其亦培本根，廓区宇，力尽人事以俟之可也。豪杰崛起，不世出之材无前盛烈可立，致其先世或痛不得姓氏，如此，已孤始贵，禄养不逮，为孙子之剧痛。今吾宗借宗祖之灵，巍然幸存，是古今贤豪有不可必得之于天者，其益当致力，复何如耶？此在吾宗人终始交勉之而已。故虬谱得姓以来及迁瓯始末都〔二〕十卷，□万□千□百字，具于编。

〔**按**〕录自《瓯风杂志·蛰庐存稿》。序中吕嬴指嬴政为吕不韦子。牛马指小吏牛氏生司马睿（晋元帝），松溪指清陈倬，潜室指宋陈埴。写作时间据《斗山陈氏睦族四议》。

《陈氏谱略》序

（1889 年）

虬茸《斗山宗谱》成，为谱者二十，都□万□千□百字。既叙而存之矣，复件系其要，为《陈氏谱略》六卷。将雕板以行，重推其意，别为之序。序曰：

上古鸿濛初辟，人物杂处。有圣人作，为之区种类，别族姓，牖其聪明，使自远于禽兽，而人始翘然特出，为万物魁。顾元化氤氲，孕精曜灵。驱駉礴磅，荡而生人。万族同诞，各祖其地。衣冠、语言、习俗各异。声气相通，或隔千百载。非先有神明之长，四出分巡，家喻而户晓，乃为之序祖孙、父子、叔侄、兄弟之伦，莫不肫肫然雏鸡、瞉鸟之互相煦翼者，则以降衷受命，秉德乾元，胥仁为之根也。仁也者，纵之亘六合，约之存一心，弥纶天地，不以中外古今殊，放之皆准，亦在达之而已。一核之微，为梅、为桃、为梨、为枣，为邱陵核物之类，种之植之，得其时即繁衍，不可以枚数。虽荣落大小各不同，而其为枝叶蕊实、臭味功用毋相类者，恃仁之用耳。呜呼！以造化一本之所生，杂然而处世，乃有日寻斧斤，翦族类，而莫之知恤者，可谓失其本心也已。

为儒之说者曰："乾，吾父也；坤，吾母也。古贤圣胞与之量，固举宇宙内为性分中事，岂于其亲者、厚者而敢弁髦哉？人无贤不肖，临之以宗祖，鲜勿格者，动之以天也。是以古之为治者，八家为井，百家为族，保受救葬各有差。复为之奠系世，辨昭穆，掌之小史者，盖隐管摄天下之人心同归孝睦，以驯致乎时雍，斯道得也。”虬无似，不克以德业文章早显曝于世，为吾祖光。顾维上治、下治、旁治之属若散而无纪，则罪滋大矣。世变既亟，万物将复返其始。宗法之行，庸或有冀。有同我者，敬宗收族，其亦将有取焉，或非仅一家一世事也。其在《诗》曰：“天生蒸民，有物有则。民之秉彝，好是懿德。”盖言其有同也。

〔**按**〕录自《瓯风杂志·蛰庐存稿》。

斗山陈氏睦族四议

（1890 年）

唐天宝间，有姓陈氏、官永嘉郡经学博士讳竹屋公者，清溪郡沙岸人也，实为吾宗来瓯之始迁祖。五世，而太域公庐墓萧台，转徙乐成。二十一世孙松斋公讳登，当明弘治正德时参瑞安三港幕吏，遂迁瑞安。顾三地皆无宗祠，保受救葬，缺如也。届虬三十二世矣，谱又久失修。光绪壬午，虬乃制订宗谱，详定义例，为谱者二十，序论凡十数万言，五易稿而始克于己丑蒇事。顾旧谱散佚者尤不能尽纪也，又葺为《陈氏谱略》六卷，将先梓行。为收族计，续创建祠、置仓、族葬、宗祀四议，愿输百金为倡。有尼之者，事未果行，因存其议以俟徐图。

建祠之法：须择宽敞地，前置义仓，后设义学，以便耕读。义学又分二等，曰村学，曰蒙学。村学则仅取日用诸书，留心解说。如《百家姓》、《千字文》、《蒙求》、《急就章》、《小学韵语》、《幼学须知》、《三才略》等数部。三年之后，尽可应酬。蒙学则择取聪颖子弟，望其大成，每年酌提公款，添置书籍。

义仓之法：春放秋还，加息二成，收放一皆以谷，不准以钱相抵。盖谷春时多贵，秋收易贱，名虽收息，暗实无损，而大宗又岁可得赢。此即社仓、青苗之优劣。实系赤贫，另行量助。

族葬之法：当择平垟地数亩，每亩可厝百馀棺，区为数等，略按行次以待贫不能自举者。隙地仍可种桑及乌桕等树，收其馀息备用。

宗祀之法：所以绵世德也。人无百年，富无十世，君子之泽，有时或斩。其有子姓衰微、祠墓丘墟者，即在行道，犹为恤伤，况吾宗人。然势不能遍及也。今略参宗法之意，以为尚义者劝：凡捐输祠产计值百金以上者，岁祭；三百金者，派人墓祭；数逾千金，则三十年一修其墓，永为常例。不论子嗣有无，皆主于宗子。

凡此数议，非钱不办，议设宗输之目，曰丁曰税。丁则人每三分，不分男女；税则亩收五斤，佃者减半，岁永为常。核计所入，先提二成，不许动支，别置一仓，名曰盈馀。另开一簿。经理得宜，族中善举，积久皆可次第举行。虬尝谓："无论公私世业，皆当扣存二成，仿社仓、积谷收息法，三十年后，天下无贫民矣。"其四民废疾不能自存者，计口给食。如此则仁睦之心油然而生，范氏义田不能专美于前矣。

〔**按**〕本文录自《蛰庐文略》第十篇。篇末注明"庚寅"。

《乐亭刘公传》

（1892 年春）

公讳永沛，字贤丰，庠名汝龙，乐亭乃其号。太封翁玉衡公次君，宋六君子蒙川公嫡裔。蒙川公以勤王効节，其族自宋、元迄明，代有令人。至国朝，士风不振，虽一衿犹寂寂。公独自拔，以弱冠补弟子员。嗣后公之令棣台与令郎辈相继游庠食饩贡成均，闾里之间，亦渐知读书为业矣。然公居平力图进取，续为家务倥偬，一赴秋闱，遂援例纳补明经进士，亦非公之志也。

公少时以孝闻。玉衡公寝疾，昼夜不离，并亲粗秽。及长，事后母尽礼，母以节获旌。居家友于兄弟，让多取少。璞屿公乏嗣，富甲一乡，照例以次承次，公让三弟入继，聊分余资而已。三弟被游勇之难，公竭力周旋，危而获安。且教子弟以义方，惟读书是务，延师督课者十余年，敬立字会者又十余年。居乡敦宗睦族，仗义疏财，每不惜费，以为之倡。然严以律己，俭以持身，秉正嫉邪，亦时见愠于群小。至于刊先尚书黻公遗稿，孙太史志其名于《东瓯丛书》中，而乡先哲恒轩林先生赞曰："为蒙公贤子孙，为乐邑名茂才。"整先师参立义公古墓，高邑尊于堂谕举其名以申详；修家乘以正嫡派，建宗祠以妥先灵，尤非素具承先启后之志者不能。虽然，公生平奇节固多，而见于临难者为最。咸丰甲寅，匪徒踞乐城，族有被其煽诱者，公出谷给众，谕以大义，族赖以安。克复后，满州大臣庆(廉)以“惠保乡遂”额其堂。同治壬戌,发逆扰境,各富室咸恋财被胁,俯首乞怜。公独先机避,预偕昆季辈侨寓永之楠溪。续复鼓舞人心,踊跃赴义,保甲团练,以身先之。卒之大寇殄灭,邑侯孙、府宪黄、温道志循例详奏,爰得钦赏分府六品衔,以视世之冒功邀赏者,不大相径庭哉?而公仍不自伐,惟时手录年谱、日纪,教子侄辈以勤读,冀得科名,以为宗族光。崇儒重道之心,至老不辍。由此观之,公之性天本忠孝,公之行诣在诗书,公之质直好义也。歷常变而不渝,贯初终而一辙。其生也有自来,可谓无愧于完人矣。

德配鹿岩叶孺人,婉娩而淑慎,贞静而幽闲,且性好施与,戚党咸目以钟郝风徽焉。生子一,名云程,戊子岁贡生,才学冠一时,终当遂鹏抟之志。孙四,玉树芝兰,异日当必为伟器。侧室周氏,生泰校,恪成父志。女二,孙女一。明德之后,其有达人乎!

公卒于光绪壬午冬,距生于道光甲申,年仅周甲。虽天不憖遗,其逝也有所往,亦可谓无憾于地下矣。厝于新坊庵后大桥山垄,坐戌向辰,兼辛乙分金。与蒙川公于郭路山麓手书“源远泉”三字相邻。墓前置一联云“门迎鲎屿家声远,地傍蒙泉世泽长”,盖以寓源远流长意也。

余与嗣君云程庚午科从游状元章夫子,晨夕之暇,因得详公之行诣,迄今二十余年。白云春草之间,不胜典型之慕,适因贵族宗谱告成,爰书数语,以俟公之后人莘莘蛰蛰者得以观仿焉幸甚!

光绪十八年岁次壬辰春月谷旦,世谊侄举人式典章楷、世侄举人志三陈虬合顿首拜撰。

〔**按**〕此传录自乐清大界《中山刘氏宗谱》见郑笑笑、潘猛补主编《浙南谱牒文献》第三辑,香港出版社2008年版第177页。

记同人集事

（1892 年）

吾友某君，倜傥有奇气，慨然有四方之志，而托其家室于虬。虬无中人产，而雅多亲好，力常不赡。因集同人之与某君有连者，人岁出洋五元以资周转，不足则虬自任之，名曰同人集，取《易·系辞》“断金”义也。事虽为创举，而法颇有足多者，因并记之。

法：联同人为十分，每分岁出洋五元，定期拈阄轮收。已得值者，岁恒出洋十元，以五十元归值，收馀入公积，十年而毕，计每分出洋五十元，收数亦足相抵。若得善为经纪者，岁以二分为息，即可得公积洋四百元，约可置田四五十亩，定章轮值，永为各家世业。或疑得值之人岁出十元，虑将不继。不知得洋五十，岁可别赢子钱十元，即购置田产，云江以南可得五亩，不患费无所出。若畏烦累，自占后者，听轮集一周，每人共有公私田产十亩，若人生平手举五集，即可得业田半顷，人己两利，斯亦惠而不费之一端也。

是集以某君为首，而介石、志石、栗庵、棣生、朴山及虬遇值收则举，而先俾之于某君，盖六年后君亦当缓缓归矣。归，另捐入公积，可券也。

吾乡旧有缓急，每多集亲友为成会之举，有至公、法于首会外另联十人，人年一会。如欲集钱百千，第一会出钱十四千五百，每会递减一千，第十会仅出五千五百。而一会每兼五会，二会每兼六会，或再以三、四兼七、八，约二人互派以剂其平，所谓至公也。人数数目皆先预定，收期出数序轮无差。如遇轮收之人，则首会代补其数，盖出入之数亦适相抵云。和合亦十人为会，如欲集钱百千，人岁出十千，定期掷骰子为彩，以彩多者先得值，定例以免争端，故曰和合。等会名目，亦颇公便。但无公积以持其后，无论会毕，一哄而散。而世风浇薄，竟有中道罢举者，人遂视为畏途。惟乡间犹尚行之。爰类记以供择宜而用者借箸之助云。

〔按〕本文录自《蛰庐文略》第五篇。篇末注明“壬辰”。某君指池志澄。

求志社记

（1892年）

始吾读《桃花源记》而悲之，悲夫以渊明之贤，坐视典午之覆，神州陆沉而莫之援，徒凿空为避地计，何遇之穷也！后读顾况《莽墟赋》，乃始恤恤然疑，以为吾瓯岂亦真有所谓桃源其地耶？虽然，粤之傜，楚之侗，闽台之生番，狉狉獉獉，自为君长，不复知人间世有神圣皇王事，卧倨倨，兴眄眄，纵长年大老，亦古裸国民类耳，奚贵哉？

吾友许子拙学，负经世材，久不得志，尝欲率同志为入山举，拟其名曰安乐村，而嘱虬议其事。虬维吾侪生长天朝，践土食毛垂三百年，值此车书大同而欲长守浑噩，非计也。请改其名曰求志，取隐居求志义，而仿古法：以二十五家为一社。众皆曰善，将择三十二都之鹿窠而托焉。

议：合社各穿布衣，示同方，戒罗绮，惟在外宦学者不禁。社中设大院五楹三座，中堂榜曰求志堂，东西序为住房，仿满洲防营式房各三楹，界以门墙。前后檐下皆辟小门直达大堂，前后左右各十二座。择中设阁如谯楼，轮值鸣角其上，定启闭饔食之节。中设神龛，祀各姓之先祖；厢以处社长。堂前为门，门有厅，厅左右有塾，备幼读。塾后，左以置书籍，右以置仓囷。堂后有室，便妇女工作。室外又设草厂，而一切碓厕杂物与曝场皆具焉。周缭以土垣，去院门百馀武外,当入境隘处,建栅,署曰求志社门。门前夹植松、柏、桧、槐,就近结小庐以便过客小憩及归里者更衣之所。然后辟田畴,修溪塘,艺瓜果,植花木,约地三顷,费万馀金,家出五百贯而事举矣。

社推一人为长,便约束,为定冠、婚、丧、葬四礼。冠以十六为断。丧仍三年之制。婚则男女二八,皆当婚岁。以二月之吉,父母取男女无丧病事故符年限者,不准规避。笺书名氏,男配律,女配吕,枚卜于祠堂;男女备按长幼之序次第卜吉;卜定旬日,婿家具新衣一袭,问名,删六礼,禁侈费,省合婚之说,择吉成礼。葬则仿族葬之例:按序平列,墓前修植荫木,勒碑碣。

社选司会一人,采办二人,教读二人,按班轮值,皆给薪水。计口给食,米:大口一升,小口五合,其一应鱼盐琐屑之事,均各自便,交采办搭买公派。家不足以自赡与有四方之志者,准外出,而社中代为经纪其家。无父母室人之顾、疾病死亡之累,可耕可樵,可仕可止,可来可去,身世俛仰,翛然自得,生人之乐备矣!不仅唯是,河汾之业,绵蕝之场,皆将于斯社基之,上以纾君国之忧,下以传之其人。

当是时,友朋文物极一时盛:许子拙学外,如林子香史、王子小云、金子韬甫、池子次榜、陈子介石、何子志石及虬兄仲舫二兄弟季弟叔和间,皆能修明绝学,供世驰驱,自天官、舆地、典礼、乐律、文章、掌故以及算数、医卜、书画、篆刻、击刺、骑射等术,无不各输所长,挟一艺以自赡。中更世故,事未果行。拙学出游江淮,郁郁无所遇,不幸遂死;香史、小云又先后殂谢。死者长已矣,存者又复如儒墨之异趋,为世所指摘,不克坚守旧约,而社事遂散。

方事之盛也,布衣之名藉甚。时流有气力者颇不便其所为,争构为“布衣党”之名。庚寅北上,座师太史陈公首相诘问,盖都下亦皆知有东瓯布衣矣。归自京师,忌者尤众,虬恐踵明季诸社之祸,罹及友朋,聃胡禹祼,首变初服,而吾志亦渐荒矣。虽然,使虬异日得稍自见,周旋世故,十数年后,犹将按图访故址,翦榛秽,开宅里,重启讲堂,弹琴咏歌,与二三故人,衣冠揖让其间,仰事天际,犬吠云间,鸡鸣树巅,枫林槭槭,作长啸声,仿佛若有见——风车云马,囊书矢,轩轩而来者,得毋拙学诸友之灵阴相予成!则剑佩敛衽肃拜而前曰:菟裘犹在,幸吾子毋忘夙昔,幽明共之!使千秋万世后永知吾瓯有求志片土,喜可知也。不然,四海之内,百世之下,必当有同謦咳者。古今人胡遽不相及乎?社事告成,于春秋鸡豚之局,分吾瓣香,则区区不死之心,终当于此中托魂魄焉。如不没其筚路创议之功,则愿举杯酒相酬,曰:先生归来乎!息壤在彼,请先书此以为之券。

〔按〕本文录自《蛰庐文略》第十二篇。篇末注明“壬辰”。文中提及“座师太史陈公”指己丑浙江乡试主考官——翰林院编修、国史馆协修陈鼎;唐顾况《莽墟赋》见《平阳县志》卷五九,略云:“唐温州人李庭等,大历六年入山斫木,迷不知路,遥见漈水中有人烟鸡犬之状。寻声渡水,忽到一处,约在瓯闽之间,云古莽然之墟者,好田、泉竹、果药,连栋架险三百馀家,四面高山,回环深映,有象耕、鸟耘,人甚知礼。”

《利济元经》序

（1892 年 11 月）

光绪旃蒙作噩之岁，瑞安始创利济医院，不材叨主讲席七阅寒暑，甄录医籍，剬葺《素》、《灵》，勒成一书，得卷者八：曰运气，曰藏象，曰经脉，曰脉法，曰病因，曰本草，曰针灸，曰死生。凡为表者五十有二，署曰《利济元经》。既成，乃为之序曰：

上古神圣，勤求民瘼，究天人之奥，穷阴阳之变，作为医药，垂示方来。神农、黄帝之书遂得与六经并垂天壤，幸已！嬴秦燔书，医独获存，古古相传，莫敢失坠。于是历代医流，竭其知见，互有撰述，寒热攻补，树帜分途。然管窥蠡测，不过自贡所得而已。其能综括经旨，提要钩玄，使轩、岐心法昭若揭日月而行者，实亦未多觏焉。

大道既隐，异学繁兴。而倚傍圣教执技之徒，专事测验，至欲以屠羊刲豕之术争一日之长于灵兰，其势不至于亡经不止。夫方伎之学通于性命。形上为道，形下为器，洙泗不作，微言湮绝。其佚往往遇之方术诸书，医家所得尤夥。一火薪传，所系顾不巨欤！

不揣固陋，僭为此编，檃括义例，清其经纬蹊径。或者伶伦之聪不废律吕，工倕之巧不忘矩矱，使由律吕、矩矱而神其聪、巧之用，将食其时，百骸理，动其机，万化安，虽以之入圣通玄可也，宁独权舆医学已哉！故夫不龟手一也，一用以封侯，一不免于洴澼絖统，顾亦在用之何如耳。间尝慨《素》、《灵》为三坟之一，虽以多闻慎疾之夫子，春居葛笼，夏居密杨，秋不风，冬不炀，当时获良医之誉，乃礼家仅传其脉诀，而此书独未得与六经并加删定，岂述作之间果自有其数在耶！知我罪我，又何计焉？

时光绪十有八年，岁在玄黓执徐，阳月。东瓯陈虬志三撰于瑞安利济医院之蛰庐。

黄帝调历四五六七年委和纪孟春瑞安利济医院刊行。

〔按〕录自《利济元经》，列为《利济丛书》之首。卷一首云："主讲东瓯陈虬志三纂，再传弟子院次济一瑞安胡鑫润之敬编。"内容：表一：六十年运气、司天、在泉、左右间政纪音化、相临逆顺、变病胜复、补泻治宜表；表二：太乙、九宫、八气、卦气、方位、星、野、紫白表；表三：标本中气从化表。卷二首云："主讲东瓯陈虬志三纂，初传弟子院次道一瑞安陈葆善栗庵敬编。"内容：表一：五藏应象病变表；表二：五藏收受形神气味表；表三：五藏小大高下坚脆端正偏倾表（上二卷有温州博物馆藏本）。卷三为陈虬弟子张烈编，内容：表一：五藏经脉表；表二：六藏经脉表；表三：奇经八脉表（薛凝嵩氏未见上二卷，但曾藏卷三，此据薛述）。序中"灵兰"出典于《素问》："藏诸灵兰之室。"医历采用黄帝纪元，黄帝命容成编制调历，相传从黄帝调历开始年至光绪丁酉共 4567 年。旃蒙为天干乙，作噩为地支酉，光绪乙酉为 1885 年；玄黓为天干壬，执徐为地支辰，光绪壬辰为 1892 年。

《东游条议》序

（1892年12月）

光绪庚寅，春明被放。道出山左，时勤果张公方开府济南，号称能得士，幕府皆一时杰。虬条陈八事，抠衣入幕，纵谈经世略，大蒙款接，敬礼有加，所以慰留之者甚至，订重来约。濒行，发传牌一面，令沿途各防营一体派拨兵勇护送，异数也。

归自海上，闻伯氏之丧，匍匐南下，而先太孺人旋于秋间弃养。苫块馀生，不复知有人世事。而公次年又有骑箕之命，呜呼痛哉！昔人谓："得一知己，死可不恨"，况赏识者为有气力之当代伟人哉？岂虬不足与于斯道之数耶？何夺吾张公之速也。

遭家多难，学植荒落，恐不复堪为世用，有辜吾公相知之雅，因录为此卷，以志一时之遇，或不仅一人一世事乎！

时光绪十有八年岁次壬辰冬月，陈虬志三书于瑞安城东蛰庐。

〔**按**〕此序录自《治平通议》卷六。勤果为张曜谥号。《东游条议》即《上东抚张宫保书》。伯氏指伯兄星舫，名国光，字庆棠；母邱太夫人，先后逝世。

温郡捐变文成会议

（1893年）

吾郡离省治一千馀里，去京师里约近五千。由郡东西路行，皆历旬日始得达省垣。通商以来，轮舟虽通，费亦相埒。往者大比之年，县不过十数人，于是好事者创为文成会以资川费，郡人士以为便。然法多未备，因僭为末议四条以备荛采：

一曰筹捐。捐分三项：曰义捐，则初次所开办者。法视寻常一切捐数，劝令输助，不得勉强，不捐者听。俟将来集有巨资，改为兴文社，立祠尸祝创始之人。嗣有急公好义、能自输三百千以上者，一例附祀。社中勒碑匾，详列义捐姓氏以垂久远。曰学捐，每年取入庠者，核其册银学费之数，酌捐数成归公，岁约可得百千上下。曰仕捐，宦成后，无论贫富，总计从前所得乡、会川资，皆当一一还缴。其宦囊较裕者，另行公同议捐。旧法无常年之捐，且有放无收。经费支绌，始一续捐。其中遗漏、苛派皆所不免，实非情理之平。学捐、仕捐似不可少，且可以杜他日续捐之烦琐。

一曰存管。捐数既集，多者宜置田产，择地建仓；少者散存各典，逐年清算。而经管之人当优给以薪水。旧法轮管并无薪水，明似节省，实隐多侵蚀。富者既势难代庖，贫者又不免染指，惟补给薪水，方可责其实心任事。

一曰给放。每届计子钱若干，先提二成，存贮馀数，方行分给。

乡试多者不得过十元，会试多者不得过五十元，约助川资三分之一，每人各具领字一纸，刻印填领，存司事处备核。扣发二成，每人所少无几，而大宗则铢积寸累，二十年后不可胜用矣。旧法尽数分给，有多至四五十元者。会中既乏公积，且易长儇薄子弟旅寓浪费之端。欲兴文教，转坏士习，非计之得也。吾乡乡、会获隽后，一切用费甚巨，约需三四百千，势难独减。或即于扣存二成中酌发新贵数成，以资使费亦可。

一曰公费。须合全郡为之，每县各将应发文成另提二成以为公用之费。春秋两试，客期约过百日，人数又将盈千，死病在所不免。脱有意外，其略知医道与患者之亲友皆将疲于奔命，各有难言之隐痛。议就本郡延请时医三数人，赴省设局，以便延接。如病、故，一应医药丧费皆局中代为先办，回郡计息缴还，无力者听。同道相恤，亦仁人君子之用心也。且既有公费，即可暗自私助，人己两利，何便如之。

夫功名者，造物磨砺斯人之具，惟稍难始可得之，其过于便利者未为幸也。且前人川资之设，助困非以继富，恐相形之见绌也。贫富故浑于无形，一体分给，习焉不察，遂有视为固然者，亦可谓失其本心矣。人纵不能慷慨好施，为乡里称首，顾令清白之躬，隐受嗟来之食，负疚入地，揆之古人一介不取，能无恧焉？善持其后可也。

吾乐文成坏极矣！近又创为画地之议，而虬祖居在西乡，乡多义豪，当有起而任其事者，因作此议以诒之。

〔**按**〕本文录自《蛰庐文略》第四篇。篇末注明“癸巳”。

拟广心兰书院藏书引

（1893 年）

瑞安值全浙尽处，由省垣东南行，历婺、括万山入东瓯，而县治屹然斗出滨大江，风气阻上郡，故邑鲜以文学、功名自见。其嵚奇英多之士，皆苦无书可读。邑既鲜藏书家，非雅有故者，又不易借。一瓻之艰，与荆州等，盖得书之难，古今有同慨也。

吾友许拙学先生于（光绪）〔同治〕壬申尝首创心兰书社，同人以为便。时池广文竹君、林香史、金韬甫两上舍、周莔杉、林菊君两茂才及虬兄弟仲兄仲舫实左右之。定议之初，人约二十家，家先出钱十五千，合三百千购置书籍。续置有隔江涂田数十亩，岁近又可得息数十千，益务恢广。自开办以来积二十一年矣，寻常文史略可足用，饷遗甚夥。于是乡里皆知有书社，云江以南渐有仿行者。而拙学已先于丙戌赴道山，不及见矣。拙学坚定有志操，于社事持之尤力，慎重不轻举。而虬务为开拓之论，尝被裁抑。君死，而尼之者尤众。然使君若稍缓须臾，亦当久告成矣。议行之始，仲兄即于是年举癸酉拔萃科。岁纪一周，登贤书者踵相接：乙酉则胡鹤汀福臣，戊子则周仲龙拱藻，己丑恩科则虬幸缀榜末，辛卯则郭梅笛庆章、胡蓉村调元，本年癸巳恩科则陈介石黻宸、蒋茂才星渔嗣君屏侯作藩，二十人中，五科之内蝉联鹊起，不可谓非稽古之力也。

社友以社事之有成也，促虬与何志石明经及介石、栗庵等落成其事。刻已得地于邑之东北隅，面城临水，基可二亩馀。会毗连有精庐，寺僧淫纵，为檀越陈氏子姓所逐，虬及门张生熤卿耸令归社，遂成诺。刻议改为心兰书院，公之合邑，另行集议转订章程以竟拙学之志。吾乡南宋永嘉之学称极盛，然皆得之师友讲肄之功。届今七百馀年，山川之气郁久必发，必将有慷慨闳达之材起而重修其学，广仆等所不逮者，于书院乎基之，诸君子得无意耶？是为引。

〔**按**〕本文录自《蛰庐文略》第六篇。篇末注明“癸巳”。查光绪无壬申，癸巳上溯二十一年应为同治壬申（1872）年，故文首“光绪壬申尝首创心兰书社”之光绪应订正为同治。又《瓯风杂志·蛰庐存稿》所录该记已改为“同治壬申”。

书《颜氏学记》后

（1893 年）

颜氏，圣人之徒也，而其学不能无所宥。《金縢》之策曰："不若旦多材多艺。"颇渊曰："夫子博我以文。"即周、孔之教亦曷尝以通博为讳哉？劳形神，杜聪明，孜孜趋时，欲规三代之盛，殆出入于孔、墨间而不能自去其宥者。

虽然，世方役役于词章、训诂、义理之学，鄙经制为粗疏，坐视世变而莫之措。寻其所志，苟以标宗派、立师承、邀俎豆而已。亦安得如先生者振兴其间，一扫而空，悬圣鹄以为之招哉！颜氏届今又二百馀年矣，时移势易，风气日开，车书之盛，实有为古先知能所不及者，若通其蔀，益廓而大之，其为圣学也几矣。

〔**按**〕本文录自《蛰庐文略》末篇。篇末注明"癸巳"。《颜氏学记》为戴望阐述颜元为学大旨之书。颜元（1635—1704），字易直，号习斋，博野人，为清初著名的启蒙思想家。中华书局《理学丛书》有《颜元集》。

《治平通议》序

（1893 年 11 月）

上古神灵首出，开天立极，幎六合，析八纮，立乎中央而化驰无外。察伦明物，一原于道。道浑于事，事衍于数而寄于法，与时舒卷，不可方物。时移势易，法或窳而不变，则道散而无统。道散法窳，斯乱成矣。顾其乱也，朝野之间规时势、考古制，则乱极而又治。

书史以来，四千年间，时局三变，治术递更，曰封建、曰郡县、曰通商，此系乎时局也。而君师、师儒之局即辖乎其间，治术从此遂分今古，法虽国异而代不同，而道则终古不易：与治同道罔不兴，与乱同道罔不亡，固未之有异也。则论道经邦、讲议之功尚焉！

封建之初，政教修明，生其下者，顺帝则，食旧德，睢睢盱盱，竦身而载视听，故曰："天下有道则庶人不议。"盖天下既已治矣，治则无可议也。

封建既裂而郡县起，古法于是荡扫无遗。诸子百家干时立说，各以蠡测管窥之见自托为知言见道，溢涌飙起，遂成一处士横议之天下，而先圣之道遂从此长夜已。悲夫！

圣清勃兴，囊括宇内，而通商之局适成。考泰西各国，讲富强，工制造，虽形下而颇进乎道。且各国皆设议院，尚深得古人议事以制之旨。通商启而议院开，局遂大变，则时为之也。时变矣，而犹欲袭先业，守旧教，恭己无为，坐致治平，是犹持方枘而周圆凿，其不得适也必矣。

古之圣人知其然也，好问察言，无遗小大，故悬鞀设铎，善旌谏鼓不绝于道，而又设輶轩之使以周知上下之情，凡以求其通也。

三代以降，君师之局变而为师儒。盖古者以道制治，后世始一切皆持以法。治术遂自此分升降矣。孔子生周之季，不忍先王之道将坠于地，于是祖述尧、舜，宪章文、武，删述六经，垂教万世。门弟子间身通六艺者七十二人，故道统之传讫于孔子，而师儒之局遂开。

汉承秦后，去古未远。一二大儒如贾谊、桓宽、刘向、扬雄、王符、仲长统、徐干之伦，皆尝著说集论，力规古治；而江都董氏为通博而得其正。自是以后，于隋得河汾王氏，于宋得安定胡氏，而吾永嘉先生实得其传，有其志与学矣，惜皆无专书，于道未昌。有明琼山邱氏衍，补《大学》，始翘起而讲治平，使古大学之教、先王之道见尊于世，不至惑于功利浮浅者，邱氏以外不多觏焉！其间非无闳博之儒，勤求典礼，如《三通》作者，然考古则有馀，论治则未切，博而寡要，实亦未见其果通也。他如贾谊、王吉、二刘向、歆。二苏绰、威。父子、高景、王朴、安石之徒，庶几遇矣，或行之而未果，与行之而助暴偾事，使三代后不克早睹圣人之治者，殆数或限之矣。

盖运会之始，烟缊元气首钟于上，故亶聪作后，君而兼师。及泰极而否，则贤人隐，而下多魁奇闳达之材，儒始以道得民。运积既久，贞下起元，扶舆清淑之气始尽发无遗，君相窍领于上，师儒挢掇于下，驱驹元化，自上下下，厥道大光，将昆虫草木咸得其所，一统之盛比迹泰康，此其时乎！

间尝上下古今之际，时局治术之变，约俱二千年而大转，皆亡秦当其冲，而圣清开其朔。天人合发，数过时可，非偶然也。虬瓯东之鄙人也。生永嘉先生后七百年矣，闻道迟暮，敢自附于作者之林。特以生长中朝，涵濡圣教，牖其知觉，颇欲述帝宪，明王制，遂其立达之愿，跻斯民于仁寿，怀此亦有年矣。值此车书大同，上下求治，虽与计偕，不得随汉氏文学公车后，议五帝三王之道、六艺之风，册陈安危利害之分，与公卿辨议其指意，因积心愁虑，规切时势，综贯政要，僭为此书，其于古今治术之间，盖兢兢焉。

呜呼！当吾世而苟见诸施行，使虬亲见其盛，益得以匡所不逮，固为吾道之幸。如不然者，世有元鉴之士，申王道，摭古法，博综数术，贵是而同今古，欲修新圣人书者，倘不没其欲利人之功，比于刍荛，其亦将有取焉。

时光绪十有九年岁在昭阳大荒落阳月东瓯陈虬志三撰。

〔**按**〕录自《治平通议》八卷本卷首。昭阳为天干癸，大荒落为地支巳，光绪癸巳为公元1893年。文中“后世始一切皆持以法”句下，《蛰庐存稿》中该序有“治术遂自此分升降矣”九字，已予补录。

《蛰庐文略》序

（1893 年 12 月）

虬少孤废学，闻道迟暮。顾生平于书无不好，于文亦无所不学，学焉而间得其近似，辄亦颇自喜，久而始悟其非。夫文者，心之华也，学成气充，而文生焉。若斤斤于义法、声调之间，摹绘擘绩以为工品，斯下矣。学者不求之性情根本之地，而徒缘饰经术，撦挦语录，自托为因文见道，未为知言也。

予既不甚留意于文，文亦不自珍惜，遂听其散佚。或以为请，曰："先生于文虽未为工，然固先生之学术、性情、志趣、气象之所流露，文不必存，先生不可以无传。"乃伟其言，剃狝其芜杂无用者，录为《蛰庐文集》若干卷。兹复剌取其有涉于经世者十数篇，附于《治平通议》后，都一卷，别署曰《蛰庐文略》。侏儒观一节，亦可以得其概矣，文云乎哉！

时光绪十九年岁次癸巳冬月，陈虬志三书于瑞安城东之蛰庐。

〔**按**〕此序录于《治平通议》卷八《蛰庐文略》，《文略》收文十五篇，均见上文。

恳请明定章程申禁苏困以减浮勒呈文

（1894年4月13日）

具呈：乐清举人陈虬、黄鼎瑞、杨毓麟、钱振勋，岁贡李王仁、林琪，训导周玉书，贡生钱福熙，廪生刘之屏，增生刘之翰，附生叶麟凤等。光绪二十年三月初八日投。

为官加吏索，积弊殃民，粘祈核案减浮详院，仰府饬县申禁苏困事：

窃钱粮为国家维正之供，本有定额。乐邑僻处海滨，民多畏法，一任官吏剥削，钱粮遂多浮勒。自同治二年左抚院减浮新章定乐清正杂钱粮：每两核减一百五十文，计实征钱二千四百五十文。彼时仅据周道宪详文，名虽苏民积困，实则济官不足，所减无多，其实已非例意。无如日久玩生，弊端蜂起，浮勒仍然有加无已。当时虽有"准地方官刊碑勒石，永为定则；如有奸胥蠹役仍然勒索浮收，或借垫、代及各项名目需索加费，许赴该管地方控诉申理"等谕，但钱粮一项，官吏均有所染指，故往往诉不受理。官民卵石之势岂能久抗，弊遂日肆。举人等或身受索诈之累，或目击敲剥之惨，义难终嘿。生薄赋轻徭之朝，而民间尚受横征浮收之苦，皇恩广被，有"永不加赋"之谕，而官吏胥差借端浮勒竟逾正供数倍，藐法殃民，长此不返，几于民不聊生，势必酿成事变。为此，列款具呈，抄具各案卷，叩乞恩施。大人惩奸剔弊，执法如山，温民病苦尤所稔知，此等积弊，非深通治理、体恤民艰者，未有不故事优容，以闾阎之脂膏供官吏之鱼肉。福熙等下控期年，空雷不雨，幸逢大人铁面无私，此真千载一时。因邀同阖邑绅耆，公拟定章，匍匐上号，非蒙核案申禁、减除浮勒，国宪奚存？为此遣抱上控，伏乞大人电察作主，核案严办，逐款明定章程，一面详院仰府饬县立案示禁，准予立碑勒石以垂久远，万民感戴靡涯矣！上呈。

计开条款：

一浮收宜除也。查同治二年浙江巡抚左《减浮新章》：乐清正杂钱粮核减钱百五十文，计实征钱二千四百五十文，遵行无异。自前县主施，以民间使用粗钱，始于二千四百五十文外复加钱九十文，现民间使用扣钱，而此九十之数仍然不除，议请仍照《减浮新章》，每两实征钱二千四百五十文以符定例。

一串、担钱宜定也。查《治浙成规》每串收钱一文，有司严行示禁，毋许借端勒索，朦混多收。无如积久弊生：乐邑征收钱粮分设四厂，本图便民，讵柜书等借串担名目多收无底。经同治三年监生叶凤栖控奉道府各宪串担钱各定二十四文，近复逐渐加多。去岁贡生钱福熙等出为呈控，均以叶案无稽批驳，其实栖尚活在，岂有案无可稽？显系书吏贿捺可知。原担钱之始，当时皆用大钱，故每千酌加担力数文。现已折收洋银，出入之间，该厂已多羡馀。担钱名目似可裁删，但既有案可仍，未便除之太甚。胡前乐县主批示所取串、担钱文，更当率由旧章，仍候出示晓谕云云。串钱除成规外，担钱除叶案外，并无别章可由。叶案纵轻贿捺，试问该书浮加之数，章果安在？所出之示不过一纸空文，民间并未沾有实惠，非明定其数，上下均难遵守。再，粮串仅列明银数，而厂书折收钱文每多浮算，无从稽核。议请嗣后于粮串银数后正书注明申钱若干，每串另加缮写钱一文，并叶案所定每户串担钱二十五文，每千担钱二十四文，不得再加。

一开厂、开差各宜定期也。乐邑三仓四厂，开征开差向无定期。远道赴完，稍迟辄称粮已开差，必先索去差钱若干，方与完纳。每厂白役多至三四十名，扰累可知。开厂无期，粮户先期守候，旷时废业，受累更甚。总之，额外浮收，暗中勒折，较于正供数倍。议请嗣后开厂：上忙定于二月二十日，下忙定于八月二十日，开厂一月后方许开差，或恳宪恩自行于红封后一月外酌定开厂、开差日期。盖红封之期多在正、七两月，粮户既无力红封，似当稍缓其期以纾民力。

一红封亦宜定期也。查乐邑旧有红封一项，始自国初。蒋前县主以粮户先时输纳，各赏花红，故名红封，又名喜封。近库书以红封过多，则厂完日少，每嘱内丁故意迁延时日，百计留难刁顿。红封皆系大户，银数较巨，来城守候，旅食之费、意外之虞均所不免。前经职员徐济美控府，蒙前府主福定于二月初二、八月初二两期。续林县主以支绌未便，朦禀复更前议，至今茫无定期。议请嗣后定于正月廿五、七月廿五两期，俾民有所遵行，不致违误。

一南米宜裁减也。查《减浮案》载一石交一石，只加耗米一斗一升。现乐邑南米向皆折谷交纳，石米多取四五石不等。议请嗣后照《减浮案》征收，照《治浙成规》一米二谷折算，禁架书毋得额外多收。

一推收田产宜裁酌也。查道光二年，府主汪奉抚、藩宪批，出示立碑，每田一亩给付册书纸张饭食钱十文，地亩山场减半等谕。近来逐渐加多，每田地一亩，竟勒索钱数百文之多。寒冬岁暮，卖户计在脱产，辄噤不与较，积重之势碍难遽返，汪府主所定之数系照《治浙成规》办理。今历时既久，串钱既经加多，未忍令该架书等独受向隅之泣。议请嗣后每亩田定钱一百四十文，永后不得再行加多，粮户亦不得再行减少，勒石示禁以垂久远。

一请逐款明白批示也。历届控关粮务之案，所奉县府批示，不曰“率由旧章”，则曰“严禁浮勒”，其实含糊了事，控者自控，索者自索，皆系各宪不明定章程之故。如贡生钱福熙等所控串担案已经年，迄无定局；举人陈虬以丁库书差吓诈贿庇，证据凿凿，乃历控县府旷时破钞，依然影响全无。平民畏讼如虎，受累可知。大人为国宣猷，为民除害，海内以汤文正、陈文恭相期，故举人等胆敢沥情上诉，冀为桑梓一被祛积弊，议请稍费天心，察核各案，逐款明白批示，定有日期数目，申详抚院，一面仰府饬县，使官民永得遵守，无任蠹书仍然朦混浮勒。直道在民，翳岂无报，定当百世尸祝无穷矣！

附：赵藩宪批

各属钱粮均有定章，岂容书差任意浮勒。查核粘呈各款：银、米两项不遵章收缴，串担诸费复有加无已，开厂、差催，更滋扰累，推收田产亦多需索，控果非虚，殊属玩法。仰温州府速饬乐清县查照指控各节逐一查明，分别禁革，详覆察夺。粮户如有抗欠，固应追办；书役索扰，亦应严惩。务须秉公办理，毋稍循纵干咎，切切！粘抄附发。

〔**按**〕此呈录自温州市图书馆藏《乐清县南米浮收控案》刻本。周道宪指温处道周开锡，前施县主指乐清知县施振成，前胡县主指胡裔麟，林县主指林乃柽，前府主福指温州知府福荣。其馀未详。

论俄国助中国

（1894 年 6 月）

昨初八日伦敦传来电报，谓各国相约照会中、日两国，请撤去驻扎朝鲜兵士，中国业已允诺。又《俄罗斯日报》言：俄国应襄助朝鲜俾得有权自主，倘日本欲强为干预，则俄国须会同中国为之保护云。至十一日伦敦又来电报，则云英国外部大臣行文中国、日本，谓英国可为两国调停，俾之言归于好，日本业已应允矣。以是观之，中日之争端可以弭，中日之和局可以成。此事而果由英国出为调停，其事不难料定。惟外纷纷传谓："俄亦愿助中国以拒日本，使之不预朝鲜之事，亦一面止中国之兵，一面止日本之兵。"初闻亦有似已允从之说，此则不免动人以疑。何则？俄人固处乎嫌疑之间者也。俄国不得志于土耳其，为英、法诸大国所遏，不能逾黑海之口，因辍西封之谋，而为东封之计。前此曾一觊觎朝鲜，而适为英国觑破、预防，先占巨文一岛以扼其吭，俄人遂知难而退，于是英人仍以巨文岛还之朝鲜，而与中国订约：此地不得使他国屯兵。此不过数年前之事耳。故英国而出为中日两国调停，俾仍言归于好，此固在人意计之中，其说可信。盖欧洲诸国，群推英执牛耳，英之遏俄于土耳其，则原为欧洲大局起见，其志实在顾全商务。今若遏之于西而不能遏之于东，则大局仅顾其半，英人所不为也。顾欲遏于东，则恒虑鞭长莫及，故深愿中国为之襄助。当其交还巨文岛时，余早经论及,谓此地并非还之朝鲜,实乃还之中国,因此而与中国订约:不使他国之兵得以屯扎于此,则保护朝鲜之权明明独责之中国,而英国亦愿为之助。

自是而俄人有所顾忌,而不复肆东封之志,然而其志则仍在也。观于西伯利牙广兴铁路以直达于珲春、黑龙江,大有窥视我东三省之意。东三省因此而设练军、修武备,所以防之者甚至。无隙则亦忍而不发,今乃忽有东学党之乱,而日本又不顾同洲唇齿之大局,起而与中国争保护之权。说者谓朝鲜之为中国藩属,薄海皆知,日本岂独昧昧若此!彼盖故作痴聋以欺中国耳。其所以敢于欺中国者,以恃俄国为助。

日本之所恃者实惟俄与法。法人之于越南、暹罗等国,步步欺凌,日人羡之慕之,竟起而则效之,无处则效,则借朝鲜以一试之。而俄国闻此,正中下怀,遂与日本合谋以逞。俄人为其暗,日本为其明,此英国之所而惧也,故亟出弭中、日两国之兵,所以保全朝鲜,实所以止遏俄人,亦仍助土耳其以扼黑海口之一法也。

而俄人乃亦出效英人之所为,大有与英争霸之意,而不知人之视彼如见其肺肝然。彼以为俄人当襄助朝鲜有权自主,则仍是日本之意欲使朝鲜为自主之国也。其曰:日本如欲强为干预,则俄国须会同中国为之保护,则犹是日本之意,欲与中国同保朝鲜。同保之,则同属之矣。日后乃以借口而与中国争保护之权,则是为朝鲜拒一日本人,反为朝鲜招一俄人,所谓以暴易暴者殆尤甚焉。是岂朝鲜之利,亦岂中国之利哉?

日本而果潜谋于俄国以图朝鲜,不得志则日受其祸。即使得志,日人亦不过为俄人之功狗,将来必且为俄国所并。夫俄既有东封之志,非一朝鲜所满其欲壑者。由朝鲜取日本,途至捷也,事至便也，俄国较之致力于中国之东三省，难易判而劳逸殊矣，日本特未之悟耳。故传言谓俄人亦与中、日排解，请两国撤兵云云，又安知其不以密计授日本，俾明撤而暗不撤，以给中国而误朝鲜乎！

然则为调停之说者，惟英国果为出场则其事可成，其说可信，若易英而法，即有不可信者，矧其为俄国也哉？或者曰：俄人见英国已为出场调停，亦愿附和其间，以与英人同执牛耳以为异日之后图，未可知也。然则俄之助中国也，其真俄之助中国也欤？

〔按〕录自陈忠倚《皇朝经世文三篇》卷七十八。又见郑振铎编《晚清文选》页 309—310。均未注明写作时间及原始出处。查英国退出巨文岛在 1887 年，俄国开始兴修西伯利亚大铁道在 1891 年，朝鲜东学党起事而日本乘机派兵争保护之权在 1894 年 6 月，故本文应写于 1894 年 6 月。

续控吏仗官庇捺案肆索呈文

（1894 年 10 月 16 日）

具呈:举人陈虬、贡生钱福熙、廪生刘之屏、生员叶麟凤为吏仗官庇,捺案肆索,催祈遵谕申饬,逐款禁革,定章裁止事。九月十八日投。

〔正文:刻本原缺〕

附:徐府宪批

仰乐清县速即遵照藩宪批饬各节,详候核办,毋再违延,切切。粘抄并发。

〔按〕此呈录自《乐清县南米浮收控案》。

案悬弊积恳祈饬县定章勒石呈文

（1895年3月4日）

具呈：举人陈虬、贡生钱福熙、廪生刘之屏、生员叶麟凤等。光绪廿一年二月初八投。

为案悬弊积，民不聊生，佥祈核案裁酌，详司饬县，定章勒石事：

窃举人等以乐邑钱米、串担各项积弊如林，年甚一年，民累无底。十九年，贡生钱福熙等迭控县府不理。去春，举人等列款上控藩宪，沐批“札府饬县逐款禁革”等谕，续迭催县府，仍然不理。案卷抄电，并附粘前胡县宪《红封告示》一纸。

伏思此案控经三载，县历五任，迄无定局。即藩宪札谕禁严，而该胥等视同故纸，藐不遵行。去冬郭前县主曾行禀复，但推收南米二条尚未议及。伏望大人逐款裁酌，分别批示，务须官民两无妨碍，始能遵行无弊。可怜乐民遭此六弊甚于水火，近年官如传舍，并未有实心行实政，所以控者自控，索者自索，含冤负屈，莫此为甚。长此不返，诚恐酿成事变。举人等不惮再三，呈求冀为桑梓除无穷之弊，为国家杜无形之患。幸逢大人铁面无私，新政当阳，惩奸剔弊，执法如山，此真千载一时，乐邑绅民不胜翘望！现届开征时候，愿大人速定章程，俾宫民均得遵守，不致两碍。为此抄具各案卷，粘叩察核，非蒙恩赐逐款裁酌，减浮定章，乐民何以为生？为此不已，匍匐上号，伏乞太公祖大人电察作主，核案裁酌，详司饬县定章勒石以垂久远。大德！上呈。

附：宗道宪批

查举人陈虬等原呈各条，系控奉藩司批札府饬县逐一查明，分别禁革。道中本无案可稽。去腊本道甫经接印，即据郭代令禀呈八条，多非定例所有。本道初到，未悉地方情形，碍难批定。至于府批，未着议论，但称候道批示，则未及料也。今据该举贡等来道呈诉，检阅存道之《减浮印册》，乐清钱粮原征：城乡五柜，每两收钱二千六百文，核减钱百五十文，现在县征二千五百四十文。按之减浮定章，该举贡等谓缘民间使用扣钱。然是否如此，应由县查明妥办。本道面谕递呈之廪生刘之屏，知郭代令禀呈八条，其中亦有士民愿从者，如乡柜担钱，东西两乡均照原呈，每千二十四文，大荆路隔峻岭，每千四十文，该举贡等亦以为是。惟《减浮册》开大荆粮价较五柜多收百文，如县征现仍照办，其担钱自已在内，竟应免收。此担钱应由县秉公查明，一言而定。串钱在举贡等以为应照同治初年舒任所定，每张二十五文，不愿再加，每张应改作每户。本道则谓大小户粮数悬殊，串钱不应一例：凡粮只一钱上下者，即二十五文之数亦仍应照减半。又乡柜之期，八条中上忙应二月中旬出柜，三月中旬未完者保催，四月中旬未完者差催，五月中旬未完者提追；下忙以八月初旬出柜，九月初旬未完者保催，十月初旬未完者差催，十一月初旬未完者提追，仍不得以分厘之户率请差提，应准照办，以免滥差忧害之弊。仍定每票标差以二名为率，不准多标。凡在乡柜完粮者，粮串立由乡柜裁给，不准稍有留难。有留难与多索者准其赴县喊控，立提该胥差究办。乡柜浮取，则士民尽起于红封。《减浮册》内红封本只七千两，浮收既重，红封遂多，县官于浮收之弊实力革除，则红封自少。红封必系有力之大户，其奇零小户而亦入红封者，必是包揽，立予查惩，则包揽之弊亦自可除矣。至于南米，《减浮册》列每石向加耗米一斗六升者，只准加耗米一斗一升。向加耗米一斗二升者只准加耗米七升。以谷完纳者照向章二谷抵一米，不准任意浮收。架书推收粮册断不准如原控：每亩需索至数百文。该举贡等拟用《治浙成规》每亩十文之数推广至一亩纸笔费准收钱百四十文，岂容再有浮多？八条中尽裁分厂十五处，恐村庄辽远者或有不便。乡柜添设幕友，万一不得其人，或且助书为虐，应由县再行妥酌行止，期于久行无弊。以上诸端皆于定例外稍从其宽，该举贡等亦颇愿官与民两不受病，弊去太甚，存心尚公，全赖县官有爱民之德，则条议不成具文，有除弊之才则举措各得其当。现任杨令有儒者气象，办事细心，乘此开征之际将病民各事毅然除之，不惑浮言，一面禀覆定案，一面出示城、乡遍行晓谕，于乡柜分厂中则各发一示给版悬挂，使士民怀德，胥役畏威，上副藩司秉公惩革之原批，本道有厚望焉。抄案存。

〔**按**〕此呈录自《乐清县南米浮收控案》，该书上缺序言，下未完篇，书名亦系后人用蓝水笔后加，录有呈文十七目、告示四篇，呈文中由陈虬领衔者为以上三目，提及陈虬者二目。另一《宗道宪批》则云："此案现据举人陈虬来道呈诉，已逐层批示，仰温州府查照饬县遵行，禀复定案。夹单清折均存。"（光绪廿年十月十三日钱福熙、刘之屏、叶麟凤《为胥差狃弊佥祈遵谕出示革除呈文》）至呈中郭前县主则指郭钟岳，杨令指杨和圻，宗道宪指温处道宗源瀚。

霍乱病源方法论

（1895年5月）

霍乱者，太阴湿土为病也，而非风火相煽则不发。或寒或热，则视乎元运中气为转移。汉、唐以前，方多辛热。国朝乾嘉以后，始转清凉，盖元运使然也。

今时之病，大抵热多寒少。世医执古方治今病，茫然如坠云雾，猝不得其要领。道光间，潜斋王氏手辑《霍乱论》专书，颇示涂径。然王氏亦仅知其所当然，而不知其所以然，故见病、治病于长沙门法究欠理会。三十年来，未见有勤求古训、另出手眼以苏灾黎者。一得之愚，何能再秘，请得毕其说焉。

此证多起于夏秋之间，盖春分以后，秋分以前，少阴君火，少阳相火，太阴湿土三气合行其政。故天之热气下降，地之湿气上腾，人在气交之中，受其烝淫之气，郁久勃发，遂致清浊相干，阴阳反戾，气乱于中而上吐下泻，甚泻则中气随之而脱。其即时而发者为时邪，病较轻。时过始发者为伏邪，则病尤险。子午丑未之年，君火湿土司天，伏邪发病尤多，此在医流类多知之。而古今用药寒热之别、年月发病有或应或不应者，实非参以形家元运畴星之术则不验。如光绪乙未，太阴湿土司天，太阳寒水在泉，夏秋之间五运则主为太宫，客为太角，运气以加临为重，土已受邪。又三之气客太阴而主少阳，四之气客少阳而主太阴，火土郁发，风火交煽，欲求土木之无忤,难矣!重以光绪甲申以后,二黑坤土管局,而乙未本年月白,则六月九紫,七月八白,火土又飞入中宫。六七月建虽本属未申,在本年则未坤,申为太岁用事之方,病当陡发于此时。已而果然。不然,主气逐年一定,司天周纪四值,顾或有不应者,何欤?间以古三元法推得:康熙二十三年交入火运,故本朝温热独盛于前朝。十数年后,火气退位,水德迁正,则王氏书亦未可狃矣。吴鞠通《温病条辨》重事冬地,已渐见其弊害,不精运气之学,则读书、临证、立说皆无要领。

是证初起即吐泻,少气,肢冷脉伏,甚则唇面爪甲皆青。盖邪秽深伏,脉道不通,状类虚寒,切勿浪投温补。治宜和阴阳,分清浊,交纽中宫,调其升降,养正杀蛊,清湿熄风,则热渐解。拟定乱救急汤治之,方用高丽参三钱,无力者以西潞党一两代之,干姜钱半,煮半夏钱半,茯苓三钱,川连钱半,吴萸七分,白头翁三钱,陈皮二钱,乌梅去核三枚,蚕砂四钱,紫草茸钱半,桃叶十四片,荷梗七寸,以地浆或阴阳水煎服。谨遵经旨,湿注于内,治以苦辛,佐以酸淡。法若中气过虚,眶陷音嘶,或口不渴而汗出,或脉不伏而欲绝,可去白头翁、陈皮,倍高丽,再加川椒、生附子各二钱,为留人治病法。泄止正复,证必转热,忽撤热药,勿犯本病。重拟定乱安中汤,法用高丽二钱,苡仁三钱,盐水炒桔红五分,吴萸炒川连钱半,白头翁三钱,陈皮一钱,蚕砂四钱,紫草钱半,桃叶十四片,为苦辛淡法,此为霍乱主方。苔转秽浊,即当化湿,随证加减,活法在人。转筋者湿去风胜,肝木劲张,筋失所养而挛急也。治宜熄风活络,方用白头翁三钱,清炒甘草一钱,羚羊二钱,钩藤三钱,丝瓜络四钱,紫草一钱,白芍三钱,鲜地龙七条。吐未止者,去羚羊,仍用炒连,苡仁淡渗、木瓜酸收,皆在所忌。消渴者肝胆上逆,风火合邪,销铄津液，当求之厥少二经，方用白头翁三钱，胆草二钱，川连三钱，乌梅去核三枚，生白芍三钱，川柏三钱，蚕砂四钱，清炒生草一钱，或少饮一切凉水，使水能涵木，则渴自止。病由肝胆二经，石膏、犀角徒清阳明，无当也。腹痛者风湿挟秽，木又克土，治宜疏肝达郁，方用苡仁三钱，柴胡三钱，白芍三钱，银花三钱，川连钱半，白头翁三钱，广郁金一钱，蚕砂四钱，枳实一钱半，桃叶十四片。心下痞鞕，上下格拒者，胆胃气逆，浊阴上僭，治宜降逆化浊，方用旋覆花三钱、盐水炒桔红五分，吴萸、炒川连二钱，半夏三钱，黄芩二钱，郁金一钱，枳实一钱五分，蚕砂四钱，木通八分。泻心陷胸，究未尽合，此不可不求其故也。谨拟六方，补王氏所未备而已。

若夫证有早晚，体有虚实，呼吸生死则在乎神而明之者，固亦非潜斋、吾法所能尽也。夫生人之本首在中气，戊土主降，己土主升，戊己失职，则枢轴不运而病郁。然终仅属太阴一经，不过清浊反作，气膨水胀，呕逆溏泄而已，尚未至于顷刻杀人。唯厥阴风木木肆其疏泄之令，贼及太阴，于是风轮大动，天地易位，轴折枢翻，胃逆而大吐，脾陷而洞泄，霍乱始成矣。故此症治法，当首求之厥阴。王氏悲悯著书，颇能知世医狃用辛热之非，而所制燃照、驾轻、黄芩、蚕矢、昌阳诸汤，皆仅能治轻浅吐泄之症，囿于温热门法，谓真能入长沙之室者，吾未之信也。然已暗室一灯矣。近世创为瘪螺痧之说，名虽不经，然在气分则宜刮，在营分则宜刺，亦能佐汤药所不及。法固有不得而偏废者。医流声誉稍著者，既无术分身，而草泽便贱无识之徒乃日肆其草菅人命之术，言之痛心！因纵论方法以供隅反。一壶千金，敢自靳乎？然此皆就湿火激射、证极危害者而言，若寻常霍乱，仍当求之湿热诸书，庶免病轻药重之弊，当意为消息可也。

考之《字说》，霍本作靃，雨，声也，雨而双飞，其声靃然，从雨从雔，会意。乱，《释名》："浑也。"即《至真要大论》"水液浑浊，皆属于热"之训。寻常绎义，可想见暴注下迫之状矣。诸家望文虚造，释为"挥霍撩乱"，语极不典，此亦名不正之一端也。因论病源而并及之，谨就所得略论如左，敢以质之有心斯道、真读《灵》、《素》而研长沙书者。

此乙未孟夏拟课也。友人抄付洋报，印行。秋初病发甚剧，顷刻陨命，如法救治，存活颇多。此病潜斋论后未见新法，因改窜存之。蛰庐自记。

〔**按**〕此论录自《利济学报堂汇编》—《利济文课》卷一，正文撰于乙未孟夏，跋语则撰于光绪丁酉，现据正文时序排列。原刊于《利济学堂报》第七册(1897年4月20日出版)的《文录》。

《四书音义》序

（1895 年 6 月）

陈氏《四书音义》者，继陆氏《经典释文》而作也。自紫阳唱道，编正《四书》，元明设科，遂悬令甲。沿及圣清，相承不改，昌明圣学，功实伟焉！诚以孔、孟心传，此其辖辖，故童蒙入塾，类先肄习。但亡羊歧出，触处牴牾，非唯义理深邃，鲜克钻仰，即训诂小学，俗师里童，率多未了。发明章句，实待正名。陆氏《释文》，间存杓指，亦仅一斑。承学之士，复何适从。

夫斫梓染丝，功在初习。学文辨志，蒙养所基。不材群从数人，频年教授，即事丹铅，并有抉摘。敝帚自高，无意成书。比以余弟从事小学，重为发凡起例，属加理董，通驿汉、宋，以贻方来，改称《陈氏音义》，别乎齐州也。虽赓续旧闻，鼠坻牛场，正多未逮；而拾遗补阙，不无寸长。譬之夏葛冬裘，各有所适，当仁之谊，何多让焉。昔赵邠卿有云："不敢以当达者；施于新学，可以寤疑辨惑。"或庶几乎。

〔**按**〕录自《瓯风杂志·蛰庐存稿》。所引赵邠卿（名岐）语见《十三经注疏·孟子章句序》。

《南游吟草》序

（1896 年 12 月）

中治以名教五千年矣，文物甲五洲，与太西劳形神、捐性命、纯以实教者，若适相反。实则扶舆清淑之气萃于东半球者，本各视人之收受浅深大小，始以名相觇。故百家之学，在西半球冲界者，亦必先致其实而后能名，盖甚矣成名之难也！惟诗亦然。溯源《三百》，下及汉魏唐宋，所学有浅深，斯所诣亦因之而异。顾皆自具其性情气味，如人有耳目五官，而讫无一形无二之面。或偶遇近似逼真者，亦形合而神离。虽古有孪生莫辨，亦其少壮有然，未闻老大不互异。此明季诗家复古之说，貌李、杜而堕优孟，识者无取焉尔也。

平阳方孟玉，梓其尊人松岩先生诗，乞序于虬。客有谈诗派者，问先生诗何似古作家？予曰：诗取能名家而已，奚古之似而求为？观孟玉工绘画，山水人物、花卉写生，具有别致，偶加题跋断句，秀趣天然，视尊人之学固当不同，而其为学成名，能自永于世，顾亦各自有其实焉。则尊人兹集之成之传，特其先声，而兹集所以能成可传，可知也。

虬少亦间为诗，兴至辄累千十百言，声律拘挛病一扫而空，人怪勿怪也。近方与同志二三，融中西，核名实，自昌所学，昕夕役役，少闲适趣。读兹集，如晋室宗卿听钧天广乐，不遑写其节奏，尘劳中仿佛想像而已。独念孟玉当沧海横流之日,能以诗寿其尊人,以不远于‘疾没世不称’之旨,则尤足见其趋庭之教有所自来,迥非寻常俗子所能及,岂不重可尚也夫!

光绪丙申仲冬,同郡陈虬志三,书于利济学堂。

[**按**]本文录自陈镇波编注《苍南文征》外编(上海古籍出版社2004年版第347—348页)。《南游吟草》为方孟玉所编其父方道生的诗集。方道生,号松岩,一作松厓,平阳县慕贤东乡象冈人。

《医历表》后序

（1896 年 12 月 21 日）

古今治历者七十馀家，皆推本于黄帝之调历。今其术虽不传，而散见于《素问》:《六节藏象》、《天元纪》、《六微旨》、《至真要》诸论者，于历元、岁实、朔策、闰馀、恒气诸术根数，尚班班可考。故东汉时民间犹用其历，盖修其术者代不乏人矣。而九星、三合、贵人、太乙诸说，尤为阴阳五行家所自出。历法虽今密于古，苟综数考事，占往知来，不谬于圣人之德，虽古犹今也。《上经》曰:“夫道者，上知天文，下知地理，中知人事。”以四千年神圣国宝之所寄，一任其湮废放绝，而运气要旨反赖畴人家言存其羊朔，夫非食德服教者之耻欤？

近日通书林立，如闽之杨、洪，粤之罗、左，楚之廖、张，皆风行一时。吾浙独无专门之业，则举《玉版真要》而为之纲纪，固亦浙学之光也。因命院徒条次其说，表行以前民用，其所裨或不仅在医流也。时与编订之役者玉环季仙卿腾霄，缮校者瑞安林獬、高树屏、何樾也。例得备书。

光绪丙申冬至乐清陈虬志三书于瓯郡利济分院。时调历四千五百六十六年。

〔**按**〕后序录自《利济丛书》之四《光绪丁酉医历表》。

卷九　杂著二

利济学堂报例

（1897年1月20日）

一　本报原出利济医院学堂，故医学独详。光绪乙酉集同志建院于浙江温州府瑞安县城东。医籍之外兼课以古今中西一切学术。实欲借学堂为造就人材之地。星纪一周，颇著成效。本报即从积岁会讲语录编辑成帙，因取古人报最、报政之义，列为《学堂报》。

一　本报遵医历二十四节气日出报，每月两册，每册约五十页。报始今岁大寒日，以明年十二月小寒日为一纪。盖五运六气皆始于大寒也。年共二十四册。

一　本报院课外，兼采各报。凡学派、农学、工政、商务以及体操、堪舆、壬遁、星平、风鉴、中西算术、语言文字暨师范、蒙学等类，区为十二门：一、利济讲义；二、近政备考；三、时事鉴要；四、洋务掇闻；五、学蔀新录；六、农学琐言；七、艺事稗乘；八、商务丛谈；九、格致卮言；十、见闻近录；十一、利济外乘；十二、经世文传。各自为叶，随报分编，以便阅报诸君将来装订成帙。

一　本报所列医籍、算术、数学、音韵、体操各书，以及一切文课，均出在院诸生商订分撰。意在开示后学，多设问答，故文理概从质实，其姓氏即行附报刊列。

一　本医院学堂朔望二课，医论外兼及时务、术数等学，届节气日，主讲率诸生候气祝圣，录取前列文课，传示同院，本年即行选刻入报以作报论。

一　本报凡录各报全文者,注明曰"录某月日某报",删取其事者则曰"节某月日某报",参各报者曰"参某报",约其文者曰:"约某报",以示有据。

一　本报所有论说,原供学堂讲肄之用,无取纵谈时事、臧否人物,以召怨谤。凡地方兴革利弊以及官绅创办之事,毫不雌黄,惟从善从长。间加揄扬者,亦须在事成之后,或地方官已离任所,方免标榜、夤缘之习。

一　售阅本报者,全年每分大银圆四元,预付报资,不准拆购。

一　本医院向不募捐。十馀年来广开学堂,整治药房,所费不赀,悉由院友自行筹办。除乙未秋季今观察江左宗公邀办郡城分院,捐助二百圆外,计瑞院积年捐润约四百馀金,姓氏另列。此次创办院报,本郡报赀照售码永减二成,以答诸公襄助盛惠。

一　无论本郡外省,如蒙交好,代售本报至十分以上者,按照二成另送本报若干分;二十分以上,并将姓氏、爵里列报,以志勿谖。

一　本医院学堂既经开设报馆,凡阖郡文武、大小衙署例应送报一分。近日报馆林立,均蒙当道各宪翼助广销,力开风气。本报虽宗旨有在,其于学术、时务实亦不无小补,谅有心世道者所乐共为提倡也。

一　本医院向遵院章,从无妄取捐润,以医为市,致妨利济本旨。本年开办报务,幸蒙同志踊跃输捐。院中亦未便硁守成规,自狭善门。其有大力官绅共开风气、鼎力佽助者,除将姓氏爵里随时登报外,院中重行勒石,续出各书另议酹谢。

〔**按**〕本文录自《利济学堂报汇编》首卷,原刊于《利济学堂报》第一册(1887年1月20日出版)的《馆录》。

祷医圣文

（1897年1月20日）

呜呼！帝寿三百，子姓十四。缤研胤馀，犹十一裔。罝莽神州，惟帝之庆。黔德昌运，厥种惟黄。大邦有夏，日高殊疆。溯厥生民，夷夏一身。众四百兆，胞乳之亲。世后五千，圣清帝九。棕赤白黑，鼾我卧右。有觉杞愚，困久思苏。玄女不来，载稽《素》、《灵》。并世一毒，蚩尤五兵。帝昔震怒，乃枭乃平。灵夔夜吼，龙媒朝腾。国病既救，爰究民瘼。

乃启金匮，乃开玉堂。六相斟调，七圣翼辅。一经曰医，万治毕纬。五六传治，天下王家。中病饥溺，族无札瘥。汤液沐殷，穹桑相尹。师帝不杀，祚六百稔。殿瑞彭祖，与国寿准。苍周运启，旦多材艺。契妙燮理，隶医冢宰。食疾职分，迄兽官备。岂期文胜，术从兹替。王官失守，各承方技。粗工嘻嘻，迷经乱纪。钧天闻乐，上池饮水。异传秘授，吾闻其语。

呜呼！医阴阳府，刑礼焉具。昌言明堂，包百术数。治人则康，治国则豫。如何道坠，夷于九流。惟汉长沙，卓尔大家。元化亦奇，不名专科。唐孙真人，牖民孔多。降宋元明，我朝骈罗。瞀儒猎方，伧父钤歌。狐鸣诸子，一尊谁是。金行西来，蛙声四起。轧轧机轮，刺刺化分。本草弗纪，赭鞭弗伦。怵器毒烈，迷药补耗。半万杀癖，柔劫刚盗。羊刲豕屠，新鬼夜嗥。帝灵在天，宁罔震悼。

呜呼！祖何神武，遏兵不祥。又何睿知，刺病不良。今兹岌岌，大命近将。孙子危颠，忍用勿相。眇予小子，连抃彷徨。思古剂治，大业精光。曰人国医，乃萃一堂。渴志利济，祖法师昌。临阵铸兵，帝训载忘。移精变气，帝学敢荒。帝圣陟降，默观洋洋。四种之毓，环球之藏。教台八表，枫教百方。冶泄犷戾，衽登寿藏。神明之胄，永澹劫殃。有覃颂声，帝寿无疆。

光绪丙申大寒。

〔**按**〕该文录自《利济学堂报汇编》—《利济文课》卷一。原刊于《利济学堂报》第二册（1897年2月3日出版）的《文录》。

利济医院习医章程

（1897年2月3日）

一、如有聪颖子弟年在十四岁以上，情愿入院学医者，先由监院察看，拨入某字派下，择吉授书，一月后令其亲人具一《入院结状》，方予注籍。每年伙食银洋十二元，闰月照加，灯油费每年一元。五年之内眠食皆当在院，以便督课。房租、束金、伙食皆由本师及院中津贴垫给。第四年免贴食一半，第五年全免，第六年可放令归食，院中给予薪水十五千，第七年二十千，第八年二十五千，第九年三十千，第十年三十六千，岁永为常。

二、入院学徒不拘年限，课其所业有成，即行给予试医圈章。所得医润各如所入给还，惟每人须另提二成归院，以作经费。

三、所定年分薪水之数，实为培植学徒恐不能竟其所学起见。系指未曾试医或初医而医润所得不及所定之数者而言，院中当照章给补；若所得已逾薪水之数，即不得再给薪水。

四、院中学徒学成，无论外邑本地，准其出院自行售医，惟号簿、方纸、医案当仍院章，以便按季报院备核。

五、院中所定应诊章程，专就温郡，瑞城两处而言，并非定例。如在别处，可视该地通行医例通筹酌减几成。务使贫富均沾利益，方为建院本怀，当先行向院报明核准照办。

无论外邑近地，如有立志习医，将来情愿入院，目前碍于《院章》者，准其在家肄习。取结注籍，酌捐若干以作束金，由主讲授以门法，院中先行起名，惟不准擅用医院印章、方纸。俟入院之日试其学业，再行酌定年数，一体照办。此指未曾在外售医者而言。若已曾售医者，仍当照章入院。

七、如有学问专长之人，年龄已长，不得习医，自愿附院中者，亦应量助捐费。一俟入院后，课其所得，照院徒年例，一体照给薪水。惟每人须另招习医学徒一人，以绍医统。

八、本医院现议各处创设分院。凡来入院者，除幼年子弟外，如有学问通达、声名素著、年已逾冠者，须先报明：学成后或情愿出省或仍归本地，以便分门教授，方无麇聚一处之虞。

九、如疡科、正骨、痘科、眼科、祝由科等各科，如有情愿入院，许其专门传习学徒，定章酌办。

十、学徒入院，岁计院中开费，如教习薪水、房租、伙食等项，每徒约共费银洋三十六元，院中仅收十二元，每徒须垫给银洋二十四元。三年之内，每年本师垫给十元，馀归院中支应。嗣后即于学徒归院二成中拨出一成永归本师，以作膳仪。非特平渐之供，礼所不废，要亦饮食教诲在院之义当然也。

十一、本医院已成学徒，皆别有兼长。医籍、文史以外，特增体操、音韵、书算、术数、制造、种植、词章、著作、时务、游历各门，兼设分教，以便督课。其有志趣远大、材力富强者，尽可分途肄习，以冀将来勉成国手，方不失上医医国之旨。

十二、在院学徒，每季汇考一次，分作三班，以便递次转课新进。非特节省薪水，且可兼收教学相长之益。其已经问业者，虽非本师，亦当一体尊礼，将来膳仪仍归本师。

十三、院中设有“道济群生，泽衍万世，津梁广启，执圣之权”十六字世次,均就本师递衍以绍医统。此为《院章》,不论本来辈行。其平时称谓、礼节悉如其旧。

十四、所定《习医章程》,原指所业在医者而言。若试医之后,别有所事,不能一意于医,或身历仕版,或躬亲商务,所得自必视医润所入为优,准其向院报明不支薪水,酌照上年二成之数每年补缴入院。而所有医案则仍不可废。盖既注籍院中,自当力以共兴医学为志,方能承先启后,使院务大昌。

十五、如有志识背谬、行止卑污及违犯院章者,院中即行除名。所有从前一切利益,不得借口再争。

十六、本医院创办学堂,原议广置分院,大兴医学,使轩岐之道远出于老氏、浮屠、基督诸教之上。将来如有在别处添建分院,及著书刊行,广招学徒,或计其入院二成医资,或自出私财数在千金以上者,皆于吾道有助。除院中画像、立置栗主外,每岁三月朔,院中派其本派后学墓祭。添置医院功次尤大,每届六十年,则酌估修墓之费,交其本家跟同修筑。功崇惟志,业崇惟勤,于同院有厚望焉。

〔**按**〕录自《利济汇编》。原刊于《利济学堂报》第二册(1897 年 2 月 3 日出版)的《院录》。

《利济汇编》总序

（1897 年 2 月 8 日）

《记》曰："蛾子时术之。"夫术一则积，积则成，成则无为。无为者，无不可以为，而遂止不为焉，则其于术也随矣、隳矣！

吾利济之学，虽危弗隳，虽夷弗随。故夫神农、轩辕以来，专门名家，登峰造颠。俯瞰群游，天梯盘旋。环首四盰，名山且千。厥若康庄九逵，瞻乘欲趋。辕南辙北，元黄倦吁。圜球谲波，高下殆殊。此《汇编》之作，以一家言，而有苓采芣掇、艾求九流之志，笼收囊聚、车载百氏之谊，丸结膏融、丹合万善之庋，呼五种而饵，号六洲而馈，而斯编则其龙宫探秘之星言，蓬岛搜产之日记也。学子有以名学义类疑者，为推阐而说之。

光绪丁酉人日。

〔**按**〕本序录自《利济学堂报汇编》首卷。"蛾子时序之"语见《礼记·学记》。转引时"序"异为"术"。"人日"指正月七日。原刊于《利济学堂报》第五册（1897 年 3 月 20 日）《文录》。

《利济丛书》总序

（1897 年 2 月 18 日）

五千年道德仁义之治，美其名不变。中西敌立，岌岌乎危。而横目之群，藩甲五洲，哀之而不能感，耻之而不能愤，残破而震撼之，劫而蹂躏之，而不能觉聋起卧。其有騆于元化，竦惧思立，则且顾瞻前却，抱槁欲死。夫无其实，而苟以名存，不腐鼠之吓，则螳臂之当，吾痛其无术焉以济也。

昔者，伏羲、文王、周公、孔子，相去或七百年、或千馀年、或数千年，或授受数十年间。风雨离合，人鬼答语，而《大易》之书出于世。乾坤一元，利龙利马，傥非圣人，其孰能知利之为美而不以自有者耶？且夫生生之始，至不可以已。古而无死、张而不弛，胡患之乘世而疾在人体。然而日月有晦蚀，河山有变徙，四时恒雨旸，五运互倾否，六淫七情以递客主于表里，是故夭昏札瘥民之殃，鳏寡孤独国之耻，故天命不佑，良臣其萎，嗷鸿四闻，而极至于不能宅土而蜸水。于是神农氏作，尽三百六十属之性，味七十有二毒之旨，为之耒耜谷五美，为之刀圭药百剂。夫民则既利之矣，厥有轩辕，用衍绪言，师其臣岐伯，讨论病源。《素问》、《灵枢》，阴阳蕴宣。而后医药之利以济天下万世，而人人得以是尽其天年。

自时厥后，越人仓公，名家专门。有汉长沙张太守，闵赤子之涂地，昌炎黄之嫡传，《伤寒》导其先，《金匮》括其全；亦越李唐，有孙真人集千金之方，通百氏之诠，以济生民，而其术出入乎仙释，盖道也而通乎玄矣。

间尝上下千古，盱衡世故，而叹医之为道，匪一家国之利，而其事不止于治疾苦、卫生以延年也，故六经燔秦而医独存。今夫百王之治不啻岐而一以制民之宜，千圣之学不啻博而一以导世于足。无不宜且各足其道，通其俗，乐其利，在于给人生之欲。故人得其欲，则弱者不为虱与蠹，强者不为狼与豹。则惟医之道治之而剥，调之而复，固之而完，因之而续。守其教，上下皆泽；宏其施，中外不画。故夫田农、工作、商贾、文学、星算、兵略与今之别传：声光电汽、矿化种植以及体操之神、摄养之福，惟吾医名一艺，而实无不以学。探神圣之心源，融中西之政俗，广吾徒之师法，而大腹元元之属。呜呼！此虬自儒书经术外，举凡诸子百家、九流方技之籍，涉猎餍饫，博观约取，欲一一纬之于医也。

习此三十年矣，建院讲授，借此贯通，初未敢谋遽问世，钓弋声誉，为徇时之木铎。客游于院，有问利济之说，并乞观所著书者，为举其目。因引伸名学之谊，漫书以弁端。

光绪岁在丁酉孟春。

〔**按**〕本序录自《利济学堂报汇编》首卷。又见《利济丛书》首册（光绪丁酉利济学堂报馆锓板）弁首。原刊于《利济学堂报》第三册（1897 年 2 月 18 日出版）的《文录》。

《利济外乘》叙

（1897 年 2 月 18 日）

元黄未剖，混芒浩气。坤乾判豆，文明蒂茁。太古宙寓，群甿款愚。榛榛狉狉，睢睢盱盱。饮渴餐饿，饱醉喁喁。天真未凿，俯仰时愉。运化獑薄，狙诈渐趋。凡百疴痒，乃缠厥躯。炎、熊哲皇，用是悲劬。钻思烁精，舌药笔书。《灵》、《素》一出，闳启经途。诸圣苦忱，期物永苏。从恙雾泯，可返太初。

西方近祀，兹学日昌。疗世泽种，神巧天相。绝诣所造，华、鹊缩步。哀哀我夏，古法星坠。轩、岐火薪，豉芒熄焰。攫食庸医，艾人如麻。戈返不亟，殇民蜂积。海隅鲰生，目击胎忧。故凡讨病之粹议，制方之妙旨，以迄近时症变，莫不囊括囊收。汇为一编，额曰《利济外乘》。虽管瓶之见，神蕴妙谛不无网漏；而山海之量，尺埃涓滴亦靡屣弃。医门大师，或有采焉。

光绪丁酉孟春日。

〔按〕录自《利济学堂报汇编》二之十《利济外乘》。原刊于《利济学堂报》第六册（1897 年 4 月 4 日出版）的《文录》。

保种首当习医论

（1897年3月5日）

环球物类千八百属而人最灵，人民千五百兆而华为聪。其灵其聪，皆以其种也。中国地处温带，界东半球。背西称正，神圣接轨。天道西行，白种勃兴。亚木受制，质脆气暗。午未会际，弱偶柔师。盖流修则浊，景夕则昏，天乎人乎？何时而能返其根？痛矣哉！五百兆人之种之绝续也，岂仅郑庄伐许之论、伊川被发之叹、一朝一时之虑云尔哉？

皋牢子曰：夫未始有种，种安从生？种本不灭，又安从绝？绝而求其续，精其义者翳惟吾医之学。夫有熊一脉，蕃甲五洲。文明古初，域于暴政，化欲闭炬，于贼斯民，欲愚千叶。黄人还呿吁，东邻亲畔西，不虞帝白，罔耻夷黑奴。然且甘鸩以自娱，腹剑以相须，文网以内织，漏卮以外输。譬夫颠狂、痴呆，厥心已丧；聋盲、瘴痿，其体蔑如。恐每降而愈变，虽求为细族侏儒，犹危乎琐尾而孑馀！夫宁罔杞人之忧，嫠妇之恤，墨翟之悲，杨朱之泣，瞿昙氏之愿，鲁东家之志？顾乃觉之，不啻窒也，援之匪其术也。辅之翼之，无能以强，挫之折之，且遂以诎也。悲夫！

昔吾黄祖轩辕氏之兴也，始征榆罔，诛蚩尤，以师兵为营卫，君临天下。乃与岐伯、雷公、鬼臾区之伦，日坐明堂，作《内经》以垂为政典。非寓治于医，实以医制治。故夫医也者，不独其能疗疾、卫生、延年也，人类之蕃，道昌而运隆，罔不基此。故当吾世而诚欲保吾种也，舍医无由。是宜特设六科：一曰体质。首明藏象、经脉，部分形色之原。二曰运气，旁参禄命、堪舆、建除、九宫之术。三曰调摄，衣食之外兼详居处。四曰导引，按摩之馀并事歌乐。五曰性理，以育成人之德。设会以联其情，生利以安其身，编书以开其智，讲学以明其道，示之公理以化其私，著之微言以复其天。人秉五常，家修六行，则满街皆圣人，尧舜不足为矣。夫儒以变化气质为功，医以移精变气为道，故当设科，重以考验。六曰化生，以开生人之源。收中西格致之学，采百氏释老之精。大旨在限婚嫁，谨男女。南北、强弱、邑野、秀朴、彼此、大小、长短、壮少、坚脆，互有削补，慎其偶合，妙合二五，孳乳神智，求种之不进，不得也。凡此六科，匪医不明。

又令各直省遍设男女学堂，大小一律习医三年，使于性命、材力、年寿之故，配合、生养、嗣续之理，洞明大义，互相讲肄。然后翼之以政，绵之以教，中人之生日新月盛，教养无缺，将日高一本之亲。四洲寄生之族，消息感应，皆吾同胞。觊以精诚，积以岁时，持其心主神明之用，秒忽垓埏，震以动力，且将挈全球而新其世界，岂特五千年来神圣苗裔绳绳继继、共跻仁寿之域已哉？

故其事大于沟国为治，其谊古于敌王所忾，其权重于护持商务与工艺，其情迫于驱排洪水与猛兽。是在有志元机之士，见微以知著，因时以制宜，抑轩辕在天之灵重有赖焉。

〔**按**〕此论录自《利济学堂报汇编》—《利济文课》卷一。原刊于《利济学堂报》第四册（1897 年 3 月 5 日出版）的《文录》。

心　　战

（1897 年 5 月 21 日——6 月 21 日）

一

强耶？弱耶？良耶？窳耶？坚耶？瑕耶？久耶？暂耶？生耶？死耶？大地抟抟，以爱以离，合而为质，结而为体，溢而为形，化而为气。吸空引虚，通变尽利。涨力所加，速率随之。于是有热有光，有声有电，激机随化，与物大适，挟空而飞，茫无思议。吁！亦神矣！秒忽之间，靡遐不至，是诚百物之精英哉！

顾有热所不能凝，光所不能递，声所不能传，电所不能摄，夫孰阏而止之？几疑造物莫能为力矣。异哉！此心独有其灵，深者入黄泉，高者出苍天，大者含元气，细者入无间。我为穷其速率，乃不啻百之、千之、万之、亿之、兆之、京之、垓之，而又不识其摄之何质？吸之何物？引之何机？抑何自始？而何自终？乃为畴人之家所难言，格致之学所未备。开天辟地，变化万歧，其浑沌氏之窍耶？娲皇氏之土耶？故综天下万物之生，而有质者皆弱而窳而瑕而暂而死，而心独不弱而强，不窳而良，不瑕而坚，不暂而久，不死而生。

呜呼！五洲环处，白人以吸力争天下，摄我以兵，朘我以商，阢我以机，奴我以学。我欲从而战之，乃苦于器之不淬，利之不完，艺术之不精,委然茶然,惴惴然,乃至自窒其通,自镭其聪,饮诟含辱,甘随非、美黑、红之后,而几于族种之不能容。痛矣哉!哀莫大于心死,以我神明之胄,文物之遗,诗书礼乐之教,而竟不免于今日,我亦独何心哉!吾谓中国四万万人之众直一无人心者也!伊川被发,有识同悲,左衽乱华,咨嗟“微管”,生是时者,将忍而视其为奴为囚、为牧圉为犬马而不知所救耶?抑亦起而思有所争也!

夫发肤身体,孰非父母之遗;饮食教诲,各有高厚之感。而乃以私自域,以畏自毙,以疑自囿,以惰自欺,以虚憍无实自弃。弱矣!窳矣!瑕矣!暂矣!死矣!有心而无心矣!于此而欲有以强之,良之,坚之,久之,生之,其道奚由?曰:暴秦之坑也、焚也,坑其身也,焚其言也。然黔首以愚而心斯坑矣、焚矣。汉、宋、明季之锢也、禁也,锢其党也,禁其学也。然清议以息而心斯锢矣、禁矣。晋乱于五胡,宋亡于成吉斯之裔,乱其俗也,亡其祀也。然天下不复识汉官威仪而心斯乱矣、亡矣。明太祖以毁节义、黜才士、倡后世,毁其名也,黜其争也。然茶软不自振之习,浸淫至于今日而不止,而心斯毁矣、黜矣。夫充心之力之所能及,虽以包天地、亘古今而有馀。及其敝也,乃至败其国,破其家,丧其身,而一无所觉。呜呼!孰乏识知,不惎不悚,而务溺心于章句,斫心于帖括,梏心于文法,淫心于干戈,役心于妻孥,游心于利禄。心之不竞,而遑言战为!

夫人之强也,不强于形而强于神。国之兴也,不兴于声而兴于实。我且愿以一行之泪、一腔之血、一滴之灵、一息之魂魄,而与欧洲诸大国决胜于区区之天、星星之地,腹有剑乃利也,肠有轮乃转也,故善战者不战以兵而战以心。

二

往来相错,厥有抵心;点质相切,厥有爱心;炭养相倚,厥有制心;利害相摩,厥有动心。心哉心哉!聚星团星气、茫无纪极之星云,而为一天。析天而倒之侧之,派之离之,吸之摄之,轮而转之,而为日,为海王、天王,金木水火土,为月,为地。裂地而洲之岛之,国之君之,文明之野蛮之,而为亚,为欧,为美,为非,为澳。综亚、欧、美、非、澳之民之类,而群之独之,理之乱之,忌之畏之,忍之残害之而为战:士战其才,商战其利,工战其艺,农战其地,兵战其敌,而王战其权。此万国之通例也。而我独以不善战名天下:粤口通商,英吉利首倡兵祸,法、日踵之,蹙国数千里,宁非战之罪欤?

人必自立于不可胜之地,而后可以胜人;人必能厉其可胜人之具,而后可以自胜。殷高宗、周宣王之抚四夷也,汉武帝、元世祖之勤远略也,其用一也。阿立山大、拿破仑之雄欧土也,华盛顿、林肯之威绝域也,其势同也。然而治乱殊观、仁暴异制,盖其所以战之者不类也。

夫中弱于西,儒夺于耶,斯岂有他故哉?耻其事而不知夺,是无战具;悟其非而不知变,是无战谋;纩聪旒明于平昔,而临变一无所措,是无战觉;痛心疾首于清夜,而制事苦其无权,是无战能。彼族之侮我甚矣!侵我口岸,削我壤地,虐我羁民,拒我使臣,外我公法,预我政治。我惧其横也,重门洞开,大盗履其闳,主人惴惕以伏,且从而加媚焉,倒秘箧以出之,若惧其不我夺也者。吁!可慨已!抑我亦稍知自厉矣,变通旧法,剃短师长,学堂报章,公私递举,议者谓中国之不终衰矣。

然而民智犹梏也，民俗犹蒙也，上下之阂隔犹未通也，政教之源流犹未澈也。何者？积之重者返之艰，创之巨者治之力，今以羸尪疲乏之馀而丐医于十百庸庸之手，舍峻品而施平剂，吾知其必不起矣。

呜呼！棘荆满地，孰施斤斧之功；火势燎原，宁乞勺杯之救。不然，中兴以后，二三巨公，辄知中法之无用，而兢兢于效彼之长者，不可谓不至矣。顾以三十年揣摩简练之兵，韩京一役，卒尽师熸，海军之设几同瘤赘，岂诚立法之不善哉？夫同此识知，共此形骸，而行军之令，彼严而我弛也；敌忾之气，彼奋而我怠也；赏信罚必之权，彼行而我阻也；指使臂助之理，彼公而我私也。今试以严与弛战，奋与怠战，行与阻战，公与私战，胜败之数，无俟再言而决矣。然且有举其弛、药其怠、通其阻而破其私者乎？君子曰：是在我心。

三

呜呼！人但知战之战，而不知不战之战也。宋襄言仁，《春秋》嘉其守礼；孙、吴善阵，亚圣服以上刑。军旅之事，古盖慎诸。暴政以阴鸷惨刻之性，逐群鹿而踣之，内愚其民，外攘夷狄，驱数十万呱呱赤子之生，暴骨长城之下，以为子孙万世帝王之业也。然既及二世而亡矣，汉魏继之。天下无百年不大乱，辗转至今日，殄国丧家者踵相接，盖二千年于兹。

战之为祸烈也。西国战事如菲土巴山、马基顿王、法皇拿破仑辈，杀人辄百万计。呜呼！斯人之徒，孰非吾与？炭之呼耶，养之吸耶，血轮之周迴耶，何尊何卑？何尔何我？何戚何疏？何智何愚？而乃以域别之，以种离之，以教圉之，以形役之，而白黑赤棕之，类乃至学问不相通，语言不相同，情性不相款，礼秩等威不相假。以争以夺，以锄以犁，以并兼以诛夷，以弱肉强食。金行应运，得时者胜。环瀛海而毕至，趋西方以如归。彼殆贪夫天之功而私为己力。

哀哀黄族，乃丁其际。眈眈虎威，逼人而视。乃至欲瓜我之国，席我之利，券我之权，臣妾我子女。悲夫！吾见西人残人之类而亦以自残其类也。呜呼！神武不杀，中国必有圣人；战死生天，景教真成谬种。血气之族犹识尊亲，眷念同仁能无下涕。庄子曰："克核太息，必有不肖之心应之。"我亦何心而能忍此？

夫不战所战于战之类者亡，战所不战于战之地者昌。吾愿与天下之善战者，砺其耻心，淡其欲心，牖其智心，扩其公心，而通其仁心。太平之运，由据乱以递升；孤阳不生，战群疑而见血。盖心之为用大矣。一夫不泽，孰纳沟中？爱物仁民，环球同体。夫残千万人之躯命而逞独夫之志，争一家之天下而毒五大洲有识之生，是必丧其心而善狂者也。

或曰："由子之说，将机器可不设，制作可不精，以生人之心废杀人之具，岂有恃而不恐耶？得毋疑于迂远不切事情欤！"曰："人利之而我去之，是倒其戈以授敌也，心之锢也。人淬之而我置之，是赍其粮以资盗也，心之蔀也。然且凿其锢矣，发其蔀矣，我亦既利之而淬之矣，而乃以毒自随，以兵自屠，坐使贼人之资日厚，死人之谋日鸷，虐人之机日熟，殄人之器日良，奇祸一发，赤地千里，斯非吾之所敢闻矣。"

今者西方通人亦知战之不可为国矣。弭兵之会，来者何人？万国同风，助予袍泽。吾愿复皇古之民心，还宇宙于大同，统瀛寰而一息,无彼畛而此域。黄耶、白耶,我何虞耶、尔何诈耶?赤耶、黑耶、棕耶,孰非我之族类耶?而忍于辱之,仆之,戮之,鞭策之,芟夷之,而俾不得遂其生耶?吾愿公彼以吁,法彼以诚,嘘彼以春,而觉彼以灵。饮其饮耶,食其食耶,衣冠其族耶。吾尤愿群天下千五百兆之居者、游者、秀者、顽者、修者、暴者,莫不奉我正朔,慑我皇仁,弃干戈而习俎豆,用以食我德,服我畴,循我所爨,用我规矩,而同我太平。

呜呼!否为泰根,剥为复机。极乱之后必有大治,亦惟我心之善操之,善纵之,而善左右之。若是者,始可以言战。

〔按〕录自《利济学堂报汇编》—《利济文课》卷二,分别刊于《利济学堂报》第九册(1897年5月21日)、第十册(1897年6月5日)、第十一册(1897年6月21日)之《文录》。

《务农会试办章程》拟稿

（1897年6月）

第一条　是会称务农总会。

第二条　总会暂设于上海。

以上名称及会址。

第三条　是会专为整顿农务而设。

第四条　现因各省入会者尚未多，未敢遽定会章，故权拟试办章程。一二年后再定详章。

以上大意。

第五条　本会以农艺为主，并及蚕桑、畜牧、农产物制造诸事。

第六条　本会应办之事，曰立农报、译农书，曰延农师、开学堂，曰储售嘉种，曰试种，曰制肥料及防虫、除虫药，制农具，曰赛会，曰垦荒。

第七条　本会愿与各省同志研究农学。凡各官绅士商，于农事有疑义，或有心得，或于某地物产、某地农事，有真知确验，皆可函告报馆主笔，登诸报章。

第八条　有关农事之图书器具及各种药料及物样，皆渐次购置。会外及会中人亦可随时佽助。

第九条　募刻有关农事之文，其来函有益农事者，亦录之报。

以上事业。

第十条　本会会员分三类：曰提倡会员，曰办事会员，曰协助会员。提倡会员必名位兼尊，或有学术，及有功于农事、有益于本会者，主提倡会事，得有举董事之权，不与闻细故。办事会员主在会研究一切，凡董事皆于此中举之，办理事务各有专责。协助会员，主劝导各省会事，会友之在远省，不得亲至会中办事者充之。

第十一条　现在会事草创，办事会董之职未能即定，暂分为三种：一曰暂设总董，一曰暂设分董，一曰暂设议董。

第十二条　暂设总董一人，掌订定章程，监督会员，稽察会中银钱出入及会外交涉之事。

第十三条　暂设帮董三人：一办文书、信札往来及掌契券等事，并答问会事；凡契券要件皆归掌管。收得款项当交钱庄存储。一管理银钱、器物等事；一计会议及会籍，并收掌书籍、契物之事。

第十四条　暂设分董之职，分任会中各职事。如学堂、试种、报馆、收种、译书、垦田及稽查、巡视等事。其人数视事之繁简酌定。

第十五条　暂设议董之职，主议会中当兴创之事。以常川在会及所居虽稍远，而不出数百里者充之。并酌派数人月议，小事则随时议之。又年议一次，主议定经费并创兴事业及各种议案，讨论其可否。诸董所议不同者，总董决之。

第十六条　本会会董，本合仿泰西成例：定期几年一任，任满易人。刻因缔构方始，故任期尚未酌定。一俟会事渐定，即酌定任期以示大公。

第十七条　凡官绅士商及寓外国之中国人、寓中国之外国人皆可入会。惟妇女及方外人并品行卑下人不得入会。各处同志如有愿研求农务者，可随时托会中之人将姓名、居籍、仕履并寄信处所填写交至会中。如住址迁移，须随时函告本会。

第十八条　凡会友将入会人之名单交会中，会中当于聚议时议定允否。

第十九条　凡新入会者皆暂为协助会友。

第二十条　凡新入会之友，必求其品学名望为在会之友所素知者，以杜借入会为名，在外影射招摇之弊。

第二十一条　凡允入会之友，以刊名入报为凭。

第二十二条　每年终必将各处会友人名汇印一单，分寄各友。

第二十三条　会员每年纳金会中，谓之会金。其数由银三圆至六圆，量力之厚薄纳之，皆先期交付，酬以会报，逾期不送会金者停赠报。会中名誉会员以及已捐助之会友不在此例。

第二十四条　会员入会后，于关涉本会之事，皆可随时致函本会。其事列下：一、于农务有心得及改良之法；二、考验各地农事及各地土产；三、斟酌会中事宜。本会得信后，必于五日内详覆。

第二十五条　各会员有愿出而办事，不受薪水者，请将所愿办之事告知会中，以便遇有合宜之事专诚延请，随将所办之事登列报章以章好义。

第二十六条　各会员有通晓东西各国文字者，请每年任意翻译东西各国农书或农报，函示会中，以便登报，不拘多少，虽数千字亦可。

第二十七条　凡会友所行，如有违碍于本会之事，即出会籍。其中途自欲出会者听。不返其所纳之会金。

以上入会章程。

第二十八条　初设会时每月一会，为常会。凡董事皆须到。

第二十九条　年终择日大会为大会。凡董事及在近地之会友皆须到。

第三十条　因有急要之事,而用传单邀集会员聚议,曰特会。

第三十一条　凡聚会之时,应由帮董将本期所议之事及各人议论之语详载之册。

第三十二条　应将聚会之后应办之事特行提出,应即照办。

第三十三条　每次散会之时,应将下次应议之事摘要示知大众。

第三十四条　凡非会中之人而欲与闻会中情形者,须由总理知照会中。

第三十五条　大会时须定次年应办之事及稽察本年用款,并讨论本年各省情形及将来情形,其详章别订之。

第三十六条　特会须于五日前知会各友。

第三十七条　凡月会、特会,除总董、帮董外,馀人必须会友到者五人以上方得举议。

以上会期。

第三十八条　开学堂、延西教习等事,费用浩繁。倘官绅俯同斯志,扶掖本会,俾得有成数,请随时助款以广斯举。或捐器物、书籍亦可。

第三十九条　各处助款,恳即交妥店或妥友、或本会代收捐款之人,寄交至本会,由总董签字,查收登报为凭。其代收捐款诸君,报内皆列名衔。此外并无一人在外募捐。

第四十条　凡助款之人,五十圆以上者,本会应奉送农报,百圆以上者送报外并送会中印出之书籍。

第四十一条　各处助款,自本年十一月始,均交总董收储。俟积有成数,即筹办开学堂、延教习等事。

第四十二条　会中用款，每年大议会后，由会员特派数人稽查造册登报。凡会友及助款诸君于帐目有未是处，可函问本馆，当即函答。

第四十三条　议董每月聚议时，管理银钱之董事应将存银折据呈验。

第四十四条　各处如欲设支会，若有三十人主持其事，则可函告总会，得与总会相连络、相翊助。

第四十五条　此为试办章程。以后事惭多则章程渐增，惟仍不失此章程宗旨。

第四十六条　此会章拟就，俟三月后方能作为定章。各省同志如有疑义，请即行赐教为祷。

以上附条。

〔按〕录自温州市图书馆藏《农学报》（光绪二十三年汇编本）卷十五《会事》栏下。光绪二十三年（1897）春，罗振玉、蒋斧等人在上海创设务农会，并发刊《农学报》。查《中国近代期刊篇目汇录》所载《农学报》第三册、第九册目录均有陈志三《拟务农会章程》，是否即此，尚难确定，现录以备考。

《近政备考》叙

（1897年7月7日）

中西互市，环球一家。嬴刘以来，时局大变。荐绅胜流，宵昼期治。虽邸钞、奏议每日一发，廷廊政务荦荦咸著，而交涉紧要之举，戎夏龃龉之端，则仍秘而勿宣，语而不详。于是通商口岸报馆肇立，凡百政事，兆姓周知。故蒙于体国经野之规，治军理财之道，尊内攘外之策，导民成俗之方，汇为一编，名曰《近政备考》。治术、学术庶有所稗。荀子云："欲观圣王之迹，则于其灿然者矣。"我于斯编亦云。

〔**按**〕录自《利济学堂报汇编》二之八《近政备考》。原刊《利济学堂报》第十二册（1897年7月7日出版）的《文录》。

《农学琐言》叙

（1897 年 7 月 22 日）

环球巨利，百谷为首。刍狗树艺，国将萎瘁。西土先觉，神明兹道：上设农部，则巨责乃有专司；中开农会，则风气自能大畅；下建农院，则新理于焉日出。

吁嗟我夏，稼穑维艰。耕敛不足，补助乏闻。荒歉一遇，饿莩载途。振作稍缓，斯艺恐梏。近日报章，率多议及。录辑其要，不无裨补。一则可以兴中华固有之利权，一则可以敌外洋勃起之商务，斯亦有志之士所乐观乎。

〔按〕录自《利济学堂报汇编》二之四《农学琐言》。原刊《利济学堂报》第十三册（1897 年 7 月 22 日出版）的《文录》。

《经世报》序

（1897 年 7 月）

今上纪元之二十一年，东事既平，中朝士大夫始洫然于世运升降、人材消长之故，公私论议率言变法。天子神武，纳政府议，允各直省设立学堂、报馆。于是吾友山阴胡锺生、新昌童亦韩创经世报馆于会垣，以书贻虬曰：“近报勃兴，率多抑中扬西，矫枉过正。夫披其根者伤其心，恐尼山俎豆，将自此祧矣，吾子独无意乎？愿得一言以申厥旨。”时虬方倡《利济学堂报》，寓教于医，以抒孤愤。受书屑涕，乃始睊睊然悲。嗟乎！何海东一隅积感者之多也！

夫立国之道，曰政曰教，然其原皆出于学：处则国学、乡学以明其体，出则宦学、仕学以达其用。学也者，固将以弥纶世变，上抒君父之忧，而下以康其乡里，亦曰经制而已矣。孔子丁衰周之际，王官失守，乃率三千、七十之徒，相与问礼问官，求百二十国之宝书。当时固亦兼采中外。盖礼失求野，学在四夷，原为圣人所不讳。至删定六经，垂教万世，则仍用我中法。汉、宋儒者，名修孔教，乃不能深求富教之策，立达之方，与期月、三年、百年、必世之节目；空谈心性，坐视国家之穷挫，曾莫之措。而草泽之雄以力相角者，遂得宰割天下，私神器为家鼎；一时佐治之臣又类皆出于屠狗、贩缯、刀笔、方术、无赖之辈；欲求一孔门四科之似者，渺不可得，故古治遂绝。盖孔教之亡已二千馀年矣。

天不忍圣学之就湮，数过时可，水精孕灵，昌明中学，在此时乎！今之言变法者，动欲步武泰西，一若中法举无可采。然试问俄、法、英、德、花旗、日本各雄国植民之政，其教养生聚有能出吾唐虞六府、《洪范》八政、《周官》三百六十属之外者乎？机器制造，术诚巧矣，然溯其源流，皆仅得吾周秦诸子之绪馀。是则亚洲之不振也，岂真中学之不逮泰西耶？抑亦吾学不修，久久而失其传耳。此如世家右族，子姓家人不谙生产，坐是中落，反时取资于农野崛起之家。苟得善为料量者，恢复旧业，未见其果不竞也。夫《春秋》严中外之防，孟氏慎夷夏之变，圣贤大公之量岂尚有丝毫畛域之见，果于闭化忘世哉？

间尝闻其义于《雒书》之说矣。惟天阴骘下民，相协厥居，亚洲地居东半球，为坤舆正面，独禀灵淑之气。故开辟以来，笃生神圣，敬五事，义三德，协用五纪，盖惟皇建极，始能会其有极，归其有极，敛时锡福，以为天下王。天时、地理，实息息与彝伦相关。呜呼！其旨微矣！近为字说者，谓南方蛮闽从虫，北方狄从犬，东方貊从豸，西方羌从羊，皆异种；惟西方僰、僬侥，及东夷，字皆从人，或居坤地，得顺理之意，或禀木气，成仁寿之俗，确得仓颉真传。子舆氏"不嗜杀人者能一之"一言，实格致家透宗话。天地以生物为心，故仁冠五常，乾统四德，东球木火，管局仁寿，礼让根于性俗，混一全球，终出黄种。泰西近日虽渐讲公普，然天骄鸷性，须历过土运，方可渐语大同。西界鬼宿，隶齿辜奴，邪魅吸人精髓，虽凭陵庙社，不能与正神赛血食之灵长；奴隶盗吾名器，虽滥厕衣冠，不能与荐绅争世泽之绵远；此固可比例而得者。今中国不求自修其古《大学》格致之学，反役役于形下之西氏，如取火于燧，昧火之原，辄谓火热于日，其去扣盘、扪籥之见亦廑矣。

虬不自揆，东事未起，首倡变法之议，挟书走京师，为时诟病。不幸多言而中，颇蒙当途荛采。今虽菟裘医国，不遑复谈天下事，然跛者不忘履，眇者不忘视，固犹将出其一得之愚，从诸君子后，与天下人士讨论修明，以存四千年神圣旧学，使国家异时收师儒经纶天下之效，且少慰圣天子宵旰殷殷侧席，不仅用塞吾齐年之悲。是役也，余尤乐观其成已。

光绪丁酉季夏。东瓯陈虬。

〔**按**〕原载《经世报》第一册。此据上海市图书馆徐家汇藏书楼珍藏《经世报汇编·本馆论说一》转录。《蛰庐存稿》刊载时，文末删去"光绪丁酉季夏。东瓯陈虬"等十字。"童亦韩"二本均作"童也韩"。因童学琦，字亦韩，故予订正。

箴　时

（1897年8月7日）

吕秦已降二千馀祀，蕴弊既崇，坎气四效。西治大来，资以刮涤，环古焕新，则有时政。五洲万国，商战兵争，大学工艺，周利者圣，孔武者帝，性法公法，强赢弱绌，则有时务。远镜天道，奥烛地宝，民政妇议，行人四方，厥兆阴执，唯否治乱，勿胶故常，则有时论。夫未有俊杰而不识时者矣，夫宁独今时为然。自古在昔，《易》象万变，莫大时义。素王丁周之季，道易天下，欲居九夷，志在《春秋》，传法三世，尤圣之以时者。广之及门，述诸后贤，则忠信勿疑乎蛮貊，素行无择于夷狄，富哉言乎，彼孰非时之为用也。

虽然，舍其旧而新是谋，欲奚啻棘。抑速之不达，矫之过正，则患又有不可遽数者矣。且夫《周官》古训，无不问学之妾圉，先子高谊，致多材艺之师资。然上溯东周，下迄西汉，百家罢黜，而后质之用。治让西日跻，迟之迟，时乎时，欧美学，周秦师，匪艰于知，难于为。傥必抑中而扬西，比于忘在莒而不辱会稽也。气既衰矣，志则随矣，行将隳矣，吾未见为白人之佞臣谀仆而即成黄种之诤子佳儿也。有能针西学更新之膏肓者乎？有能起西法近古之废疾者乎？有能发西人务实之墨守者乎？

今夫管子、墨子、子范子，春秋列国之识时俊杰也。管子所言，于今太西洵为兴工商之胎息，贵金铁之胞蒂。墨子之学有待以显。若子范子之以弱图强，以小覆大，则自《越语》而外，《越绝书》、《吴越春秋》、迁《史》之《越世家》、《货殖传》，约略可稽而已。然其所云"天时、人事，弗客以始，男女同功，民众无旷"者，今欧美富国之策、善战之谋，或未能先。至于战伤死亡，吊问恤养，彼士啧啧诩为善政，吾儒唯唯，允推公理，不犹愚黠勾践之故智耶？矧夫候阴阳、占金木、谨八谷——诸与时消息之术，彼西士格致历算、为经世之学者，安必其遂迈吾昔贤而尚之耶！

或难之曰："中土长城之役，自大不拔之基。迄于今日，锁国不得，乃犹不悟藩决，不忧栋挠，狎为虚骄。子言其守旧党之寒焰，炼物不足，自燔有馀矣！"释之曰："郑人有鬻美珠者，盛饰其椟。途遇宋人，买椟而还珠。周、郑之璞，同名异物，周人囊其鼠之未腊者，号于郑郊，则一闤成市也。夫中西交涉逾三稔，视日本之维新略前后耳，日先考求西之政学而后其商与兵，中则汲汲于枪炮战舰。甲午一蹶，乃驰骛于各学，力不能备，势不能专，复不能不兼顾水陆之军，而政治大纲顾未逮焉。时哉时哉，其诸昔之言时者不免珠椟，而今之言时者未暇询鼠、玉也夫！"

我不敢知曰："西商、西艺、军旅之学匪当务之急。"我亦不敢知曰："西商、西艺、军旅之学无伪乱之疑。"抑诚舍己而从人，借材于异地，盍亦反证诸子氏，本其精卓刻厉之旨、变诡宏括之能，坚定昭灼，以我驭时，毋俾时驱我。他山攻错，伐木丁嘤，新治之成，轨隆丰、镐。若夫葑菲之采，刍荛之询，则耳谋目论之从，依声附响，盈庭之咎，执者其谁？蒙是以闵嘒鸣蜩，惩讧蟊贼，而为时誉诸君子易昌阳而贡豨苓也。

〔**按**〕录自《利济学堂报汇编》—《利济文课》卷四。原本错误颇多，如“抑扬”误为“抑杨”、“墨子”误为“晏子”，均为订正。“有能发西人务实之墨守者乎”下多“吾与读子”四字，显因脱讹而无法解释，特行删去。“天时、人事，弗客以始，男女同功，民众无旷”等语，见《国语》卷二十一《越语》下，原文是：“范蠡进谏曰：……夫圣人随时以行，是为守时。天时不作，弗为人客；人事不起，弗为之始。”“同男女之功，除民之害，以避天殃。田野开辟，府仓实，民众殷。无旷其众，以为乱梯。”本文原刊于《利济学堂报》第十四册(1897 年 8 月 7 日出版)《文录》。

《艺事稗乘》叙

（1897 年 8 月 23 日）

峨峨中华，亚土雄国。近数十祀，日趋窭弱。薄海元元，嗷鸿腾叹。瓶罄柚空，阖邦符辙。欲苏支那，首兴艺事。故姬旦《官礼》，殿以《考工》。今欧洲诸国，制造神奇，圜球商务，牛耳让执。东邻三岛，近又勃兴。整饬百物，异常粹美。岁售别土，获资甚肥。独我黄人，时形瘠乏。保工之会不设，华民遂逐于外洋；比较之广不开，市器遂流于窳钝。海隅鲰生，深胚杞虑。故于诸报文中稍涉斯涂，辄殷采辑，萃西方翔富之术，作中夏药贫之粮，庶土壤涓流，于山海不无裨焉。

〔**按**〕录自《利济学堂报汇编》二之五《艺事稗乘》。原刊于《利济学堂报》第十五册（1897 年 8 月 23 日出版）《文录》。

论报馆足翊政教

（1897年8月）

国侮于英、法、俄、日，何恃而强？地冲于欧、美、非、澳，何恃而康？人喧于白、黑、棕、赤，学讧于耶、希、回、佛，何恃而明以昌？则恃有政教之行而已矣。夫扃海以往，掌故弗详。西政之贡，乃始招商，迄举邮局、开银行、轮舟、汽车、煤矿、铁仓。教则制造、格致，译言五方，水师、陆师，武备、自强，至于十科之师，并范一堂。顾或犹虑善变而不遑者，议院之弗建，报馆之鲜张。虽然，古治西逸，运新中环，均急之务，孰施所先？孰利病权？今不学而以议，譬夫揣钥忆烛，闻钟悟盆，已方冥冥，而昭昭责人之贤。其言险肤，祸极解体而不全。其为患也，奚止朝野上下之防决川哉！

然则报馆之立，何独能不病；宁唯不病，抑更以为利也。今夫均是言也，其在议院，出谋发虑，朝腾口说，夕见推行。苟用不臧，偾事可待，辩乱非沮，厥害尤大。若以施报馆，则先民刍荛，愚虑一得，涓助埃补，旁观静深，反覆舆论，靡休弗扬，靡过弗匡。《诗》不云乎："发言盈庭，谁敢执其咎。"吾于议院，难保无覆辙之虞也。语故有之："言之者无罪，闻之者足以戒。"吾于报馆，将重睹輶轩之盛也。

慨自偶语弃，士结舌；黔首愚，圣智绝；兹往世君，阳病兆人之蒙，而阴利一人之哲，莫肯唱公，莫能主通，骎骎乎我独而人同，岌岌乎不可以国于中矣。夫明目达聪，四门无凶，然且谏鼓以进忠，谤术以召攻；其次启忧悬磬，谕议设钟；降而行夫达事，太史观风。盖中古帝王之隆也。而今泰西君民陟之：田农纬妇，商务百工，日报月报，林立四封，新闻告白，车斥栋充。将有巨细之举，而未登舆诵，譬志在高飞，而恨毛羽之不丰。

今夫培风未厚，则飞鹏宁后于鸴鸠；嘘云弗成，则神龙不先于蝘蜓，为有待也。曩者五岳登四，向生许为遐踪；九州历七，龙门逊其迈迹。故虽《搜神》成编，不出“夷坚”之《志》；谈天著说，罔传外州之名。矧为政教、国是，愚不敢议，讳莫如深。以致危巇天衢，人人胥难蜀道；断烂朝报，古古莫赞《春秋》。乃今则殷忧启圣之朝，俊杰识时之务。九皋鸣鹤，信天高而听卑；万国飞车，方日征而月迈。见闻所及，文献足资，切切偲偲，念兹释兹。以辅政行，如振采而远到；以张教举，若遇顺而四之。露布不能过其捷，羽檄无以逾其驰，声筒藉之通其响，电线因之广其知。方日球之热力而皆至，视星轨之速率而有期，信地道之敏树而可拟，象风行之偃草而何疑。

顾或有难之者曰：“《易》占尚口，《书》诫险肤，《诗》有民讹之惩，《礼》严疑众之辟。报馆之创泰西，实事求是，其行吾华，徒托空言。不宁唯此，西报以质语，而华报多文辞，西俗不怨觝排，而华人恶陟讥刺。抑报则诚古者庶人从逆、百姓与能之旨，而以为翊政与教，则安见其足也。且(而)〔尔〕不闻诐辞邪说之害政乎？禁之而不啻其厉也。(而)〔尔〕不知横议异端之乱教乎？(距)〔拒〕之而不啻其严也。夫蜩之螗之，弗杜其鸣，蠹之虱之，弗止其啮，涓涓大河，滔滔颓波，今无宁率为好古者摩兜之键乎，与其过为知今者簧鼓之肆也！”

释之曰:“先师之志忠谏也,曰:‘墨墨者亡,谔谔者昌’。《小雅》之陈古道也,曰:‘伐木丁丁,鸟鸣嘤嘤。’夫报则有行之者矣。夫一家之亲,有与共兴;一国之君,有与共成。故政谋之密勿,而布于文诰则行;教修之夙夜,而敷于庠序则明。将熔古今之善,铸中外之精,由之鲜克之其道,而拟议乃以餍群情。抑又闻之:经世之文,佐治之言,政学也。当轴不通羔雁,而殁身以饱蠹蟫;明道之作,谈艺之录,教术也。功令不充香厨,而市儿以覆酱瓿,为无有力者之翊之也。自报馆之行,而二者胥皇路之归昌,国门之瑞应,千秋之宝鉴,九达之金轮矣。而不然者,广漠之野,云霄之程,将谁挟之而纵横,傅之而将迎,左之右之而飞其令名?然则以西报之不文而可以行远,苟吾报之与为驰骤,宜无善政善教之不周环球万国以升平。”

〔**按**〕原载《经世报》第一册。此据上海市图书馆徐家汇藏书楼珍藏《经世报汇编·本馆论说一》转录。

论尊孔教以一学术

（1897 年 8 月）

三古圣人，觉世牖民，不名师法，遂皇始立传教之台。盖夫教也者，举养为政，合师为君，宰性命，慑神志，皋牢天下，尊无二上。二百二十六万七千历年，文胜道坠。天眷素王，精和圣制，履中含弘，删述六经。修道立教，钥官司之世守，洞苍赤之灵明。当战国游说未起之时，首聚三千、七十之徒，周流方土，隐有木铎万世之思焉。盖自三古以来，皆以政帅教。政教之分实自吾孔子始。其为教也，上谓天谈，下谓民语，兼赅男女，究其表里。以故开化涤陋，则居九夷；用夏变夷，则进吴楚。大矣哉，圣人之志也！微矣哉，圣人之权也！

夫谓圣人之志大，而其权微者，何也？曰：志之大者，合千万亿兆之灵而不能具体。权之微者，从秒忽沙尘之轻而未足尽用以为通也。顾圣人之志、权在通，则奚为害异端，斥非吾徒，不谋不同道，恶似〔是〕而非之乡愿，拒之不啻严，绝之不嫌甚也？扬子云有言："在门墙则麾之，在夷狄则亲之。"故通其所不通，无此疆尔界，而视之如一；不通其不可遽通，虽周亲故人，而不为降尊也。

今夫并世聃、夔，不能惊其徒；同堂回、赐，不能前其趋；晚出杨朱、墨翟，不得以言争乎儒；而乃流为纵横宾于都，激为任侠游于途；甚而急刑名之诛，流而为阴阳之拘；绌聪明甘先黄、老以自居，而异人乘之援入于浮屠。盖贰象法者千年有馀，上王公而下讫夫妇之愚。

且夫微言既绝，大义亦荒。章句之师，则记诵之强也；传注之学，则名物之良也。清谈名理，则政治皆秕糠；讲求心性，则功烈无馨芳。然且雕纂文字，组织诗章，赋物写情，曼声悠扬。骈四俪六，雍容玉堂。八比八韵，傀儡擅场。然乃农罔闻耒耜之作，工莫稽规矩之方，通商疑祖于霸术，而一切格致新学皆瞠目深颦，甘让西士之独到，曾莫古传记之是详。职其咎则六艺胥亡，夫孰与圣门七十二通人絜其短长？

堂衣若之难端木子也，曰："鸿之力以其翼。"端木子之释之也，曰："匪鸿之力焉举其翼？"夫教者鸿也，学者翼也，其尊教，教之尊，则力也。而今泰西之教之学，日新月异而岁不同者，在彼虽亦间自为分合，而一以原于六日造作、至七乃息之天主。七日一礼拜，奉《新旧约》为圣书，其徒虽极之艰难困苦、刀兵疾病，而曾不改其初。其尊之也，由学而论，不难于尊难于一；由教而论，不难于一难于尊。

虽然，其尊之也有由，其牧吾民也实甚周：抚之如慈母之恤婴儿，故感之如奴隶之对故主。尊以教，教始尊，于是密为礼拜以束其心，广设公会以联其情，又且华丽其教堂，护之以禁架，乐之以西乐，使人神移魄夺而骛趋于不觉。盖游庙廷者，不期肃而自肃，介盛宾者，不期恭而自恭。呜呼！其尊之也若此，岂非吾孔教不张不行之所致哉？

其张吾孔教而行之也又奈何？亦尊而一之而已矣。五伦以为车，六艺以为舆，而后格致、絜矩乃不迷于所趋。夫岂其修齐治平、参赞位育，属形上之道？初业之所基者，竟至下流为机。故以言乎教:若犹太、若罗马、若希腊、若天方、若印度、若波斯、若耶稣各教,有得五伦之正、远出孔教者乎?以言乎学:为化、为电、为光、为声、为汽、为热、为重、为矿、为动植身体诸学,有出六艺之外、不根中学者乎?而且极学之新义、新理、新法、新机,有越格致、絜矩之道者乎?故吾教之在天地也,如四时之有春,万物默孕而莩新;如四德之有元,万象大含而梔玄。则吾圣人之教之当尊,犹待后世而论定乎?

然则春秋祭告非不尊,而或疑其旷时也;王公跪拜非不尊,而犹病其虚文也;学官讽业非不尊,而反诮其伪亵也。必与之序四科、四教之目,加之以三隅、一贯之功,然后举民庶之贱与妇稚之愚及将士之武,号以宣之,歌以扬之,颂以美之,时月朔望以礼祷之,论说诰诫以专崇之。使享安乐,无忘留贻;使生忧患,犹佩训辞;使学闳博,有资佑相;使业昌大,不出范围。夫天日之高,岱海之大,元首之长,金璧之贵,麟凤之祥,闻者无不知也,见者无不怡也,类之者莫与之齐也。而然后尊而无上,一而不歧,而后吾孔子之志与权,蟠天际地,震古铄今,举环球七十二种人类、一万七千种教门,与凡含生负气之伦,细而禽兽万物昆虫,皆有以制其本命而莫敢不尊亲。

〔**按**〕原载《经世报》第二册。此据《经世报汇编·本馆论说一》转录。

《格致卮言》叙

（1897 年 9 月 7 日）

茫茫两仪，胚胎阴阳。刚柔协中，亭毒万汇。《大学》一书，始言格致，即物穷理，绝诣乃臻。

中土五行，皋牢坤乾，炎汉魁儒，多通大义。欧洲斯业，虽获奥颐，然析剖原质，六十有四。分合离复，生生罔穷。探其机缄，大致讵越。中趋于道，西入于艺，形上形下，均有只长，洒源挹流，似落末象。

乃黄裔梼昧，神智日昏。白人灵颖，新法闳辟。图器凭其试验，天算假以推求，遂能泄秘钥于元黄，显妙谛于毫杪。制器尚象，近出愈精，东西报章，新理叠曝。汇为一编，足裨艺事，瓶管琐识，庶粗扩焉！

〔**按**〕录自《利济学堂报汇编》二之九《格致卮言》。原刊于《利济学堂报》第十六册（1897 年 9 月 7 日出版）的《文录》。

经世宜开讲堂说

（1897 年 9 月）

所尚无古今国外之殊，所志无儒、佛、耶、希之判，所急无王公卿士之差，所长无文武邑野之异，所习无天地人物之分，所利无家国君民之别，则所谓经世之学是也。夫《虞书》详九功，《周官》饬六属，《管子》重四民，自帝而王而霸，罔不汲汲于生人之欲，经之纶之。抑三代以上，士庶之贱，学为人君；即其叔世，乡校之游，以议执政；凡为治乱张弛、修废利病之端，上下之人靡或瞀焉瞶焉，噤且喑焉。自秦坏学术，汉尚黄老，支那之宗风一变。家鼎神器，遑恤乎颠连；嫠纬国维，或疑为觊覦。自大而闭化，虽历晋、唐、宋、明，未之能易也。乃至于今，坤球初运，海户大同，八星示行，五种通志。中逸之古谊，西环而来复。盖四万万众之吸力、爱力，微积分合，以有大通变之新政。呜呼！方言、格致、制造、矿机、军师、武备诸公局学堂而拓为师范，继以自强，识时务者可不谓谋之既臧乎哉？

虽然，学堂之收效犹迂，而公局之兴利或犹未博也。今夫小东狡逞，蔑黄胄为土蛮；泰西狂言，期赤县以瓜剖。势之危甚矣！情之耻至矣！于此而思以振而转为安，其道何在？夫京华首善之区，沪粤肩摩之会，苟循起点以定速率，光行声浪，热传电驰，亦匪过况。若夫腹地千里，重舌之不通；尾闾一方，向心之无力。然而迟待之则广土几视瓯脱，亟图之则异材不啻斗量。抑吾闻营邱报政之疾，礼从俗为；明治维新之隆，学由会广。援昔证今，不患地左，不病财绌，不忧习茶，不虞情涣，不惊人众，不虑师难，厥惟讲堂之开，足以普新学之化而敏其成也。

既创宏举，请言公地：行省所属，守令所莅，三里之城，一闤之市，四乡九逵，或因道观，或假僧寺，丛祠忠义之栖，古庙社公之位，方耶教之内讧，悯神道之将废，谋兴亚而保邦，藉讲学以绵血食。夫素王之徒、黄帝之裔、丹客缁流、三教百氏，林总师师，俎豆莘莘，皆有为奴之痛、沦胥之戚。若广开讲堂以讨论合众，俾咸知有用之学无尚经世，弗择乎商农，弗间乎工艺，弗贱乎佣保，弗卑乎妇稚，以陟文明，以兴智慧，以保黄种，以存华祀。

其为书则主乎中道，辅以西艺：《论》、《孟》、《官》、《礼》、《左氏》、《国策》、《五经》群史之文与事，道德之渊源也。必中儒而达西旨者，求为歌诀，贵约而通。格致机矿、化电声光、热汽重算之籍与图，艺学之薮泽也。必西士而协中情者，使之译言务明而简。不宁止是，全球方舆之形，大地兵战之学，五种消长之机，万国政教之纪，六洲农商之务，修我中百子之高谊，参彼西诸家之新法。逸者还之，遗者补之，缺者增之，讹者正之。分而存之，合而诣之，融而洽之，贯而穿之。为之长编，演之浅说，征之实用，证之方言。有类以区，有章以画，有篇以汇，有数以稽。每篇每章几类、几条、几字。毋俾囿于中者蔑西，毋俾泥于道者黜艺，毋俾淫于艺者畔道，毋俾溺于西者贼中。多材元公，守道亚圣，其庶几焉！

夫壶箭刻漏，奸以钟表，而日十二辰堙其名；朔望行香，猾于礼拜，而月三十日紊其纪。今时俗言子时十二点钟、亥时十点钟，几遍两京二十行省，而口岸租界，无士民妇孺皆习于礼拜一、礼拜二。大心君子，沈观慭焉！虽然，志之不立，习之不涤，人之不群，学之不绩，道之不明，教之不昌，政之不举，中之不强。而末器是争，靡裨于存亡！而七日之期弗程，奚关于得丧？夫来复生阳之数，散齐合漠之诚，为期不詹，勿逐有得，盖自然之情，辙于天行。考中綦富，修而行之，勿疑西步，故讲堂之开，值房虚星昴之辰，有讨论讲求之举，与时消息，亦其通也。

难之者曰："知之艰于行，传或匪所习。虚言名理，谁与核实？欲求讲师，厥维艰哉！"呜呼！岂知言哉？诸黄之墨墨，二千年矣。今自甲乙科之贵，学官弟子之英，有志经世之业者，循举、贡、衿、廪之旧，分府、县、村、镇之等，推为讲员、讲生。上风十科之学，中厉西师之求，下悼黔首之愚，根道核艺，博访深思，至于讲期，衣冠诣堂，条举新学，以其餍饫，广为饷遗。十室忠信，百里圣贤，三年立效，一旅可兴。踵而作者，何患不切磋钻研。镜天道而吸地宝，化分贫瘠，合为富民，微积夭殇，登诸寿域。至于尽动植之性，参位育之功，举国皆学，亦古亦新，将以之造草昧而有馀，又何经纶升平之世之不足哉？

〔按〕原载《经世报》第四册。此据《经世报汇编·本馆论说一》转录。

迁都——救时十二策之一

（1897 年 9 月）

定天下之大计者，在审古今中外形势之缓急以固国本而已。大难初平，群雄殄灭，天下一家，非择上游形胜之地不足以资控制。世祖入关之始，朝鲜、满、蒙悉吾臣仆。牧马南下，定鼎燕京，以一面而制海内，长驾远驭，可谓得制中之长策矣。道咸以来，各口通商。四夷交逼，据我肘腋。俄起北徼，日兴东岛，拊背扼吭，势尤猖獗。而吾财匮师单，险要尽失。苟犹局守故都，迁延不决，昧垂堂之训，为孤注之举，仓卒有事，一借不胜，根本动摇，虽得邻邦保护，恐上下离心，天下瓦解，草泽并起，中原非复吾圣清有矣。然则今日国本之计，非先事迁都腹地，众建亲贤，另详《分镇议》。重造皇图以为制中驭外之举不可。

往者东事方棘，朝野交讧，主款主战，剑佩相向。当是时，薄海同仇，鼓其敌忾之气，不难立平三岛。而枢臣卒就马关之约者，岂甘惜死媚敌以解天下之体哉？诚以七鬯告惊，智勇猝无所施，恐一击不中，再蹈庚申前轸，重贻君父忧，其患有甚于割地赔费者，故隐忍而出此。乃喘息甫定，顿忘在莒，又奚说焉？呜呼！厝火于积薪之下，久无不熸，亦急求曲突徙薪之策而已。请迁都河南，割陕西之东南、安徽之西北两境地益之，而建都城于湖北之郧阳。包嵩、华而襟江、汉，形势便利，三面界水，北以河、渭为界，南以汉、淮为界，东以浍、淮为界,西以华山为界。改名汉京,义详后。升为新京,东至安徽怀远,西至陕西华州,南至湖北光化,北尽河南开封、孟津,东北尽河南归德,东南至安徽颍上,西北至河南阌乡,西南至湖北郧西。纵横约得六千方里,此诚中兴不世之基也。

或曰:"中州为王者旧都,今舍成周、汉、宋之古址,而必下移郧阳也,何居?"曰:"洛、汴滨临大河,一苇可航,揆以近势,未为安土。郧阳居豫、陕之间,北通宛、洛,西走商、华,左据方城之固,右扼武关之要,中岳后峙,丹水前交,南阳馀气、三户遗风犹有存者。多事之秋,南北分峙,江汉实当其枢纽,郧阳其倚点也。南北力重之距以是为差,得人而兴,则运之掌上不难矣。而且汉象应天,不夷四渎,名兆国谶,国朝定鼎,官阶、军阶皆分满、汉,一似翼满兴清当在汉土。如卯金之朝虽分东西二京,仍属一姓,此实国谶之先兆矣。'董逃曹语',载在《左史》,非尽属无稽也。萧何'天汉'之语尤其明证。义见古文,汉,古文从水从或从大,大者人也。或者,今国字也,仓颉造字之始,若逆知水运之兴,后世必有大人立国于此水之上者。仓、史制字,或当与羲皇画卦同贯。天时人事,有非偶然者。盖不识形胜不足以占地利,不讲运命不足以绵国祚。五代以后,盗名字者不知凡几,或地理未叶,或元运来至,举无所成。五代时刘智远都汴,称后汉;刘隐据广州,称南汉;刘崇据晋阳,称北汉;元季陈友谅据江州,号汉,后改迁武昌,几得地利矣。而大小元运皆值本泄气太甚,故不久旋灭。数过时,可应运布化,汉秉水德,须值水运方兴。尝以古三元法推得秦始皇时正交水运,故高祖号汉,传世四百,今同治甲子已交上元水运,大小一气,果能应运建都,国祚当视东汉倍远也。此特造物所留以待吾圣清中兴之基矣。"

或又曰:"周以东迁而弱,宋以南渡不竞。历观往史,中叶迁都,未有能再振者。"而实不然。俄之盛也,贝德特建新都;日本之兴也,睦仁改都武藏;曩者英吉利亦有迁都印度之议。世为形胜说者皆言西北可以并东南，东南不可以并西北。乃光武兴自舂陵，洪武起于淮右，皆能削平大难，混一天下，则又何也？少康以一旅兴夏，庄宗以三矢复仇，管仲修政则齐以霸，叔敖改纪则楚以强，地非加辟也，人非加多也，而亦能得志于天下。况循周、汉之故都，据荆、楚之上流，以守则固，以战则顺，谓不足以宰制于宇内者，吾未敢信也。

呜呼！事变之来近在眉睫，而上下泄泄，不复知有本计。知者亦或怵于利害，默无一语，引身事外，转令山泽之癯，独抱杞人漆室之忧。试思万一杀机陡发，天地翻覆，将称臣称侄，纳币行酒，如两晋、赵宋故事已乎？抑任其屋吾社，犁吾庭，瓜吾国，灭吾种，甘为突厥、波兰之续也？吾意国家养士三百年，忠义激发，异时必有衔精卫之石，挥鲁阳之戈，出九死不顾一生之计重恢天宇者。然先事易为力，后事难为功，盍亦计之早乎？贾者山行遇虎，不急弃其辎重，为疾走避御计，乃欲俟傔从持寸莛以搏虎，必无幸矣！

诚得吾说而深思之，朝野之间急急以迁都为要计，交章吁请，得当乃已，如猎者之争原野，农夫之觅美壤，不得不止。及今之时，从容布置，修明政治，五年之后，徐图进取，非惟二十三行省之众之所托命，抑祖宗列圣之灵亦将重有赖也。若夫泥古不化，因循自误，不知古今异势、中外殊状，忽亶父去邠之上计，守孟氏策滕之下策，效死勿去，以冀天幸，此则老成持重之论，别有深谋，非虮愚之所敢与闻矣。呜呼！吾惧其以不迁为迁也。吾惧其或迁如不迁也。衮衮诸公，率土皆臣，诚念宗祖神器之重，不忍一日或忘吾君，救时大计在彼在此？必当有辨之者。苟得吾说，或可少收补天返日之功乎，是不得不望于秉国之钧者。

〔**按**〕原载《经世报》第五册。此据《经世报汇编·本馆论说一》转录。

分镇——救时十二策之二

（1897年9月—10月）

一

有公天下之量者，始可以保一姓之私；有分天下之权者，始可以求百年之合。柳子厚曰："封建非圣人意也，势也。"然则郡县果圣人意乎？亦势也。封建之不能不变为郡县，郡县恐终不能不仍转为封建，上下四千年间，时局皆二千年而一变，虽曰天运，岂非以势哉？

或难之曰："汉以七国发难，唐以三镇殿祸，且国家定鼎之初亦尝首事削藩矣，乾隆中叶又建改土归流之策，海内赖以少康，封建之不可遽复，固无俟智者而始知矣。况古今异时，中外异势，日本归藩而始兴，普国合众而后强，若仍晁氏弱枝之计，昧完颜折筋之训，吾恐弱者益弱，中国之患将不在外而在内矣！"呜呼！此非识时务者之言也。夫蝮蛇螫指，勇夫断臂；江湖遇暴，智士解囊。囊、臂非不足惜，所全有重于囊、臂者。囊、臂不足虑矣，则所谓救时之策已。

今诸夷之环伺吾旁也，恐喝恫疑，百计要挟，左右悉索，莫敢不从。始而通商传教，继而租界让地，甚至近又修其瓜分之说。其敢于玩吾、胁吾、剥吾、欲奴吾、野蛮吾，而吾曾莫敢支唔者，彼盖习见夫中国君主之权，乾纲独揽，政令皆自上出，下尺一之符，疆臣喘喘奉命不敢后。其间虽有公忠体国，远谋深算，动主忧臣辱之感，誓死力争者，终以怵于近势，迫于全局，椎心结气，噤无所施，故朝廷不能获其丝毫之力。譬之脑筋掣动，百体痿废，一任其敲筋剥髓，有立视其槁已耳。

然则计又安出？是非迁都腹地，众建亲贤，分设重镇，永藩王室不可。请承水运之灵，修复汉唐旧号，分各直省为十八郡。今既宅中议设洛阳为新京矣，京之东得郡二：曰淮南，割安徽北境、河南南境、湖北西南境地隶之。曰江宁。割江苏南境、浙江北境、安徽东南境地隶之。京之西得郡一：曰涪陵。割四川及甘肃南境、贵州、云南北境地隶之。京之南得郡四：曰沔阳，割湖北北境、四川东境、陕西南境地隶之。曰九江，割江西西境、湖北东南境、湖南东北境地隶之。曰澧阳，割湖南南境及四川、贵州东境地隶之。曰南海。割广东、广西东境及福建西南境、江西南境、湖南东南境地隶之。京之北得郡二：曰西河，割山西省地及直隶西境、河南北境地隶之。曰泾阳。割陕西北境、甘肃东境地隶之。凡为郡九，此备之于四隅者也。京之东北得郡三：曰渔阳，直隶名地，又割山东西境、河南北境地隶之。曰渤海，割山东、直隶东境、江苏北境地隶之。曰临淮。割安徽、江苏北境、江南东北境、山东南境地隶之。京之东南得郡二：曰临海，割浙江南境、福建北境、江西、安徽东境地隶之。曰清源。割福建南境、江西东境、广东东南境地隶之。京之西北得郡二：曰天水，割陕西西境、甘肃东境地隶之。曰酒泉。今甘肃西境地。京之西南得郡二：曰浔江，割广西，贵州西境地，云南南境地隶之。曰合浦。今云南地。得郡亦九，此备之于四维者也。星罗棋布，拱卫神京，郡隆以王爵，听其择贤举亲，表请承袭，各留质子，食采畿内，而岁上其贡税备正供。此虽小康之治，不足以语大同；然当板荡危急之际，必先求百年之计，而后可以巩一统之基。

曩者己马之争，近者马仑之约，俄、英各割地千馀里以去。而且越南早隶法国，全台沦入日本，近德人又欲进窥金、厦。吾既显露其弃地之心，不能绝彼族之觊觎，公法有国家行事，偶露弃地之心，欲得地之人即以其事为凭之说。而独刓惜于宗亲，可不谓大惑欤！昔宋臣苏辙有言曰："得天下而谨守之，不忍以分人者，此匹夫之所谓智也。"而不知其无成者，未始不自不分始，况其为多人攘臂之时哉？呜呼！周之东也，虽以封建而弱，然战国驿骚，攻取无虚日，灭亡相继，而誃王守府，犹得绵文武之祚于八百年之久。矧以吾朝之祖德宗功，远迈前代，而谓迁都之后，恐遂不复见周宣、光武中兴之盛，其然？岂其然乎？夫三王家天下，私其功也；五帝官天下，则亦私其德已。吾合而人将分之，毋宁吾分而人顾欲合之也。知公私、分合之故者，可无疑乎吾说之过矣。

二

然则其建置又奈何？曰迁都中州，分天下为十八郡，郡隆以王爵。要郡凡八，悉以封宗亲而别简勋贤；锡以十郡之地，内外拱蔽，永藩王室。郡择形胜所在以建都城，而于四中险要之处又各设重镇便策应，无事则坐镇都城，有事则出临镇地。修宋、元旧制于水陆要所，多设军路，添置都督府，相时布置，假以岁时，以守以战。假封建之名，收郡县之实，则所谓分镇之计矣。

请先言八郡：京之东曰淮南，东临巢湖，西抵汉水，南襟大江，北据长淮，东至安徽庐州，南至湖北蕲州，西至安陆，北至河南固始，东北至安徽寿州,东南至望江,西北至湖北枣阳,西南至天门。都安庆而设重镇于麻城。都督府九:曰寿州,曰庐州,曰无为,曰六安,曰安庆,曰蕲州,曰黄州,曰安陆,曰枣阳。京之西曰涪陵,北界岷江,西极青海,南抵乌江,东至四川涪州,南至贵州遵义,西至藏,北至甘肃文州,东北至四川昭化,东南至贵州思南,西北至布垒楚河,西南至云南思安、会理。都成都,而设重镇于叙州,古犍为郡地也。都督府十一:曰剑州,曰涪州,曰重庆,曰思南,曰遵义,曰筠连,曰会理,曰宁远,曰雅州,曰泸州,曰松潘。京之南曰沔阳,东界汉阳,南襟长江,西抵白水,北负汉水,东至湖北汉阳,南至归州,西至四川阆中,北至陕西西乡,东北至湖北襄阳,东南至监利,西北至四川广元,西南至四川江北。都襄阳,而设重镇于夔州。都督府十二:曰宁羌,曰广元,曰西乡,曰白河,曰均州,曰江陵,曰汉阳,曰宜昌,曰归州,曰巫山,曰仪陇,曰阆中。京之北曰西河,东滨滹沱,南襟济源,西绝大河,北跨长城,东至直隶宁晋,西至山西大宁,南至河南济源,北至归化城,东北至山西天镇,东南至河南修武,西北至山西保德,西南至山西永济。都太原,而设重镇于平阳。都督府十五:曰代州,曰宁武,曰定襄,曰寿阳,曰井陉,曰潞州,曰汾州,曰蒲州,曰偏关,曰保德,曰河津,曰绥远,曰和林,曰杀虎口,曰大同。其次曰泾(州)〔阳〕,东薄大河,南绝渭水,西倚泾河,北抵长城,东至陕西韩城,西至甘肃镇原,南至扶风,北至靖远,东北至府谷,东南至朝邑,西北至甘肃灵州,西南至甘肃清水。都凤翔,而设重镇于延安。都督府十三:曰神木,曰榆林,曰绥德,曰郃阳,曰蒲城,曰耀州,曰邠州,曰宝鸡,曰陇州,曰镇原,曰灵州,曰定边,曰怀远。东北则有临淮,东滨大海,南距巢河,西环浍水,北负大河,东至江苏东台,南至安徽巢县,西至安徽宿州,北至山东临清,东北至江苏阜宁,东南至江苏通州,西北至河南内黄,西南至河南封邱。都扬州,而设重镇于徐州。都督府十二:曰临清,曰郓城,曰曹州,曰长垣,曰宿迁,曰海门,曰高邮,曰江浦,曰天长,曰滁州,曰凤阳,曰宿州。西北则有天水,东界蓝田,南襟汉水,西倚洮河,北跨长城。东至陕西孝义,南至陕西南郑,西至甘肃狄道,北至甘肃平罗,东北至陕西西安,东南至陕西紫阳,西北至甘肃靖边,西南至甘肃岷州。都汉中,而设重镇于秦州。都督府十二:曰宁夏,曰固原,曰平凉,曰西安,曰汉阴,曰褒城,曰汉中,曰南郑,曰阶州,曰岷州,曰兰州,曰狄道。至如东北之渔阳,则又留都之地也,典制视他郡特殊,宜简宗室以守宗祧。其地则东薄运河,南绝漳河,西滨滹沱,北抵长城。东至山东景州,西至直隶灵寿,南至河南临漳,北至直隶独石口,东北至山海关,东南至大名,西北至张家口,西南至邯郸。仍旧都而设重镇于正定。都督府十五:曰宣化,曰永平,曰蓟州,曰临榆,曰保定,曰通州,曰宁河,曰景州,曰清河,曰大名,曰临漳,曰邯郸,曰易州,曰蔚州,曰西宁。八郡之地,如唐之四辅六雄,取护近畿。

而在京畿四隅者,复得郡四:曰江宁,曰九江,曰澧阳,曰南海,则如宋之三关四镇矣。江宁东距大海,南绝浙水,西北抵长江。东至江苏南汇,南至浙江严州、安徽绩溪,西至安徽芜湖,北至江苏常州,东北至崇明,东南至浙江海宁,西北至江苏句容,西南至安徽池州。都江宁,而设重镇于溧阳。都督府十六:曰丹阳,曰常熟,曰江阴,曰崇明,曰镇洋,曰嘉定,曰南汇,曰上海,曰海宁,曰钱塘,曰徽州,曰铜陵,曰芜湖,曰镇江,曰太湖,曰宁国。九江东界赣江,南抵章江,西绝湘水,北负长江。东至江西庐陵,南至湖南旌阳,西至湖南长沙,北至湖北武昌,东北至江西九江,东南至江西上犹,西北至湖南临湘,西南至湖南兴宁。都武昌,而设重镇于袁州。都督府八:曰九江,曰临江,曰庐陵,曰旌阳,曰长沙,曰巴陵,曰鄜州,曰茶陵。澧阳东界湘江,南至清水江,西抵乌江,北负大江。东至湖南湘潭,南至湖南新宁、贵州古州,西至四川彭水，北至湖北巴东，东北至湖北宜都，东南至湖南祁阳，西北至四川石砫，西南至贵州贵定。都公安，而设重镇于辰州。都督府十二：曰施南，曰华容，曰衡州，曰祁阳，曰古州，曰独山，曰贵定，曰酉阳，曰彭水，曰沅州，曰溆浦，曰黎平。南海东界汀江，南抵大海，西绝湘水，北负章、贡。东至广东潮州，南极海，西至广西梧州，北至湖南永州，东北至湖南耒阳，东南至广东潮阳，西北至广西兴安，西南至广西三水。都广州，而设重镇于连州。都督府十一：曰韶州，曰南雄，曰潮州，曰惠州，曰南海，曰肇庆，曰梧州，曰兴安，曰道州，曰永安，曰郴州。

其四维六郡则皆紧望也。在东北者曰渤海，在东南者曰临海，曰清源，在西北者曰酒泉，在西南者曰浔州、曰合浦。渤海东滨大海，西南抵运河，北负大清河。东至山东荣城，南至江苏邳州，西至山东临清，北至天津，东北至山东利津、邳，东南至江苏安东，西北至山东德州，西南至山东济宁。都济南，而设重镇于青州。都督府十一：曰天津，曰莱州，曰登州，曰胶州，曰海州，曰沂州，曰济宁，曰东平，曰武城，曰德州，曰南皮。临海东滨大海，南抵连江，西倚长江，北负浙水。东至海，南至福建霞浦，西至鄱阳湖，北至江西湖口，东北至浙江绍兴，东南至福建福宁，西北至安徽东流，西南至福建福宁、连江。都温州，而设重镇于衢州。都督府十四：曰定海，曰石浦，曰宁波，曰海门，曰玉环，曰瑞安，曰福宁，曰福州，曰延平，曰建宁，曰南昌，曰饶州，曰湖口，曰祁门。清源东滨闽江，南极海，西倚赣江，北负鄱阳。东至海，南至广东饶平，西至江西吉水，北至江西抚州，东北至福建长乐，东南至南澳，西北至江西丰城，西南至江西大庾。都泉州，而设重镇于宁都。都督府十一：曰抚州，曰南丰，曰闽清，曰厦门，曰南澳，曰饶平，曰长宁，曰大庾，曰赣州，曰吉水，曰丰城。酒泉东傍洮河，北倚长城，西邻俄境，南极后藏。东至甘肃庄浪，南至洮河，西至甘州，北至新疆省地，东北至镇番，东南至洮州，西北、西南至新疆全境地。都甘州，而设重镇于迪化。都督府十五:曰凉州,曰庄浪,曰洮州,曰贵德,曰肃州,曰嘉峪关,曰安西,曰吐鲁番,曰乌鲁木齐,曰镇西,曰伊犁,曰塔尔巴哈台,曰温宿,曰莎车,曰和阗。浔(江)〔州〕东滨湘江,南际大海,西界盘江,北抵江水。东至广西昭平,南至广东琼州,西至云南平彝,北至广西义宁,东北至广西桂林,东南至广东香山,西北至贵州威宁,西南至广西镇安。都桂林,而设重镇于浔州。都督府十六:曰昭平,曰香山,曰阳江,曰雷州,曰琼州,曰廉州,曰钦州,曰龙州,曰镇安,曰弥勒,曰平夷,曰义宁,曰开州,曰贵阳,曰普安,曰融州。合浦东倚盘江,南极元江,西抵龙江,北负金沙江。东至云南南宁,南至思茅,西至腾越,北至大姚,东北至东川,东南至文山,西北至维西,西南至龙江。都云南,而设重镇于大理。都督府十四:曰沾益,曰曲靖,曰广南,曰文山,曰元江,曰思茅,曰腾越,曰顺宁,曰永昌,曰维西,曰鹤庆,曰大姚,曰楚雄,曰东川。此皆历来王霸战争之地,得之则足以制人。本根既固,然后修约从之策,为犄角之谋,慎守封圻,互为声援。藉祖宗之灵,生聚教诲,十年之后,安中攘外,坐致霸显,不难也。昔张子房之说汉高曰:"今能取睢阳之北至谷城皆以王彭越,从陈以东傅海与韩信,使各自为战,则楚易破也。"汉高从之,遂收垓下之功,此其明效已。

若夫都城建置之宜,则当上应天象,下按地势,中协人事,非草茅仓猝所宜言。至满、蒙、卫藏,在中朝则如木之有本,衣之有裔,尤为今曰边防之首计,其措施之略则略具鄙议《筹边论》中,在《治平通议》卷四。兹不复赘。

三

或曰:"分镇之策诚善矣。然吾闻王者之立国也必于大山之下。盖广川大谷，风俗之所以分，故《周礼·职方》首山镇而次川浸。今割裂旧壤，跨州连省，以山为蒂，以水为跗，亦有说乎？”曰：“封建之世，佚民使民，因其俗而不扰，故当阻山为固。据乱之世，人多幸心，唯处以四战之地，则人自为守，众志方可成城，所谓置之危地而后能存。不特此也。地理以山为祖，山南为阳，毗于阳者多柔缓；山北为阴，毗于阴者多沉鸷。顺其偏至之性，则皆足为政教之累。若于四中之地设立重镇，聚南北农野朴秀之众，联为一气，教练偶合，隐相削补，此真自强之基矣。今日讲自强者，徒求之人事，必欲保种兴亚，非致功于天时、地理不可。余别有说。况水为天一之气所生，其在天壤也，如人身之有脉络、井荥、俞合，各有其起止之处。界水所在，生气环焉。故当用水而不用山。”

或又曰：“国朝仍明之旧，设立布政使司，行省所辖，不无深意。必举而一切更张之，岂旧制真不及吾子所见欤？”曰：“此非可以一概论也。行省之建，视时局为转移。昔之所患者在内寇，故跨江立郡，越汉置省，以辖境之力，保一水而有馀。今所患者在外夷，江、淮、河、汉之间，万一驿骚，而吾分防则力弱，且声势遥隔，策应不灵，一有疏虞，而内地恣其蹂躏矣。若滨水立郡，合两郡以障一水，吾则以逸待劳，敌则左右奔命，胜负之机不待智者而始决矣。”

或又曰：“近者外夷有瓜分之议，中土虑草窃之辈。傥执吾子之策，披图从事，又将奈何？”曰：“此不足虑也。由吾之说，以之安内攘外，则为救时之上策。若以之狐鸣狼跳，则形格势禁，立见扑灭。何〔以〕言之？夫伏莽之起，皆在于省会穹远之处，兵威所不及。今水陆设防，腹地又建重镇，设有跳梁，篝灯未灭，而戎首已膏吾斧矣。”“然则外夷亦不足患乎？”曰：“夷之乘吾也，利于水而不利于陆。吾纵水战失利，敌若舍舟而陆，则前后皆为吾所制，如鱼入詈,可使只轮不返,不难也。”“其群起而立欲瓜分吾也又奈何?”曰:“欧洲虽盛强,然皆慎于兵事,不敢身为祸首。其敢倡说以瓜吾者,以吾之不能自强。且制皆中出,故彼得施其挟制之术耳。吾若改制自强,郡得便宜行事,豪杰并起,鹿逐鲸吞,谓泰西可唾手而得吾尺地,未敢信也。夫国朝定鼎之初,天戈横指,所向披靡。而剃发之令一下,挥戈负嵎之徒所在蜂起,历再世而后定。不可见中国忠义之激发迥非波兰、突厥比乎!况法之得越南也,得不偿失,政府以为诟厉。日之得台湾也,频年战争,迄未敉平。西人久于中国,熟悉情形,岂敢轻于一发,以自绝其通商挹注之原哉?”

或又曰:“秦并天下为三十六郡,汉武纳主父偃之说,分藩支庶,侯者百数,皆所以弱天下也。今各郡之地,纵横各数千里,财力雄厚,以之自卫则固矣,其如尾大不掉何?”曰:“新京之建,虽曰宅中自固,盖亦有控制之术焉:扼虎牢、荥阳、陕川、潼关之险,则可以进规河朔;严亳州、颍上、归德、怀远之守,则可以东制两淮;用兵于唐、邓、兴安,则扼江汉之咽喉;取道于临潼、商阳,则取秦、蜀如掌握。此岂仅如汴梁、洛阳自陷于衢地者之比哉?况秦、隋混一天下,乃再世而亡;晋、宋偏安江左,南北分制者,且垂数百年,仁暴、攻守之道异也。”

或曰:“原水立郡,谨闻命矣。而名皆丽水,于实事求是之旨奚当焉?”曰:“经制之学,理当参之以数。知数而不知理,则为术士、谶纬之流;知理而不知数,亦筐箧刀笔才也。夫盛德所在,详于《吕览》,汉运忌水,改洛从佳。盖秦汉大儒未有不知五德之说者,繄岂无故哉?”

或又曰:“《禹贡》导水,仅列经流,《职方》川镇,不详至到。今乃以凿空之谈,过事征实,得毋近于刻楮徒劳乎?”曰:“不然。譬如君亲有疾,苟得海上仙方,当为之称药量水,实示以分剂之多寡。若详述病原,浑言方法,词理非不超妙,于疗疾之举何济焉?此尝言欲事经制之学当先去二障:名障不去,则成败毁誉之见太重,必不足以肩巨任;文障不去,则义例藻饰之功过深,必不足以明至计。吾说而无补于世则已,吾说而苟有所施也,恤纬之忧,献暴之忱,傥亦有心时事者所哀其志而共鉴其愚者欤?"

〔**按**〕原分别载于《经世报》第六册(1897 年 9 月)、第八册(1897 年 10 月)、第九册(1897 年 10 月)。此据《经世报汇编·本馆论说一》转录。

论西国既设弭兵太平二会宜急先削去公法中之默许法而专力行性法

（1897年9月）

万国一统之局，全球大同之运，点于中土亚圣“不嗜杀人”之一言，体于西学公盖弭兵、太平之二会，而线于荷兰虎哥性法、公法之创论。天宇磁吸，地心合离，理二千馀年于兹，其秘不可与语者。蜉蝣旦暮，斥鷃藩篱，故无足怪。即或蓄百年之志，胞五种之民，而不例化分，不原微积，不悟声光之速率，不谙脑囟之通灵，虽彼救世教之捐生，造物主之好善，假拿破仑之力以行华盛顿之心，其及二会之扩、之成、之定、之固，抑不啻俟河清而期月热矣！

陈虬曰：昔虎哥之初为《平战条规》，略言：“人生在世，事之当为不当为，乃由良知，一若有法铭于心。与性背者，则为造化之主宰所禁；合者则其所令。人知其为主宰，或禁或令，自可知其犯法与否。”又言：“此性法或铭于人心，或显于圣书，邦国天然同居，虽无统领之君，可将此法释其争端。”又言：“各国制法，以利国为尚；诸国同议，以公好为趋。此乃万国之公法，与人心之性法有所别也。”呜呼！虎哥其诸西人之圣者，知经达权，语要无弊，善制作而利后嗣者欤！乃自莱本尼子与根不兰言公法之出于利，必归实际，于是后之为是学者，有默许法以贰性法。又或分为三种法：曰诸国未许而甘服，曰明许而遵守，曰默许而惯行。于是后之为是学者，讨论三四，辩饰万千，名不出虎哥之初论性法，实皆入莱氏之各自尚利，而公法之学不亡自亡，彼耶之教不替自替矣！且夫默许云者，慑于力也，噤于势也，等之许；而明者善不分乎强弱，默者不幸形为主臣，然且许不许由性，性亦何歧为明、默者？即所为诸国未许而甘服者，亦叵知其性之诚许诚服且甘与否矣！虎歌初立之性法其有是耶？

抑又有说者：公法有之，欧罗巴同奉耶教之国，推之异教各邦靡不相从。而如土耳其赖均势之法得不分裂。夫今日之土之危视畴昔何如？谓有均势法，势似不可以敌法！而今泰西交邻之事，其法胜势耶？抑势尚法耶？稽之昔者，英之于美，其以势耶？否耶？夫美之下英，则公法行。英无如美何，则默许之法必从矣。不宁唯是，弭兵也，太平也，凡以为利也。而不然者，兹二会之设——昔我中日、近时土希，不无幸耶！虽然，自有公法，而全球之争利者不无戒心。必去默许法以专力行性法，而万国之言法者乃纯公理。然则弭兵也，太平也，其诸竟彼虎哥未竟之志而昌吾亚圣必昌之学也哉！

〔**按**〕原载《经世报》第七册。此据《经世报汇编·本馆论说一》转录。文中虎哥或作虎歌，为划一计，统作虎哥。

言　权

（1897年11月）

一

呜呼！天祸中而福西，地瘠中而肥西，人悲中而悦西，孰主之？孰持之？孰张之？孰弛之？孰始之？孰终之？我师曰："我托诸空言，不若见诸行事之深切著明也。"我其如彼何哉！我其如彼何哉！虽然，我儒不事事，犹当以言救天下。顾吾见今之言者，而惧其忧患之深、怨毒之厚，将身之不救，而遑言救人哉？

或曰："言者，不平之鸣也。"陈虬曰："平其不平，斯可以言矣。"夫结绳代邈，载籍坌兴。嬴刘以降，变本加厉，一字之讹，笺释积成帙箧；一义之舛，攻击至于万千。绵历千祀，今古一揆，文人相轻，有识同慨。抑彼族之盛行，乃乘我之中虚。文明自昔，卑实崇名，主气无权，客嚣其座。盖自环球互市之后，而天下之言始变矣。夫变之诚是也，然乃胡越聚于同室，丹素成于中臆，持矛攻盾，丰蔀甚深。奋其笔舌，则五族一脉，山海何所不容；揽其胸怀，则同人异心，域畛坚不能破。矧乃嘘彼烈焰，尘视古书，附耶氏之佞臣，作素王之贼子，越泉善狂，举国皆醉，悲夫！溺旧者鲜通，趋新者忘祖，言如不言，又奚咎焉！

我闻之:“太上有立德,其次有立功,其次有立言。”夫功德之衰,嬗而为言,斯则豪杰有志之士所为发愤而作也。然且以痛哭流涕之谈,为树党挟私之渐:炎运中辍,乃蔽罪于党人;东林不昌,煽飞言于魏逆。身谤徒速,国衰随之。况乎覆车致鉴,明哲人矜:议院之设,斥支那为难行;国会有人,让白徒以独步。恶喧黜聪,疲行甘刖,穷其流弊:得毋愤荆公之误宋,而儗《六官》于不经;疾横议之乱周,而目燔书为善政。或亦不平其言者有以使之然欤!

夫物莫平于权,我从为之说,曰:在上有政权、有教权,在下有言权。

二

权哉权哉! 以不平平,其平也不平。言哉言哉! 其诸平天下之不平者欤!

庄子曰:“言者风波也。”然则言终不得平矣,而宁有权焉! 虽然,九皇六十四氏之裔胄,二万万里之涂轨,三百八十六兆之人民,三祖七宗二百馀稔之社稷,休戚一身,高厚同感,顾乃漠然无所动于心,且从而谢之曰:“无权无权。”陈虬曰:“是我徒之耻也夫! 是我徒之耻也夫!”

夫言之不平匪自今始矣! 海禁未开,俗儒辎于文义,咫闻尺见,仪毫失墙。百氏谈天,斥为寓言之诡;数行语录,私为薪火之传。其甚者至赞高、光以圣人,推唐、宋为盛世,罔识寰区之大,邳张儒先之言。夫南行者至于郢,北面而不见冥山,我知其去益远矣。

天子圣明,视周万里。环球一室,新学宏开。夫天无偏覆,地无偏载，非朝廷之故张彼族也。顾乃夜郎自大，区域强分，舍人之长，饰我之短，变夷用夏，陈义甚高。然且以愤俗之苦心，为锢化之谬论，矫枉太甚，适过其直，何得何失，厥弊维均？总之，愚中而智西，于古必疏；轻西而轩中，于今曷济？以彼例此，是奚啻臧谷之亡羊矣？况于奴异主同，笔端寒暑，非特中西之歧视也。为西言者，又复各持一是，未识折衷，吾恐沿辞章训诂之源流，树化电声光之门户，儒者发冢，将不徒诗书之为祸矣！人之言曰："中学倚于虚，西学倚于实。"吾谓虚者固虚，即以西学之实，而以学中学者学之，是适虚其实也；抑中学亦岂真虚也哉！而虚也！

鸣呼！言何救于斯世哉！孔氏之传，上天之鉴。师师黄人，沦胥曷极！有起而汇其通者乎？一得献愚，刍荛见择，杞忧嫠恤，天启其心。顾亭林所云"天下兴亡，匹夫之贱与有责焉"者，其斯之谓欤！其斯之谓欤！鸣呼！高言不止于众人之心，我儒无权，而权言之权，言果何救于斯世哉？虽然，言者以不权为权也。若夫有言之权，而卒不得伸其权，茫茫四海，尘尘万古，斯又非言者之咎矣。

〔**按**〕原载《经世报》第十二册。此据《经世报汇编·本馆论说一》转录。又见《蛰庐存稿》。

论国之强弱系于民心民心之向背系于州县宜以州县得民为强国之本

（1897年11月）

欧墨诸望国之强，不知者以为倚兵力，其知者以为由商务，乃其士民男女无不爱国，无不忠君，致为难也。

夫地球大圜，沟为洲五，域为国千。中运满歆，天磁西吸。新法古谊，推本民政。耳食之论雷鸣，一孔之儒髁炙，使策强中者，百变而不能离。虽然，俄炽东北，亦亚亦欧，独轨人纪，著天泽，乾符世握，近风太西，民有肃心。希利尼一党，好与君主为难，无与国若敌，皆疑其朝野之阂、上下之睽矣。而及于邦交大政，有所必争之利，不可或负之势，则举一百十四兆白黑异族之人民，忧陨纯鍪，献曝一愚，视彼英、美、法、德穷变通久之治，进斯民于文明，引国衰为私耻者，骎骎乎轩轾之。夫宁独其政府封圻内外衮衮诸大僚之远猷盛德，深感而普化之欤？抑亦其亲民官吏如欧俄、如芬兰属渺小十部，地不过县邑、治不过令长者之得人也！且夫善为国者，得其人而用之，乃能得民心。用人而不得其心，尽所取皆弃材；治民而不得其心，尽所有皆非类。有国者而用弃材治非类，弱不可得，恶遑暇言强！《传》不云乎："心则不竞，何惮于病。"彼英、美、法、德之争强于西洋，俄之踵而有事于强西诸国之强，不以民力，不以民财，而以其民之心矣。

今夫东球地位之正，中土神圣之邱，三古以来，迄于周迁鲁分，世变亟而素王殿。万善大备，约为忠臣孝子。名教定而中学衰，王官之失，畴人之逸，六艺之亡，诗书之炬，百家之黜，天道于是西行。罗马得政，耶稣降生。吁嗟乎！黄帝之胄日替，黔首之智日昏，五洋沄沄，中原尘尘，迭强迭弱，国大合而人大分，盖二千有馀年。君不暇谋民，民不知爱君，而寥寥落落间遇食焉不避其难之人臣，以为黄种一脉之存。而西治之日跻吾隆古者，乃钥海锢化，至于冲决壅塞而后有闻。

夫彼耶有同仁之志，贵贱平视，大小维均，以爱立教。墨翟之伦，昔惧其与儒混，今乘吾敝而傲我以其群。呜呼！使吾二十行省二千五百州县，自督抚以及知典、词馆而逮衿绅，家视国而亲视君，而风之者上下妇稚四百兆人，安见神圣接轨、忠孝馨香之中土而日见凌侮危削于强邻者哉！故夫州县者，无问大小僻冲、通商传教之所及与否，宜视祖宗尺寸之地、炎黄神明之胄为己之田宅恒产、家人胞乳。为之计其稼穑，谋其安居，任其教养事畜。与其智愚贤不肖，一切道中艺西、树内藩外之图，无不尽心力而为之。使民视百里之宰如其父母，为民父母则且惨怛谦退。以其民父母吾圣明之君，而自视犹吾君之庶孽季子，而尚有改府封圻诸大僚，犹之伯仲叔氏而斯民喁喁，抑犹一门庭内之童孩孺婴也。夫如是而其田宅靡不思力保守，其家人靡不知同休戚，以同休戚、力保守之国不足言强，如之何其足言强乎哉？

抑又闻之：强国之本以广新学、急当务二者为最。然此向者以力以财之说。近西教纵横，收拾人心，一入礼拜，举凡教会中翻译算、重、化、矿、农、电、声、光专门之学，视京外公私各学堂较为详备精密。试问教民之为学兴务,有足为国家倚重者乎?匪教民而能希教会中之出所学若所务以假借裨助之者乎?嗟呼!西人以新学当务,夺吾黄人之自强而先夺其心。而吾欲强国,愈益不能不先强吾民之心也。近鉴强俄,远规泰西,为州县与使之为州县者,于强国之道思过半矣。

〔**按**〕原载《经世报》第十三册。此据《经世报汇编·本馆论说一》转录。

书刘兵部译编《英法政概》后

（1897 年 12 月）

地球民智之辟，莫先于英，而法之拿破仑第一实开民政之局。嗣是美兴墨北，俄陟欧东，而意、德、葡、西、比、荷、丹、奥等望国，相尚伸平权，讲新学，骎骎上理。而吾古初庞大之中邦瞠乎已后，其故何哉？其故何哉？

夫五种亭毒，白人脑筋靡细于黄？乃独嘘光球之热力，蔟然茁其灵明者：先无吕秦、朱明之忌智幸愚，锢亿兆之心；而后以明敛暗税、无艺之求，朘削其脂膏，困苦其思力，使之勾心斗角，狎于算机，盗天而劫地，役风电而驭水火。其既也：鬼神失守，金石效能，声色血气形象之物献其精，弗秘其奇，而亿兆勤而收之，一人逸而享之。孔子曰："爱之能勿劳乎！"异哉白人，其亦无幸而受治劳之之政。其亦有幸而受治劳之之政，而适受成爱之之术也。虽然，宁独白人？始吾商助、周彻什一之赋，以圣清视之，奚啻今尧昔桀。而今民穷财尽殆不异东西周、七国时。虽然，今不师商、周通商、惠工、学校、作人之政，辄慕白人劳民，为能轨吾三代盛王，则匪惟未必为爱，而且以为厉也。而顾曰吾古初庞大中邦之民不智何哉！不智何哉！

〔**按**〕原载《经世报》第十五册。此据《经世报汇编·本馆论说一》转录。亦见《蛰庐存稿》。

论外交得失

（1897年12月）

呜呼！环地球五大洲，雄国且数十计，而有域大班四，民众推首，而巍然以中国称者，而竟不能与公法之列哉！而竟不能与公法之列哉！我谓自欧亚通道以迄今日，我直百失而绝无一得也。

夫古无独立之国：放华盛世，猾夏命士，苗民、鬼方，夏、殷不廷，然必中强而外弱，中盛而外衰，中治而外乱。虽秦、楚之于周，胡、羌之于晋，辽、金之于宋，亦既侵而侮之矣。然未能决其孰强孰弱、孰盛孰衰、孰治孰乱，何者？自主之权无失也。

乃者挠我政令，议我租税，夺我教而专我利，而我方茶然敝然，忘其所欲噬，而姑与之，而姑甘之。呜呼！一言违和，大海扬波，蹙国千里，不平则何？此我九皇六十四氏以来中外一大变局也。夫岂中固弱而外固强、中固衰而外固盛、中固乱而外固治欤？不然而宁有今日哉！

我谓自欧亚通道以迄于今，我直百失而绝无一得也，何以言之？彼族之初至，亦既艳我、慑我、欣慕我，而非敢遽生戎心于我也。设我稍融华夷故见，开诚布公，甄短师长，无愧于古者"柔怀远人"之意。我知彼资我物产，沾我利益，必将感我之信，悦我之厚，惕我之明，而岂有仇于我欤？夫孔不入秦，孟恶变夏，而穆公誓师，殿辞谟诰，孙叔敖、百里奚之盛事，"七篇"辄称述不衰。圣贤无我之量,宁尚有一毫畛域之见哉?然而拂箖德之见绝于疆吏也,斯当冬之见尼于部臣也,犹幸庙算神明,视周万里,转圜之间,中国得以无患。不然,英吉利之将叛,当不待义律之师矣。而况于澳民之狱,蔽罪肆阁,误伤之辜,议定大辟,我方懵然于交涉之宜、外人之情,乃令彼之疑我日甚,即彼之叛我亦日亟。重门四空,长驱来东,诸白种起,五口商通。呜呼!自香港首祸,而彼始知我之易与矣。夫向者彼固疑我之轻彼也,至是而反其术以轻我。于是要挟之计益工,恫喝之言屡至,于是有为公法所必不能容者,彼亦百试其端,必思饱其欲而后止。然使我坚忍不拔,力持大体,关其口而夺之气,则彼又岂能苟逞无餍之求而甘违公理哉?

鸣呼!中国之外交,其始误于虚憍,而不少予以馀地之容;其继迫于要胁,而不预筹夫后患之烈。其有忠荩赴难,与夫老成持重,卓然有古名大臣遗风者,然亦不免于斯二者之失。呜呼!尚何言哉!尚何言哉!乃至安南、缅甸、高丽、琉球诸属国尽沦于敌,而台、澎内境弃以畀日,而英侵科干,而法划江红,而俄揽西伯利亚铁路,而德亦骎骎乎有中分我国口岸之势。异族接肩,卧榻鼾眠,兵燹四连,矛地剑天。悲夫!可危夫!

而今之论外交者,犹曰"结俄以拒日",又曰"结英以拒俄",又曰"联美和日,因英通德,以拒俄法"。呜呼!此吾孟氏所谓"是谋非我及"者也。夫中日之役,辽左来归,犹恃俄、法、德之助。然法、德实附俄议,即俄岂真有爱于中国哉?但以日得据辽,则大海之阻,日人专之,固知其非俄利,而非愤其为中害也。必谓亲日弱中,俄固不然;然必欲俄扶中以摈日,恐俄亦必不出此也。况即出此,则中既无日,而中之隐祸方长矣。彼大彼得将死之言,俄人宁能一日忘哉?

"结英以拒俄",颇为近之。然自通商以后,中国利权让英独握。中国所以输英奉英、而惧失欢于英者,亦不为不至矣、不尽矣。中国有事,固亦五印度大后帝所宜屦于皇、剑于寝门之外,而问命师之罪名者也。然而中日和约,俄人首倡干预之议,英人决不闻知,然犹阴为日助,而犹欲其弃宿昔畏忌之俄,而为萎靡不自振之中国构祸强敌,此未易为英望也。况俄德之交最固,而英所为日结欢于德人者,其心殆不可问矣。而谓英能与俄争哉?若谓"联美和日,因英通德以拒俄、法",则可施之旅顺未破、台湾未割之日。我之虚实未尽为白人所识,张我邦强大之名,为亚洲辅车唇齿之助,率古人远交之旨,以淡诸雄国弱肉强食之心,或亦一时权变之谋欤?乃数十年勉强支持、万端掩盖之局,而日人以一战得之,彼白人方且悔谋之不预,而甘让日本以先鞭之着矣?然果使江红不割,科干不畀,北方之铁路不通,则我之险阻犹足自固。外益其助,内强其民,或可徼幸于一奋也。而今究何如哉?腹地屯兵,重关洞辟,我所恃以拒人者,人且得以并我、蚀我、属国我而瓜分我矣。不然,美固无事之国也,又尝与中国为相助之约,然乃中受日侮,美输日饷,不惟不助中而已,且甘犯公法不韪之名,而不安局外观战之例,其视我中国何如矣?!德亦何雠于中?而英人于倭衅初酟,挟德议和,卒阻于德而止,乃令东方小邦雄视亚域。而德既见中国之弱,终亦垂涎一方,其无助于我也亦决矣。

或曰:"土耳其之不亡,英、法诸邦之力也。岂白人之视中不及土耶?"曰:"俄苟并土,欧洲之祸立至。中即入俄,俄有一统全亚之势,而诸欧犹能自立,或亦非彼之所急欤!况诸邦既许土为自主国,而入公法而予以保护矣;然犹将土国辖地十分其五,则土未蒙诸邦保护之益而先被其毒也。设诸邦以待土者待中,我又宁忍朝夕安之哉?"

陈虬曰:"外交之道,亦去彼之所以轻我者而已矣。"夫我之见轻于彼,匪自今始也。

陈虬曰:"为今日外交计,一切权谋诈术举无所用,惟能察彼之情而出以公心,持以定力,其约章之可允者允之;如不可允,则虽重兵临我,严词啊我,多方迫胁以误我,而我必坚持以万不能允之意。私之以利而远其害,予之以虚而靳其实,断未有一朝决裂之势也。夫向者固惟惧一朝决裂,而不料其流祸至此也。亡羊补牢,覆车改辙,我其识所从事矣。且彼所为临我、啊我、多方以误我者,彼必先有轻我之心,而后敢而为愚我之计。愚之不已,则瓜分之约,突厥、波兰之殷鉴,亦可为寒心已。噫!中国虽弱,要岂若前日日本之甚哉?明治初元,白人挟制百端,至以细民斗杀小故,赔费盈数百万,乃持之数十年,而彼国交涉之局大变。何者?彼向固以日本为可轻,而究未可轻也。噫!中国虽弱,要岂若前日日本之甚哉?不务知此,而苟求助于彼族之庇,曾亦思异种殊心,各扶其类。彼数国者,方且多其与,厚其资,协其谋以垂我敝,而我中国乃适孤立而无徒也。夫《军志》有之曰:'上兵伐谋,其次伐交。'如或所云,则伐交之下策也。我但思去彼之所以谋我者而已矣。夫彼所以谋我者,乃其所以轻我也欤?"

陈虬曰:"外交之道,亦去彼之所以轻我者而已矣!"

〔**按**〕原载《经世报》第十六册。此据《经世报汇编·本馆论说一》转录。

说　名

（1897 年）

上

孔耶佛耶？老耶耶耶？其教也名也。汉耶宋耶？中耶西耶？其学也名也。夏耶夷耶？文耶蛮耶？其地也名也。君耶师耶？官耶民耶？其人也名也。庄子曰："名者，实之宾也。"虽然，我恶知为其名者之有其实也？

夫自周纲解纽，六籍燔废，有识之士摭残唾于灰烬之馀。盖神圣薪火，仅庶几什佰于千万之存。而为古名家言者，往往钩𨥁析乱，区别途径，贱异贵同，画疆自帝。虽以欧美数雄国，政治之良，制作之盛，人才之美且多，我亦既俯而仿之矣。然我犹得傲彼以其名曰：教也、学也、地也、人也。呜呼！我亦善于为名矣！我亦善于为名矣！

虽然，我惧彼将名我之名，而我直无以名也。皋牢子曰：我固知为其名者之未必有其实也。夫无其实而为其名，此殆中国所由弱欤！皋牢子曰：无实何名？名者将以实其名也。使中国而能实其名，则中国岂真弱哉！则中国岂真弱哉！

下

呜呼！今之所谓名者，匪特无其实而已，吾恐欲为其名而不可得也。

夫科举，盛名也，而敝矣。学校，崇名也，而卑矣。文章、考据，美名也，而浮且伪矣。我师曰："名之必可言也。"呜呼！今之所谓名者，其可言哉！其可言哉！

不然，以我中国神明之裔、文教之旧，而卒不能较白人一日尺寸之长，而令声光化电，挟技专家，六艺附庸，蔚成大国。名哉名哉！虽有邓析子之善辨，公孙龙之能为坚白，终身大惑而不解矣。痛矣哉！衣冠之种沦于异族，羲、颉之泽奸以方言，弁履易置，茫茫瀛海，呜呼！向之夷彼、外彼而傲彼以其名者，而彼将反戮我、辱我、奴我、野蛮我，而以我之名为名矣。悲夫痛哉！今之所谓名者，匪特无其实而已，我恐欲为其名而不可得也。

皋牢子曰：吾欲起中国之弱而谓中国之能实其名也。然使中国而犹能（名）〔实〕其名，则中国亦岂真弱哉？

〔**按**〕《说名》上下二篇均录自《利济学堂报汇编》—《利济文课》卷四。《蛰庐存稿》（瓯风社刊）则仅存《说名》下，并注"上缺"。

读陈同甫《上孝宗皇帝书》

（1897 年）

痛矣夫陈子之言曰:“今世之儒士自以为得正心诚意之学者,皆风痹不知痛痒之人也。举一切安于君父之雠,而方低头拱手以谈性命,不知何者谓之性命乎？今世之才臣自以为得富国强兵之术者,皆狂惑以肆叫呼之人也。不以暇时讲究立国之本末,而方扬眉吐气以论富强,不知何者谓之富强乎？”痛矣夫陈子之言也。

皋牢子曰:西人之强过于金,今日之祸烈于宋。吾未知今世之儒士果亦如陈子所云否也,今世之才臣果亦如陈子所云否也。果如陈子所云,则中国何有望矣！倘其不然,何以二万万里之大、四百兆人之众,而见侵侮于诸白种者且未有已时也？呜呼！陈子生中兴甫定之后,南北解兵,人才之盛为南赵所首称,然其言若此,我知当时之士必有病狂其言而以为未足信者矣。然以今观之,究何如哉？究何如哉？呜呼！陈子之言不谬矣。我又未知陈子之生于今之论今世之儒士、才臣何如也？痛矣夫！西人之强过于金,今日之祸烈于宋,观陈子之言,其亦可以鉴矣。然我又未知其能鉴不能鉴也。虽然,以今中国二万万里之大、四百兆人之众,而宁尽如陈子之所云哉？而宁尽如陈子之所云哉？

〔**按**〕本文录自《利济学堂报汇编》—《利济文课》卷五。

医　　医

（1897 年）

呜呼！今之死于病者什一，而死于医者乃什九也。悲矣夫！人以生死予医，医以医死，人予之医者，诚病矣。医之病可胜痛哉！可胜痛哉！虽然，吾见人不医医之病，而医不医者之病也；吾见医以医病为医，而不以医医为病也。

呜呼！死人以病，医能生之。死人以医，直无人不病矣、不死矣。抑病者之身死，而医者之心死。且不惟医者之心之死也，即予之医者先自死其心也，而何救于身之死哉！何以言之？彼固非能医者也，然且挟其术以号于众曰："我医也！我医也！"我不辨其医非医、能医非能医，且从而信之，而告之以其病，曰："彼医也！彼医也！"病且死矣，而旁之人之绝不知医者，亦不辨其医非医、能医非能医，乃从而解之、释之、附会之，不咎医而咎病，曰："是医也！是医也！"

呜呼！腑脏不语，委百年于庸夫；轩、岐无灵，乃杀人而不恤。悲矣夫！众聋盈廷，群盲当道，吾知虽有师旷之耳、离朱之目，亦无所用其聪、用其明矣。况安知彼不自聪其聪，而谓师旷之不聪；彼不自明其明，而谓离朱之不明也。且安知人不亦以师旷为不聪，而相与聪彼之不聪也；不亦以离朱为不明，而相与明彼之不明也。呜呼！我其如彼何哉！我其如彼何哉！虽然，为师旷、离朱者，亦既有其聪矣、明矣，其盍少往试焉？其或有一二求聪求明者，因而归焉，又安知不能转不聪者而为聪、转不明者而为明欤？夫果能转不聪而为聪，转不明而为明，则师旷乃真聪矣，则离朱乃真明矣。呜呼！此亦存乎今之医医者矣。

〔**按**〕此文录自《利济学堂报汇编》—《利济文课》卷五。

《中星图略》弁言

（1898 年 2 月 5 日）

观象之学首重中星。中星者，谓在天上正南方也，古谓之恒星。《公羊传》："恒星者何？列星也。"注家以为"恒，常也。谓常以时列见"。但每岁东移，积六十七岁而差一度，故《尧典》、《月令》所载躔度各不同，亦名经星，本专属之二十八宿。近西人测得二十八宿外尚有大角、贯索等十五星，又分参、左肩、右足为三，合四十五大星。厥后谈天者悉仿焉。

三古以星象诏民趣事，书传随在可证。故虽农野妇女，类能通晓，垂之歌谣。汉魏以降，矜为专门之学，故近史遂分测验、推步为二，其学几绝。仆常病之。因令院徒日课一星，张之壁上，一月后咸能默绘星等。后示以《中星表》，令查今日是何气候、昏旦是何时刻。再检《天球圆图》，则识一星，而星之前后左右、连缀移徙者举得其概。苟熟其术，则宫垣度数既明，恒星随时随在可得，不必拘拘于昏旦方中之一星。千年坠学，五尺能明，非快事欤！

自来为此学者，国朝秦文恭《五礼通考》所收，胡亶以外，如梅文鼎、徐朝俊、张作楠、刘文澜、冯桂芬、邹伯奇、江蕙诸家，皆孜孜从事，各有传书。顾繁简不一，于初学犹多未便，爰命道十一季子将光绪丁酉全年测定，重命林群一约为图表以备院课。若夫五纬、三垣，则姑俟诸异日云。

时光绪二十四年岁次戊戌正月上元旦大角中。志三陈虬漫书于瓯郡利济分院之蛰庐。

〔**按**〕《弁言》录自《利济学堂报汇编》——《中星图略》。薛凝嵩氏释云:"中星本是每天黄昏和黎明时出现在南方正中天空的星团,是中国古代天文家用以观测季节时序和星象的标帜。""利济学堂采用四十五大星法,于1897年在瑞安测定全年昏旦中星,制成图表,作为院课。"其目的,"除了绘制《中星图》作为教学用具之外,还依据测定的中星编制一种医药专业用的历本——医历"。文中"季子"指玉环人季腾霄,"林群一"指瑞安人林獬。

呈请总署代奏折稿

（1898年6月9日）

奏为外衅迭至，内患交乘，祸烈机危，急宜变法自强，通筹分办，力保大局，拟就浙省先行试办，呈请代奏，谕饬各直省遵行事：

窃维自强之道，在厚集民力以固人心，大旨当以富强为主。利不外溢则富，权不旁掣则强，必使人人有保其身家性命之权，而后国家可收其臂指腹心之效。方今四邻交侵，日肆要挟，始而撤我藩篱，继而越我门庭，近且据我堂奥。外人以虚声恫喝，朝廷未交一兵，未折一矢，甘以祖宗百战经营之土地拱手让之他人者，岂真偷安旦夕，以相忍为国哉！诚以圣明洞见万里，方张之寇，势难遽争，吾内外战守无备，百事未遑，不忍中原赤子肝脑涂地，故不惮纡尊忍辱，为民请命。薄海臣民，同深感戴。朝鲜一役，以二万里之版图，四百兆之人民，受制于海东三岛，割地偿款，遂启诸外人奴隶中国之心。德议瓜分，群相倡和，机缄显露，有识寒心。为今大计，宜大假民权，许其联集干事绅富，通筹全省富强之计，分门办理；呈请督抚专折奏闻，一俟得旨允行，通饬地方官，一例保护。果能任得其人，血诚办事，则众志成城，而吾皇上万年之基，巩于磐石矣！举人等谨拟三策以供荛采：一治乡团以杜乱萌，一设学堂以开民智，一兴矿务以裕利源。其间先后缓急，皆当与时消息，为吾皇上约略陈之：

泰西雄国,各竞兵力,法、奥、意、英,皆近百万;德养兵一百七十万人,俄至二百馀万;衰病如土耳其,亦尝有步骑炮工兵七十万零六百二十二人,而预备兵十万零四千五百人尚不在列。今额设旗、绿制兵仅六十馀万,近又裁削,恐仓猝不敷策应。欲求有用兵之实,无养兵之累,莫如修保甲以办团防。拟略仿《周礼》遗意,以五家为比,比选壮丁一人;五比为闾,闾举一人为长;十闾为团,则二百五十家矣,设团长。闾日出丁五人,照比次挨轮供更巡查之用。每团百人,籍其一为练军,而一切军装名粮即出自本团。以百人而养一兵,较之荆公新法十家籍二,刘宗周《保民训要》每甲三丁,民力较纾。以中国四百兆众计之,可得练军四百万。团丁以资守望,练军以备调遣,外人内匪,衅隙曷乘!径裁一切兵勇,岁又可节省饷糈千百馀万。此团防之制,所当略为变通者一也。

国家之兴视乎人材,人材之出由于学校,故近日内外臣工皆加意此举。京师大学堂以外,上海又添设师范学堂。此外以学堂名者,天津则有水师、武备,江南则有陆师、储材,湖北则有自强、武备,陕西则有实学,浙中则有省垣之武备、宁波之崇实、温州之利济,而天津、浙江、安徽又皆各有中西学堂。其以书院名者,苏州则有平江,芜湖则有中江,贵州则有中西,浙江则有求是。他如天津之育材馆、山西之储材馆、湖南之艺学馆、温州之学计馆,以及湘乡之东山精舍。见诸奏报者,规模闳阔,期以远大。然十年树木,深虑缓不济事,宜令各府州县,各设小学堂四所,分兵、农、工、商四门。兵主水陆测绘,农兼畜牧种植,工分矿务制造,商事公司税则。门设教师、讲师各一,每门皆就浅近易晓易行处,约纂成书。资质稍异,材堪造就者,由教师课以文法,兼令习算。而讲师则每日定期开讲,听令老幼男妇环观聚听,务当明白开释,互相告语,总期一年以内民智大开。泰西八岁不学，罪其家长，一艺之细，亦开学堂，故人材奋起，国势日强。日本明治初元，广建学校，亦尝变通教法，人无论何业，悉由学出；业无分何等，悉以学名，故能酿成维新之治。盖事求有济，功不在大，此学堂之制亦当略为变通者二也。

矿产为天地自然之利，华矿旺盛实甲五洲。西人称山西一省煤矿多至十三万馀英方里，即合五洲之大，用至二千馀年有余。况川、楚、闽、越饶产五金，宋、明《图经》冶地可考。顾中国除开平一矿，馀皆未见起色。即如吾浙去岁衢州之开化银矿，龙游之杜山岛，严州之虎形穴，宁波奉化之堂澳，亦鲜成效。虽由风气之未开，实亦办理之未得法。近日办法，不出三途：曰官办、曰商办、曰官商合办。虽矿地从优契质，开窿依脉，各有里数，并无妨碍田地，庐舍坟墓且在禁步以外，似应众情踊跃，争先恐后矣。乃或事变百出者，盖大利所在，各思染指，一旦以本地应有之利，听之外来，予取予求，弱者怒于色，强者怒于言矣。况官办则上下之情不通，商办亦客主之势各异，不仅成本短绌已也。今宜略事变通：省设总局，如得矿地，先就同府之人集股承办，股本不足，由公局凑集，减轻股份，每股十两为率，易于蒇事。前后三十里以内，居民附股者概减二成上兑，务使土著多沾利益，则附股渐多，一切损伤龙脉之说不攻自破矣。一邑之力不足，继以旁邑，华股之力不足，继而洋债，人期合力，事期必成。然非设立商局以挈其纲领，广开铁路以通其血脉，则亦不能全操利权。去岁浙中绅士已贷款四百万，先筑宁、绍二处铁路，禀商浙抚，将次开办，他处应办之路亦宜分道兴筑，期与矿务相表里。此矿务之制，亦当略为变通者三也。

泰西十年以前，群事分剖非洲，今且及吾。始犹视吾为半教之国，近且等为外人，屠割菹醢，将无不至。海防紧要，浙当其冲。举人等浙人也，请先就浙论。两浙襟山带海，三面受敌，为西舶东来必经之路。且著名财富，物产殷饶，虎西垂涎已久，各思朵颐。胶州事起，德人无理索地，朝廷忍不与较，于是俄索旅大，英索威海，法索广州湾。草野谣传：美廷亦欲掉臂其间。池鱼之殃，行将及吾。况浙东风气强悍，特虑伏莽，加以哥匪蔓延，旋扑旋起。若非先事布置，安集四民，万一内外合发，蛇吞豕突，东南大局何堪设想？举人等服畴食德，垂三百年，具有天良。当此朝野交警，库款支绌之时，何忍以祖宗邱墓重贻君父东顾之忧。不揣愚昧，联合十一府、三厅、二州同志，拟立保浙公会，筹集巨款，以保卫梓桑之计为屏藩王室之谋。

以上三策，如得俞允，一例举行，自当通力合作，俾庶民各有常业，地无不兴之利，人无思乱之心，将来练成劲旅，非特屏蔽东南，万一畿辅偶警，即当拔队北上，勠力勤王，念食土之厚恩，雪敷天之大愤。昔法之制普，兵限以七百；楚之亡秦，功基于三户。地不在大，事在人谋。两浙为南宋故都，人怀忠愤，孙吴、钱氏恃以立国。昔勾践不耻会稽之辱，卧薪尝胆，有习流二千、教士四万、诸御千，修计然之策，天子致贺，宠以金鼓，遂霸东诸侯。今山河如故，而人民加增，苟修其法，何难以东南半壁支柱中原；况合二十二省之众，率其子弟，卫其父兄，各矢忠义，誓不再以尺土寸壤让人，谓三年之后国耻不雪，国威不振，吾不信也。

夫亡羊补牢，临渴掘井，为时已晚。倘再事迁延，因循不决，置社稷生灵于不顾，令天下疑吾皇上有轻弃其土地人民之意，将海内离心，瓦解土崩，噬脐奚及！今若束手待毙，任其剥噬，恐茫茫亚土，皆成暴骨之场；师师黄人，咸抱饮鸩之痛。衣冠文武，顿异昔时；庐墓松楸，难寻旧物。衔精卫之石，填海徒劳；挥鲁阳之戈，回天已暮。举人等誓不向北庭而请命,计惟有蹈东海而捐生。鸿毛之一死何辞,龙驭之六飞安适？兴言及此,泪血交枯。是用露胆披肝,上吁天听。伏乞吾皇上深察世变,俯念时艰,大弛拘孪之禁网,使人自奋,庶材智得所凭藉,下卫身家,上安社稷。如蒙采及刍言,通饬直省督抚一例举办乡团、学堂、矿务,一面准举人等先就浙省试办,全浙幸甚！宗社幸甚！

明知军国大计,非疏逖所宜言,但覆巢之下安有完卵,蝼蚁微忠急当自效,故不避斧钺之诛,冒死上陈,不胜战慄屏营之至。伏惟代奏皇上圣鉴。谨呈。

〔**按**〕此稿刊于《知新报》第五十五册第七——九叶,标题原作《浙江孝廉陈虬等呈请总署代奏折稿》,承蒙上海社会科学院历史研究所研究员汤志钧氏亲手录寄。光绪二十四年五月廿六日(1898.7.14)宋恕在《日记》中所记海宁州崇正讲舍课题有《书陈乡举虬等请开保浙公会公呈后》,应即此稿。《知新报》设在澳门,该册刊于戊戌四月廿一日(1898.6.9)。文中"北庭"应指帝俄。

卫生经序[①]

凡生于天地之间者，皆死也，死而生之，则可以长久。飞而鹤，走而猿，鳞而龙，介而龟，灵而山泽、木石、井宅礼斗祷月之怪，其质性始固无异于他也，盗道之馀，以息吹，以窍和，以精感，以神化，物物而不为物所物，故于人间世能独久存。人为万物魁，浮沉流浪于生死之门，顾尸其委蜕，曾不得与飞走鳞介灵怪争旦夕之寿，甚矣卫生之学不可一日缺也！泰西此学特盛，通人论说，日出不穷，一切学堂皆增体操。盖深得中学简肄幼仪与象勺射御遗意，但门目夥颐，铃环棒棍，辄求普通，且言操法，皆属外壮，与生力之原，终未有得。

盖体操者，源于导引，流于拳勇。导引，师氏道家尚守其传；拳勇，大宗则分为二，以长短判刚柔。吾瓯当明中叶时，陈州同、张松溪始衍长拳，其源出自宋武当丹士张三峰[②]，即所称内家法

---

① 录自陈虬订正、张烈演谱《利济卫生经天函》，《利济丛书》本，温州市图书馆藏。

② 黄宗羲《南雷集·王征南墓志铭》称：有所谓内家拳者，"盖起于宋之张三峰，三峰为武当丹士，徽宗召之，道梗不得进，夜梦玄武大帝授之拳法，厥明以单丁杀贼百馀。三峰之术，流传于陕西，而王宗最著。温州陈州同从王宗受之，以此教其乡人，由是流传温州。嘉靖间，张松溪为最著"。查陈州同为明嘉靖间温州人。20世纪30年代温州武术界尊为太极拳大师。张松溪则为鄞县〔宁波〕人。从孙十三老学得张三峰内家传法。松溪传吴昆山、周云泉、单思南、陈贞石、孙继槎等人，单思南单传王来咸，王传黄百家。

也。亲友近多能传其学，然皆自昧其源流。至言力出丹田，则其弊亦与少林外家同，不知力出于心，经有微旨。盖五行之用，唯火涨力最大，泰西格致家言，力者热之所蓄积也，故一切汽机皆藉火力始动，癫狂邪火冲心，亦能有非常之力，诚以“心者君主之官，神明出焉”。体虚而用柔，苟得其驭之之术，则垓里亿载，曾不瞬息，重泉九天，速于光电，将意之所注，气即至焉，气之所到，精即通焉。贯乎意、气、精三者之中，而生生之机游行其间者，则神是也。言其至，则天得之以清，地得之以宁，火得之以热，水得之以泽，飞潜动植胥得之以活，蟠天际地者，皆莫非不芒之真君星星之火所发也。岂丹田属肾，仅能作强者所可同日语哉？

同院张生煜卿素羸，有导以长拳法者，颇有验，因潜出其所传拳经相质证。余摘其不合者数事，初未敢言，因告之曰：《素问》、《灵枢》，吾门之《易筋》、《洗髓》也，子何惑焉？久而始悟，遂以术雄其曹。因相与究经脉起止之原、针穴流注之故，参以花法解数，而制为此经，以开吾院强学之先。夫勇次三德，弱夷六极[①]，强学本为圣人所不讳，而力，子独不语[②]者，盖力学之道，探其源则可语性命之精，沿其流则或流血气之暴，儒懦固不足以论自强，而强之不得其道，则亦世道忧也。故吾于此谱三致意焉。抑仆犹有说者，昔伯阳氏之告南荣趎曰：“能翛然乎？能洞然乎？能儿子乎？”[③]进而

① 德指《中庸》所云：“智、仁、勇三者，天下之达德也。”六极指：疾、忧、贫、恶、弱、凶短折。

② 《论语·述而》：“子不语怪、力、乱、神。”

③ 语见《庄子·杂篇·庚桑楚》，其上文为：“卫生之经，能抱一乎！能勿失乎！能无卜筮而知吉凶乎！能止乎？能已乎？能舍诸人而求诸己乎！”

求之，则诚至德已。盖欲后天地而死者，必当知先天地而生，愿与同院交勖之。

光绪二十四年岁次著雍阉茂阳月书于钱塘西湖之寄庐

高敷坤妻胡氏碑记

（1901 年）

节妇姓胡氏，瑞之乡人也。家世业农，年十七，许字同邑高氏子。既而夫以疫疾亡，妇闻讣，急切欲自裁，以所亲力劝乃止。妇早孤，一兄又殊朴，乃泣谓所亲曰："儿夫亡矣，儿安归哉？幸为儿招高翁来，不则死耳！"所亲鉴其诚，乃为促。翁至，则敛衽觌视，跪而泣曰："爹来大好，可速辇儿去，比得终身事翁姑，儿之志也。"盖爹者，瓯俗旧以为舅之辞也。翁诚谨，持大体，未即许。曰："若勿尔！年少，愿自爱！为吾家妇良苦，饔飧井臼悉以隶，非若所堪。且属又无子，履志诚嘉，然计殊未得也。"妇闻而愈悲惋，曰："此身已字翁家，宁敢以死生改节？若中馈事，固吾分也。脱亡夫在，尚谁贷耶？"翁为耸动，遂颔之。

比至翁家，见夫柩，则僵地大恸，哽咽不复作声，髽带麻而哭者月有二旬。会彝毕，即日椎髻杀搏，操作而前。翁故理梓人业，手艺高其曹偶。当是时，邑遭匪虐，延烧附郭民居殆甚。凡有工作，多以属翁。葺厂鸠工，环斫砻而待食者日及百人。酒浆醯醢之属咸取给于家，以一人经纪其事，晨起晏宿，日必办百人食，而灶下寂无人哗，邻里咸夥其能。

妇有至性。姑病，储侍茶汤，不离左右。稍寒，则曰"姥寒耶？"为易衵褋，抑搔疴痒，逾于所生，其妇德饬备每如此。于是翁姑皆相顾而泣曰:“嗟乎！吾有贤妇,而不及见吾子也,悲夫!”妇既婉嫕,得翁姑意,由是事事愈力,而积劳成疾,遂用不起矣。其卒也,时在同治乙丑,年三十有二,在翁家已积十五年矣。

妇静谧,俭言笑,然亦不见其有戚容。居间尝与所善某尼修斋诵经,尼多其节,至铸像事之,亦高行尼也。然妇竟未尝一迹其所居。翁所居离城不十里,而俗悍民秕,辫而嬉者日相逐,戏詈无人理,见节妇,皆屏息纳气,嗫嚅不敢少肆,以是知妇之有以感人矣。卒之三月,会邑人孙衣言方伯家居,上其事于有司,旌表其门,盖远近皆知有高节妇云。所字夫名敷坤,理合附书。

陈子曰:“节妇有夫弟敷陶,余姻家也。同治季年,余尝馆其家,为余述节妇事甚详,且丐为传。嗟乎！节妇非世家右族、迫于名义者比,且亦非有所利而为之,徒以分定,故饮冰茹蘖,之死靡他,迹其心若有所甚安焉者。此在学士大夫读书淡名节者,或不能完其所守,顾竟得之于农家子,如节妇者,洵可风矣。今敷陶死有数年矣,有嫡兄敷朋,手出六百金,建坊于闾左,其高义固非近人所能及,然亦足以见妇之苦节感人深且久矣。”

〔**按**〕录自《瑞安县志稿·古迹门》。《瓯风杂志》刊此文,题为《节妇高胡氏传》。

《白喉条辨》序

（1898 年 6 月）

六气感人，以燥症为难明。燥气发病，以白喉为最险。险而难，则病不择医。医不识病，遘辄遭夭，死亡接踵，而生人之祸亟矣。其病则在于医不读书与读而未会其通。《素问》《阴阳应象大论》、《生气通天论》均脱“秋伤于燥”一节，而秋燥之病变始隐。国朝嘉言喻氏、目南沈氏始各以其独得之见著为方论，吴氏鞠通融会其说，节以入书，于是燥症始略有门径可循，然于白喉犹未之及。

吾友陈栗庵，院医之良也。癸巳春，阖门患白喉者四人，长女最剧，时就余与何君志石参议方剂书中所定三炁降龙丹等，皆新制验方也。嗣以爱子不起，尽发院中藏书，穷究旨要，始悟白喉一症悉属燥火，因作《订正论》一卷乞鉴定。余谓医以切实适用为要，不必惑于近人体例之说，可仍仿吴氏例，改为条辨，删削未果。会学堂开办医报，随期课书，栗庵羸而善病，因嘱女夫、其高弟胡鑫就原稿诠次成书，随报刊行。虽条仅十五，而纲举目张，犁然各当，不仅为白喉家正法眼藏，而一切喉科病变、方法悉寓焉。三折肱，九折臂，不綦信欤？

自来论秋燥者无虑十数家，似以吴氏为较长。然于义例则亦尚未周。其言曰：“燥气为病：轻则为燥，重则为寒，化气为湿，复气为火。”则实不根之言，窒而鲜通。

夫天有六气，而火分君相，故《经》但言寒、暑、燥、湿、风五气。应时布令则为平气，本不为病，其病者胜气也。如燥气盛行则扰动四气，何〔以〕言之？行于所生则气感而为湿，行其所生则气泄而为寒，行其所胜则气化而为风，行所不胜则气伏而为火，推之六气，皆同斯例。盖金胜则木受制而风症起，如《内经》所称：“岁金太过，肝木受邪，两胁满且痛引少腹。”及阳明司天，肝气上从，掉振鼓慄，筋痿不能久立，丈夫癫疝等症，皆燥而化风也。即吴氏亦有“燥金司令，头疼身寒热，胸胁痛，甚则疝瘕痛者，桂枝、柴胡各半汤加味主之”之文，乃于化气独不知有风，是仅知六气之当补燥气，不及悟燥气之尚能化风。顾指失臂，六气终于不全，一间未达，则亦九仞之井类也。昔宋孙兆校正《内经》，正谬讹者六千馀字，增注义者二千馀条，而“秋伤于湿”不复悟有脱简，将贯穿、错综、会通仍待之其人欤！

呜呼！斯道沉霾垂四千年矣。秋燥之论至本朝而始有定说，白喉之源至吾院而始有专书，何其幸也！栗庵开悟迈其曹，医院初创，首先毕业。书成，远近仿治，多所全活，因乐为弁其简端。遂纵论燥症传变，微特箴砭吴氏，使成全璧，且亦用以广吾同院之意，使知燥气明则六淫可推，六淫清则百病可治，仅秋燥、白喉云乎哉？举一反三，贵会其通，是在世之善读是编者。

时光绪二十四年岁次著雍阉茂律中仲吕东瓯陈虬志三书于天津紫竹林。

〔**按**〕此序录自《利济学堂报汇编》—《利济文课》卷三。序中提及《阴阳应象大论》见《素问》第二卷，《生气通天论》见《素问》

第一卷。“岁金太过”等语见《内经素问》第二十卷《气交变大论》。“著雍”指天干戊，“阉茂”指地支戌，合指戊戌年，“律中仲吕”指四月。

《新字瓯文七音铎》例言

（1903 年）

一、是编宗旨在开通民智，紧要详后《演说》。不论妇女、农野，每日熟课一点钟，月馀皆自能写信记帐，简捷无比。一人学成，可教一家，尚祈大力推广，多开薪字瓯文学堂，进化当视寻常学堂，事半功倍。

一、中国字有万馀，而语言之间有音无字者，尚居其半，故语言文字不能合一。泰西切音成字，甚有合十馀字始成一字，然于中国单音之字，或仍多不得正音。且中、西两学非五六年不能粗通文义，欲求于十数日之间，人人可学，无不达之意，无不肖之音，字简而赅，笔画又省，四声四呼秩然不紊者，当以此编为最。读者当自知之。

一、此编功课须分六级：认法、写法、记法、拼法，温法、读法。认法：先明父声、母韵。字形长者为父声，位居上；短者为母韵，位居下。写法：每日当用毛笔描写范本一页，久习，手腕自然纯熟。记法：须分喉、牙、舌、舌齿、齿、唇、唇喉，即宫、商、角、变徵、徵、羽、变宫七音。父声六位，笔画由少而多，反正两体，六字实即三字。母韵四宫：一、二、三、四，从括弧化出，自然无讹。拼法：分阴、阳二门，凡父声、母韵，属奇者为阴，属偶者为阳，阴与阴拼，阳与阳拼，不得相混。四声点近母韵，四呼点近父声，拼法既明，再求习熟。

温法:每人用黑板或粉牌一面,不时任意自行默写,或用厚纸将父声母韵裱好,裁作九十八块,随便联拼更妙。泰西教瞽法,即用字母刊好,令其摹认。读法:以熟为度。母韵阴声七课,每日早晚须演唱一次。进种强权,首在于此。义甚玄微,难与初学道也,久演自知。

一、吾瓯音读多谬,入声尤甚。编中惟父声、母韵,官音与瓯音同音,直注官音,馀俱暂用瓯音。是编取有音即有字,义在增字,未及正音。如龙字,官音当拼腊洪,郡城音读如良,即可拼腊阳。瑞安读○,即可拼腊华。各如其地之方音拼写,方能令妇女通晓。待方音书写纯熟,再求讲正音韵可也。

一、新字瓯文当分三级:此为初级之书,以方音为主,论音不论韵,取其有音即有字,然仅可施之各省本地,出府则或多窒碍。二级以官韵正方音之讹,数日之间便能分晰经史一切,各得正音,书名《官韵正》。熟此则大地可通。三级则为译林,取《官韵正》之音同义异者,又加分别,其用始广。不特旧文万馀,一一可通,兼可渐悟文法,不过一年之功,可以尽读译本中西之书,较之旧法,不啻倍蓰。信学界中之轮舟、电路也。

一、无论古今中外,按其声韵均不出二十八部,不过方音之异在字之音读不同,并非韵有欠缺不全。故此编各处皆可通行。

一、此编文取质实,务令妇女易晓,所谓质家之文也,幸勿致哂。

一、所定七音部次,确有要义。不材治此已三十馀年矣,异同之故,具详《答问》。此为初学教科之书,无取辞费。一切考据,概从删削,阅者勿疑。

一、瓯文四体,大写全师篆法,小写时兼隶意,联字正便两体,仿佛石经，总以不欲尽弃中法为主。其快字、草字，则另著于编云。

补　　正

一、瓯文本有四体，已经刊行。同学以新字初出，先示一体，方易领受；遽授数体，易致歧误，故复行削存。

一、《瓯谚略》是刊行后所增本，不仅为瓯方言而作，中多向来有音无字之字，且多仄声。其音原为别地所有，其字实为旧文所无，每日倒切数句，足补前课平声倒切之缺，故附增于末。

一、是编别署《普通音字新书》，同学所赠也，意取通俗，故仍之。

〔**按**〕例言九条、补正三条均录自《利济丛书》音声语言文字学十种之一的《新字瓯文七音铎》。除下文《新字瓯文学堂开学演说》外，尚有《七音图》和三十六课，末附《瓯谚略》，文字改革出版社 1958 年 2 月曾予影印出版。

新字瓯文学堂开学演说

（1903 年）

今天是利济医院新字瓯文学堂开学的日子。吾且把院中造出新字的缘由，说给大众们听听。这医院新建在浙江温州府城内。原有两个，老的却在瑞安，造起来差不多有二十个年头。那主讲先生别名皋牢子，他读书无成，去兴医道，听说古人有“上医医国”的话，要把那四个字着实做到，表明医家本等应办的事体，这么唤做医国。因为人有人的病，国有国的病，现今吾们大清国的病呢，是坐在“贫弱”两个字哪，只有富强是个对症的方儿，因此造出新字，当那富强药方的本草，这且慢表。

且说吾们现在所立的地面呢，本来椭圆如球，故此唤做地球哪。地球上面有五个大洲，吾们所居的地方呢？是亚细亚洲。那五洲中又分五种人类。那五种呢？黄、白、黑、红、棕，吾们倒算是黄种。黄种初代的祖宗哪，唤做轩辕黄帝，这文字就是那老祖〔宗〕的史官仓颉、沮诵两个圣人造出来的。当初的字形头粗尾细，同那虾蟆字一样，便唤做蝌蚪文。后来到了周朝宣王的时〔候〕，史籀变为大篆；到那秦始皇的时候，丞相李斯又变为小篆；同时程邈又以篆字笔画忒多，另外造起一种隶书。秦朝一过哪，便是两汉，史游又造草书，刚是西汉元帝的时候。后来到了东汉章帝的时〔候〕哪，王次仲才造正楷，就是现在吾们所写的字了。变而又变，那仓圣所造的古文,早已影迹全无。若说寻常的道理,古人费了许多心思,造出文字,应该万代遵守呢。后人灭了古人的迹,岂不是个大大的罪过么?不知文字如衣冠、车船一般呢,原取便民适用,合时为主。现今吾们穿的、戴的、坐的、驶的,那一件还是三代秦汉的老样子呢?何况文字!考之前朝,大约远者千多来年,近者数百年,文字就没有不变的。只有东汉至今,差不多有二千年,依旧守着这篆、隶、正、草四体哪,并没有造出新字。吾们中国在地球上面呢,当初也产过多少大圣贤、大豪杰,原算是头等富强的国度呢!只因吃了文字守旧的亏,遂不觉走到贫弱一路上来。这是甚么道理呢?吾且慢慢说出来把你们听。

外洋如英、美、德、法、日本,男女八岁一定要他到学堂里读书。有不依他律例哪,就拿他的父兄治罪,因此到处多是学堂。通国算起来,一百人中那识字的竟有九十多人呢!中国除城镇大地方以外,能晓粗浅文理的,十个人中哪,还挑不出一个,这就差得多了。他那里识字的人多,故人人多会自己读书、看报。无论做官的、念书的、造机器的,应该用着文字呢。即那种田的农夫以及泥水、木匠哪,亦多能自己刊报著书。所以他们造出来这许多东西,制作一天好一天,销场一年阔一年,利源就兴旺起来了。国富没有不强,此是一定的道理。

吾们中国那里够得上呢?地方既没有这许多学堂,字又着实难识得很,每字既有许多音哪,每音又有许多字呢,而且笔墨忒多,通扯起来每字总有八九笔,多者四五十笔不等,字共四万有馀,紧要的也有四五千呢。还有许多音统没有字,就是在学堂十年出来哪,旧字个个认得解得,唤他们写几句口头的言语,开一批手面的帐单,竟没有一个能一直写下去的。那人(这)〔怎〕么肯费了多少功夫,花了多少银钱,去学这没有用场的文字?识字人少,自然读书明理的不多,所以西洋从前尚称吾们为半教的国,近来竟呼吾为野蛮呢。因此甲午年以后,中国有志的通人多晓得开通大家的聪明,总要造出新字才好呢!现在刊行的已有吴人沈学、闽泉卢戆章、龙溪蔡锡勇三家。不过他们书字形、字母哪,多是仿洋文的法子,而且母韵不全,故取音仍然不准。中国有些音,依旧是没有字的,他们书多在那里,大家看过,多是这么说。吾们造出来的新字是纯主中法,略参西文,将来中外通行起来,也好替中国争点文明的面子,字只九十八个,每字一笔,两字拼成一字,有音即有字,每日费了一点钟呢,一个把月就会自己写信记帐,略略加些功夫,并能阅报读书,真乃是文字场中的轮船、铁路,比之从前,十分里头总快便的九分,好不好么!

这部书原名福利音,后来又改为都利音。本来造字传音,用场在音,故名字就音一边取的,这么说用场在音呢。因为天地间音声的作用很多,现在统没有人替他发达起来,如那光学、汽学、电学一般,只好先用他来治国治病。这话说起来似乎有些稀奇,不知道古人听见乐声,就晓得那朝、那国的治乱兴衰,这宗道理是有人听过的。说那音可治病,未免有些不信,那晓得上古祝由遗编——禁咒,就载在黄帝造的医书《内经》里头呢。还有一件,古人“藥”字从草从樂,岂不是一个绝妙佐证吗?如今寓音于字,因此改名“瓯文七音铎”。这(怎)么唤做“七音”,宫、商、角、徵、羽五音,再加那变徵、变宫两音就是。那“铎”字是(这)〔怎〕么说呢?上古本有小小执事官儿唤做遒人,国中凡有紧要的事,他就把那木铎在路上摇起来,告诉大众们。(这)〔怎〕么唤做“瓯文”呢?是说此文出在东瓯,犹之英文出在大英、和文出在日本哪。这部书的名字就取这宗意思。但是现在的人多贱今贵古,还祈明公理、发热心、有大力量的人帮助吾们推广推广。无论文的、武的、贫的、富的、老的、小的、男的、女的,劝他学起一个,去教一家,数年之内,吾们黄种四百兆同胞没有一个不识字,国家自然没有不富强的。将来好在地球上仍做了第一等文明的国度,好不好么?到那时候,不独本医院沾得幸福,即吾们老祖〔宗〕同那当初造字二位神圣,亦当欢喜无量呢。请大众们仔细看看罢!

〔**按**〕录自《新字瓯文七音铎》。文首注明:“东瓯陈虬志三谱定同院诸子校。”薛凝嵩氏对“都利音”的解释是:“陈氏认为学会七音,对学习文化都有利,所以称它为都利音。”

《瓯文音汇》例言

（1903 年）

一　全书分方言、官音、古音为三级，意在由方音而正官音，由官音而考古音。由浅及深，事半功倍。此与《七音铎》均为初级之书。熟精三级，于古今中外声音、语言、文字一以贯之矣。

一　所称官音，系指官韵而言，非近时所说之官话，读者幸勿致疑。

〔**按**〕例言录自《利济丛书》音声语言文字学十种之二的《瓯文音汇》。该书分瓯文为 28 部，据新创 98 字演为标音符号 404 个，文字改革出版社 1958 年曾予影印出版。

卷十　书函

上东抚张宫保书

（1890 年 6 月）

虬白：

虬闻今日为经世之学者，动曰："欲天下长治久安，非复古法行封建不可。"然则郡县以来，天下果无治耶？为救时之说者，每扼腕太息而言日："今纪纲坏极矣，非大变法不可。"然则四千年中独商鞅、王安石为得耶？乃太公封齐，三月报政，而鲁公则迟之三年。夫齐、鲁接壤也，二公皆圣人也，何论治亦各不同乎？然则缓急张弛，果自有其道在耶？虬瓯东鄙士，阅厉未深，何敢妄论天下大计。顾维狂夫之言，圣人择焉，故生平颇有论述，冀以刍荛一得之长为朝廷收铅刀之用。乃九度槐黄，始离席帽；春明一战，铩羽空回，郁郁无可言者。将届出都，长沙徐师怂恿来东，以为公当代伟人也，若可纡道一见，以抒其胸中所欲言。虬受命不敢违，日昨抠衣进谒，命延入内，出其幕府诸君上下议论，使虬得恢广其见闻，激发其志气，幸甚！闻虬有《治平通议》各书，且言"将来当为代付剞氏"，勤勤恳恳，仪文备至，如父兄师长之慰勉其子弟。虬何人斯，躬逢此遇，且感且悚，不知所措。颇以仓猝不获尽言，退因条陈八事，酌古准今，以因为创，无过高之论，无难行之事，如蒙采纳，一转移间，当立有起色，幸留意焉。

昔汉文帝，汉之贤君也，亦曰"卑之无甚高论"。度吾所可行者，诚以为治不在多言，顾力行何如耳。倘微言可录，立见措施，或节润入告，请旨饬下，各直省疆臣一例举行，使虬数十年伏案讲求之苦心，得于吾身亲见其盛，则感且不朽。

虬元发始燥，即事举业。弱冠以前，治词章训诂。二十以后，留心经世。旋以过劳，得咯血不瘵疾，旁攻岐黄家言。历试不售，折而之他，遁入释、老，百氏之书，略皆寓目。年逾立境，始专心身心性命之学，思范文正"良相良医"之旨，一意于医，治之又十年矣。自分驽骀之质，不复堪为世用，留心撰述，冀成一家之言。然于国计民生与地方一切利害，每有见闻，辄枨触而不能自已，伏枥之志仍未忘也。跧伏里闾，无所事事，又秉性戆直，遇事敢言，与世多忤。居尝抚髀感慨，以为茫茫海内，终当有知吾者。己卯客游金陵，以文字受知于沈文肃公，颇蒙奖借。旋以试事回浙，而文肃遂有骑箕之命，身世遇合之间，有足慨者。昔韩荆州寻常一刺史耳，李白乃言"不愿封万户侯，但愿一识韩荆州，请赐阶前尺寸地，吐万言为快"。苏子由之《上韩枢密》也，言"此来于山见嵩、华之高，于水见黄河之大，于人见欧阳公，而以未见枢密为恨"。虬虽才不及李白，而所历之境雅近子由。荆州不足道，而公则固今日之韩太傅也。闻吾朝有林少穆、江岷樵、左季高三先生者，当其平居，落落好大言，志趣豁然也。陶文毅、曾文正、骆文忠三公一见即能相识。如虬无似，岂敢遽望三先生？然辽东出豕，亦颇自诧其白头。意欲求陶、曾、骆三公者，一见以决行止，舍公其尚谁属耶？如虬材尚可造，当归而炼其筋骨，养其知慧，徐以增益其所不能，期为吾公供他日驰驱之用。若材具福泽不足以肩天下事，则虬不朽之业自在，将谢绝人事，闭门下关，穷年矻矻，求所谓立言之举。暇当缮成清本，邮请指正。息壤在彼，亦将于吾公有厚望焉。

虬年四十矣，尚未有子，行将为似续之计。又手创利济医院，猝难毕工，家门二十馀口，岁需五百馀金，倚虬以活。然鼯鼠之技尚能自卫，此来并无所求，诚欲得公一言决终身行止以去耳，吾公其许之否？行有日矣，将游泰岱，寻东封遗址；登日观最高处，左右四顾，慷慨悲歌；招齐、鲁二公之灵，起而翼公以甸海宇，苍生幸甚！天下幸甚！

狂瞽之言，罔识忌讳，语多逾分，幸原宥焉。

再，署中如有东三省及新疆、黄河等图为外间所未有者，祷赐数帧以压归装，则不尽之望也。

一曰创设议院以通下情。

国家威德覃敷，怀柔所至，泰西各国竞以长技入输，当道诸公师问官之意，即节取其寸长，以为土壤涓流之助。如矿务、铁路、电线、制造诸法，以及广方言馆、水师、武备等学堂，皆一一仿行。虬愚以谓泰西富强之道在有议政院以通上下之情，而他皆所末。议院之设，中土未闻，然其法则固吾中国法也。考之传记，黄帝有明堂之议，实即今议院之权舆。《管子·大匡篇》："凡庶人欲通，乡吏不通，七日囚。"子产不毁乡校，其知此义矣。盖古圣铎鞀之设，辅轩之使，皆诱之使言，凡以求通下情而已。今牧令以数千里外语言不通之人，贸贸然亲临其上，父事兄事，猝不得其要领，不得不委之无识之吏胥。于是施其鬼蜮狡狯之计，朦蔽长官，吓诈平民，上下壅格，而弊不可胜言矣。请于省垣外札饬各州县一例创设议政院，即就所有书院或僧道寺观归并改设，大榜其座，与民更始。一年四课，每季一考，于书院经古之外，另策以近时利弊疾苦所在，与兴革按抚之方，论议策答，随题而施。卷面令直书姓名，不准捏名冒替，拔取前列数名，不时延请入署，慰问劝勉。遇有大事则克期集议，轻舆减从，亲临议院，与地方父老周咨详问，互相驳辨，议定而后行。务使上下之间煦煦呴呴，如家人父子之自议其私，则《诗》所谓"乐只君子，民之父母"，虽三代之盛，不难复也，泰西云乎哉！

一曰大开宾馆以收人材。

我朝沿前明旧制，以帖括取士。士之怀异材者常苦格于有司之绳尺，温温无所试。军兴以来，宰辅疆臣膺五等之封、建千古之业者，有不尽由于科目。于是有志之士争濯磨砥砺，冀以功名自见。云蒸霞蔚，人材辈出，实为亘古所未有。昔日之材常患其少，今时之材日见其多。虬以谓材少可慨，材多尤可虑。今俄罗斯横亘东西，虾夷岛、海参崴皆为所占，铁路四达，逼近东三省，朝鲜颇闻近有异议。倭奴常蠢蠢欲动，西南又有英、法、缅甸、越南之役，夐然四顾，有识寒心。则收罗人材，尤今日切务中之切务也。三年蓄艾，十载树木，在直省疆臣，当无不知以臣事君之道。虬愚顾鳃鳃过虑者，以为国家厚泽深仁，沦肌浃髓，垂三百年。士食旧德，断无不感激涕零，愿效驰驱之用。然人情叵测，万一有不逞之徒，如张元、徐海、牛李其人者，铤而走险，则疆臣旰食之日方长矣。请于省垣及有海关道处开翘材馆以鼓舞而羁縻之，则于求贤之中寓弭患之意，此诚一举两得之计也。或谓经费太绌，位置实难，又将奈何？虬谓大臣之视人材，当如父兄之得佳子弟，宁减其家常不急之浮费，培植以使成材，断无久任其埋没之理。夫人抱不世之志，为人所难为。挟策远来，其为衣食计则可怜，其为国家计则可感，宁有堂堂中国遂无涓滴以苏寻尺之鳞也？况以天下之人材办天下之大事，当无有不兴之利、不给之虞。彼人材者，肯一筹莫展，弹铗求鱼，甘受当途之豢养乎哉？知必不然矣。宫保当代龙门，求贤若渴，归者如巨鱼赴壑，鳞甲稍异者，无不烧尾而去。此固公平昔所优为，似可无庸再及。愿特树风声，为各直省疆臣劝。故敢再以元公三沐待士之诚，阿衡一夫不获之思为公进。宋太宗使南唐诸臣修《太平御览》，饶有深意。虬谓可即就今日之书局详定章程，择取切用易销、民间罕见之本，委令局员分任校勘，实事求是，札发各州县就近督销，并可移资外省各局，彼此汇兑，则于兴利养贤之中寓振作人材之术，亦开源之一道也。

一曰严课州县以责成效。

牧令，亲民之官也。牧令得其人，则疆吏坐享其成而天下治矣。汉宣帝有言："与我治天下者，其良二千石乎！"今天下牧令之贤者，练达有守，实事求是，固自不乏人，而恇怯阘茸，公事积压者，亦复时见。当严行督课，不得以空文详报。请饬令印官于到任后克期下乡，携带图志，轻车减从，巡阅境内一周。所到之处，延衿耆，问疾苦与一切利弊所在，采访入册。复修召伯茇舍之典，就近放告。案情较轻者即予讯结，重者方令来县对簿。回署后择其应先行禁革、兴办者，赴议政院集议举行，条列其筹办之法、年月之期限，三月内申详。此盖就各处地方情形不同者而论也。更有为阖属所当一例遵行者，凡六事焉。视教官举报优劣之式，劣者三：曰地痞、曰讼棍、曰猾吏，阅实，勿遽加以刑，勒令出具改过自新、现习何业甘结，有再犯者，治之以法无赦。三者当榜其名于衙署之门首，十年无犯，消去名字以还其廉耻。惟猾吏则当禁锢终身，永远不准更名入卯，此除暴之法也。劝善之方，科亦有三：曰经明行修，卓然人师；曰孝亲睦族，独敦古道；曰急公好义，力激颓风。访闻确实，择尤旌表其门，岁时存问以示优异。到任后一例册报，三者皆指举、贡及平民以下而言。若绅宦则固无藉激劝矣。岁终，着将兴革各项事务，各造四柱清册汇详存档备核。任满而应办事件未了者，协同新任留办，交卸后不得遽行回籍。若此，则州县无不兴之利，无不成之事，三年之后，百废具举，人材起，地利出，而富强之术在是矣。近日官场积弊：印官解任后盘项一清，即可置身事外；任内兴革事宜一切听之后任；履新任者每多自换局面，置前不理，往往功败垂成，甚为可惜。更有以官为市者，将届任满，力创公举，冀以善后为久任之计。故当于禀报时观其任事之久暂，核功程之深浅，量为判准。近日官场习气太深，嗜好太重，皆足为风俗人心之害。庸者视为传舍，贪者居为利薮，名为知州、知县，问以刑名钱谷，则皆平、勃宰相材也。在任十年，有不识地方广轮之数，终年有不坐堂者。酣眠晏起，终日昏昏，如登场傀儡。冠盥需人，吸鸦片烟，打马战牌，装腔扯架，作官样文字已耳。呜呼！剥削下民之脂膏，斲伤国家之元气，终亦自断绝其种类而已。习俗所移，贤者不免，醉生梦死，曾莫之省。虬谓其贪者可恨，其庸者尤可矜也。由吾之说推而行之，捋期月已可，三年有成，则公之造福于天下国家者，岂有涯哉！

一曰分任佐杂以策末秩。

今之牧令非尽不贤也。其拘谨者亦能留心公事：顾处分，患考成，疲精惫神，治官文书，鳃鳃恐不得当，中夜数起，如永州之说捕蛇。然不过钱、刑两端而已，他利害不及计，亦不遑计也。虬谓知州之下有同、判，知县之下有丞、尉，在今日尤闲冗之尤者。顾朝命所在，不可遽行裁减，宜因而假之以事权，分州县之职守，以策副贰之精神，变赘瘤为臂指，计莫善于此矣。今判、丞、尉、簿之结衔，皆兼有水利、河防、盐粮、驿务诸色目。而寻其所治与岁入之俸，曾不得与州县吏争一日之利权，无怪其俯首结气，坐私衙，打屈棒，甘为豪富奴隶。州县四季虽代报有并无擅受民情之结，然此特具文焉而已，非真实事也。彼既不能自重，朝廷大吏亦遂以不甚爱惜之官视之，杂流之坏，于斯已极。夫人有一命之责，即当为朝廷效片长之用，岂可令逍遥闲署，终日吟哦，养成无用之身哉？其甚者，直冠带狼虎，纵之以搏噬平民耳。可怖也！法穷则变，是所望于柄国钧者。教官之在今日，亦赘瘤也。宜责其征收文献，举报优劣，有不实不尽者，论如例。

一曰酌提羡银以济同官。

古者封建之法行，分田制禄，宦不出乡，身膺一命，即俯仰宽饶。上中下士，禄以次登，无所谓缺之肥瘠，实亦不必计也。今则不然：需次之员，远者万馀里，近亦不下数千里，倾家挈室，间关赴省，岁周不得差，则富者告贷，而贫者典鬻。幸得补缺矣，而初任每多试以简缺。盘项先亏，责后赔前，私债既充，加以公项。公私交迫，进退狼狈。寿命不长，累及妻孥。宦海蹉跌，如堕鬼道。唏！可悯也。其缺之肥者，一人奉公，百家仰食，如屠沽张市，非不热闹，徒供人饱，名虽优肥，渗漏亦多。然则今日之宦途，无往而非荆棘已，非大加厘剔而调剂之不可。缺之肥瘠，省异而郡不同。陕、甘、云、贵为最瘠，而易于得缺。江、浙多优，而难题补，然颇易得差。豫、闽、山东以及川省，多系中中。广东、台湾，近经厘定，渐不如前。至如浙之嘉、湖等县，江之上海、南汇、华亭、江阴，安徽之宣城、芜湖，湖北之汉阳，陕西之临潼、宝鸡，有视简缺相去廿馀倍者，安免臣朔侏儒之慨。此皆就见闻所及而言，并未见有楮墨，尚属道听之谈。然倍蓰之理则实有之。请札饬各州县平实羡馀，分上中下三缺。下者免议，中上酌提羡馀，解省归公，以济需次人员之用。忆左文襄公抚浙，曾将漕粮耗羡大加裁革，仅留少许，归入平馀，解省充公。盖州县今日之挪移，即不免他日之亏空，将来公捐私垫仍皆取之同官。与其摊赔于后，何如推解于先。况肥缺既经上司抽提，则投靠者自少，一切无谓浪费之应酬亦可从而大减。通盘计较，损或无多，似亦实心报国者所不吾訾也。大人当儒素穷居之时，量入为出，可守昔贤一介不取不与之节。然分金多取，鲍叔不以管氏为贪，观人之道，抑亦别有在焉。迨一入仕途，苟可自顾其身家，得以其馀分润于乡党宗族，即当为国家效犬马之劳，不当为子孙作马牛之计。今之为州县者，需次则衣食常苦不给，得缺则酣豢无所不至。同为国家倚顾之人，吾处其肥，人当其瘠，易地而思，毋亦有耿耿于心者乎！治国之道不外均平，是在大力者主持之而已。

一曰广置幕宾以挽积弊。

呜呼！今日之天下，胥吏之天下也。患在士大夫不谙吏治。始虬尝谓欲天下长治久安，必尽革胥吏，拔取廪、增、附分曹办事，仿汉人自置掾吏之例，京秩自司官上至部院，升补皆以其曹，不得外转，庶得以专门久任，练达公事。今变法之议既不能施之今日，当饬令州县于议院之中延聘廉朴晓大体者为幕宾，而移胥吏之权。每有禀报，着其另纸签明系某人主稿，旁注履历，庶上司平时得以熟识其人，收为夹袋之资；而人亦得以自奋于功名，不敢以苟简之心施之案牍。今儒者一履仕版，所习非所用，公牍文字不得不诿之胥吏，且档案山积，非资熟手不能查核，故此辈遂得以久据衙署。昔人所谓“官无封建，吏有封建”，诚慨乎其言之也！嗣后印官交卸，皆着幕宾约纂《牧令须知》如历城则曰《治历须知》。两册，一以移交后任，今办移交仅就案卷，并未详及治法。一以解省，汇订摘要，刊给需次各员肄习。五年一汇，按部增入，又何必以吏为师，出斯相之下策哉？李斯所称以吏为师，吏本是儒，与今日之吏迥别。今内自部院卿寺，外自道府州县，大小各衙门一切文报皆主之吏，本官并不知其中作何语，临发署纸尾而已。

一曰钤束贱役以安商贾。

商贾挟百金之值，出里门数武，即不能自致其力。于是水行需舟,陆行需车,日与篙工、轿埠、夫头、挑脚为缘。此辈皆无赖小人,见有衣服异常、语言不同、远来之客,辄任意留难,把持吓勒,冀饱其欲壑而后止。而为其所苦者,以主客势常不敌,谁甘以隋珠弹雀,轻于一试。且或以荒僻之地,无可投诉,纵蒙即理,而所费已多,故皆隐忍吞声,默受其亏折而已。夫王政之大,不遗细物;将兴之国,宾至如归,此岂无道以处之哉!法当令舟车轿马之类概行烙牌悬挂,详书其里居、姓名、年龄,而派委以司其事,设匭招告。商船烙牌已有新章,江湖小船亦当一例。挑夫扁担烙字,盐:公堂之禁私枭,亦曾行之。口但不可官为定价,过多则群相争役,过少则农忙无人应役,暗中阻碍,反致主客两伤。市井一切物值,官但可治其已甚,过烦则扰矣。旅店门首着照门牌式改悬大粉牌一面,帮伙须令系有腰牌,方准入房。使行李往来者万一稍有异常之折挫,可以默识姓名,向匭投书,重惩一二,而道路始帖然矣。天下事有虽公而不可归之官办者,有虽琐而必当归之官办者:婴堂也,义渡也,粥厂也,医院也,文成会也,借钱局也。或名因利局,甚便贫民。与夫地方一切义举,均当委之公正练达之绅董,地方官不得从而掣肘,但奖励其成而已。一归之官,则董绅辄不得自由,往往良法美意,仅足供里胥、土豪牟利之薮,而实际之及民少矣。由虬前说,事虽猥琐,似非政体所在,然周官三百六十属,虞衡柞剃之各有掌,臬炭荼蜃之各有司,顾独详于治下者,诚知此道也。若夫北方之镖客,镖局近日已成弩末,闻直、东两省不过百馀人,人岁不过百馀金。即南方之包头,宜悉籍之于官,而仿伢户之例,给帖杜私充弊。悬牌,令人视而可识。此等亦有公私之别,私者北方谓之臭鞭,臭疑为草之误。今时人以物之劣者为草,其实草又为雌之误,盖对雄而言也。其在南方,则有吃白食、烂脚分、倒路死诸名目。此皆在严明官长一纸之力耳。万家生佛,一路福星,公盍加之意乎!

一曰变通交钞以齐风俗。

国家声教远讫，琛赆来朝，比户可封，固宜道一而风同矣。乃钱法反错出而无统，虬甚惑焉。用铜其正也，而晋、闽间或有径用铁钱者；当一其正也，而直、东两省则有当二、当十之目。名虽当二，实止当一。京钱虽称当十，其实亦止当二。至搀和私铸，私铸则有白板、砂壳、剪边、新砂、鹅眼等名目，甚有用粗劣厚楮，染以砂油，搀夹行使者。此事颇骇听闻。留底短陌，自古有之，今则千文有扣去六文者，有或扣十文者，甚有二十文、三十文不止者。折扣大钱，南省钱凡三等，有净钱，即制钱也；有通净，有通钱。制钱则有九折，或有八五折者。则又郡异而县不同。至于银，一也，而有纹银、一曰高银。松江银、规银、对冲银。纹银为最，松江次之，规银则但据以入算，对冲则市铺所作售伪，介乎钱银之间。又有所谓番钱者，来自外洋，故又曰洋钱。流入内地，岁耗不赀。唯浙东间用坤洋，系台人赵坤呈准开铸，然仅行之邻近数郡，出省则废。此外名目则有鹰洋、面作鸟形，亦曰鸟洋，本出美国，故称英洋。或云出墨西哥国，未知孰是。苏净、即花边洋。本洋、即鬼脸番。日本洋、正书年号。开洋、即小洋钱，有对开、四开以至十六开者。糙洋、即各洋打戳者。刮洋、挖刮太甚，有重仅四钱者。等项。又有夹铜、哑板诸杂洋，悉数不能终。江南则向行苏净，安徽则独用本洋，糙、刮仅可施诸瓯闽，杂洋但可行于沪渎，此为异也。铜钱、银洋之所藉以权轻重者，等子也。乃京师所用之市平视库平每两弱四分，山东所用之济平视库平每两弱一分六厘，是济平又强于市平二分四厘也。至于漕平、规平、兰平、川平、湘平、广平诸目，纷歧杂出，闽中则有福建等。又无能一一数矣！客行赍千金，驰万里，稍不留神核计，南北往返数月后，囊中物无事而坐耗其半矣。此亦今日病民之一大端也。虬愚以谓天下大计，当令直省开铸当一大钱杨石帅督闽开卯，以八分五厘为率。为通行银蚨,近张香帅督粤,面以双龙为号。而官设钞库以济银钱之穷。李爵相曾有官银号之议,为言者所阻。虬谓钞票之议终当举行,万一度支偶绌,接济未前,大可持此以为挹注之原。况顺治八年亦尝每岁造钞十二万,后以国用充裕而止。咸丰初年,京秩亦尝搭放钞票,此皆祖制成案之历历可征者。所行筹码,一以库平为准,度量准此。似亦同量衡之要举也。然兹事重大,非仓猝所可言。请遵户部开源节流二十四条中“令汇兑号商给帖”与陆桴亭之议,札饬各州县及码头较大、舟车孔道之处,设立官银号,而派委以主其事。陆之言曰:“当于各处布政司或大府州县处设立银券司,朝廷发官本造号券,令客商往来者纳券取银,出入之间量取路费微息,则客商无道路之虞,朝廷有岁收之息。”桴亭,本朝之贤者也,其言如此,则虬之说庸亦有可采者乎!虬谓今日理财之法有三:有商贾横取之利,有官吏中饱之利,有国家隐伏之利,此皆于下无损而有益于上。今一孔之儒,突闻理财之说,便以桑、孔相诟,朝廷安望有振兴之日乎?又尝综论中西大势,以为富强之道,利、权二者而已。泰西实能搜其利于权之所不及,权在而利愈兴;中国不能行其权于利之所在,利散而权将替。富强、权利之间,天下之大局系焉。盖所贵帝王者,宅中治外,转移天下之利权,调之使平而己无所私,如是而已。公诚行之一省而效,将请旨饬下各直省疆臣一例奉行,则国宝流通,无远勿届,有不鼓舞欢欣、共庆大同之盛哉!

右都八事,皆就今日疆吏及牧令所得行者约略言之,而大旨尤在赏信罚必以持其后。今天下之病萎槁极矣。振之雷霆以达其阳气,润之雨露以遂其生机,未有不勃然起色者。若夫河工善后之宜、山左形势之议,则公历试诸艰,身经百战,老成硕画,岂下士所能赞其高深?况虬初来山左,阅历未真,何敢摭拾陈言,以影响之谈干布鼓雷门之诮。故概不赘论云。

〔**按**〕此书即《东游条议》,录自《治平通议》卷六。由于八目中频见上书口吻,故原书《目录》把《上东抚张宫保书》和八目并列,有割裂之嫌。为恢复全文的完整性,把八目做为上书的内容一部分。东抚张宫保指山东巡抚张曜(1832—1891),字亮臣,号朗斋,直隶大兴人。初在河南固始办团练,因击败捻军陈大喜等部,升任河南布政使。因目不识丁而被御史刘毓楠参奏,发愤读书,始通文墨。任山东巡抚期间,曾治理黄河水害,办海岱书院,颇有政绩。陈忠倚《皇朝经世文三编》卷二十曾以《上东抚张朗斋宫保书》为题予以节录(删去八目),八目则删去"大开宾馆"和"广置幕宾"二目,分别录于卷十八、卷廿三、卷三十和卷三十三。

致宋燕生书(二通)

(1889年9月20日、1891年4月17日)

一

燕生仁兄大人阁下:

虬自廿一日省垣起程,廿六始抵甬江,本拟返棹武林,一俟榜后同图进止。仔细思维,实多未便,即附海昌轮舟先归。临将发而悬车,方戒途而返旆,其为首鼠,厥亦有由。敢布区区,聊尘清听。

虬粗衣布服,积有岁年,长缨紫衣,渐回俗尚。故好事之徒倡有布衣党之目,名虽不雅,意颇甘之。而申江奢丽,有逾寻常,宝服离奇,如游琅宇,金睛党尉,活见图形。虬若自赋初服,则章甫适越,嗟同在昔;若眳胡禹裸,从俗而靡,则寿陵馀子,未得国能,先失故步,不衷其服,丧吾实多。是知楚人沐猴,讵有衣冠之适;优孟抚镜,俄惊面目之非。其不便者一也。鼫鼠之技,以医为最,闲居食力,尚觉无惭;而桔黄已届,百病潜藏,计过开春,始可借手。每日费用须二先令,约非先令三百不办。寒冬跧伏,无事可为,啮根自倒,计亦非得。铜山无涨焰之时,范釜有生尘之虑,屠龙之技,亦复何施。盖毛遂处囊,谁售自荐之策,干将在冶,难为不祥之鸣。其不便者二也。许君前议，坚请入都，班生投笔以平戎，长沙上书而辅汉，方轨曩哲，岂无意欤！乃都门所主，当道无多。而赞皇党人，断难资其推挽；江夏积谤，非可释以杯弓。衮衮台阁诸公，生平素昧；逐逐长安道上，岁暮何为。况虬久惯夜郎，未随朝请，扶馀海外，亦颇自豪。倘改事北辕，依人俛仰，则是楚王入秦，已谢南冠之贵；昭君出塞，元复汉宫之春。本图立帜，难竖降幡，其不便者三也。积斯数故，遂尔趑趄。虬拙著韵学、医书各种，属稿垂成，但未杀青，若专心理董，半载之后便可蒇事。《太元》既就，待相识于侯芭；《雕龙》告成，行乞序于沈约。况医院绵莼，赓续需人；途轨稍妨，便非吾意。以故宣尼在陈，发归与之叹；孔子思鲁，有斐然之音。若得遥蒙德庇，早竟厥成，便当磨盾橐笔，纪一统车书之盛；乘风破浪，为五洲汗漫之游。跂予望之，亶其然乎！

阁下本是妙年即具壮志，枕葄经史，倓张中西。日下荀鸣鹤，云间陆士龙，无此名誉；大儿孔文举，小儿杨德祖，是当品评。盘盘大材，投无不利，所冀导吾前路，有开必先，或当勉步后尘，愿为其易。

临风裁楮，书不尽言，即颂

邸安不另

小弟陈虬顿首

己丑八月廿六夜漏四下泐

愚初兄处不另柬道候，阅毕祈加封转致为祷。

〔按〕本函录自《宋恕师友函札》。温州市博物馆藏有原件。许君指许启畴，江夏指瑞安黄绅体芳，愚初为黄庆澄字。

二

燕生仁兄大人阁下：

读来诗，称许过甚，愧不克当，谢谢！

尊作瘦劲逼似半山，若稍加锻炼，当令昌黎北面，近人伏敌堂不足数也。长沙师赠联已经裱好，刻被友人借悬。《池跋》卒不及检，容另日一并奉电。承索拙作，附乞邮政。不自作楷书久矣，嘱亲裁复，拨冗使粗笔，如白头废将力挽八石弓，未知精力尚可用否？呵呵。

《定庵集》尚未向借，并此附知。即请

辎安。

制小弟陈虬顿首

辛卯三月初九日

〔**按**〕本函录自温州市博物馆藏《宋恕师友函札》。来诗指宋恕《题陈蛰庐〈族谱例言〉》五律，长沙师指徐树铭，赠联指徐早年识拔陈虬时评语："当以文章横行一世"，原联未详。

致刘之屏书

（1895 年 12 月 10 日）

（上缺）此案虽蒙各大宪秉公汇定，然非阁下与鲁翁等协力同心，不惑于浮议私怨，始终不懈，虬亦无从措手。现案虽大定，但乐邑于钱粮之案，十年之内控凡三次，每次讼费动逾千金，仍皆取之各粮户，无异以暴易暴。惩剔利弊，主持公议，责在吾辈。此次所费不过百金，当各视为一家事，慎勿妄取粮户分文，将来方有事业可图。弟与阁下知之有素，断无此虑，仍恐有不肖之徒借此敛钱，如有所闻，务当向县禀请查办一二以表心迹。（下缺）

〔**按**〕本函录自《乐清县南米浮收控案》木刻本。光绪二十一年十一月廿一日，禀生刘之屏《为反噬影射，请办未办，迫祈愿情昭雪，一两饬县察办以息浮议事》呈文，内云："十月廿四日，生接举人陈虬函，来称……"函中"此案"即指乐清县南米浮收案，"鲁翁"指洪邦泰（字鲁山）。刘之屏（1856—1923），名恢，字久安，榜名之屏，自号梅花太瘦生，乐清人，曾襄办《利济学堂报》。

致汪康年书(四通)

(1897年5月15日、6月18日、9月8日、1898年2月10日)

一

穰卿仁兄同年大人执事:

贵报二十六册共七十册已收到。

敝《学堂报》已出四册,近郡都甚风行。初本参用活字,现全改木刻。拟午节后四出远售,当呈大教,彼时还望大力广销。

前贵报中有《不缠足会章程》,详确深至,条理秩然。此举若行,足挽中国二千年来弱习,钦佩无似!弟前知有弛女足议,不过同志数人略定约章,就地制宜,未能广行。而同院池君次滂以"弛女足"三字不如"戒缠足"之名义较广。盖弛之云者,弛者自弛,尚少觉悟之义,而戒则并未入会者皆可风劝,池君之言颇是也。贵会俟颁到定章,同人当可从入。鄙意贵章中小分会似可酌裁,每省设一总会,各府州县但设分会,即系以府、州、县之名,使人无称名不足之意。分会以五十人为一籍,不满五十者可附于邻近会中,俟满数另行分会。又助赀百金即推为主会,似宜稍变。主会非空名,必求其能办实事,倘有不解事富豪,孤注百金,恐难堪此名实。且恐有才能者不免哙伍之嫌,似可另列捐赀一章，俾无将就滥主之诮。又他日所有利益，惟会中得沾利益，尊意不过为目下集赀起见，而于公理未免有碍。既就集赀论，若仅仅以会中人得沾利益，则他日于女学、医院、报馆诸举，终恐有窒碍难行之处。可否当云："届时当分别在会、不在会，定章酌办，略为通融。"区区之见，百无切当，幸转达贵会诸公裁之。此达，即叩

大安

年小弟陈虬顿首

四月十四日

〔**按**〕本函录自《汪康年师友书札》（二）页 1999—2000《陈虬书札》一。

二

穰卿仁兄同年大人执事：

贵报、《湘学报》并致池君函领悉。

敝报改刻已出四册，敬寄奉三十分。宗旨虽出于医，而推广义类，针起聋瞽之意，猥与贵报变法、论学相与经纬。敢援《湘报》之例，附骥贵报，希藉畅销，亦群义之一端也。

地图股金已代招集八分，月杪当可收齐付邮。手此，肃请

纂安

年愚弟陈虬顿首

五月十九日

〔**按**〕本函录自《汪康年师友书札》（二）页 2001《陈虬书札》四。

三

穰卿仁兄同年大人如握:

得书愧甚!敝报本借同院之力始成,当时风气未开,竟能代销贵报至七十五分者,亦恃同院一味硬派而已。去腊收洋仅得四十七元,本年各报风起,兼以敝报端节收数通盘匀扯,不及十分之二。中秋皆在杭垣,更不必论矣。同院昨得十分之说,啧有烦言,辞气失慎,容或未免,适弟缘事回瑞,竟未寓目也。恕恕!

万金之举,全恃天幸,原不专借二三友好,幸各勉尽心力而已,多寡成败,非所计也。现附上敝报第七期三十分并书单一纸,下次望即并赐为荷。

率书手布,即请

撰安不一

年小弟陈虬顿首

丁酉八月十二日泐

〔**按**〕本函录自《汪康年师友书札》(二)页2000《陈虬书札》(二)。

四

穰卿仁兄同年大人惠鉴:

接大教,敬悉。

贵报七十分,去岁实销三十五分,而报资颇多未收,俟齐即缴。

敝《学堂报》分售有二千分之多,实销仅减半,而收数竟不及四成,并寄售各报亦在内,利源有限,挹注太多。敝院去岁亏折竟至数千金,想贵报外无一报不折本也。

存报,俟弟入都便沪时即缴,特覆。即贺

年禧

年小弟陈虬顿首

正月廿日

〔**按**〕本函录自《汪康年师友书札》(二)页2001《陈虬书札》三。

致杨伯畴书（四通）

（1899年1月、2月2日、2月8日、1903年底）

一

逢春足下：

别来无恙。闻之：愚者天地之宝也，智者天地之蠹也。天地生才尝忌智，特钟以一副痛苦，使日往来于荆天棘地之中，可胜浩叹！加之谤我、欺我、辱我、笑我、轻我、贱恶我、骗我，当如何处治乎！

然此段大事，虽是人本色，各各现成，不欠毫发。争奈无始劫来，爱根种子，妄想情虑，习染深厚，障蔽玄明，不得真实受用，使身心世界妄想影子里作活计，以致流浪生死，根株一时顿拔，岂细故耶？古人云：丈夫不得封侯庙食，则五岳四渎皆为我寿。今非其世，神仙不能作英雄退步。昔子房暮年脱身羽化已幸，假项氏之首以报宗社，借刘季之手以谢天下，使毫发无遗憾，此虽子房之才，抑岂非子房借此以欺世乎！且予非子房伦也：早岁失怙，父书未读，好慕游侠，高谈经世之学，每每高立崖岸，别树一帜，身世俯仰，尝不屑与哙等为伍。讵知六献槐官，文战俱失利。昔日之亲我、爱我，今则怨讟我也；生我、成我，今则横目我也。予虽不才，未尝不期于有用之学。自师心于顾亭林之言:匹夫之贱,与有责焉。

总之,黑白太分,终罗尘网。《诗》不云乎:“我生之初,尚无为……我生之后,逢此百忧!”盖善恶之见过明则不能用人,成败之见过明则不能任事,是非之见过明则不能谐俗。儒墨之见徒为世所指摘,悠悠长此,则何以堪!基督有言曰:“驯如鸽,智如蛇,二者具,可与任事。”我不能备斯二者,未始非天帝妒我、忌我、悔生我矣。虽然,我以不可思议之法力广布乎三千大千世界,揭恒河沙数无量数之萌芽妖孽,以绝天帝之累,明不得已之心,通智者愚,克愚者智,克之旨为世者告,吾子以为何如?愿明教我毋忽。

顷者岁暮,地坼霜凝,务祈宝留精神,鼎力从事,因风乘便,多惠好音。书不尽意,馀俟再渎。肃此布候,谨请

岁安

再白:日昨回梓,荒斋兀坐,闷极愤极,又不得一二知己讥评汉宋,拟议欧亚,拔剑起舞,对酒当歌,穷愁潦倒,悲愤交集,只能痛饮酒,读《离骚》,赋诗按歌,以自解嘲,抑将以贻赠吾子也。

〔**按**〕本函录自温州市博物馆藏品《杨伯畴师友函札》,信末“岁安”二字后剪去。因此陈虬署名和写作月日被割去。据函中“荆天棘地”、“流浪生死”、亲友“怨谳我”、“横目我”和“岁暮地坼霜凝”等语,应在戊戌政变当年流浪外地归来之时。杨逢春(1881—?)字伯畴,别署耐素子。永嘉人。1897年入利济学堂就学,为陈虬入室弟子。后为名医。

二

伯畴同院如握:

岁近计穷,因检旧著《通议》及《利济丛书汇编》,修函戈幼翁处乞援。三日矣,未见动静,望拨冗向伊处极力怂恿,能先过院更佳。此布,即颂

晚祺!

小兄虬顿首

廿二泐

〔按〕录自温州市博物馆藏《杨逢春师友函札》。戈幼翁名石麟,字幼禅,云南人,官温州同知。

三

前途此刻尚尔寂然。即晚烦拨忙到伊处一觇动静,能相机怂恿更佳,须不伤局面为要。回时可再过吾一叙。此致

伯畴同院左右

名浑

廿八灯下

〔按〕本函录自温州市博物馆藏品。信封:"要言即交　杨伯畴师爷启　利济医院缄"。前途应即前函中的戈幼翁。

四

昨夜将半，心疾陡作，指发裂肤，几死将数。苍苍者天，何祸我之甚也！虽然，抑亦我有以自取之也。仆素性憨直，立身坚卓，尝不愿与哙等为伍。平时尝欲自别一军，高立崖岸，所以二十年来落落寡合，儒、墨之见，徒为世所指摘。加之六献槐官，文战俱失利，即平时有旧识者亦遭白眼，遂以怨府自闻。心机日蹙，穷愁潦倒，悲不乡生。悲胜则愤，愤极生病，病之变我，不知其变为鬼、化为魅矣！

悠悠忽忽，若醉若梦，病变亟矣，势及迫矣，天荆地棘，谁遣我耶？谁无父母，椿荫早凋。谁无兄弟，手足如残。长此悠悠，曷其有极！天何不祚，命也如斯。命也如斯，谁或知之？呜呼！生我者父母，知我者鲍叔也。

〔按〕此件录自温州市博物馆藏品。据笔迹及内容（“六献槐官”等语）心境（悲愤），断为陈虬手笔。

卷十一　诗词·联语

诗　词

王师克复金陵诗以志喜甲子

（1864 年）

桂平山荒毒蛟起，含氛喷雾遍皇轨。帝命真人驾赤虬，长剑斫妖如豚豕。忆昔粤匪初揭竿，狐鸣张楚相等看。谁知横行一十有五载，毒痡四海摧人肝。金陵自昔衣冠宅，文武竟遭狐狸厄。作盗曾闻梁朱温，称尊自同唐刘辟。太白睒睒横中天，王命六师怒赫然。智高破从狄青策，元济平赖裴度贤。相臣桓桓辞金齐吧，百万貔貅同日死。九地兵起红云开，炮声轰震贼旧垒。是时阳气转洪钧，贼氛净尽清无尘。破虏虽关庙计工，定乱或借王灵新。近闻羌夷亦鼓螳臂力，罗计强拟日月蚀。壮志愿封狼居胥，会借星威扫尽欃枪过西极。

夏日偶成乙丑

（1865 年）

竹院阴深长绿苔，安排消夏独徘徊。手谈时负两三局，拇战频输五百杯。入耳泉声寒漱玉，困人天气晚闻雷。剧怜褦襶趋炎者，却对冰心尚浪猜。

雪后偕龙雨苍慰农鲍筱甫颂桢张英甫雄登隆山观海亭丙寅

（1866 年）

岁华暗换腊方新，风景登临望眼真。峰笔倒书天作纸，浪花高卷雪生春。青山落叶飘归梦，白舫孤蓬老客身。日暮海山凭吊处，几回愁杀别离人。时雨苍将归湖南。

睡　　起丁卯

（1867 年）

阁阁鸡声报晓迟，惊残好梦未移时。严霜十月高眠熟，睡起邻家报午炊。

秋　　夜戊辰

（1868 年）

斗转参横拱太清，梧桐院落坐深更。秋声近挟银虬静，雁语遥争铁马鸣。一枕清风高士梦，半钩新月美人情。严城八月笳声促，催动愁心半夜生。

病　起

（1868 年）

长空云物气萧森，药灶茶锅手自斟。睡起更阑怜月减，病馀枕冷觉秋深。青山夜静留云卧，黄叶声多杂雁吟。手把《离骚》歌一阕，两三星火自浮沉。

哭鲍筱甫颂桢　十首录一　己巳

（1869 年）

深宵旧感剧相思，玉枕埋秋恨可知。读罢《离骚》二十五，挑灯起作《大招词》。

过鲍氏艺园有感

（1869 年）

横目荒庐剑影孤，曾从此地共投壶。伤心韵事成陈迹，肠断黄公旧酒垆。　一

秋风重谒旧衡门，芳草凄凄黯乱园。风景萧条人去后，山阳夕照最销魂。　二

山行即事

（1869 年）

孤峰苍茫失山青，十九年来两度经。日暮寒林人迹少，打头黄叶□星星。

赠王小谷熙载　庚午

（1870 年）

绝世风流继亚之，江湖落魄几人知。崔鸿意气常惊俗，谢凤文章独冠时。白眼睨人仍纵酒，青山伴我屡吟诗。屠沽那解怜才意，枉自逢人说项斯。

送别王小谷熙载归钱塘即用其留别韵四首

（1870 年）

浪迹东嘉十四秋，新诗惊唱大刀头。文章久下群公拜，眠食应添旧雨愁。好客陈蕃空下榻，思家王粲倦登楼。河梁一派临歧泪，迸入瓯江逐水流。　一

离亭攀折柳条稀，觞咏东山事已非。庾信犹然悲丧乱，杜陵久矣别庭闱。风凄短笛关山怨，秋入长空宿雁飞。山鸟不知人送别，声声偏唤不如归。　二

征衣久涴海东尘，顾我缔交梦尚新。夜雨初联文字会，西风顿促别离人。算来鸿爪都成幻，听到骊歌怕是真。争奈文通工赋别，无言座上各伤神。 三

步兵诗酒竟穷途，息雨还乡亦便图，老去林逋唯梅鹤，兴来张翰只莼鲈。一鞭走马垂杨远，千里随人落月孤。小别尚须各努力，男儿壮志在桑弧。 四

谒白二姑娘墓

（1870 年）

猎猎悲风起白杨，秋花秋草墓门荒。冤魂应共哀接语，泣抱寒林话夕阳。

秋闱报罢率成四律柬胡蕙卿希铨常小莱琳

（1870 年）

拾芥功名梦已空，枉教矮屋赚英雄。龙门偏阻三千路，鹏翮谁添九万风。空有孙阳来冀北，竟馀罗隐在江东。等闲欲谱登科记，争奈鸳针绣未工。 一

拂拭青萍试湛芦，步兵玩世竟穷途。古称材大难为用，今尚价高未入沽。感慨平原谁脱颖，凄凉沧海自遗珠。王门庑食馀三百，耻向邹生学滥竽。 二

汉廷回首屈邹枚，献赋承明春又来。屈子问天原欲诉，王郎斫

地亦堪哀。剧怜秋卷忙三日，却被冬烘刷一回。朋辈戏吁打毦毦，更无人悟丕休哉。　三

廿年踪迹滞风尘，惨淡朱衣未入神。毕竟文章难夺命，空令岁月易催人。悲君犹是成摇落，愧我依然托隐沦。凤苑鸾台犹世事，曾闻汉阁重麒麟。　四

小游仙词

（1870 年）

秋清玉宇气萧闲，姓氏曾陪紫诰班。九转垆深丹未熟，罡风又遣返蓬山。

题罗佩卿庆瑱《梧馆停琴图》

（1870 年）

阴风惨淡天雨霜，秋色欲死桐花黄。科头兀坐深林下，抛书四顾心茫茫。豫章先生负奇气，独居落落不得意。酒酣示我《停琴图》，自有懒向他人试。其中箫管罗两边，朵花绕砌有馀妍。奚奴五尺负绿绮，焚香扫地眠朱弦。人生行乐苦不早，明镜朱颜无长好。一弹再鼓聊自娱，奚须龊龊伤怀抱。高山流水知音难，手抱瑶琴不忍弹。天荒地老无人赏，焦桐独伤尾半残。吁嗟乎！男儿不能援琴赓歌翔金戺，亦当慷慨鼓琴对乡里。胡为仰天生长叹，独自郁郁久居此。先生自语我非愚，斯琴本与凡琴殊。雷出地奋斯琴出，宁与世俗争斯须。闻君此语重叹息，云和清徵今尽蚀。黄钟毁弃瓦釜鸣，峄阳老友诉不得。赏音不来且高歌，便欲酌君金叵罗。

我亦琴尊成落拓，眼中感慨何其多。齐王好竽我挟瑟，有似凿枘不相入。进身耻以郁轮袍，廿年空逐槐花疾。拔剑斫地君莫哀，老天会当黝奇材。不然宁将此琴瘗向南山之南北山北，长使千秋万岁之后砰崖裂石夜夜起风雷。

城西许丈索菊花诗甚亟书二十八字应之

（1870 年 12 月）

料峭轻寒薄雾天，秋花无意欲争先。应教惹得旁人笑，也共黄杨厄闰年。时闰十月，主人言花开较迟。

和林子韶钧先生《鸡冠》诗六绝

（1870 年 12 月）

盖先生有子某，年已成立，于夏间修文地下，花即其所种也。先生睹物思人，作诗纪事，词甚凄楚，嘱和甚亟，故勉呈俚句应命。

深红掩映旧儿家，老去伤秋怯鬓华。空剩两行遗种在，满庭放遍断肠花。　一

血泪频弹落照边，红心枝子助馀妍。却教老眼模糊看，错认花魂变杜鹃。　二

横目荒园别有春，雄冠憔悴屈风尘。花神不敢高声唱，怕忆当年视寝人。　三

检点名花倩老僮，猩猩影妬夕阳红。临风逐队分排斗，失却娇

儿□檄雄。　四

年来情事太愁思，毕竟昙花现可知。刚到秋来能结实，鸡冠一名秋实。西风容易又枯枝。　五

惨淡园林二十年，谢庭玉树渺苍烟。看花一样伤心泪，予有《对菊忆鲍小甫》诗。说与愁人各惘然。　六

和孙翊斋诒燕《花烛词》十首录五

（1871年2月）

蓝桥春信碧云天，玉杵曾缔百世缘。瞥见云英佯下拜，瑶池浆暖梦游仙。　一

银螺酒暖九华觞，宝鸭炉温百合香。拥得大乔人似玉，销金帐底醉孙郎。　二

高烧银烛坐三更，解语花枝着意生。曾否玉人灯下立，夜阑人静唤卿卿。　三

利市红封系臂纱，斑斑点晕守宫斜。含情一笑宵来景，连理枝头夜合花。　四

名葩腊底斗芳枝，时王谷如、王小木皆同日合卺。甲乙评量首让伊。我亦曾司花月案，予有私印曰"东瓯花月案大使"云。羡君福分视君诗。　五

到　　馆辛未

（1871年）

异地传经意渺然，吾家旧物只青毡。新来山馆浑无事，卧听溪

流到枕边。

无　　题

（1871 年）

年来芳恨□如尘，病里闲吟一□□。□□□□□小小，绰无意绪唤真真。笙歌不断巫山梦，环珥常留□水春。一自青鸾音信杳，当初枉自访灵津。

重过艺园有感

（1871 年）

荒园秋雨长莓苔，如此风光剧可哀。一自断肠人去后，乱花无主出墙来。

年来孔明甫昭淮鲍筱甫颂桢林莁升士翘相继殂逝诗以志痛

（1871 年）

故旧凋零二十年，竹林回首失群贤。吴趋不断临流感，频向秋波哭逝川。

登江心孟楼

（1871 年）

秋色晚苍苍，江楼望眼忙。山河雄两界，岛屿屹三唐。日落潮声急，林孤塔影凉。高风今已渺，去矣孟襄阳。

秋夜登大观亭有怀钱塘王筱谷熙载

（1871 年）

瓯城离别后，之子近何依。鸿雁三秋至，乡关十载违。长江随地涌，孤月傍云飞。一自王孙去，东山霭夕霏。

孟冬廿四日为先严忌日泫然有赋寄星舫仲舫两兄

（1871 年 12 月 6 日）

斗柄更少皞，卉木多萎槁。凄风一以飘，严霜何皓皓。眷言念所生，惄焉心如捣。忆余十三龄，顾复廑襁褓。父兮不我卒，跣歌呼苍昊。遂令《蓼莪篇》，至今无完稿。哀哀我心悲，往事重搜讨。重耳晋亡人，尚知仁亲宝。曾参称大孝，怆然对羊枣。由来古纯孝，类皆尽子道。嗟余缺奉养，廿载伤潦倒。世德累清芬，我躬无可造。怀此终身忧，是用常慄慄。椎牛虽云贵，不逮生存好。况余羁异地，不得羞苹藻。何当谋窀穸，萋萋丛宿草。寄有我同父，顺时善自保。努力崇明德，荣名答先考。

读《汉书》壬申

(1872 年)

刘季起丰沛,五载奠皇图。仗剑入咸阳,手握赤伏符。当其隐芒砀,谋生苦无馀。戛羹逢邱嫂,乃为女子愚。龙飞际九五,腾跃上天衢。秦楚既已灭,韩彭又就诛。运会各一时,斯人非有殊。吁嗟吕叔平,相知良不虚。　一

汉室称三杰,功首推留侯。吾观出处际,乃是狡狯俦。亡秦西入关,报韩愿已酬。韩彭既就戮,乃从赤松游。定储招四皓,安吕非安刘。辟疆小竖子,焉解皇家忧。绝谷托神仙,区区为身谋。状貌类妇人,斯言良有由。　二

汉武勤远略,开边缺积储。军需一以匮,乃进桑孔徒。桑孔贾人子,宁复识良谟。心计邀主知,平准与均输。榷算三十载,功成国已虚。当时言功臣,道主罪有馀。不闻全盛时,与民较锱铢。日暮轮台诏,悔祸空欷歔。　三

男儿志四方,安能老笔砚。卓哉班仲升,单车走使传。匈奴施狡狯,出没如鬼见。入穴探虎子,乘风决死战。卅六人成功,封侯蒙帝眷。由来傅陈徒,矫制破西鄯。安边无良策,计乃出使掾。厥功良不訾,威权岂容擅。　四

扬子指遗经,后世称大儒。闭门讲《太元》,所守竟何如。执戟老三世,晚值承明庐。《法言》拟宣圣,《美新》亦何谀。汉祚一以更,乃为莽大夫。人生崇节义,时危终不渝。此身一失守,投阁徒欷歔。当时刘子政,拜手陈尚书。　五

正始昔丧乱,吾道因以歧。邓王蔑典型,礼法弃如遗。旷达有

平叔,老庄远相师。服御效妇人,时复竞戏嬉。粉面不离手,顾盼生容仪。好洁天所忌,矧复逆人为。之子佚大防,道乖身亦危。惜哉管公明,失权苦相规。　六

贺孙翊斋诒燕生子

(1872 年)

丹山双彩凤,未毳哺其雏。渥洼产神麟,腾跃上天衢。凤麟出老姿,运会如有符。闻君占脱虏,中夜走且呼。忆昔识君初,君年十五馀。是时君尚少,出入侍我隅。焉知转瞬间,遽获掌中珠。君素称虎儿,顾余捋其须。今复产虎子,跳蹀恐难俱。颇闻徐孝穆,早降与人殊。感气清者贵,斯言良不诬。拜手祝君诗,幸无弄獐书。努力崇明德,伫高于公闾。

题《写经换鹅图》癸酉

(1873 年)

典午山河入永和,翟泉妖鸟感愁多。渭城莫策先生计,老向山阴说换鹅。

西湖访小青墓不见

(1873 年)

孤山绕麓草凄凄,策蹇长堤日又西。不见当年埋玉处,满山松柏乱乌啼。

怅春词甲戌

（1874 年）

二月飞花满锦城，东风搅尽故园情。春来惹得无穷恨，肠断尊前太憨生。 一

飞飞燕子话春风，镇日巡檐唱恼公。数遍雕栏一十二，不知人在小楼东。 二

桃源闻说好留人，只竟仙家别有春。不合独听渔父讯，独回孤棹入迷津。 三

杏花落后楝花肥，过眼韶光事又非。毕竟东风太无赖，强和柳絮伴花飞。 四

古梅合聘海棠红，芳国应知秉至公。争奈春皇欠指点，只教桃李嫁东风。 五

翻遍群芳谱当差，誓人偏采野棠花。痴心拟向东君问，底事春多在别家。 六

繁华梦里转惶惶，满目春愁黯画屏。倾倒千杯兰尾酒，只求长醉不求醒。 七

灯如红豆雨如丝，自讯芳情亦自痴。一样寻春如杜牧，不堪重唱《怅春词》。 八

题曾磷侯城小像乙亥

（1875 年）

听说南丰似昔年，牢盆倚事屈英贤。闻名共有三秋契，识面偏

悭夙世缘。书剑至今唯涕泪,家山自昔况烽烟。多君不作穷途恨,扇影飘飘学散仙。

小云王丈以丙子生日诗见示勉和四绝句即步其原韵丙子
(1876年)

近者风骚孰主持,星河历落系人思。太原老去传灯在,墨宝如君亦不赀。令尊云西先生精于六法,至外洋人附舶购求。君亦能世其学,故云。　一

一琴一钵一军持,名士家风自可思。寄语小山旧猿鹤,故人犹乏买山赀。　二

听说龙泉竟倒持,刚成跃马漫遐思。横流沧海安何日,且买云山作酒赀。客有自海上来者,说李爵相烟台新议已成,故诗中及之。　三

折得花枝手自持,延龄黄菊足相思。新词一阕歌三叠,便拟为君当寿赀。　四

春　燕丁丑
(1877年)

鸑鷟文章鸾凤音,春来犹自隐遥岑。何缘解作呢喃语,便趁东风过上林。

寿蒋翁六秩

(1877年)

华筵高敞曜羲轮,报道元卿已六旬。两世忝为三径客,一堂重证百年身。向平婚嫁粗酬愿,长统田园足疗贫。欲奏鹤南飞一曲,只愁无句娱嘉宾。 一

漫将祝嘏入君编,家庆图成到处传。无荣辱真天随子,得游戏似地行仙。天应有意留古道,公合无疆享大年。我本当时小羊仲,愿扶鸠杖舞蹁跹。 二

题胡丈紫塍《戏彩承欢图》

(1877年)

老矣君平苦久贫,却从卜肆寄闲身。平生解与人言孝,此日传来自有亲。仙药高分西母宴,灵萱长护北堂春。承欢别有婴儿貌,窃恐莱衣画未真。

西湖谒岳坟己卯

(1879年)

巍巍庙貌枕山东,石柱宫墙势亦雄。此日樵苏伸厉禁,当年稿葬泣孤忠。黑冤三字成奸相,青史千秋有至公。日落墓门凭吊处,灵旗撼动满湖风。

郭璞墓

(1879 年)

典午山河代几经,郭公墓草尚青青。经生道丧通方技,名士仙成借死刑。忠义尽时能识命,死生了后转禳星。风吹浪打一抔土,独占千秋若有灵。

黉门叹

伤学校也,汤君绳和训导瑞安,倡优尝同时入学

(1879 年)

黉门开,温妓来,名喜媛。烹羊宰鸡饮一斗,谁其侑酒太师母。 一

黉门开,小生来,名良金。两学生徒惊且瀑,优而入学此其朔。 二

过耶稣堂庚辰

(1880 年)

周孔遗书在,耶稣教枉传。生难逃十字,死乃历千年。性未离羊犬,人偏讲圣贤。拳毛绀碧眼,鴂舌话缠绵。 一

西学原征实,缘何异教雅。混元谁作主,造化竟生儿。辟鬼虽非妄,生天只自知。如何南利辈,抵死不相訾。

读《宋史·道学传》辛巳

（1881 年）

日月尼山万丈辉，诸贤只比众星依。庸奴枉自群相贵，大道新知统已微。康节图书皆赴影，考亭语录半禅机。泰山梁木成今古，猎猎悲风起泗沂。

失鼎歌壬午

（1882 年）

光绪壬午月逢辰，有贼夜入棂星门。文庙晓报失古鼎，邵秀亭杨荣普二师睡未醒。醒来但戒勿声张，此大事也难具详。龟玉毁椟虎出柙，此二教官真承乏。吁嗟乎！九鼎沦河周社屋，汾阳鼎出兴赤伏。神物出没关隆污，以责学师何为乎？但匿不报是可诛。《春秋》“有盗窃大弓”，若论书法，将毋同。

宿大荆驿望雁宕诸峰

（1882 年）

三十年来等转蓬，惯携笠屐入云中。寻常岳渎行来久，咫尺云山梦始通。山势远如龙蜕骨，名场近似鸟惊弓。何当解释浮尘缚，长向空山谒梵宫。

卓笔峰

（1882年）

少有江郎梦，槎枒笔一枝。今朝峰下过，宛尔梦中时。

听诗叟

（1882年）

大雅久不作，何缘尚有诗。劳翁垂首听，勉尔撚吟髭。

登马鞍岭

（1882年）

立马峰头阅几时，一鞭重度夕阳迟。空林响答鸣天籁，隔岭烟生起晚炊。南戒山河唯海峤，东州寇盗尚潢池。时台匪黄金满尚负嵎未下。年来髀肉消磨尽，只在云涯与水湄。

开箧见洋搨二十九岁小像盖忽忽又五年矣癸未

（1883年）

炯炯双眸窄两腮，颀然六尺好身材。岩岩气象人争避，滚滚年华我始哀。黑白太明仍笨伯，丹青谁状此灵台。年来落尽须眉气，天马如今亦驽骀。

冬节谣

(1883年)

冬节是月头,卖被去买牛。冬节是月尾,卖牛去买被。呜呼!安得年年冬节是月中,好使无被无牛人御冬。

驱疟鬼

(1883年)

秋风以凄黄云飞,山魈木魅噪而欷。生平伎俩发寒热,化为疟鬼附人肌。蛰庐居士不得意,年来作事多颠踬。出门既逢众揶揄,归来又被鬼相戏。登时寒热烁人精,如痴如梦如病酲。平生不作炎凉态,何缘冷暖随世情。有时寒从夹脊起,冷水浇背差相似。颊车相魇齿有声,曲身喘急手及趾。先寒后热递转经,如以身受炮烙刑。滚汤浇鸡油炮虾,神倦欲眠目不瞑。须臾大汗出肺腑,如胶如漆亦良苦。灌顶那有醍醐露,譬从空野遇急雨。屈指一病秋涉冬,上床卧杀老郎中。我闻疟不病君子,况尔敢向太岁冲。居士少年多奇术,泰山神符急如律。桃枝作剑右手绳,较场打鬼声唧唧。又况思邈真人是吾师,三千禁方称神奇。八百疟鬼充朝食,有符何借杜陵诗。我今作诗与尔约:此地岂容渠插脚?诘朝治具归尔乡,莫动先生葫芦药。呜呼!尔辈百千出祸人,相戒当避瓯东陈。吾有七年之艾雷火针,符咒药水妙入神。丹田再鼓先天气,爰教尔辈化为齑与尘。

赋得与君约略说杭州得州字五言八韵己丑

（1889 年 9 月）

河山形胜异，难说是杭州。君已踟蹰问，余当约略酬。烟云迷过眼，觞咏省从头。东浙曾飞舄，西湖旧狎鸥。雪泥烦捡点，笠屐几勾留。雅集消离绪，清言抵卧游。坐中人语定，衿上酒痕秋。别日衙斋话，灵奇一一搜。

〔按〕录自陈虬《光绪己丑恩科浙江乡试硃卷》三篇制义之末。

行路难庚寅

（1890 年 2 月）

今吾不乐思京都，击登闻鼓去上书。天子动容屡前席，布衣诏向军机趋。绿呢轿，红顶子，今时意气骄万人，十年前亦书生耳。男儿岂久困风尘，一旦得意皆如此。比闻朝制重词科，楷书试帖工揣摩。既无作诗习字好身手，心焉欲学伤嗟跎。一歌兮，行路难，天阙何年梦拜官。　一

人生不作王元琳，三十便作黑头公。亦当去作宗元幹，乘万里浪破长风。况今西夷逞犬獝，越南之师久不利。帝命上相出视师，兵船轰拥申江湄。平生读书复何用，何不献策请平夷。一言□□良非偶，爰取金印大如斗。朝廷议𠠎动经年，闭置壮士如新妇。呜

呼！男儿不惜万里行头颅，军机乃尔首鼠乎！此一腔血洒何地，坐令封侯梦已孤。再歌兮，行路难，玉关冷落塞草寒。 二

我所思兮乃在春申之浦、粤王之城、新嘉坡。颇闻彼处盛夷舶，洋房如栉高嵯峨。"公班"万箱来印度，羽毛、叽呢、洋货纷无数。夷人重信不重钱，空拳能将亿万千。一朝利市得三倍，从此财源通四海。番君抗手纠公司，自觉喜气动须眉。前贫后富由作客，但惜归来头已白。金玉满堂老无用，徒供家儿作戏剧。三歌兮，行路难，瀛海风波摧人肝。 三

吾歌行路难，有客来相讽。晏子曾闻入犬门，何不乘时钻狗洞。洞门四扇开，长官昂然来。靴声橐橐俯而进，打恭问安称宪台。长官有时笑破口，辄道明府顾吾厚。出门丑二假虎威，筹捐设局分班走。时辰表，水烟筒，玻璃轿后名片红。不辞背后呼走狗，有钱且作富家翁。噫吁戏！吾闻昔者澹台子，非公不至义如此。圣祠豚肉何敢望，乞人骄人实所耻。四歌兮，行路难，权门托足人争讪。 四

吾闻人言黄金可成，神仙可致，何不脱弃妻子去一试？一朝道成得飞升，彼白云乡立可至。手驾白玉虬，醉饮岳阳楼。伐毛洗髓三千载，下视人无如蜉蝣，人生得此亦复何求。近闻西人工历算，维天之高不可以道里断。四百万年才至最近恒星边，犹须迅速如炮弹。然则洪荒至今四千年，广成、赤松尚未得仙。譬行万里仅百步，此时犹在空中飞旋如鹰鹯。太古神仙尚如此，洞宾钟离何论焉。五歌兮，行路难，望天阊兮云漫漫。 五

学仙不成去学佛，丈夫安能久郁郁。西方圣人古所尊，三教之中先指屈。近者人愿生西方，黄金布地白玉墙。珊瑚玛瑙间木难，极乐世界信无央。又况万劫金身永不坏，与世不知孰短长。天竺

近属英吉利,梵王宫阙尽扫弃。夷其庐墓犁其庭,佛地已无干净地。呜呼!如果佛法信无边,何不自保小西天。乃知佛亦不过西域老寿之僧耳,但无挂碍此为贤。身后一隅不自保,焉有慧光护大千。六歌兮,行路难,佛国髡徒泪汍澜。 六

噫吁戏!行路难,路漫漫,朝成康庄暮荆棘,对此令人生长叹。人生不过数十寒暑耳,当为身后计不死。将相仙佛秋天云,富贵功名东流水。西风凄兮,吾庐日黯黯兮,愁予平生作事百不遂,不如仰屋老著书。置身图书府,翔步文章圃。汉宋之学何断断,共明圣道伤何主。思量梁木已千年,何不随人坐两庑。一俟书成得传人,东瓯学派斯焉取。七歌兮,行路难,书林文囿,使营菟裘吾将安。 七

娄桑昭烈故里

（1890 年 3 月）

娄桑遗址莽榛墟,仗剑来寻汉帝居。故里云闲龙去后,平原风疾马来初。时艰国步思宗室,世变英雄易霸图。我亦欲歌梁父去,前途应有卧公庐。

〔按〕此诗温州学界传诵多年,颇有异辞,附录杨逢春手录本于下,《娄桑过汉昭烈故宅娄桑,地在山东》:“娄桑故里莽秦墟,仗剑来寻汉帝居。大泽运移龙去后,平原风疾马来初。时艰国步思宗室,世变英雄易霸图。吾亦欲吟《梁父曲》,前途应有卧公庐。”

鄭州扁鹊墓

（1890 年 3 月）

灵兰事业赖传薪，遗冢曾闻此独真。宰树常含仙气象，陵花时现药精神。千秋绝技多招忌，百世闻风合有因。欲问长桑遗诀在，上池饮后更何人。

述　　怀

（1890 年 3 月）

刊楮功名不可期，五陵裘马漫遐思。靴刀帕首出门去，愿逐幽燕游侠儿。

赵北口早行

（1890 年 3 月）

鸡声茅店策征驂，客子愁怀借酒酣。月色穿林星没水，晓风驼梦过燕南。

〔按〕此诗杨逢春手录标题为《北直口晓发》，“月色”作“残月”。

雄　　县

（1890 年 3 月）

南北山河两界明，瓦关当日费经营。桥平水隘区雄堑，日射沙堆认古城。天水勋名遗将在，完颜疆土木堤横。于今一统车书盛，杨柳依然送客程。

东行途中书所见

（1890 年 3 月）

柳雪征途感岁华，清和风物入田家。沙塍绿遍芜菁菜，界道红铺柽柳花。碌碡千场开马磨，辘轳万井待牛车。黄粱已熟包罗绿，不见南中稻禾麻。

关张驿

（1890 年 3 月）

结义桃园事渺茫，驿名犹是说关张。交游自古如兄弟，留与世人作话场。

石　　门

（1890 年 5 月）

楚蔡齐陈老倦游，从行似未过燕幽。何年稗史流尘世，此日丛祠卓道周。都邑乞灵邀一宿,男儿有志盍千秋。劳劳我亦轮蹄客,怅望晨门若与俦。

邸店独酌书感

(1890 年 5 月)

马首高瞻我欲东,儒冠误我复何庸。芜亭作客刘文叔,酒监规人卫武公。尘世功名归竖子,浮生文字老英雄。男儿自有飞扬志,寂寞何年唱《大风》。

过赵北口

(1890 年 5 月)

燕南风物是三吴,第十桥头景绝无。夹道垂杨三百里,教人那复忆西湖。

泰岱吟

(1890 年 6 月)

洋枪闪闪出城闉,喝道游山话亦新。马队两行兵四面,轿中拥得一诗人。 一

过山轿子亦新裁,布幔高张椅作船。行到平坡身忽转,大江风起舵横来。 二

红门直上到山巅,石级层层过六千。计里人传四十五,一登临

处一重天。 三

葱茏古柏列山隅，御道平铺一丈馀。歇马崖边回马岭，何殊灵隐落西湖。 四

斗姥宫中饶幼儿，云容月貌惹人思。群雌粥粥瑶光寺，错认情禅是老痴。 五

云端古洞号朝阳，闻有真灵在上方。我亦山林起高□，往来应合在仙乡。 六

中天门下景千般，此是东来第二间。行到山中刚一半，已教培嵝视群山。 七

城郭分明在眼前，肤云顿起雨漫天。游人正把天公恼，一霎风开现大千。 八

岩岩气象镇天来，神力能移造化功。岭脚峰头悬白日，半山雷雨起惊龙。 九

御帐岩前护曲栏，玲珑楼阁五云端。飞泉百道悬珠瀑，列圣曾经驻跸看。 十

偃蹇婆娑一矮松，人言即此是秦封。长疑世上无真赏，但博官称望传隆。 十一

大夫坊去对松亭，别有岩松对面青。当道似曾知此意，乱栽新种作长屏。 十二

曲曲弯弯十八盘，鸟斜但作里馀看。遥知世略多蹭蹬，学取飞仙入邯郸。 十三

铁索钩连两路安，南天门上即青坛。天梯石栈应如此，似我犹然心胆寒。 十四

碧霞祠内祀元君，帝女云云世所闻。四月封山香客少，残烟飞作岭头云。 十五

摩崖碑刊纪初唐，想见开元帝道昌。此事应推燕许笔，一篇绝代大文章。　十六

登封台傍岳祠边，古记茫茫历岁年。七十二皇何处去，独留遗址钻苍烟。　十七

琅邪石刻有臣斯，到此偏留没字碑。雄似祖龙无所纪，何来俗客强题辞。　十八

先秦姓氏纪彝尊，金石于今半敝刓。万里长城碑没字，似因无字得长存。　十九

日观峰头纵大观，河流如线万峰寒。山灵似恐真形现，忽遣阴云四面团。　二十

森森万笏列山阿，向晚峰峦态更多。毕竟欲抛抛不得，倒拖轿子下山坡。　廿一

一路群峰作送迎，点头我亦缓行旌。不知身坐逍遥椅，却讶山灵亦世情。　廿二

采药东游夏至馀，袷衣纨扇雨晴初。金茎满地飞斑雉，此是山中花鸟图。　廿三

社首云亭几劫灰，吟成《梁父》我犹哀。归途顿觉山河小，曾上东封绝顶来。　廿四

宿迁项王故里

（1890年8月）

英雄毕竟算重瞳，三月咸阳扫祖龙。十二诸侯罗泗上，八千子弟起江东。生恢陈涉祠中业，死谢田横岛上功。王自千秋刘四百，漫将触柱等共工。　一

盖世功名古绝同,我来独仰大王风。壮心欲代秦皇帝,炙手能烹汉太公。鲁国弦歌开节义,乌江儿女自英雄。儒冠唾詈来人毳,怅望芒砀眼歌空。 二

子胥故里

(1890 年 8 月)

黄金匕首两分明,唯有英雄解用情。雠及天亲难贷死,思酬地主惜捐生。心伤楚濑人何在,恨逐吴江浪未平。少伯扁舟文种剑,莫将成败论功名。

东 归

(1890 年 8 月)

四十车前少八驺,东归寂寂愧非夫。牛前读契临荒驿,驿亭有索传牌者。马后添薪启冷厨。客邸有花难入谱,邮亭无酒也当垆。何当得遂题桥志,橐笔重来赋《子虚》。

露筋祠

(1890 年 8 月)

天章褒节媛,康熙南巡时曾旌以"节媛芳躅"。贞应启新祠。嘉庆时以漕臣奏请赐额"贞应"。野树青犹昔,湖云淡未移。鹿筋说见《酉阳杂俎》。沿露泾,江德藻《北道里志》。庞帨秉风诗。冰解清河日,神灵翊

圣时。

扬　　州

（1890 年 8 月）

六代山河王气收，莺花无赖是扬州。官堤杨柳晴天画，灯舫笙歌水驿秋。明月二分牵客梦，大江千古动人愁。年来杜牧伤时芷，献策金门倦冶游。

宋君燕生将有俄德之行以许星使奏充四国随员也口占送别辛卯

（1891 年 11 月 30 日）

六国纵横起宋轻，扶摇万里此西行。天将骄敌人嗟乱，近闻俄争巴马，已侵吾屈兜山界内，德又贷西银五百五十五万马克为增添炮兵之费，边事日棘，可胜浩叹！世正需材道或亨。海外山中双世界，虬曩著《治平通议》八卷，颇欲出为当道借箸，近已知难而退，甘为东山小草。耿耿此心，其在河汾之业乎！吾子勉之。乘风破浪一书伧。平生别有筹边术，好听声名冠裨瀛。

俚句录乞郢正，兼请辅安不备　制小弟陈虬草

时辛卯十月念九，夜漏已三下矣

〔**按**〕录自《宋恕师友函札》。许星使指许景澄。

水调歌头乙未

(1895 年)

日射蓟门道,把酒酹吴蒙。高会亦复常耳,此乐独输公。老子南楼庾亮,大儿西州德祖,且莫叹龙钟。横刃出门去,毕竟是谁雄?

君知否?近魏绛,又和戎。一腔血洒何地,子弟老江东。记得当年曾、左,赶退晓星残月,曾挽银河弓。寄语河汾侣,特此谢文中。

杨园看菊有感戊戌

(1898 年 11 月)

沅芷江蓠有所思,离愁屈子复何之。频惊风鹤三天梦,又值霜螯十月时。岁叙宜浇彭泽酒,秋丛易感杜陵诗。杨园群从多英俊,寄傲东篱已可悲。

〔按〕此诗杨逢春手录本有异辞:《杨园秋感戊戌政变后归里作》:"沅芷澧兰有所思,离愁屈子复何之。倏惊风鹤三天泪,正值霜螯十月时。避世宜浇彭泽酒,伤秋易感杜陵诗。杨园昆季皆英俊,啸傲东篱也足悲。"

双瑞莲庚子

（1900年7月14日）

万荷开遍处，看玉盏齐飞，华轩高驻。□□□□，却便神仙也妒。为问当年情事，横金戈，独当一路。君知否？靴刀小李，飞将名誉。

赢得几许头颅，惜年华滚滚，英雄垂暮。投戈讲艺，阴德耳鸣无数。款段而今归去，酌寿卮，碧筒对举。公且住，听我鹤飞新句。

希翁仁兄大人六旬双庆，调寄双瑞莲

晚弟陈虬志三倚声拜贺

〔按〕此词录自温州市博物馆藏《李懋勋遗稿》。按李懋勋（1841—1908），字熙臣，号希程，原籍安徽合肥，历任淮军都司、副将，曾刺杀捻军将领任柱于赣榆。同治三年入瓯海关榷幕。据自定《退思纪年》，光绪廿六年“六月十八日为余六十生辰，温城文武官绅戚友公制屏幛称祝”。贺词即此时所作。

过杨园乞蔷薇花癸卯

（1903年4月间）

春阴漠漠养花时，乞剪蔷薇三两枝。他日花开香满院，好教盥露读君诗。

〔按〕此诗录自《杨园诗录》清抄本。

过杨园乞蔷薇花迟一日又赠一章

（1903年4月间）

永嘉杨氏今花师，若园嘉植世所稀。瑞安近来盛花时，独恨尚无真蔷薇。蔷薇外间多野种，花如月季复何重。近知花王自有真，何来伪朔群相奉。早起作诗乞剪枝，韵本误押天作时。换羊弄獐相雅俗，重新补作蔷薇诗。吾道此花是闺女，文采风流香自许。卫身以刺类大癸，不许蜂蝶戏含咀。吁嗟乎！草木有刺而作花，荆棘作恶何足夸。桃李虽花而无刺，轻薄复为世所嗟。安得花刺常相保，如道义人饶文藻。愿假君种植万本，芳华与君共相葆。

〔**按**〕录自《杨园诗录》清抄本。以上诗词，未注明出处者均录自温州市图书馆藏《蛰庐诗录》抄本。

联　语

挽胡蔚农茂才之父某先生联

公死奚悲，闲看宅畔桑麻，有子克传《蚕政录》；盖蔚农深农学，著有《蚕政录》一书。

我生可恤，际此海天鼙鼓，暮年仍抱杞人忧。

题虞池行宫联

风雨数椽，枌榆无恙；

香烟一缕，羽葆常新。

〔按〕以上二联录自《陈虬诗录》附叶，温州市图书馆藏，时间不详。但上一联据杨逢春《馀闲丛录》作："胡润之（鑫）布衣代陈志三孝廉挽何雨农（炯）茂才尊翁。"另据瞿汉云《瑞安医学史略》："何炯，字雨农……著有《东皋蚕政录》二卷"，则"胡蔚农"应为"何雨农"之讹。

飞霞洞联

胜迹太荒凉，问古洞霞飞，何日仙人骑鹤去；

江山多变幻,以卧楼风起,一腔心事托龙吟。

〔按〕录自卢礼阳《温州名联絮语》。

挽宗湘文观察联

(1896年)

创教驾耶、回二千馀年,我亦难知,四海茫茫,乐道如公真几辈;

遗爱遍瓯、括一十五县,公原不死,究竟莽莽,感恩如我更无门!

〔按〕杨逢春《馀闲丛录》录此联时加注云:"盖岁之乙未(1895),宗公在郡城创设习医学堂,广招生徒,延聘陈志三孝廉,倡言轩、岐薪火之业,意欲济世保种。余蒙姑丈李希程都督擢荐肄业,遂与瑞邑诸先生游,颇识医学途径,以及政治家、教育家、哲学家之议论,略有闻矣。将来学成有用于时,皆吾公之所赐也。每念及此,未尝不感泣于当时也。至于公莅吾瓯数稔,种种善举,指不胜屈,万民尽被其泽,至今犹感望不已。呜呼!吾公虽死犹生,有斯民之责者可共鉴也。"

挽黄通政联

(1899年6月)

勋望应入名宦祠中,风节棱棱,抗疏千言,遗稿流传今不朽;

姻娅忝列吾公门下,云江渺渺,凭棺一哭,奔丧独恨我来迟。

〔按〕黄通政指通政使黄体芳。录自俞天舒编《黄体芳集》附录。

挽周丽臣焕枢联

亦有文章,如此收场真草草;
无多友好,为筹后事尚茫茫。

〔按〕录自《馀闲丛录》。周观,原名焕枢,字丽臣,或作骊辰,泰顺县人。著有《欠泉庵文集》,其《挽宗湘文观察》联云:"公遗爱如禁米粟漏卮,诫词讼留牍,恶胥差勒索,惩匪党横行,西法方张,尤能出其变通邮政二书,力求便民,观所为,生前已有千古之志;我感恩自献海防六策,胪温弊八条,上团练三篇,陈土塘五议,东事既定,忽见疏于阴中小人数语,孤负待士,痛今后,至竟无由一明此心。"曾在《利济学堂报》第六册发表《大建素王教会议》一文,宋恕为撰《书后》。

挽钱伯吹尊翁联

大地陆沉,公死安知非福命;
旧交寥落,我来何处诉肝肠。

〔按〕录自《馀闲丛录》。钱振埙,字华生,号伯吹,光绪十四年举人,乐清人,居永嘉木杓巷。其父名福绥,号小谢,邑庠生。

挽邑尊查石生联

(1901年)

宦海起风波,何堪百里花封,一棺萧寺;
师门馀涕泪,太息安仁妻逝,彭泽儿孤。

〔按〕《馀闲丛录》录此联前云:“前邑尊查石生公(荫元)客死旅寓,四壁萧条,居官如此,惨莫可言!邑尊以名进士,己亥(1899)莅永嘉县任,庚子以教案褫职,辛丑被议,重来羁延数月,忧愤成病,而逝于旅店之中,几不能殓。当此世情凉薄,虽素所同年至好,罔若无闻矣!幸赖吾姑丈李希程都督,因同乡情谊不忍坐视,遂邀同吾师陈志三孝廉勷殡之。后其子来时,年仅十五,于世事未知,悯其孤苦零丁,率其向群僚中张罗数百金,亲自偕其子携丧至杭垣故宅。此举浙省中闻之无不怃然而德之。当时挽查公者仅四五人,词多哀痛,读之令人泪下。”

自题利济医院联

(1901年)

斯民有疾苦千般,何术起疮痍,愿从我游,岂徒方技名家,便算吾宗真法派;

族类本中西一脉,相期广化育,自今伊始,好事留良进种,还尊乃祖大教皇。

〔**按**〕《馀闲丛录》录此联前云:“吾师陈志三(虬)孝廉辛丑创建利济医院落成,自题联。”《陈虬诗录》附叶录此联,“起疮痍”作“熄疮痍”。

附　录

陈蛰庐先生五十寿序

（1901 年 10 月）

池志澂

光绪二十六年秋，我东瓯利济医院主讲孝廉陈蛰庐先生五十生辰，同人将谋祝之。先生曰：“余生于咸丰建元辛亥闰八月二十日，至今上庚子，适年五十，亦闰八月。方期举酒为欢，不意神都被陷，帝后蒙尘，正人君子痛心尝胆之秋，奚忍崇饰开筵为事！”逾岁乃命志澂曰：“子最知我，颇娴古文义法，其为铨次平生梗概以告同院，胜寿我多矣。”志澂拜手曰诺。

志澂六七岁时在堂叔家塾，从城东胡先生蒙学。其时先生昆仲亦从其游。先生年方十一二，聪特负力，读书目十数行下，嬉戏好为将帅，尝取同学而行伍之。塾师恶其顽梗不群，特日授书数十册以困先生，先生终日不作诵声，及背读无一字遗，师尝目先生为怪物。稍长尤不羁，使酒负气，习拳棒，善泅水，见不平，叱咤用武，虽不敌不计。不屑屑于帖括，博览群籍，好说部，兼涉历、相、星命诸学，遇老师宿儒，往往摘经史以难先生，于是得狂名。

年十五，始折节从其先仲兄仲舫明经习举业。十七，出应试，每艺千馀言。长沙徐尚书树铭视浙学，见先生文，奇之，破例补诸生发落，手诏先生曰：“尔文恢怪奇伟，他日当以文章横行一世。”于是始学词章，间复留心训诂。庚午、癸酉、丙子历应省试，历荐不售。己卯复应省试，时我师孙太仆开藩江宁，枉道谒太仆于金陵，啃嚄论文，左右色动，旋即以文章受知于沈文肃。文肃召见，大奇之。时志澂亦游学钟山。既而我乡许上舍拙学、林典籍祁生、周司马晓芙及今黄廉访叔颂皆先后至。遂同先生泛舟游秦淮、莫愁，登钟山，谒孝陵，至明故宫，徘徊感慨者久之。出扬子江，观金山、焦山；过扬州，登平山堂；道姑苏，访沧浪亭，上穹窿，瞰太湖，沿毗陵，饮惠山泉，遂折回杭州，又不第。时先生年已三十，乃专心经世，以过劳咯血，旁攻岐、黄，特与何明经志石、陈主政介石、陈上舍栗庵建利济医院于瑞安。久屈不遇，遂著《治平通议》，所言皆皇王经世大略。而于今日谈西学变法者，先生无不早已及之。己丑，始举于乡，已拟解首，以二、三场奇异，特置榜末，海内争诵其闱艺焉。

庚寅会试，谒张勤果公于山东。公号得士，幕府皆俊杰，先生入谈经世，退后条陈八事，张公大加敬礼，特聘先生纂修《东志》。归自海上，闻伯兄国学之丧，逾月又奉太宜人讳，先生闭门读礼，方拟周丧而后与志澂并赴济南，令志澂先杭以待，未几张公薨，先生家居不出。而志澂遂由杭而沪、而皖、而台南北，飘泊五六寒暑，还顾室庐，鞭长莫及，无啼饥号寒之慨者，皆先生谊也。

中日役兴，朝廷亟议变法。先生以公车赴都，与海内志士上书首倡保国，旋为顽锢所阻。先生年逾四十，知天下事不可为，乃东归，一意于医。乙未，遂与志澂创办郡城利济医院，建药房，设学堂，开报馆。嗟夫！先生之建院设教，原欲寓教于医，出其所学力行利济，以补国家政治所不及，使黄帝、神农之精光远出基督、浮屠之上。不意戊戌政变，风潮反对，罢学堂，闭报馆，云散二百徒，累败八千金，任当世之诬谤、笑忌、倾挤，百折不回，先生之志亦可谓坚且大矣！

先生性直敢言，与世少合，而情谊所系，虽从井不辞。追思昔时结求志社，聚集城北槐吟馆，夜庐风雨，道古谈今，每漏下三鼓始归，半生友朋之乐无逾斯时。同社者许拙学、张祝延、王筱云、蒋志渭、金韬甫、陈介石、何志石及先生仲兄仲舫、五弟叔和诸君，当时东瓯布衣有天下人物之名。今忽忽二十馀年，逝者长已矣，存者或异趋，而独先生与志澂二三人肝胆相照，勿以终始歧视。每当一灯对坐，仰视先生须发半苍，志气愈奋，落落大才，至老不遇，悲愤所激，令人不知哀感之何从。虽然，先生年方五十，其生平所谓识想、事业、著述，已有极他人数百年所不及者。更进而耄耋期颐，天必锡先生以无量之福，岂徒先生一人之寿而已哉？志澂书此为同院告，即为先生寿，而不顾五十之年志澂已骎骎及之矣。

〔**按**〕录自《瓯风杂志·文苑内编》。徐树铭，字寿蘅，同治五年署礼部左侍郎，六年，督学浙江。

作者池志澂（1854—1937）字云山，晚号卧庐，瑞安人。曾任利济医院监院兼总理，以书法名家，称“东南第一笔”。著有《沪游梦影录》、《全台游记》、《卧庐诗文集》。

陈蛰庐先生行述

（1904 年）

刘久安

先生姓陈氏，讳虬，原名国珍，字志三，号蛰庐。光绪己丑恩科举人。籍隶乐清而家于瑞安。生有异禀，龙颜隆准，面瘦削，颐无肉，胸骨直竖，腰窄若束，而精神十倍于常人，辩有口，喜谈兵，发声若雷，目光炯炯射人，当者魄丧。主考陈彝谓其貌似明太祖，才如陈同甫，不虚也。

生平无书不读，所作古文辞，自成一家言。好言变法，慕商君、荆公之为人。尝窃叹曰："胡天不生秦孝公、宋仁宗也。"又言："吾少怀陈、项志。先母戒吾曰：'汝目有杀气，恐不得其死。'乃重自抑敛，借医自隐。"同治乙酉间，与陈栗庵、池云珊等创利济医院于瑞安县城东北隅，开学堂，招生徒，自署其门曰："生平事业文中子，陆地神仙陶隐居。"可以想见其志趣矣。又念医始炎、黄，道存《灵》、《素》，遂以《内经》课其徒。曰："《内经》者，古之三坟也。举凡天星、历律、地理、人事无不赅，羲皇康济天下之法尽寓于是，苟能明其道，虽致世界于大同，不难也。若徒作活人书读，则隘矣。"

光绪丁酉，宗观察湘文邀办利济分院于郡城，从者数百人，要之屏襄办《利济学堂报》，以黄帝纪元，黄帝纪元之说自先生始。是岁，公车北上，康有为、梁启超等议开强国会，要先生属草稿上书、定章程，二公皆自为勿及。已而陈时事策于山东巡抚张曜。张奇其才，礼为上宾，以为陈同甫复生。与山阴汤寿潜蛰仙齐名，京师号为“浙江二蛰”。诸当道咸劝其仕进，先生笑曰：“吾自有事业。”遂浩然归。先生平日深信佛氏轮回之说，尝语余曰：“吾自度前生是精灵转身，非龙虎即猿猴，好食畜血及果。一切聪明才识，自问不让古人。惟德性不及程、朱诸公。若再九转轮回，经千百番淘涤淬炼，虽华盛顿可几也。”又言：“吾死后百年必有人继吾志者。”著有《蛰庐丛书》数十种。《治平通议》熔铸今古，贯穿中外，开中国变法之先河，其最著者也。欲统一国语，制字母，变文体，号曰瓯文，未行而卒。卒年五十九。盖光绪癸卯十一月十四日也。

〔**按**〕录自温州市图书馆藏刘之屏《盗天庐集》卷一。《行述》写作较早，屡为学者称引。其中“同治乙酉”创利济医院于瑞安应为“光绪乙酉”之误；“光绪丁酉”宗源瀚要办利济分院于郡城应为“光绪乙未”之误（宗死于光绪丙申）；康梁开保国会，非“强国会”；事在戊戌年，非丁酉年；“陈时事策于山东巡抚张曜”时在光绪庚寅（1890），不应系在戊戌变法（1898）之后。此外，“卒年五十九”亦误，应为五十三，特予订正。

作者刘久安（1856—1923）名恢，字本徵，榜名之屏，自号梅花太瘦生。乐清县人。曾襄办《利济学堂报》，1902年曾赴日本游学。陈乃新《新山歌》案发，曾力为剖雪。著有《盗天庐集》。

陈蛰庐先生传

（1931 年）

陈　谧

先生温州乐清斗山陈氏，名虬，字志三，原名国珍，晚署其号曰蛰庐，世称蛰庐先生为尤著云。陈氏之先，当明弘治、正德间有名登者，始参瑞安三港幕吏，迁瑞安，为瑞安人，已历十世，至先生而每语必自称乐清陈虬，故今子姓犹贯故籍也。

先生初补乐清县学生，中式光绪十五年己丑浙江乡试举人。以殿元屡赴会试不第，大挑，得拣选知县，未仕。光绪二十九年癸卯卒，春秋五十有四。

先生家故贫，祖父三代无知书者。先生为学自成，其兄仲舫先生国桢，尝治《易》象数学，兼达禅理，而先生从受书，勿深喜。则自于诸子百家之说皆能得其旨要，留心经世，慨然有四方之志。少读《诗》，至《六月》："文武吉甫，万邦为宪"，先生辄问其师："当今吉甫为谁？"师大奇之，无以答。自是好为兵家言。

生平高峻少奖许，而并世若无当意者。独与瑞安陈介石先生黻宸、平阳宋平子先生衡交，最为友善，时人号曰"温州三杰"。是时瑞安孙太仆衣言方自江藩归田，提倡乡先哲郑伯熊、薛季宣、陈傅良、叶适——宋儒永嘉之学，设诒善祠塾以教乡人，与弟侍郎锵鸣最负时望。平子先生故出太仆门下，复为侍郎女夫。先生顾不屑屑依傍门户，立身欲自兼善天下，与介石先生招同郡许拙学启畴、林香史汝梅、金遯斋鸣昌、王小云鸿诰与兄仲舫先生结求志社，相与抗衡，于是友朋人物极一时盛。吾乡谈文学，数人才，苟非诒善祠塾，则必求志社。求志社之名一旦遽出，而忌者益众，争构为布衣党，欲有以中伤者。先生恐踵明季诸社之祸，罹及友朋，社事遂复中止。

先生尝以会试至京师。时南海康有为与其徒新会梁启超倡言变法，欲为保国会以图自强。浙人蔡元培、汪康年与介石先生及先生意皆不然，遂谋归为保浙会。寻事败散去。

先生道出济南，大兴张勤果公曜方开府山东，号称得士。先生至，上书请谒，抠衣入幕，告之创设议院以通下情、招开宾馆以收人才、严课州县以责成效、分任佐杂以策末秩、酌提羡银以济同官、广置幕宾以挽积弊、钤束贱役以安商贾、变通交钞以齐风俗八事。张公深伟其言，而终不能用。及行，发传牌，令沿途各防营一体派勇护送，而张公之待士亦足多矣。

先生归上海，闻兄仲舫先生丧，始南下。嗣接丁其母孺人忧。及服阕，张公已前卒，先生自是终不能复出。

甲午，中日失和，濒海备戒。先生以温处兵备道某公之招，适主东瓯团防，作《防御录》以上当事，言今日舍治乡团不足以图自强，非参古法不足以制内乱。且曰："吾乡经制之学垂七百年，必当有奋起修明之者。"会中日和议，事不果行，因取《忠经》语，易曰《报国录》。介石先生为序行之，而先生忧国之思固未尝一日忘也。

先生既不得志，于是旁攻医术而求黄帝、神农之教，专意撰述，欲以昌明医道，而成一家之言，于术益精。先生曰："医不三世，不服其药，十全其六，犹为下工。医道不明，杂流竞进，草泽无识之徒惟以生人之道而为杀人之具,一二才智之士振兴其间,亦复著述之功深,诊治之日少,而轩、岐之道其几乎熄矣!”于是与介石先生及何莲石明经迪启、陈栗庵茂才葆善创利济医院于瑞安城北,先生与莲石、栗庵及介石先生弟醉石先生侠主持其间,分设利济学堂于东瓯、《利济学报》于杭州,以泰顺周丽辰焕枢、瑞安池卧庐志澂主之,于是益有发皇。

瑞安地故僻壤,风气阻塞,士生其间,每苦得书之不易,无所成材。先生于是与拙学、遯斋、介石、莲石、栗庵诸先生始设心兰书社以供世用。其他公益若浚北湖、修婴堂、改文成会、设保甲局诸端,皆先生之力为多。

先生所著书有《经世博议》、《救时要议》、《东游条议》、《治平三议》,而复刺取所作有关经世者曰《蛰庐文略》,合之为《治平通议》,都八卷;又作《报国录》四卷,《蛰庐文集》、《蛰庐医案》、《斗山陈氏谱略》、《利济学堂报》各若干卷。

先生既久屈不遇,学者惊其博通,无所用世,或有以河洛数推者,谓君命值《师》之二爻,先生乃私叹曰:“此铜川府君筮河汾卦也,吾殆将以空言垂世,悲夫!”今天下之乱亟矣。俄顷之间而丧辽东三省数万里之地,拱手相让,亦莫之救。余则深山独坐,四顾无群,于是益思先生为可惜也。

〔**按**〕录自《瓯风杂志·文苑内编》。原文时序紊乱:康有为发起京师报国会,事在戊戌(1898)三月二十七日,竟误系于庚寅(1890)五月道出济南请谒山东巡抚张曜和甲午(1894)中日之战以前,显然沿袭刘久安《行述》之误。又“浙人蔡元培、汪康年与介石先生及先生意皆不然,遂谋归为保浙会,寻事败散去”亦误,保浙会为保国会浙江分会,汪康年、陈介石和蔡元培均未参加保国会,归沪时间也不同,谈不上“谋归为保浙会”。详见拙文《兴浙会和保浙会是两个团体》(《历史研究》1988年第1期)。为免以误传误,特予订正。

作者陈谧,瑞安人,陈怀之子,号穆庵。撰有《东瓯三先生年表》、《陈介石先生年谱》。

陈虬传

陈虬，字志三，号蛰庐，乐清人。先世明弘治、正德间迁瑞安，已历十世，而虬犹以乐清故籍补诸生。光绪已丑中举人，癸卯年卒，春秋五十有四。

虬崛起寒士，为学自成。兄国桢，字仲舫，乐清拔贡，治《易》象数学，有深得。虬从受《易》，勿深喜，独治经世学。著有《治平通议》、《报国录》等书，与瑞安许启畴、陈黻宸、金鸣昌等结求志社，以清议自持，名振一时。

嗣复创利济医院于瑞安城北，与何迪启、陈葆善、陈侠等主诊其间，分设利济学堂于东瓯、《利济学报》于杭州，以泰顺周焕枢、瑞安池志澂等主之，风气为之丕振。

瑞故僻壤，士苦于求书不易，虬复与启畴、鸣昌、黻宸、迪启等设心兰书社以供浏览。其他公益：浚北湖，修婴堂，改文成会，设保甲局，皆有关于瑞安大虑。当时与黻宸及平阳宋衡，世称“温州三杰”，今其子姓即占瑞籍。兄子明，字宗易，诸生，亦有文名。

〔**按**〕录自《瑞安县志稿·人物门》。传末注“纂”字，疑为陈谧执笔。

咏陈志三

洪邦泰

经济早为侪辈重，文章亦作后生师。风流我笑黄山谷黄菊襟，嬲和香奁艳体诗。

〔**按**〕录自洪邦泰《潜园诗钞·感旧怀人录》，邦泰字鲁山，号潜园，乐清人，晚清温州著名诗人。

《宋恕日记》记陈虬事

宋 恕

辛卯九月十三日(1891.10.15),夜饭后,志公来,新自乐清回。少顷,立庵亦来,伍人共谈至夜分,云卿越谈越有精采。志、立二人四更去,余与云、介直谈至天明。十七日,傍晚,志、介二公来,在此过夜饭,谈讼事,有顷去。十八,草《禀瑞令》稿。傍晚,志公过。十九,抄《禀》,费一日工夫,将近二更,送竹友处,竹随与志三同来劝止,余执欲递。二十,志公以语介公,介公早唤渠去,令渠潜行抽《禀》,渠不敢。余闻之大怒,立写一信止志三,立往介石处,适遇志、介,因面斥之。

十月初八(11.19),下半天,陈志三、介石来,谈少顷,旋与介石同出,看立庵恙。晚,志、介与大甾人迪斋来谈。志以《治平通议》已抄就者二本见示,多不刊之论。文章尤雄深雅健,直逼西汉,真天下奇才也!初十,上半天,宗易、仲鳞、嗽霞、志公陆续来谈,见志公为梅翁拟首艺硃卷一篇,甚佳。十四,夜饭后,陈兆麟、胡芝山来谈,易堂同来,志三续来,谈至四更乃去。十九,与介同到医院。少顷,志公来。又少顷,易堂来,遂在医院吃夜饭。四人谈至三更。廿三,傍晚,志公来谈,取介石处《江南墨》去,以愚初《致介石信》见示。廿六,上半天,如志公处,晤。廿九,上半天,如志公处,晤。夜,志公来,接涤斋信一封。

十一月初三(12.3),上半天,志有信来,颇有疑意。与载甫同往志处,不遇。夜,在志处谈甚久,易堂亦在。

戊戌五月廿六(1898.7.14),是日评定崇正夏卷四十六本,共七十六本,评竟,夜填甲乙竟。是课题录左:……《书陈乡举虬等〈请开保浙公会公呈〉后》。……十一月初二日(12.14),以《陈事节略》交浩吾。

壬寅九月十四日(1902.10.15),出门谢吊,调和孙、陈,先陈后孙,皆允。十五日,再走白陈,订乐清来面和。

〔**按**〕录自温州市博物馆藏宋恕遗稿。"志公"、"志"、"乐清"均指陈虬。"立庵"指陈葆善,云卿指苏梦龙,介石指陈黻宸,竹友指许黻宸,"迪斋"指陈兆麟,"宗易"指陈明,"仲鳞"指池源瀚,"嗽霞"指郭凤鸣,"梅翁"指郭梅笛,"愚初"指黄庆澄,"载甫"指陈京,"浩吾"指叶瀚。"孙、陈"指孙诒让和陈黻宸。《陈事节略》涉及陈虬、陈介石和孙诒让、黄体芳之间的矛盾。"胡芝山"名鸣盛,易堂不详。

作者宋恕(1862—1910)原名存礼,字燕生,改名恕,又字平子,号六斋,后又改名衡。平阳人。我国近代著名思想家、诗人,和陈虬、陈黻宸并称"东瓯三杰"。

《忘山庐日记》记陈虬事

孙宝瑄

戊戌五月初五日(1898.6.23),访陈志三虬于长春栈,小谈归。

十一月十三日(12.25),晴。于忘山庐巾设长案,置饼果花桔,如西餐式,待雅集诸同志。晡,至者七人,为经甫、鹤笙、稷塍、仲逊、仲宣、燕生、志三,暨余与坚仲共九人,茗谈,抵暮各散,是为重立雅集第一期。

〔**按**〕录自上海古籍出版社《忘山庐日记》页214、页282。“经甫”指张焕纶,“鹤笙”指钟天纬,“稷塍”指姚稷臣,“仲巽”指胡惟志,“仲宣”指赵从蕃,“燕生”指宋恕,“坚仲”姓夏,志三即指陈虬。

作者孙宝瑄(1874—1924),一名渐,字仲玙,浙江钱塘人。清光绪户部左侍郎孙诒经之子,以荫生得分部主事,历工部、邮传部及大理院等职。民国初,任宁波海关监督。寓居上海期间,和宋恕交往甚密。其日记,初名《梧竹山房日记》,后改名《忘山庐日记》,1983年4月由上海古籍出版社出版。

《穗卿日记》记陈虬语

夏曾佑

光绪二十四年戊戌(1898年)四月

十一月(5.30)晴,陈志三孝廉来,谈良久去。其云:"今日之士大夫,其无志者勿论,有志者争门户而已,非真为斯民计也。"此言良是,然皆能道之,而不能免之。作诗二首寄卓如。下午得毅白(伯)书,晚又得任公书,所云尤足与上所言相发明。

十三日(6.1)晴,访田山,访陈志三。

[**按**]录自杨琥编《夏曾佑集》,上海古籍出版社2011年版第709页,文中毅伯指汪康年,卓如.任公均指梁启超,时在北京。

《厚庄日记》记陈虬事

刘绍宽

辛卯四月初八(1891.5.15),志三先生说《论语·道之以法章》云:"此夫子言为政之次第,非言为政效验也。"金稚师亦为此说。先生又谓:"物之坏皆由炭气,即白果之熟亦炭气为之。"

甲午正月廿七日(1894.3.4),陈志三先生虬《治平通议》十二卷已刊就,粗读一过。三月初五(4.10),余谓志三先生所著《救时要议》,设使行之,流弊甚多。

戊戌四月廿四日(1898.6.12),昨谒陈志三丈,因同候宋燕生。六月廿七日己酉(8.14),晴。午后,宋燕生先生来言……又论君主国、民主国、君民共主之国并列地球,君主之国必弱,上之压力太重,虐使其下,下之民智不开,愚瞽以奉其上,以遇他国人人皆智,乌得而不弱?大抵君主之国将来必尽为君民共主之国,君民共主之国必皆变为民主之国,必然之势。由君主变为君民共主,其势难;由共主变为民主,其势易。如中国变为共主,必先使军机、督抚等官压势日轻,郡县等官势将日重;次至郡县等官势亦日轻,大绅权重;次至大绅势轻,小绅与之同体;次至士商农工一概与之同体。然必民权以扶而共主之体以成,此决不可一蹴而几也。陈志三、章枚叔皆不知此理,锐欲有为。枚叔一监生,何能有为于国?必至于人人不合,必穷而后已,将来必至发疯。志三之办铁路,立保浙学会,无论军机不能代奏,即使代奏邀准,立降谕旨,特赏四五品卿衔,令与浙抚商办事机,得手至矣!而浙抚一见,不过茶话一时,命出与十一府诸绅妥商而已。杭郡乡绅,贵首朱智,富首丁崧生,一依其势,一倚其财,欲办此事,不能不求见二人,而是二人亦不过一回拜一敬席而已。一上谕之势至此而至矣尽矣,而于所办之事毫无裨益。推究至此,将复何为!况又借商债而为之,一旦偾辙,身名瓦裂,亦势所必至,此皆于今日情事见之未彻也。

己亥二月初七日(1899.3.18),陈志三先生欲著《瓯乘》,欲添氏族一门,颇合予意。其论学谓:"中国古语如'冬起雷'、'夏造冰',西洋人百思得之,不谓为中国前人所已发问。"中国人心如此离涣,将何法可以联络之?曰:"此当兼论运气。尝学医,悟得三元之运,非如僧传旧说,当以五行,每一行各六十年,三分其年为上中下元。自乾隆以后,火运用事,此刻水运用事,故海道大通,火已退,气将来,轮舟之类当改气而不必用火。中国此时最乱,人心当□□□。缘本朝以火德王,水克火故也。待三十年一交土运,黄种将兴,剥极可复。然最盛者,其惟沙非利亚乎?尝以此推之历史,的有明征,与先兄以《易卦》推算,不谋而合。先兄谓陈仲舫先生,名国桢。"又云:"尝以此推之医学,东垣时正行土运,故专治脾胃;丹溪时正行金运,河间时正行火运,故治法各不同。徐灵胎亦云:本朝以火德王,故血证独多,学医者不可不知元运也。"又云:"学医须兼通训诂,如《素问》、《灵枢》必须以治经之法治之,始能通其古奥之义。"问:《内经校议》书好否?曰:"此正其例,当因此益推广之。"又云:"温病治书以《温热经纬》、《温病条辨》、《世补斋医书》为最。《世补斋》系陆风石殿撰润庠之父陆九芝所著,专从伤寒得治温之法。"又自言于古音分二十三部,当先明古今之元音,然后以分古音之部。较之顾、段诸家专以偏旁定声韵,当更有辨。今按:论五行一段殊未确,当姑照录之。

壬寅四月十六日(1902.5.23),谒陈志三先生,晤陈宗易。

〔按〕刘绍宽(1867—1942)字次饶,号厚庄。平阳人。曾创办平阳龙湖书院,两任温州府学堂监督,主编《平阳县志》。著有《厚庄诗文钞》等。《原庄日记》为刘氏历年日记,原本藏温州市图书馆,即将由中华书局出版。

陈蛰庐孝廉《报国录》序

（1894年9月）

陈衍宸

国家崇儒重道，菁朴储材，中兴魁硕，应运挺生。通商以来，风气稍移，浮浅之徒，侈谈西学，剽窃失据；转或刍狗《诗》、《书》，求其融会中西，贯穿古今，通经致用，蔚为一代儒宗者盖鲜。夫以中国四千馀年圣人之治，不为之鲜扁弥缝，修吾声名文物，而徒震惊乎异域杂霸功利之见，儒术之衰，非吾辈责欤？近得吾蛰庐先生而慰矣！

先生学问深博无涯涘，于诸子百氏九流之说皆洞彻源流，得其旨要，汇为一宗。而于经世之学尤所致意，间有制定，悉协情势，非逞奇饰智，苟为异同者可比，《报国录》其一也。《录》中大旨谓：今日舍治乡团不能自治，非参古法不能制乱。而惓惓于君民上下之故，尤足使读者油然而生其忠爱，愊抑卓诡，粹然盖皆一出于儒。

先生古貌古心，于时流少所投合。顾独辱与宸交甚契，夜庐风雨，一灯相对，纵谈古今，悲愤所激，令人不知哀感之何从，古性情中人也。久屈不遇，寄意撰述，或有以河洛数推者，谓命值《师》之二爻，乃叹曰："此铜川府君筮河汾卦也，吾殆将以空言垂世乎！"乃始出其所著，略十数种，约近百卷。自以身世之间既温温无所试，举凡所得，悉寓之医，以故岐、黄家言独夥，殆亦昔贤良相良医之旨有感而然欤?

《录》初刊于去冬,嗣以兵尚未试,不敢率尔,旋止。盖其慎也。宸谓:"阖庐之语孙武曰:'子之十三篇,吾已尽观之矣。'是亦先传其书而后裨于用。今中日失和,书恐有不得终閟者。"因促其刊成,以为乘韦之先。龙腾而渊云起,虎啸而谷风生,声气翕合,海内必有想望风采,䌷绎论议,起高卧以共济时艰,使尽出其所学,应时际会,大慰其拳拳报国之愿者。兹特其一斑耳,岂此《录》所能尽哉?

时光绪二十年,岁在阏逢敦牂壮月,同郡陈黻宸介石书于午堤饮水斋。

〔**按**〕录自《报国录》卷首,又见陈黻宸《饮水斋文集》二。陈黻宸(1859—1917),字介石,瑞安人。光绪癸卯进士,授户部贵州司主事。曾主编《新世界学报》,任广东方言学堂监督、浙江谘议局议长等职。著有《钵水斋集》。

书陈蛰庐《治平通议》后

（1895 年 3 月）

宋　恕

宋室南渡，瓯学始盛。陈、叶诸子，心期王佐，纯乎永康，实于新安。新安师徒，外强中鄙，阳述孔、孟，阴祖商、李，媚上专权，抑制殊己。闽党横行，百家畔降，而瓯学亦几绝矣。

国朝右文，鸿儒稍出。瓯僻人荒，吾师孙太仆、学士兄弟，始表章乡哲遗书，勉英绍绪，瓯学复振。

蛰庐先生少好名、兵、纵横、词赋家言，渐进儒家，力追乡哲，长恕龄十馀。恕童居飞云江南，深慕先生在江北创求志社、利济医院。戊子、己丑间始获密接，纵谈政教，每连宵昼。然恕自信甚，不合辄面折，声色俱厉，先生不罪，反益扬许。嗟乎！昔由喜告过，赐谢知十，杏坛之风庶存蛰庐欤！

辛卯一别五祀，顷赴春试，访恕沪滨，示所著《治平通议》，其说与恕戊子所著《高议》、辛卯所著《卑议》离合半，然同归仁民。其博征经史，条理井然，冯氏《抗议》所勿逮也。

然恕敢有诤焉：周后明前，儒家兴西，法家炽东，董、韩、苏、程之伦，莫不以法乱儒，长夜神州，孤识隐痛。先生兹议，辨界儒法，似犹未精，岂惮骇习士，姑杂叔世语欤？然恕私惧书播海外，或被山鹿、物氏者流征致不满，将非美之憾欤？《传》曰：“智者千虑，必有一失,愚者千虑,必有一得。”以一得诤一失,古之道乎?先生必乐闻之。

光绪乙未二月,六字课斋主人世愚侄同郡宋恕嗣素谨书后。

〔**按**〕录自温州市博物馆藏宋恕遗稿。《书后》中“陈、叶”指陈傅良、叶适,“永康”指陈亮,“新安”指朱熹,“商、李”指商鞅、李斯,“孙太仆、学士”指孙衣言和孙锵鸣,“由”指仲由,“赐”指端木赐,“冯氏”指冯桂芬,“董、韩、苏、程”指董仲舒、韩愈、苏轼和程颐,“山鹿、物氏”指日本学者山鹿义矩和物茂卿。

书陈蛰庐先生《保种首当习医论》后

(1897 年)

杨逢春

呜呼！医道之晦也久矣。自种类之将瘠、将弱、将殄、将绝，冥冥之间隐受其荼毒者已非一日，智者不加察，愚者乐于所安，遂使生养休息听其自澌自惫，此可为痛哭流涕者也。夫人生有限之春秋，寒暑侵于外，忧患伤其内，小病致甚，大病致死，流连疾苦，辄至夭折，吾辈尚溷溷然不知所以匡济而提揭之，夫复奚言！

我师陈蛰庐先生心焉忧之，以保种为己任。常言："种者，国之所与立也。种荣则国昌，种悴则国懦。"于是悼大局之糜烂，愤异族之凭凌，慨然思兴医学，为保种之基础。光绪乙未，在浙瓯创设利济学堂，广招生徒，训以中西一切格致医理，使于性命、材力、年寿之纪配合位育、生长、嗣续之传，微言奥妙，大义綦详，诚欲将来医道大明，益我民智，保我种族，为恢复神州最精最巨之一大关键也。

近者泰西讲求名物之理至详至备，每言进种、选种，灵智天开，超越千古，其专门之学如卫生、体操、治心免病诸大旨，尤与吾中国古圣移精变气之意相吻合，其种族之振起有自来矣。岂中国民智之不灵，终无养种保种之道，超前轶后，驾彼族而上之耶？今得先生言，始豁然知我中华文明之胄灵气独全，昔之听其自澌自惫者，在无匡济而提揭之之人。苟得其道而扩充焉，则鼓舞振兴正在今日,故医虽执技之流,实寄天地离合之任。阴阳剥复之权,保种萌芽,罔不由此!愿世之说国俊义,共宏斯举,庶几医道日昌,种类大振,跻仁寿之域,成大同之化,天下幸甚!苍生幸甚!

〔**按**〕录自温州博物馆藏杨逢春《利济课艺》抄本卷上末篇。

蛰庐先生《瘟疫霍乱答问》序

（1902年9月）

刘祥胜

余奉命来镇温州，郡贤士大夫皆得周旋，而独未见孝廉陈君蛰庐。君故善医，客春余病温，诸医以寒热交作，尚狃用表剂。垂危始延先生。至，投以大剂镇阴药，获苏，家人甚德之。余起行间，未尝学问，何足知医。顾尝从中兴诸勋臣后，侧闻论议，谓天下唯能读书多办事而又宅心仁厚者始可任以大事。医，大事也。先生著书传海内外，治病三十馀年，尝于郡、瑞建两医院，署名利济，设科授徒，减润便民，信乎其为良医矣。以故郡守王公雪庐、监州司马吴君建侯、玉环同知吴君镜莊、副戎李君希程诸公交相契重。

夏季，瓯郡霍乱盛行，死亡接踵，率多寒热莫辨。有从院中乞方者，出《白头翁汤》加减与之，试之多验，远近传抄。适同乡童劭甫观察备兵是邦，遂刷印千纸，檄属张贴，时医奉作南针，颂声载道。是症一起，医流稍矜贵者皆匿不出。先生体素癯，独昕夕出诊，不避艰险，存活甚夥。以余所闻，寅僚中如土捐局唐寿丞大令，署瑞令盛伟堂大令两女公子，阎都司仪韶一子一婿，杨世职少卿，府幕乐长翁乃郎，局幕吴虎翁乃兄，皆投剂立起。盖先生之意欲历试而得其肯綮，始笔之于书，以救世指迷，与世之仅以空谈沽名者异矣。

承示近著《瘟疫霍乱答问》一书，明白晓畅，虽梼昧如仆，亦言下辄悟。因急取而代付手民，并特为院中凿一深池以当桔井之祝。

顾余重有感者：余久来浙江，稔闻天下名士称“浙江二蛰”，谓汤蛰仙、陈蛰庐也。汤君屡膺荐辟，天子动容。而先生跧伏里闬，藉医自晦，不事表襮，当道遂无从物色。余限于成例，不得如常何之引马周。需材之时，坐令有用之材以方技自娱，虽良相、良医，道故并重，于先生何尤！而实不能不为中国黄种四百兆人眷眷也。

时光绪二十有八年壬寅八月，钦命存记遇缺简放提督，镇守浙江温州水陆总镇、统领温防常备巡察等军，遒勇巴图鲁愚弟湘乡刘祥胜吉园甫顿首拜序。

〔**按**〕录自欲寡过斋印赠《瘟疫霍乱答问》。刘祥胜字吉园，时任温州总兵。

宋恕赠陈虬诗

燕都篇赠陈志三孝廉入都也

（1889年12月）

燕都城阙与云齐，黄尘昏曙逐轮蹄。侯邸戚里相招赴，银鞍金络生光辉。平章院落重门里，宠贵年华全盛时。后堂夜宴列罗绮，别馆昼接赋榱题。翰林后进容颜好，磨墨含毫工颂祷。谀墓千言贺得缣，弹棋六博喧争道。已储舞女身手驯，更蓄歌童喉舌狡。歌童舞女侍杯觞，月坠霜侵欢未央。平明戒秣谒田、窦，广坐论学话荀、扬。多财誉满公卿口，交荐密援登显右。分符治郡马如飞，持节督州虎大吼。子孙安步入台阁，衰老乞身归印绶。田良宅美乐无有，咳玉唾珠谁敢否。世间事业等若斯，看君夙昔独恢奇。怀中别有管、乐术，腕下更富马、班词。东瓯布衣足豪俊，先生方略尤殊胜。旁征仙释获圆通，馀事方技疗疾病。十年隐晦卧蛰庐，一日声名若雷震。宋学取士五百春，谨严科律如束薪。紫阳自是一曲说，安能折服高明人。屈、庄、韩、墨各不朽，文贵自立贱循因。望溪岩岩斥杂学，矜言别伪吾不凭。咸同以来敝加敝，丑妇施朱良可憎。非茅非苇竟何物，乍视欲呕况吟呻。天遣先生起科目，特为经义别开新。岂徒险语破鬼胆，直恐妙理发神扃。决疑冒忌惜佳士，贤哉二公李与陈。奇文初出俗腹诽，胜流争识元才子。当时弄獐笑微贱，改图附骥来趋唯。定知作赋惊春官，即看对策对天耳。同甫能生临安色，太冲顿贵洛阳纸。洛阳纸贵未足论，祝君柄国经中原。斟酌古今采欧美，更改制度活黎元。永嘉旧学大施展，水心、君举慰精魂。贱子芳洁慕兰茝，落魄频年客江海。谈空说有贯百代，入主出奴悲千载。吴英越秀谬相誉，皆言君才当今无。青春可惜应须惜，莫敢空老倾城姝。倾城倾国亦何益，欲诉遭逢再三咽。岂有黄金交紫绶，况复青蝇妒白璧。阳春曲高知者稀，故人禄薄书已绝。夜深飞梦落三山，安期授我炼药诀。晓来束装欲东渡，川路多艰意未央。叔夜玩世渐不恭，贾生太息尤中热。丹枫满地菊芳歇，燕雁去来叹如瞥。客中镇日对《楞严》，欲觅此心不生灭。不生不灭理亦知，无奈结习难遽移。且当弄笔学摩诘，画取江山自娱嬉。感君不弃常往返，殷勤诲我静致远。平生颇识山林佳，怜爱苍黔愁岁晚。功名太切翻为累，敬佩赠言求其本。武林城内雪始花，挑灯纵语杂笑嗟。君将入都我浮海，分手各在天一涯。天涯离合安可占，但愿毋忘在莒年。临行慷慨相期许，忽忆前闻心惘然。自从石郎割中国，遂使金、元吞宋室。至今啼鴂怨桑公，志士闻之泪横臆。圣朝疆宇迈尧、汤，处士不议股肱良。铭勋咏德如有暇，为我遥吊燕昭王！

题陈志三孝廉上山东张抚帅书

（1891 年春）

俗儒守旧如守土，小民畏吏如畏虎。欲教世界少悲愁，不设议院无是处。先生雄才大国楚，五湖三江纳胸腑。偶揖将军条政要，首陈及此良非腐。江南奇士张经甫，悯今昭疗更知古。昔年曾与论此事，上下纵横千万语。仁人志士不得所，岁月如流意气沮，中宵感叹泪如雨。

又题志公族谱例言

（1891年春）

煌煌宗法议，何日世庸吾？手定一家谱，神游千祀初。文章逼刘、董，凡例掩欧、苏。薄俗讵难感，仁人言蔼如。

〔**按**〕第一篇录自《杨青诗录》，第二、三篇录自宋恕遗稿。

宋恕致陈志三书(二通)

一

(1895年10月3日)

别来无恙。

昨姚颐仲来言:"闻金陵帅幕说:'香帅见陈氏《通议》而大悦,渴欲接谈,屡向幕员询踪,而皆以不知对。'我今欲劝志三往谒,又恐帅情莫测,万一始爱忽憎,途穷可虑,是以未敢冒昧劝驾,或俟我到省后再看何如?彼时同年同客,诸事似较便也。"此公现将以知县到省引见过此,姚言如此。侄理应立即通知,至往谒与否,长者自酌。侄不敢劝,亦不敢阻……

回乱日甚,陕甘大震,杨石泉已得革职留任处分,董军望风降溃,全局又复摇动,刘仲良以保教不力,革职永不叙用。常熟当国,乃有此举,较之合肥,孰为畏洋人乎?

日本日督在台设局保良,开学教士,极意招抚汉番,台北民心不可复挽矣!《申报》所云全系子虚,避嫌□□,不得不然也。不习台湾水土,兵士亡于疫瘴甚多,顿守北中,不敢向南。渊亭孤忠可敬,但恐难为精卫耳!唐景崧则做假皇帝不成不失为富家翁矣!可叹。

近日西人奇议甚多,不敢述也。穰卿以议开崇实学堂之故,几不容于乡,省垣尚如此,然则利济之蒙谤宜也。

侄恕顿首　中秋日

二

(1895 年 11 月 8 日)

叔明来,接谕,诵悉姚未出京,尊函俟其来沪面交。

此间西报馆接北京电信,言甘肃已大半为回所据,政府不敢宣播,将成李夏之局。八月下旬,日本下台南,兵民望风降溃,刘帅亦送降书,既降而内渡,竟与北边诸将一辙,殊出意外。盖刘军之必不能胜彼,我早知之,而终归于降,则我所不料也。

舍五弟幸列泮宫,皆先仲丈与先生循循善诱之力,感何可言!侄频年不归应岁科试,非薄优、拔贡而不希冀也,徒以法贼未灭,不忍归、不敢归也。乡人或谈及,无论亲疏贵贱,均祈直告以此故。

至前拙函所以坚嘱文伯勿轻交人带瑞者,恐忌先生者众,或有私拆、匿去之弊,故函面题介石不题尊姓字,以介石名稍晦,易免私拆;又未敢信文伯,故函中事情不敢向文伯说起。区区苦心,惟恐误长者之事,非因中有"法贼云云"恐人开看。盖法贼之为我深仇,十年前已明宣诸人,何况近年!亲友中有代我明宣者,君子也,侄之所感也;有不肯代我明宣者,小人也,阴为法贼地者也。偶申及之。介石、立庵诸同志均此。

现不敢与宗观察通信,亦以法贼之故,恐其影射虐良,非忘宗公之知我也!晤宗公时,乞亦直告此意!

九月廿二日　托季本带交

〔**按**〕录自温州市博物馆藏宋恕遗稿。姚颐仲，名寿祺，浙江海宁人，陈虬同年。“香帅”指两江总督张之洞，《通议》指《治平通议》，“杨石泉”指陕甘总督杨昌浚，“董军”指董福祥所率甘军，“刘仲良”指四川总督刘秉璋。“常熟”指翁同龢，“合肥”指李鸿章，“渊亭”指刘永福，“穰卿”指汪康年，“先仲文”指陈仲舫，“法贼”指宋恕二弟宋存法，“文伯”指张之纲，“宗观察”指温处道宗源瀚。

宋恕论陈虬

志公爱我之厚，令人感激无地！惟里居太远，不悉弟之处境有奇艰处，故劝我、规我之言，往往未着痛痒。今索性说个明白，看渠眼力如何。如以为兄弟间怨憾至此，必非好人，亦是常解，不得咎他。如能曲鉴苦衷，从此以后真可为密友矣。

——《致陈介石书》（1891.5.28）

同郡陈介石、陈志三、蒋屏侯三孝廉赴试过沪，询奇津客，敬举先生。三君欲修士相见礼，伏望引与纵谈，益其不足。……志三著有《治平通议》，其宗旨与礼不合，考证亦或欠核。然才雄学博，亭林、默深之亚，殆非今日经济家张孝达、张季直辈所及，但未能与执事及夏穗卿抗衡耳。至其厚骨肉，笃朋友，善谈名理，广涉艺术，则居然典午上人物矣。

——《致王浣生书》（1895.3.15）

通州张季直、同郡陈志三皆自负经济，大骂合肥，实则季直稍胜孝达，志三稍胜季直，去平章尚远。东瓯宋子，独犯众怒，而申平章，唇焦舌敝，罕肯虚听。近与志三力争，几伤雅道。仲容与志三结怨甚深，互相丑诋，俱失其平。恕昔以调停，故得罪仲容，又被诮志三；兼所学两异，仲、志愈趋愈远，愈不可合。年来好事者遂有"温学三党"之目，实则仲、志有党，而恕无党，犹洛、蜀、朔三党，朔本无党，徒以秉公论理，不附洛、蜀，遂有"朔党"之目耳。至此重公案，则仲容之骂合肥更甚志三，悲哉悲哉！岑南康长素，顷晤谈半日，所学似过季直、志三。

——《致杨定甫书》(1895.3.19)

志三刊行《治平通议》，弟今春始得见，多未浃鄙意。

——《致贵翰香书》(1895.7)

志三孝廉，有书嘱寄，附上左右。此公论议，诚极超群，然按之鄙衷，离合犹半。至其内行纯笃，大度汪洋，树骨苍坚，治事整暇，则五体投地，远愧勿如矣。

——《致姚颐仲书》(1896.2.26)

中颂经学湛深，然其品评人物，谈论事理，与恕离多合少，故虽有戚谊而久不通问。志三与中颂向有深怨，敝郡之人莫不知志三于恕为父执，往日过蒙奖借，然其品评谈论与恕亦多歧异。然之二君勇于办事，敢于任怨，其兴会之佳，要皆远出恕辈上。

——《复章枚叔书》(1897.7.14)

十月廿七夕，席间承面询陈介石孝廉与孙仲颂主事结讼情形，以口耳易忘易误，嘱开奉节略。……仲容经学湛深，郡人莫不仰若山斗。独陈志三起，而以经济之说与之争雄，温州学子遂分二党，积不相能。日寻舌锋以相攻击，于是彼此丑诋，略似北宗之苏、程。

仲容与介石本无嫌怨，因曾力劝介石绝交志三，而介石不听，反益与志三亲密，此为结怨之根。……通政素不学无文，外间酬应之作，其稍妥者皆他人代笔。瑞安近年略涉书、史者颇多，少年流莫不意轻之，或口出笑侮之言腾于广坐。通政疑此辈皆系志三、介石之门徒，因是憾志三、介石等刺骨，久思兴大狱以打尽之而未有机会。又通政曾向介石戚友处强借，而为介石所持，憾益甚。介石妹夫黄姓文童，本年应府试时，挨、认均已画押，廪生彭姓向之强借不遂，乃指称其祖曾充县役，临场抢卷殴童。介石送考目睹，与之互殴，多人劝散，两无损伤。而彭姓知介石与通政及仲容有憾，遂激怒冲容，出面呈控介石；又妄称黄姓之钱极多以诞通政，通政遣人连召黄姓之伯父，至，授意献贿，而渠伯父不能领略微言，通政疑为介石所阻，则大怒，遂致函藩、学诸宪，请革介石。介石之友及门人大愤，将动公呈力剖，即非其友及其门人亦多为介石不平，甚至通政之侄孙女婿章味三孝廉亦右介石，而代为呈剖。通政且怒且恐不胜乡里之公愤，会八月大变，通政喜有美机可乘，乃挟“康党”二字，以图置志三、介石于死地，且以禁制乡人为志三、介石鸣冤。此案大略如此。弟畏通政甚于虎狼，本不敢口出一声，今承高谊垂询，不敢不实对。黄姓气忿不过，欲投西教自保，介石、志三力阻之，今颇怨介石等阻其入教，身家难保。

——《致叶浩吾书》(1898.12.13)

〔按〕录自宋恕遗稿。王浣生名修植，时任天津水师学堂会办；杨定甫名晨，时任给事中，为孙锵鸣长女婿；贵翰香名林，时在杭州旗营任职；姚颐仲名寿祺，和陈虬同年中举；章枚叔名炳麟，时为《经世报》撰论；叶浩吾名瀚，为上海维新派名士。

孙诒让论陈虬

至于小人以洋务为竿牍求利，则私衷深嫉之。如敝乡某孝廉者，其鄙俗诡险，早在洞鉴。前者以书干张中丞，即以南走越、北走胡为恫喝之计。

——《致汪穰卿书》丙申七月廿五日（1896.9.2）

至二陈之事，执事盖微有所闻，而未审其详。志三之心术、学术，弟前奉致之函，尝陈其略。其人在乡鄙恶狂谬，不可殚述，其假维新为职志，而肆其植党牟利，无所不至。介石愚而拙，被其牢笼，遂为之胥附先后，以致沉溺不返，深足慨也！弟于志三十年前即痛斥为小人，而于介石则无恩无怨。然以志三稔恶，不知其非，是天下之大愚也。如知其非，而甘心助之为恶，则其谬亦甚矣！二者介石必居其一，是有喙三尺不能为之辩也。故弟平时持论，谓介石有爱憎无是非，即舍亲宋燕生亦复如是。其力学合肥，痛议南皮可证。而执事乃谓“志三亢而不能虑以下人”，是殆犹未见其深，而为其所绐乎？本年夏间，介石妹婿黄姓者祖父县役，例不得考。介石介志三为求温守王琛违例收考，众廪与阖邑童生阻之，介石率利济医院友直入考棚，拉廪生赵姓痛殴之几死，以是敝里大哗。黄漱兰丈与赵略有姻连，颇斥其非，而志三为介石作书致黄丈，语极狂妄，以是士论益不平，阖邑廪童同攻之，弟与执矛焉。此乃介石自取，并非为康党而起。且其事在六月间，时康、梁方得志，岂有假以攻二陈之理？刻黄生已扣考，惟介石擅入考棚殴廪生案尚待鞫。志三为介石奥援，为之控诉，波及黄丈暨弟，则何、郑操戈，方兴未艾，而假康党以倾陷人，则弟向不肯为，亮执事亦鉴及之。

——《致汪穰卿书》戊戌九月十五日（1898.10.29）

颍川事前已详陈，当可释然。渠抵掌谈时务，只为屠门大嚼计耳，岂有强中国、拯黄种之心哉？其所论绝浅陋，而南海不免为所绐，宜其败也。弟尝谓维新虽为今日急务，然亦须严辨君子小人，否则虽精习洋情，亦只多一中行说、张元耳，于时局曷有毫杪之补乎？弟前年奉书即略及之，亮执事必以为然也。顷闻渠途穷走杭，干高君子衡欲揽矿务。果尔，必败坏不可收拾。渠意在攫数万金，饱便飏去，高君傥误信之，其为宋宝华等之续可券也。天下事未遽不可为，常苦为之者无识力，为此辈所误，岂徒矿务一端而已哉！前宗湘文在温为所绐，后大悔之，然无及矣。此可为长太息者也。敝里讼事未已，然至今无一字及志三，亦尚无一字及保国会。至于事变离奇，不可喻度，它日溃决，未能知其所止，此非不佞所能任也。

——《致汪穰卿书》戊戌十一月廿五日（1899.1.6）

陈案近有居间调处者，或可解甲。但不佞与此辈较卓如与执事情事迥不同，盖天下事有君子意见之异，则宜彼此推让，曲维大局。若遇庸人，则直以财利豢之，使不为吾患，足以了之矣。至于处小人，则非摈绝艾狝之不可。彼诚无一可用，又厚蓄其阴鸷螫毒以为天下大害，宁可博宽厚之名，贻它日噬脐之祸乎？党人遍天下,大抵君子、小人参半,此其所以败也。

——《致汪穰卿书》戊戌十二月十六日(1899.1.27)

〔按〕录自《汪康年师友书札》(二)页1470—1481。“某孝廉”、“颍川”均指陈虬,“张中丞”指山东巡抚张曜,“宋燕生”指宋恕,“合肥”指李鸿章,“南皮”指张之洞,“妹婿黄姓”指黄泽中,“廪生赵姓”误,应为廪生彭镜淮。

孙诒让致陈子珊书

一

（1878年8月13日）

子珊仁兄大人阁下：里居三月，匆匆□□〈就道〉，□□〈阁下〉宏辩，冠绝时贤。乃知孟公惊座，名固不虚也。

前由四弟寄到贶毕，猥荷奖问殷拳，感佩无似。承示先哲遗书各种可相助蒐缉，尤切铭瑑。周氏《诚斋杂记》乃会稽林坤所撰，周特为作叙，旧府志遂以为周著。蚕织蟹筐，可发一笑。（此实《通志》沿黄虞稷《千顷堂书目》之误，府志又沿《通志》之误，修府志者于此书并未寓目也。）然钱竹汀先生《元史艺文志》已有斯题，足见考证之不易也。《瓯乘拾遗》亦敝斋所有。此书丛杂无绪，博览不及黄鹤楼《瓯乘补》。《俗字》已从博卿假得一本，亦多舛误，惜不暇一一考正也。《朱王浅说》，向所未见。曩诵《竹园类辑》，常病其学究气太重。顷闻四弟云，此书亦讲章一流，则弟平生所深恶者，可无庸录副，但能录其序跋及凡例卷数及体裁大概寄示，俾得一入敝著《经籍志》，则所望也。蔡集及张南峰《四书注》均祈代假，属四弟钞之。此外复有所见，亦求无吝惠示是祷。

弟春杪回署,即侍先慈寝疾。前月初间,忽复□□,侍奉无状,遂于廿八日弃养。遭此大故,肝肠寸裂,百业都废。残喘甫苏,草此奉复,即叩□安,不尽所怀。

棘人孙诒让稽颡　七月望日

贤兄星仲舫等均此拳拳!

二
(1878 年冬)

志珊仁兄大人阁下:昨从四舍弟许颁下手毕,敬审著祉康和,至以为慰。承示代访遗书多种,足征嗜古盛意,感佩何既!

弟处自前年《书约》刊成以来,未及三年,已续得四十馀种。将伯之助,允资同志,斯亦先民之幸,非徒鄙人之愿也。所论吾乡学派大略,精当无匹。窃谓有宋一代,当以薛(季宣)、陈(傅良)两先生为大师,而薛之博奥,陈之醇雅,则又各擅其长,莫能相尚。若梅溪则名节盖世,而学不及二公之邃。以早掇大魁,晚为名臣,故德望昭襮,有逾□□[薛、陈],就其遗集而论,似未能与艮斋、止斋抗衡争道也。至我朝学人寥落,几成僻陋之乡,即有一二有志之士,亦止知于宋元明人书中求途径,未能上溯隋唐,远宗汉学。其所论撰,总不出才子学究两□〔门〕,惟家敬轩先生为能研治《三礼》,□〔尚〕惜其生乾、嘉初年,未及与后来经学大师往复参核,故《礼记集解》虽多精论,而究未出宋人范围,倘使敬轩迟生三四十年,所造必不止此也。雪斋先生精通小学,自是后来巨擘,然以毕生精力尽力雠校,于经史巨编未有论著,甚可惜也。此外□〔如〕曾复斋(镛)

诸人，于经学未涉唐涂，而悍然自厕谈经之席，则不足当一哂矣！未知卓见以为然否？

张南峰《四书说》尚未寄出，未如何如？《集韵考正》宜附《集韵》而行，此论信然。惟此书卷帙甚繁，校核又复不易，且近有日本国及嘉禾姚氏两刻本盛行于世，（版在上海。）可毋庸重刻耳。

兹乘友人许君南旋之便，匆匆肃复，藉叩元祉，不备。

弟制诒让顿首

〔**按**〕二件均为温州博物馆藏品，陈虬一字子珊，书中黄鹤楼为永嘉黄汉，博卿为瑞安洪炳文，梅溪为乐清王十朋，敬轩为孙希旦，雪斋为瑞安方成珪。

谭嗣同论《利济学堂报》

《利济学堂报》乃缘《时务报》已登告白，故买阅之。今寄到，不意中多迂陋荒谬之谈，直欲自创教，不关于学术。彼既刊本，自可拆购，现寄到四本，即请自此截然而止。……非嗣同敢为反复，致劳清神，实虑此报为害不浅。其阴阳、五行、风水、壬遁、星命诸说，本为中学致亡之道，吾辈辟而辟之犹恐不及；若更张其焰，则守旧党益将有词，且适以贻笑于外国，不可不察也。彼欲为教主之私意犹其小意者也。

——《致汪穰卿书》丁酉六月廿四日（1897.8.11）

〔**按**〕录自《谭嗣同全集》（中华书局 1981 年版）页 506。

黄绍箕致陈志三书

□□仁兄大人阁下：

日前晤叙，渥领教言，顿消鄙吝。弟在郡于廿七日上船，卅日抵沪。委托之事不敢弭忘。惟弟在沪熟识中止有三处。一系大东门外龙德桥成茂笋干行，宁人王调梅世丈所开。一系洪口外大桥祥生懋铁行，宁人戴绥之兄所开。此两处事繁人杂，察看情形似不能为枝栖之借。一系茅家桥孙春祥茶栈，裕大生号蔡仁卿、信记坐号黄声如均在此，惟陈尽老亦在此，未免有逼处之嫌。若勉强暂寓，则此犹善于彼，但每日恐仍不能无僦费，较客栈略便宜耳。三处弟均已写一大名条子面交，恳为随处说项。兄到沪后须再亲自关会为妙。

弟动身以前为应酬所困，重以舟中颠簸不食，形神俱敝，有至好力劝在此就医。每日至朱滋仁寓。其门如市，近服药数剂，略愈，不知是否药力。

弟参考见闻，如吾兄为行医计，有数要义必须降就：医寓不可无排场，却又不可有脾气；医法不可无别才，却又不可不时样；医效不可无明验，却又不可为急图。此皆在高明洞鉴之中，但恐或限于性，或牵于势，未必肯与之委蛇耳。

手此，顺请

侍安　诸惟爱照不宣

　　令昆仲均此道候

弟黄绍箕顿首

五月初六日

〔**按**〕录自温州博物馆藏件。开头署名原被割去，从文中“为行医计”数义以及函末提及“令昆仲均此道候”，显为致陈志三函无疑。

童学琦致宋燕生书(询陈虬)

（1899年3月9日）

燕生仁兄先生侍史：

去秋判襼，驰系日殷，比来杭垣，适得蛰公返棹自沪，晤谂撰祉聿新，至为欣慰！

我华旧焰复张，几乎无事可办，无言可建。开新之机转被粤人抑遏殆尽，惜甚恨甚！变法本刻不容缓，惟误于发端之人，事遂溃裂。回首曩言，足征卓识。陈志公闻被同郡所诬，播越在外，近果何之？极念！介公是否仍领速成教习？上海求志课章向分四季运道应课，计亦颇便。其领题、领卷、缴卷、领奖应定何时？应托何处？均乞详示！因有敝同乡属弟代询也。敬叩

新喜

小弟学琦顿首上

〔己亥〕正月廿八日

〔**按**〕录自温州博物馆藏件，蛰公指汤寿潜(蛰仙)，陈志公指陈虬(志三)，介公指陈黻宸(介石)，粤人指康有为，梁启超等。

瑞安利济医院股份票

（1901年3月）

本医院创自光绪乙酉，戊子开设药房，筹集资本，分为十股。当时原视各人经手多寡定股：蛰庐先生坐认六股，何志翁二股，陈介翁、陈栗翁各一。原议将来提还股息，药房归公，后世子孙不得视为祖业，曾立善券五纸分执。乙未，郡城设立分院，添置医局、学堂，亦由瑞院拨用。丁酉另招新股，由院拓办《利济学堂报》，缘事停止。历办一十七年，两院亏折甚巨。

通盘筹算，微特院董垫款五千馀元无归，即报馆各股除已付外，尚二千馀元，郡院亦无款可抵。唯瑞院药房、涂产以及一切医润各项，目前虽未畅旺，瑞院将来确有进款大宗尚可作抵，重议化大为小，招新辅旧。新制份票三百张，票计英洋四十元，以一百股归院，储为扩充院务之用；一百股归蛰庐先生，一百股归何、介、栗三翁，自行分解各项垫借。

辛丑年正月起，瑞院所有药房、院产等项结算交出，归众酌派轮管。每年所入，除提二成归院外，馀均照股匀摊，于次年正月元宵日按给。郡院归蛰庐先生独办，启闭听便，与瑞院无涉。从前所立善券概行作废。原存股友除诚愿作捐者，院中勒名志德，馀均一体给发份票。若不捐、不入股者，各唯经手之人是问，不得再向郡、瑞两院饶舌；已入股之友亦不得恃有份票，强向药房赊欠，以及兜收帐目。如有习医同志捐润积至四十元或自行出资者,即与各股存洋之数相符,应准补给份票,利益均沾,以昭公允。

此票只准售赠院中同事以及本家,不得外售坏规。此为振兴医道,共拓善门起见,较之寻常公司份票,似无赢馀。然将来院务大兴,即可长绵世泽,实隐为子孙造无穷之福利。愿吾同院,以土壤涓流之助,辅移山衔石之诚,众擎易举,久道化成。

爰立份票,略具始末,幸乞鉴原。须至份票者。

字第　　号给　　计一股英洋四十元　光绪二十七年岁次辛丑正月

瑞安利济医院给

〔**按**〕温州市博物馆藏件,明字第捌拾叁号,盖有“瑞安利济医院条记”印章。

新建利济医院碑记

（1920 年）

瑞安利济医院于清光绪乙酉始创于城东杨衙里。当时先建前进五楹，左廊筑药房，右廊筑诊室，各三楹；中座以设学堂。盖欲以昌黄帝、神农之教，医道甚殷，是为吾浙东南之有医院始。

乙未，分设医院、学堂于郡城。丙申，添设药房。丁酉，复开报馆于杭州，而皆以利济名。历办十有馀岁，亏折凡六千金，学报、医校于是停办。未几，而蛰庐、介石、石莀、栗庵四先生皆相继殂谢。不特郡城医院岌岌欲坠，而瑞安原有之院亦相形无起色，以至于今。

共和九年，始得复建瑞院正厅洋楼一座。楼上以设黄帝、神农栗主，楼下设蛰庐、介石、莀石、栗庵四先生遗像，而以介石先生弟醉石先生附焉。春秋率诸家子嗣暨同院释奠笾豆，有仪礼也。

〔**按**〕录自陈谧《介石先生年谱》，原见池志澂《卧庐先生文辑》。介石指陈黻宸，莀石指何迪启，栗庵指陈葆善，醉石指陈侠。"开报馆于杭州"指《利济学堂报》设分馆于杭州《经世报》馆内。

挽陈志三孝廉诗

（1904年1月）

杨　青

浪传噩耗到瓯东，独立苍茫恨不穷。斯世不应少此老，青山无可遽埋公。十年气郁孤灯下，戊戌后孝廉更无聊。万卷血枯老屋中。孝廉劬心著述。如此大才如此了，曷胜双泪泣西风。

章安百里隔温城，南望君家倍怆情。把卷未翻肠已断，时阅孝廉《治平通议》。赋诗遥挽泪先倾。文章经济传当代，琴酒笑谈了此生。有客他乡同闻讣，扁舟赴殡哭吞声。谓陈介石主政。

平生杖履几追陪，说我终非草莽才。妙手立教沉疾起，昔患热淋，赖孝廉调治。高谈犹带宿疴来。秋前犹带病过访。丹山灵凤难鸣盛，湖海元龙忽气衰。安得九原重起汝，草堂风雨更衔杯。

秋宵樽酒共谈经，四壁风吹鬓发青。犹道子云长寂寞，争悲仲举遽凋零。斯人泉下先朝露，知己天涯几晓星。逝者滔滔川水急，那堪身世总浮萍。

回头事事总堪哀，卅载高谈浊酒杯。曾说看花须有福，孝廉赏菊杨园，曾曰：岁岁看花，想见主人强健，客亦多福。更期赏菊几番来。孝廉前月过访已衰颓不堪，犹言："如此秋光，不知再得几番高会。"吁！言乃心声，不料竟成长别了。交游何遽成长逝，摇落无端未尽才。许赠序文今已矣，孝廉许赠诗文集序。遗篇重检抵琼瑰。

亦说归休林下游，孝廉约创公家花园作林下游。劳人叹息只牢愁。杜陵得句多忠愤，孝廉赏菊诗有“秋丛易感杜陵愁”句。贾谊著书每涕流。孝廉著书多慷慨时事。在世长怀天下事，盖棺方许此生休。茫茫今古同虚幻，剩得青山土一邱。

龙马精神气浩然，伤时感事促天年。先生作古难言命，时事于今莫问天。遗嘱楹书留女读，到头绝学付谁传。如斯摇落真堪恸，四海横流满目前。

海国烽烟不胜嗟，彼苍何忍忌才华。空怀满腹天人策，少个千秋著作家。死后梦魂绕北直，生前声望震南沙。徐长沙尚书。旧游泰岱题诗遍，搔首天涯落日斜。

〔**按**〕录自温州市博物馆藏件。杨青字淡风，永嘉人，自称杨园主人，著有《永嘉风俗竹枝词》、《丙寅冬闽军过温及浙省防军抵温记事竹枝词》等，为清末民初温州著名诗人。

吊先师陈蛰庐孝廉

（1904年1月）

杨逢春

祖国有奇杰，钤韬比子房。蜷藏伤寂寞，豹隐感沧桑。才大遭时妒，医兴忧道亡。一朝悲愤死，瞻拜荐馨香。

〔**按**〕录自温州市博物馆藏《贻清堂诗集》。

挽陈师联语录

（1904 年 3 月 7 日）

杨逢春录

我师陈蛰庐夫子，浙东名士也。生平志趣热诚，冠绝一时。所著《治平通议》、《保国录》各书，久为海内诸君子所佩服，启新学之先声，为富强之要旨。自戊戌政变后，愤郁立言，而欲广行其道，手创永、瑞两医院，兼设药房，教训生徒，以开学派。癸卯春间，创造瓯文，欲使四百兆黎元皆能识字，苦心孤诣，舍身救人，诚有苏民困、开民智、救民苦之念，渐至大同之治。公抱病讲学，孜孜不倦，于癸卯十一月十四日而逝。遗书数十种。乡党中及门弟子挽者甚夥，无不惋惜矣。谨录之以为纪念。

甲辰正月廿一日，弟子杨逢春谨识

陈黻宸挽联

生平以神农、黄帝、孔子、释迦、基督、摩西、谟罕默德自命，死乃独遗书万卷；

历岁为劫馀、欠泉、志石、云卿、博三、养颐、令兄仲舫恸哭，今况又折公一人。

——宗弟黻宸

宋恕挽联

浙东又弱陈同甫，
河朔方愁铁木真。

——世侄宋衡

池志澂挽联

著述数万言，识想数千载，精神数百人，而文章议论殆犹其馀，间世大才，老死中原恨非地；

以年则我兄，以德则我师，以交则总角，更患难胆肝相期无负，先生此去，利济一脉属何人。

——教弟池志澂

陈葆善挽联

圣贤志趣，仙佛心肠，英雄手段，乃至出河海行径，受盗跖声名，慨人世毁誉浮沉，惟我独窥公底蕴；

学问师友，气谊金石，性味苔芩，况当疾病相扶持，患难同体恤，叹此后知交零落，更谁可与共平生。

——宗小弟陈葆善

项崧挽联

元龙豪气,永康轶材,志士嗟虚生,从古名贤同一叹;
大陆风潮,清流党锢,及身能幸免,后来世事益难言。

——年世侄项崧

项方蒨挽联

韩非忠愤,鬼谷纵横,处士仅遗书,求稿惜无衔诏使;
方演龙宫,字参鸟篆,院师今下世,诸徒应有筑场人。

——世弟项方蒨

吕渭英挽联

撒手西归,文字长留瓯海派;
侧身南望,医星忽陨太邱门。

——愚弟吕渭英

李炳光挽联

从傍行斜上,特辟形声,锐志在维新,瓯海独推文字祖;
兼贾策匡疏,蔚成著作,奇才嗟不遇,蛰庐剩有《治平篇》。

——晚生李炳光

李懋勋挽联

湖海气节之交,知己中又弱一个;

经济文章而外,论医道亦足千秋。

——愚弟李懋勋

杨青挽联

斯民疾苦千般,举目疮痍,国病未兴公遽逝;

旧友凋零几辈,满腔忧怨,时艰孔亟我尤悲。

——愚弟杨青

杨黄挽联

悲!悲!悲!人皆悲斯文,我独悲斯世;

哭!哭!哭!有泪哭先生,无泪哭苍生。

——愚弟杨黄

王佑宸挽联

公乃瓯海名家,胸臆中本具绝大经济,区区一医,犹其馀技,奈何命与时违,老死奇才悲伏枥;

我亦乐成著籍,学界上未能输进文明,沉沉若辈,孰是知心,惟有泪随泣下,怆怀世事吊先生。

——晚学王佑宸

钱振埙挽联

霖雨何年冷，猿鹤空山，叹息霸才无主；
陆沉此日生，龙蛇大泽，苍茫来者为谁。

——愚弟钱振埙

陈祖绶挽联

名满诸侯，卢国遗书尊扁鹊；
才雄一代，下邳豪气失元龙。

——宗弟祖绶

胡调元挽联

倦游京洛，归卧海滨，卖药隐韩康，至竟讳谈天下事；
球界大才，蛰庐著作，倚梅吊君复，何时遗稿茂陵求？

——愚弟胡调元

陈璪挽联

谈著作《通议》数卷，《讲义》数卷，《新字》数卷，精神所注，先生殁而犹存，他年四库校藏，应有遗书如君举；

考平素结会自由，出版自由，择业自由，疑谤不惊，中国间为一见，今日盖棺论定，还将刻石拜卢梭。

——晚学陈璪

胡希铨挽联

交契辱髫年，忆曩时同学敝庐，前无古，后无今，杯酒论时艰，直欲拯四百兆黎元，独有先生能建白；

伤心悲老大，幸此日儿曹受业，授以医，妻以女，门墙联姻娅，果克承千万年香火，勖哉小子勉昌黄。“勖哉小子勉”五字，《杨青集》作“毋忘遗绪在”。

——姻弟胡希铨

胡鑫挽联

公为医院死，医院不死，公死犹生，惟黄教未昌，小子无材，仅于十六字世系勉承圣绪；

我推轩岐道，轩岐卫道，我道不孤，愿先生无恨，遗言在耳，总使千万年香火永寿人间。

——受业婿胡鑫

张耀煌挽联

陈同甫一代儒宗，《五论》落人间，立德立言齐不朽；

孙京兆万年医统，《千金》传嫡派，寿民寿世具精神。

——内弟张耀煌

何甡挽联

瓯文一笔而成，从此小民皆识字；

医学千秋不朽，勤求古义有传书。

——表弟何甡

张焕烇挽联

医有传人，字有传人，经济更有传人，平生脑力所充，万轴遗书，应在门墙同补辑；

言可不朽，德可不朽，功业亦可不朽，此后神灵如在，千年香火，当从轩颉并馨香。

——内兄张焕烇

陈国琛挽联

兄去何之，怅生前绪论万言，强国强民，竟把杞忧归上界；

人谁无死，愿此后儿曹可造，为家为院，勉传衣钵慰先灵。

——功服弟国琛

徐琅挽联

济世张仲景，忧国贾长沙，上下数千年，如此奇才能有几；

坚忍玛志尼，深思俾思麦，纵横二万里，从今继起更何人。

——襟弟徐琅

王明扬挽联

千万言著作等身，经济文章，公死自能成不朽；
五十载交情如昨，艰危安乐，我怀旧事总堪悲。

——世弟王明扬

伍守彝挽联

论私谊兼师友姻亲，问字忆童年，夙钦元季弟昆，各有高名垂不朽；

嗟大才竟湮没护落，雄心应未死，此后纪群学业，勖哉宅相勉传人。

——姻弟伍守彝

邱学熙挽联

斯人一去，时局攸关，岂独姻亲悲失助；
伟业未成，大星忽陨，空嗟造物妒奇才。

——表弟邱学熙

诸葛钧挽联

满目疮痍，斯世谁为医国手；
千秋事业，名山自有等身书。

——年弟诸葛钧

吴蓉挽联

目前余子谁良相；身后千秋我蛰庐。 一

纬地经天，仓圣以还推巨手；先忧后乐，希文不幸作良医。 二

——愚弟吴蓉

林旭挽联

首戊戌志士，开辟风气，公其一人，无如朝局阽危，经世大才悲莫用；

本欧美音学，制造文字，仆愧未竣，所恨先生归去，成书有误乞谁刊。

—晚学林旭

郭弼挽联

利济长存公不死；

瓯文请教我无人。

——晚学郭弼

蒋梦熊/璜挽联

君所谓奇男子非欤，苏、张之辩，管、葛之才，伊、吕之志，不得已乃以医名，讲学大传人，公乘遗书天下贵；

余如此其伤心已矣，亨道云亡，元伯寻逝，辋川就终，至今日又歌哀些，衰年谁属望，中原多事故交稀。

——愚弟蒋梦熊 璜

孙况挽联

公具苏、张辩资，允卜治平当世，胡□□干谒果敏、南海之间，韬晦终身，天阨英雄死北牖；

道通灵、素古谊，非博利济微名，□此后肇定医院、瓯文以来，功成身退，神归兜率泣东垣。

——晚学孙况

林祖同挽联

公殁越人谁起死，

天艰国士不长生。

——晚学林祖同

林涛挽联

《治平》数万言：《经世博议》、《救时要议》、《东游条议》，先天下而开风气；

先生三不朽：识想千古，医学千古，新字千古，愿身后勿悲子孙。

——晚学林涛

林文泽藻挽联

出其热诚，著《治平》、《报国》；

别开新派，鼎罗马、华严。

——愚弟林文泽藻

黄遵公起挽联

呜呼我公，神农医圣也而公缵其统，仓颉字圣也而公革其命，落落此一身，前不见古人，后不见来者；

吁嗟彼族，保全之局裂则彼墟我国，瓜分之局成则彼灭我种，茫茫今世界，生无得自立，死犹得自安。

——晚学黄遵公起

饶方猷挽联

医国良方，老死终竟未试，瓜分大祸已目前，希望种族自存，新学皆病狂，旧学皆病痿，铸造无材，乃惜权谋奇杰；

等身著作，新字当推特点，六书旧法不足论，比较世界合音，梵音无其赅，西音无其便，精神有在，何须形体子孙。

——晚学滇南饶方猷

童煜挽联

先生殆仓沮后身,造字竟遭天鬼忌;

举世方疮痍满目,焚香愿驻药王灵。

——晚学生童煜

项兆东挽联

大造素怜才,闻贤人机动龙蛇,谶兆竟为先岁见;

九京堪避世,纵君子尽为猿鹤,灾祲总不及公身。

——世侄项兆东

池虬挽联

以盖世文章论议,为中原力策富强,杞漆罄忧思,独惜北海不生,当道衣冠,谁引正平登荐牍;

捐一身事业功名,为医学大开教育,门墙叨著录,深恨东垣老去,藏山撰述,我非谦父愧传书。

——弟子池虬

张烈挽联

半生《灵》、《素》,独得真诠,当年医院肇兴,力与东瓯开学派;

廿载门墙,饫闻绪论,今日遗书具在,怆怀吾党孰传人。

——弟子张烈

林獬挽联

公学不名一家，抗志在昌黄，直欲压回、佛、耶、希而上；

我亦从游十载，分科传德育，愧无如伯伦亚里之才。

——弟子林獬

王瀚挽联

心服近三十年，观我公抱负非常，始欲立功，继欲立学，又欲立教，方冀大有所为，奈天奇其人，人妒其才，半生历尽风潮，岂料绝世英雄，毕竟如斯结局。

远行周数万里，慨小子遭时不幸，在宁哭友，在浙哭弟，在鄂哭师，况值国步多艰，对北徼云愁，东邮风惨，此后无量浩劫，为问匡时事业，到头的有何人。

——弟子王瀚

朱襄挽联

以一身战众忌群疑，道力总艰贞，磨蝎临宫，空怪俗流腾谤议；

论馀技犹六通四辟，灵思何变幻，神龙昂首，岂容末学赞高深。

——弟子朱襄

何翼然挽联

医派十六字，著书百万言，何如北海才名，竟以布衣终老死；

暌教七八年，归装三千里，此日南洲涕泪，将哭天下岂为私。

——弟子何翼然

陈京挽联

名山立说各有专家，惟先生万象包罗，黄族文明，澎湃古瓯推起点；

科举累人孰能无恨，会贱子数年侍从，青衫故我，怆怀梁木负知音。

——弟子陈京

郭凤诰鸣挽联

发轩、颉邃古不传秘，为瓯海启文明，廿馀年虚附门墙，自恨一无成，未学医又未学字；

当欧、亚列强争竞秋，适藐躬遭变故，百十日方悲风木，昊天何不吊，丧我父复丧我师。

——弟子郭凤诰鸣

池锦濂挽联

授卫生奥旨，倏近十年，自惭樗栎庸才，衣钵虚悬，未获登堂编撰述；

与中表缔姻，甫逾两载，况复朱陈同里，门墙相望，那堪长笛听凄凉。

——弟子池锦濂

林日东挽联

此后仪型，我将安仰；

生前功德，民不能忘。

——弟子林日东

何樾挽联

公不以荣世希望，专力救民思想，独创《新字》一书，足令支那复元气；

志欲扶斯民疾苦，耗尽毕生心血，太息轩、岐大义，从今道统付何人。

——弟子何樾

程云挽联

不殄厥愠,不殒厥问,惟先生有此语;

仰之弥高,钻之弥坚,予小子莫能名。

——弟子程云

郑骏声挽联

时事勿可为,恨中国甲午败于东,庚子乱于西,近又德、美、英、俄诸异种,交涉愈艰,当此排解需人,竟使奇才终抑郁;

自古皆有死,痛我师性命在医院,气脉在学堂,加以著作文字诸雅道,流传不朽,尽是精神寿世,虽然长去犹生存。

——弟子郑骏声

僧月波挽联

同胞皆痛痒相关,惟我公道济群生,结十利因缘,幸老衲亦居弟子列;

此归定世界极乐,还求住圆光半点,度一切苦阨,愿后身长驻药王灵。

——弟子僧月波

殷锴挽联

制字创教，开将来国度头等文明，何期大厦忽倾，顿使同洲齐震恸；
利己济人，是我师建院一生宗旨，却恨仞墙初傍，未能医学衍心传。

——弟子殷锴

陈瑜润挽联

仰先生若北斗泰山，航海来游，校字新叨弟子席；
痛《瓯文》方出版开世，译林未就，补书孰是颉卢才。

——弟子陈瑜润

杨逢春挽联

新文开派，先生千古；
医学立教，利济万年。

——受业门生杨逢春

杨钟麟挽联

轩辕乃万古医宗，惟先生薪火能传，书就《元经》，道未盛行悲地下；

同甫亦一时人杰，慨此日大星忽陨，文成《五论》，空留宏著落人间。

——受业侄婿杨钟麟

徐玉鸣挽联

洞时艰于甲午大创以前，痛哭、流涕、太息，特著《治平》万言，卓识如公，方谓太傅长才，有道汉文应侧席；

论姻好在葭莩相依之末，字学、经术、医宗，自愧未传一脉，迂疏如我，空负先生明训，伤心宋玉赋招魂。

——受业侄婿徐玉鸣

何懿典挽联

数十年辛苦经营，昌黄教，建医院，开学堂，设报馆，风潮撼山岳而来，百折不回，毅力如公能有几。

百馀种遗书宏著，制《瓯文》，传《通议》，纂《元经》，成《讲义》，识想直天人贯彻，一时无两，不材如我孰能窥。

——受业侄婿何懿典

殷汝钟挽联

就音创字，先生千古；

高山景行，弟子再传。

——再传弟子殷汝钟

殷汝砺挽联

读《报国录》、《都利音》、《治平通议》、《利济讲义》诸书，五十年落落大才，恨小子未能一见；

与俾思麦、玛志尼、特尔康德、西乡南州比例，二万里沉沉震旦，如先生今有几人。

——再传弟子殷汝砺

黄精勤挽联

公本王佐才，岂唯立说著书，群钦北斗；

我亦弟子列，那堪山颓木坏，顿失南车。

——附学弟子黄精勤

刘廷骐等挽联

本草主神农，曾以存心勉小子；

轩经昌黄教，当得继起慰先生。

——药房伙伴刘廷骐等同挽

林鸿涛挽联

仆来执役未终年，适逢新字堂开，大德如公，不以奴隶相期，使我厕居弟子末；

爷在服从多缺恨，况复兰台驾召，感恩似我，惟有馨香祈拜，祝公列入梵仙班。

——沐恩家人林鸿涛

同院诸子挽联

后荆山铸鼎四千年，瓯海出真人，创黄教，立儒宗，议治平，制新字，万叶火薪，欲为轩辕开正派；

自利济落成十九祀，先生论事业，建医院，设药房，立学堂，办报馆，满腔热血，直忘性命度群生。

——同院诸子公挽

〔**按**〕录自杨逢春《馀闲丛录》卷二。联语中提到的“十六字世系”或“医派十六字”指：“道济群生，泽衍万世，津梁广启，执圣之权。”

利济分医院应诊章程

(1910 年)

胡　鑫

利济医院自光绪甲申年(1884)陈蛰庐先生刱建于瑞安城内,订立定章,减润应诊,以期广道便民。乙未岁(1895)设立分院于郡城小南门内小高桥。时鄙人在院主诊五年,嗣因诊务浩繁,于庚戌年(1910)设立分院于三角门内。兹将应诊章程开列如下:

一、城厢内外延诊者须于每日午前挂号,号金×文,随给方纸一张,以便午后挨次出诊,无号不赴。

一、城内润笔,区分三级:(甲)大洋二元,(乙)一元,(丙)六角。贫而无力者免。若午前夜分应急加早者为特诊,医金,轿钱照章如倍。

一、城外(出城五里以内)区分二级:(甲)大洋二元,(乙)一元。西南溪港与近乡、远乡,往返须一日、数日,诊资面议。

一、轿钱:城内以路远近分四项:二百四十文、二百文。百五十文、一百文。出城酌加,特诊加倍。(到诊时另给轿夫酒力每人十二文,特诊出城均加倍。)

一、门诊一例(律)挂号,挨次就诊,润笔不计有无多寡,听人自惠。每日定上午八句钟至十二句钟,过午不候(复诊须带原方。)

一、出诊时有附诊者,不论眷属,伙侣,幼孩人等,医金须照上例，惟轿钱免惠。

一、凡开丸散膏丹方剂，润笔照特诊例先惠，定期取方毋悮。

一、门诊、出诊所有医金、轿钱各于挂号前缴〔清，以免诊〕后为琐事延搁。

一、本分院兼设医学校，需费浩繁，全赖司诊者籍医自卫，向无支取公□□□，□□□□□□□〔先〕议捐谢，而要症愈后亦须酌捐以资津贴、特著定章，祈各鉴谅。

〔按〕录自温州博物馆藏件。原注："本分院现设立郡城三角门内曾宅花园对过云霞桥下。"

元经宝要·提要

朱国庆　刘时觉

《元经宝要》三卷，清陈虬纂，弟子陈葆善、张烈、胡鑫编辑，光绪二十三年丁酉载于《利济学堂报》。书分九表，据《素问》之说述运气、藏象、经脉。先是，光绪十八年壬辰陈虬著《利济元经》，其自序谓，光绪乙酉瑞安始创利济医院，不材叨主讲席，七阅寒暑，甄录医籍，颛葺《素》《灵》，勒成一书，得卷者八：曰运气，曰藏象，曰经脉，曰脉法，曰病因，曰本草，曰针灸，曰死生，凡为表者五十有二。故知《利济元经》为陈氏课徒教本，而《宝要》则节录其前三卷，故卷首仍题作《利济元经》。书前题记亦谓运气、藏象、经脉九表实为全书之要，自可单行，因别名《元经宝要》，汇订成帙，以为从事《灵》、《素》者南针焉。本书辑录，阙卷三之表二《六府经络表》、表三《奇经八脉表》，未成完璧，诚一恨也。

〔**按**〕录自刘时觉主编《温州近代医书集成》第32页，上海社会科学院出版社2005年出版。

瘟疫霍乱答问·提要

曹炳章

清陈虬撰。虬字葆善，又字蛰庐，温州人。创设医院，题名利济，设科授徒，减润便民。光绪二十八年夏，东瓯霍乱大行，死亡接踵，率多寒热莫辨，先生出以白头翁汤加减与之，试之多验，远近传钞，时医奉为圭臬。先生且昕夕出诊，不以为苦，活人无算。盖先生之意，欲历试不爽，始笔之于书，用以救世指迷也。书名《霍乱答问》，大旨谓霍乱有寒有热，若瘟疫霍乱，则悉属热，而寒者不过虚人百中之一耳。其辨论西医疫虫疗法甚详，及嚼铜钱，谓硫强水可以蚀铜，尽人而知，此证亦硫磺气过重也。瓯人称口热臭者为热硫［磺］气，淮北人则直称硫磺气，于是可悟此理。西医亦称铜之功用能安肚腹脑气筋，但过多则吐耳。并自制利济专治霍乱方九，利济天行应验方八，利济秘制保命平安酒方一，皆治时疫霍乱屡获奇功之方，足补《随息居》方之未备。唯是书传世甚少，亟为重校付刊，以供同好。

〔**按**〕此提要录自曹炳章主编《中国医学大成》第十七册《温病·瘟疫霍乱答问》。朱国庆、刘时觉二氏校订该书，发现《提要》二处错误，一为陈虬字志三，此处误为“葆善”（陈虬弟子陈葆善），二为陈虬号蛰庐，此处误为“又字蛰庐”应予订正。

利济卫生经天函·提要

刘时觉

利济卫生经天函一卷，题为陈虬志三订正，张烈熤卿演谱，同院诸子参定。据陈氏序，张体素羸，以操演长拳有验，出其所传拳经相质证，因相与究经脉起止之原、针穴流注之故，参以花法解数，制为此经，以开利济医院强学之先。故其体操套路出于张，非止演谱而已。张烈，字熤卿，瑞安人，陈虬初传弟子，利济医院院次道四。此经原题有图二十八，势三十六，今存《利济丛书》本仅二十五图、势，其末句意未尽，盖残卷也。据悉，本书尚有完整刊本及二十五图抄本存世，惜未之见，道中人士若有知其情者，幸赐教示。另，瑞安何炯撰文，述体操拳勇之源流，原载《利济文课》。

〔**按**〕录自刘时觉主编《温州近代医书集成》，上海社会科学院出版社，2005 年，第 79 页。

《新字瓯文七音铎》与《瓯文音汇》评介

周文宣

陈虬熟识汉语音韵学(但限于今音部分),虽没学过西方语言,但有梵文常识,因而很早就主张创制拼音文字,希望做到表音准确,字母齐全,做到“有音即有字”。力求易学易写,人人可学。

陈虬潜心研习文字改革30余载,于1903年春创造出拼音文字,取名瓯文。这一年的秋天,陈虬迎来一个收获的季节,凝结着他多年心血的《新字瓯文七音铎》和《瓯文音汇》正式刊行,由其弟子郑曦校刊。

《新字瓯文七音铎》是字母的写读和拼音方案,属于新字初级教科书,共36课,系统地讲解了字母的认法、写法、记法、拼法、温法和读法,书末附“瓯谚略”,用新字拼写出温州话的口头词语,作为拼音的练习。《瓯文音汇》相当于瓯文字典,是照音类分列的汉字温州读音拼写表,是用新字注音的温州话同音字汇,按韵母分28部,每部再按声母排列,每字下举出用这个字构成的词语一至两个。

陈虬的切音字方案,属于汉字笔画式。他用自创的篆体字母(近似蝌蚪文)来拼温州方言。瓯文一共设计了98个声韵母。书中称声母为“父声”,称韵母为“母韵”,按宫(喉音)、商(牙音),角

(舌音)、变征(舌齿音)、征(齿音)、羽(唇音)、变宫(唇喉音)等“七音”分部,每部有声母6个,共42个。其中阴声母和阳声母各半(所谓阴声母相当于清音加上送气音,所谓阳声母相当于浊音减去送气音。)每部有四个韵纲,共28个。每个韵纲分阴阳两韵母,共56个韵母,阴韵母和阳韵母只在写法上有区别,在读音上无区别。这样合计,声韵母就有98个,如果只是为拼写某种特定方言,是无需这么多字母的。(温端政《陈虬和他的〈新字瓯文〉——纪念陈虬逝世六十周年》。《语文建设》,1963年第11—12期。)

在字母形体上,陈虬反对卢戆章等“仿洋文的法子”,主张以汉字为基础,参照西文,设计汉字笔画式新字。他说:“甲午年以后,中国有志的通人,多晓得要开通大家的聪明,总要造出新字才好,现在刊行的已有吴人沈学、闽泉卢戆章、龙溪蔡锡勇三家。不过他们的书,字形字母哪,多是仿西洋文的法子,而且母韵不全,故取音仍然不准。中国有些音,依旧是没有字的,他们书都在那里,大家看过多是这么说。我们造出来的新字,是纯主中法,略参西文,将来中外通行起来,也好替中国争点文明的面子。”(胡珠生辑《陈虬集》,浙江人民出版社,1992年,第326页。)

陈虬设计的字母形体分上下两部分,上部模仿该字母的发音部位,如宫声字不分声韵都像喉的形状,商声字都像齿的形状,角声字都像舌的形状等。下部用符号表示,声母的符号线条较长,韵母较短。书写时上下两部一笔钩成,拼写时声母在上,韵母居下。四声用在韵母上加点表示,方法是:平声不加点,上声点在左上方,去声点在右上方,入声点在右下方;四呼也用加点表示,方法同四声,只是四声的点,紧靠字母的笔画,四呼的点与字母的笔画相离略远。

字母的书体有“大”、“小”、“快”、“草”四种,《新字瓯文七音铎例言》里说,大写仿照篆法,小写模仿隶书,书写的原则是不完全抛弃汉字的写法,“快字”“草字”的写法没有说明,也未见书中。

拼法属于双拼制,一般由一声一韵相拼成音,声母也可以单独成音节,但阴声母只能与阴韵母相拼,阳声母只能阳韵母相拼。

在瓯文推行步骤上,他计划分为三级,初级“以方音为主”,《新字瓯文七音铎》属于初级的书;二级是用官韵来纠正方音的错误,准备另著《官韵正》;三级对“音同义异”的字再加以区别,不过一年就可以读中西之书,准备另著《译林》。

《官韵正》和《译林》未着手编写,陈虬就去世了。他计划编写新字的著作10种,可惜只编写了两种,这两种就是《新字瓯文七音铎》和《瓯文音汇》,新中国成立后,都已由文字改革出版社重印出版,列入《拼音文字史料丛书》。

新瓯文的创造,十分便利不识字的人,特别是温州方言中没有字的音,均能以“倒切”法拼出来。据陈虬自已说:“不论妇女、农野,每日熟课一点钟,月余皆自能写信记帐,简捷无比。”

如果再略略加些工夫,“并能阅报读书”他认为,学习瓯文就可以达到快速识字的目的,“真乃是文字场中的轮船、铁路。”他希望那些“明公理、发热心、有大力量的人”,能帮助推广,“无论文的、武的、贫的、富的、老的、小的、男的、女的,劝他学起一个,去教一家”,使“数年之内,吾们黄种四百兆同胞,没有一个不识字,国家自然没有不富强的。将来好在地球上仍做了第一等文明的国度”(《陈虬集》第327页。)

陈虬为了推广新瓯文,在利济医学堂开办了新字瓯文学堂,他在瓯文学堂亲自演说。学生多是子女、亲戚和学徒,仅有20余人,现瑞安文物馆还保留有陈虬的弟子郑曦用新瓯文写的屏条四幅。但不久瓯文学堂就停办了，因此影响不大。瓯文推行的效果如何，未见记载。据说，民国初年，潘鉴宗任浙江陆军第一师师长时，拟在士兵中推广新瓯文，但效果不好。

陈虬的新字瓯文方案本身可取的地方并不太多，字母形式容易混淆，字母数目繁多，不知归纳简化。这是尽管他努力提倡而仍无法推行的致命伤。

陈虬主张废除汉字的观点，也过于偏激。

当时，无论是主张“切音字与汉字并行”的一派，还是主张另创新字代替汉字的一方，他们的共同的理由就是汉字难学。从卢戆章的《一目了然初阶》开始，人们不断地宣传汉字是如何地难学。卢戆章在这本书的“原序”里就称“中国字，或者是当今普天之下之字之至难者。”他认为，要认识常用的五千余字，那些绝顶聪明的人也要花费十余年苦功。蔡锡勇在《传音快字》的“自序”中也说，中国文字最繁难，读书的士人，毕生不能尽识。童子入塾读书，就是聪慧的学童也必须历时十余年，至于其他人，就更难了。

陈虬也认为，汉字难学难用，他说，汉字“每字既有许多音哪，每音又有许多字呢，而且笔画忒多，通扯起来每字总有八九笔，多者四五十笔不等，字共四万有余，紧要的也有四五千呢。还有许多音统没有字，就是在学堂十年出来哪，旧字个个认得解得，唤他们写几句口头的言语，开一批手面的账单，竟没有一个能一直写下去的。那人这(怎)么肯费了多少功夫，花了多少银钱，去学这没有用场的文字！”

因为汉字难学就斥之为无用，这显然是片面的。其实，各种文字无所谓优劣之分，所以，各民族总是采用本族人约定俗成的文字系统。中华民族绵延五千年的文明史,经过了无数的兴衰治乱,但她却能牢固地凝聚在一起,保持了国家的大一统的局面,从某种角度来说,汉字功不可没。当今的国际汉学家甚至认为,汉字是最成熟的文字,是中国的"第五大发明"。

〔**按**〕录自周文宣著《陈虬与利济医学堂》,《瑞安文化丛书》之一,浙江大学出版社,2011 年,第 270—273 页。

改良派重要人物陈虬的轶事

林炜然

陈志三(虬)先生与我一位叔祖同学,又是我母亲的姑丈。我在孩提时是见到他的,而没留下任何印象。但由于他的天资和行动不寻常,而身世变动又大,所以我自幼从父母和外家听到过他的不少轶事。现在本着"不论其书,论其轶事"之旨,选择影响他思想、性格形成的,以及表现他的反抗精神和改革热忱的,分述于下:

一、世居瑞安,却去原籍乐清应考

陈先生的祖上因为当了瑞安三港地方的小吏,早于明正德间(1506—1521)就由乐清移居瑞安西郊竹排头,到他已经十三世。本来他大可改入瑞安籍,以便就近投考,却何以要保持原籍,去乐清应考呢?记得有篇关于他的传记解释说:因为他的祖父是个敲梆的,身份微贱,而当地瑞安晓得的人多,怕被揭发,所以只好到原籍乐清去考。这话,显然是就现在情况想当然的,并没了解过历史实际。先生的祖父当更卒,是事实;更卒虽然穷苦,但当时认为是正当职业,是良户,子孙是可以应考的。(我国自隋唐建立科举制度,虽然弊病很多,但较之前代却有一个优点,就是并不计较门阀高低,而只分良贱。贱,只指娼优皂隶等,此外都是良户,所谓良民百姓。)由于童生出考,倘得录取。就可逐步应乡试、会试,直至点了清华的翰林；积资，还可当上公卿。所以当时对于良贱的调查是十分严格的。报名时，首先要由一名当地廪生具结证明家世清白，叫做认保。报名后，学官还要分派另一名廪生复查，再具结证明所保是实，叫做挨保。手续完备，才得参加考试。所以照章他倘不得应考，即使到乐清去，也仍然没法过关的。至于他所以考乐清籍，是由于他大哥和二哥已经这样在先；而他哥俩何以这样，实际由于当时瑞安科名发达而考生众多，竞争很难，所以保留原籍。当时本区各县移居瑞安而仍考原籍的十分普遍。

二、世代寒微与崛起鼎盛

陈家自移居瑞安后，积世没有过读书、经商取得社会地位的。不但他祖父是更卒，父亲也是个漆匠。传说：一回新年，他祖父照例向一个郭姓士绅家领取节赏（俗称讨年糕），偶然坐在他家中堂的客座上，被那主人见到刮了耳光。他流泪回家对儿子说："你是没办法了。下一代无论如何要让一个读书上进，争我这口气！"不料这位漆匠竟含辛茹苦地让五个儿子都读书，而儿子们又全都考取秀才，老二再拔了贡，老五也补了廪，他老三还中了举人。瑞安人羡慕他家崛起鼎盛的情况，当时流行着顺口溜说："头代——柝柝；二代——索索，三代——中背榜里落！"（因他中的是末了一名）

三、少年艰苦的一斑

他平时在训诫亲友子弟时，经常提起：自己入泮后，家还租住人家的三间厢房。那时他大哥、二哥都已成婚，两旁房间作为嫂嫂的洞房，五弟跟父母睡在中间后面的灶房，四弟出门坐馆，只他就连睡的地方也没有。幸好那份人家在中间原摆有桌子和一宕几椅。他每晚就把两只茶几放在桌子两头，一头垫高，解开铺盖放在上面睡，次早卷放父母床里。直到他结婚才典住较大的房子。又说:大部头的书买不起,向好友借来,就兄弟们分抄,抄完马上送还。其实亲自抄过的书才看得透,记得清。

四、婚姻与联襟们对他的看法

他十五岁进学,经过一次岁考就补了廪。人家因为少年考取,必然天份高,前途有希望,倘没订婚的,就不计较门阀,不要彩礼,将女儿许给他,叫做“攀新进”。他的婚姻就是攀新进的。他的舅兄(我的外祖)和他三位较年长的联襟都是循规蹈矩,一心猎取科名的。但他除应科举外,却浏览泛滥。除精读医典外,还钻研唯识。为深入研究,曾跟天童某法师学梵文;稍后又贪读汉译西书。那四位郎舅联襟虽然衷心佩服他的渊博,但旨趋不同,所以仍然疵议他:“不入于佛,便入于夷;非夫子之徒也!”但四人中,除了一人后来继续拔贡外,余三人都只取得起码的功名(秀才)。而他却补廪,拔贡后还中了乡举,这是他们意料不到的。

五、两度科场风波

他入泮后,为了干涉地方上一件不平的事,搞得瑞安知县丧尽威仪,啼笑皆非。当学使案临岁试,向地方官垂询当地士风时,该知县便乘机哭诉:陈虬包揽词讼,藐视地方官吏。学使受了先入之言;而包揽词讼又是清朝历代皇上圣谕严禁的,故甚为震怒,决心要革掉他的功名,而苦无左证。故于他缴卷时,借口考查有否抢替情事,要他默写原卷。其实企图候他未默完时,声言只在核对笔迹,不必全默,即将卷抽回。于是把原卷消灭了,而把默卷作为没完卷,好革掉他的功名。哪晓得他望色听声,已知事有蹊跷,即予以防备。学使把卷抽来,原来题目前面加有“奉命恭默”字样,计不得逞。又见他年纪轻轻,不禁地连声说:“好本领,好本领!”只得照公评比,让他以高名次补了廪。

后来他中举回里，正在贺客盈门设宴招待时，突然原主考来电，促他晋省。大家愕然，不知何故。惟同时参加乡试的生贡们据科场透露出来的消息：他的试卷大受激赏，原拟列在第五名。后因发现某处有违碍的地方，两位主考考虑：倘不取呢，不甘失去这样一个才气横溢的门生，取在前列呢，又太显眼，故把它抑置榜末。因而大家推断，问题定然出在这里。但倘是勘磨大员到来发现问题，那撤销他的功名就是，何必要他晋省呢？他到省后，原来考主果真是为违碍事仍不放心，要他换卷，把违碍的地方删掉。

至于怎样违碍呢？他自己一直讳莫如深。外间传说则是：他在第二场把佛家学说阑入经义。但我查他的朱卷：头场次题是“日月星辰系焉”。同考官对这篇的荐批有：“融会中西，自铸伟辞”的评语。朱卷里的原文还留有“五星绕日而行”的话。他对新事物是敏感的，倘当时曾全面引用哥白尼学说，提到地也绕日而行，在那认为“地与天并”的时代，就难怪被视为违碍了，这也大有可能的。

六、破天荒的一件事

他生当太平天国革命，英法联军入侵，和欧风强烈东渐的时期。由于形势刺激，他很早就发表主张改革的《治平通议》，创办了近代化的利济医院和医学堂。以后还参加公车上书，戊戌政变时被通缉。还有两件事，人们一直重视不够，他曾用换帖结盟的旧习惯，组织了专业合作社式的心兰书社；由布衣班发展为下层知识分子所梦想的社会主义新村——求志社。（这事为当时旧人物所侧目。他去北京会试时，曾受到他中举时的副主考的诘问）不过这都应该在他正式的传记里叙述。我这里只着重提起他一件破天荒的事，就是：他次女苞姑（于我是表姨母）至少是浙南地区，甚或全国汉族的第一个没缠过足的女性。

当时父母选择儿媳,除了门阀、妆奁之外,对于女子本身着重是金莲短小,以为这可以窥见闺门风范。倘使幼小时不缠好足,将来婚姻就大成问题。我估计:我这位姨母出生约在光绪五年(1879)左右,而为求足短,四、五岁时必须开始缠。换句话说:他在1884年左右就冲决这千年积习的纲罗,不让女儿缠足。回忆当我五、六岁时,一次迎神赛会跟着母亲去外家看戏。我母亲带着我,两表姐妹在看台上坐在一起。当我下去买零食时,看见一个老太婆正在招呼她的同伴,指指划划地轻声说:"来呀!来看志三爷的女儿。没缠过足的,有趣肆啊,就像个尼姑!"可见他当时是顶住一般社会舆论的。

我又听说:蔡孑民(元培)先生点翰林后,元配夫人逝世了。他对于续弦的选择提出三个条件:不缠足;不迷信神鬼;识字。他物色到只有苞姑符合要求,就托人向陈氏求婚。陈曾答允,但由于那时的交通情况,陈夫人虽曾同意爱女不缠足,但坚决不让她远嫁绍兴,因而作罢。蔡以后才与黄仲玉夫人结婚。苞姑则与新派青年,上海求新厂附设机械专业学堂学生郭仲宣结婚,恰是刮她曾祖耳光的那个士绅的曾孙。

值得附带提起的:我这位表姨母不但识字,且有妇科、儿科的医疗知识,常为女伴和小辈处方,效果颇好。解放初期的一天,我为一件事到她家去。辞出之时,她追嘱说:"你妈生前栽的那株互叶桃乃是良药。要把子晒干收藏,备人索取,散了可惜。"凡此,都可间接见到她父亲对于医药知识普及的热忱。

七、医院匾额和放生池石刻

他建造利济医院时,请以太仆卿致仕的老翰林孙衣言写匾额。孙写给他的却是"利济医舍",并说明:院字,如翰林院、都察院、理藩院等都是中枢机构的名称，民间建筑未便僭用。而医院二字尤与太医院相抵触。陈听罢，就对来人脱口而出地笑着说："'甚矣哉！子之迂也'。怎么没想到：悲田院、养济院也是这院呢。"便将"舍"字剪掉，另请同样惯写柳体字的，薛遇宸凑上个"院"字，刻石嵌在大门上面。（现在该处已改为福利院，但原门额还留着。前三字笔势奔放锋利，后一字浑璞严肃，显不相称。参阅封2图片）当时院内同仁也有向他进言：即使坚持"院"字，也应全部改写；何必这样留着不愉快的痕迹！陈却激昂地回答："他改我那'院'字，难道我就不可改他这'舍'字？留着前三字，才表明：不应把老翰林的什么都捧到泰山绝顶！"

玉海楼本东临人工河，但孙为要求书库三面环水，于楼前开凿支渠，于后面挖一大池塘以便多多蓄水。而陈因他前面挖掘的乃是直通太平石的道路，而竟不先与当地住民商量，很觉气愤，就出面阻止，吵了起来。孙弟锵鸣因为曾是陈的问业师，嘱人告诫他：不应对前辈这样桀骜不逊，且语涉威胁。陈愤激地说："我这个'现任'生员（他那时还没中举），还忌惮你那休致翰林？！（锵鸣前因金钱会激变事，被勒令休致——相当于退职。）"即拟将孙氏兄弟居乡专恣，和在城墙背后开凿池塘，设逢战乱，大碍防守，且三品卿住宅照屏隔河，也不合体制各节，提供有关的给事中、监察御史们上奏弹劾。当有士绅前来关说：预防书库延烧，乃是雅道，与一般侵公肥私究竟不同。并为调停：池塘以行善名义，立碑称为放生池；照屏两头骑河接砌到住宅，改为外墙。陈同意了，但放生池三字坚要老头亲笔。孙家只好一一照办。

八、关于瓯文

他熟知汉语语音韵学（但限于今音部分），虽没学过欧洲语文，但有梵文常识,因而很早就主张创制拼音文字,便利劳动人民。由于在本世纪初期以前,西欧还是以拉丁文为公用书面语的,而视各国国语为一方的语言。陈因而认为:在我国,官话(相当于普通话)是公用语,而各地方言与英、法、德等国语言相仿,所以把由字母拼成的温州话称为瓯文。他于 1903 年发表了《瓯文七音铎》(字母的写读和拼音方案)和《瓯文音汇》(照音类分列的汉字温州读音拼写表)。

他在那时就主张拼音文字当然是进步的。而在与普通话距离较大的方言地区,照母语拼写扫盲较为便利,也未可厚非。何况他在《七音铎》的例言里说:拟续著《官韵正》,有以识字为基础,进一步推广普通话的企图。这样,容易掌握对应关系,可以迅速转化,对推广普通话其实有利。

不过他创造的瓯文字母,除了声母都念促音入声,大可减少它的名称干扰了韵母,而韵母都念舒音平声也可强化韵母,使拼音准确这一优点之外,其他缺点很多。现将重要的指出如下:

(1)字母形式几乎全凭人工,脱离任何实际。他把语音分为喉、牙、舌、齿、唇和舌齿、喉唇七音,这还可以。但他因为喉是圆的,凡喉音母都作∩形。牙音作¬ ,象牙床,舌音作︵,象舌头,齿音作>象犬齿,唇音作︵象嘴唇,相区性本已不大,而对同音系不同字母的仅就基本写法略加变动,更容易混淆。这是尽管他努力提倡而仍没法推行的致命伤!(参阅封 2 图片)

(2)字母数目繁多,不知归纳简化。温州话声母没翘舌音,韵母虽较复杂,但没舌鼻韵尾,因而数目不会多于普通话的,但他创造的瓯文父声 42 个,母韵 56 个,共 98 个之多。这较之过去切音用字原是少得多了,但首先,他那时还不晓得制造介母,把同呼的合并了。温州话由于齐齿的音极多,所以齐齿母就多到7个。其次,温州口音原都阴阳对称的,他为拼切准确起见,对声和韵都分别制造阴母和阳母。(声母,分别于左右方引长尾,韵母,分别上凹或下凸。)其实阳声只须照阴声念得沉浊就是,在吴方言区正因为清浊齐全,是很容易练习纯熟的,只就阴母加符就可以。何况声、韵只须一方浊读,就可拼准,这也大可简化。

另外,他经常提到:温州话很多有音无字。这是由于他不明瞭:文字有一定形式,保守性强;语言则随时随地可能差移变化,而温州话很多还保留中古音甚至上古音,致与现代字音不同,其实原字是可以追溯的。即在他的《瓯谚略》里所举的例子,如:“葛益、罗衣”显然是“该里”,“拔行、的埃”是“旁堵”,“袜限、葛埃”是“晚间”,“脚衣、似行”是“肌瘦”……他如:“吊儿”是“鸟”。鸟,原音正是丁了切。“蛮汤”是未有汽眼爆开的“盲汤”。近来市区经常听到的“赖伦”,便是瑞安话的“烂粒”,同是“烂卵”的转音。卵,指的是睾丸,是谩骂语,“烂卵”就是“混蛋”。“卵”的读音,《玉篇》力管切,与瑞安音正合;市区念力滚切,只是韵母旁转。不过,对方言的写出容易牵强傅会,如有人把经常爬进饭锅像蟋蟀的小虫写成“饭戌鸡”,说:由于此虫在晚饭后戌时才大量出现,好像能自圆其说。其实《诗·七月》有“莎鸡振羽”语,可见莎鸡这个名词在汉语里出现很早,而“戌”是“莎”的同纽转音,应该写作“饭莎鸡”。对于方言词的写定关涉到音韵通转,字词源流以及典章制度等等,固然十分艰巨,但不能说有音无字。

九、关于“隶古定”

他中举后,对分赠亲友的朱卷所刊的文章的字体都改写“隶古定”(依照篆籀隶变的定则改写楷书,俗称说文字)。由于当时瑞安世家盛行古器篆籀之学,他大约借此表示自己对此并非全然外行。其实这是不恰当的,因为整理古籍、文献,尤其出土的远古文字资料时,采用隶古定书法,原为形体、结构接近古代书写原则,便于比较、说明,是有其必要的。但施之应试时文不但毫无必要,而且两者也很不相称。何况这事只需逐一仿写,一般抄写胥吏,略加指点也能照办,不可能由此而见得古学根底。清代中叶的钱大昕对此甚至说:“好怪之夫,依法点划,入之楷书,目为古文,徒供识者捧腹耳!”

因此,有人就连带非议他:读书只看书序,搞个大概,并没深入研究。对此,我却不能不替他辩护:因为他是实践家并非研究家。研究家倘不定向深入是必然无所创获的;而实践家却重在基本地、系统地了解各方面,而在需要某一方面时,又能全面、充分地选择利用研究家既得成果。实践家倘钻进了牛角尖,就限制了能力的发挥。

十、关于他的生卒和身后论定

文改出版社影印《瓯文七音铎》的《内容说明》说:他生于1851年,大约是根据他继子冶夫(熔)先生的口述。而我据他季女陈演老太太(原德象女校教师,现年八十八岁,住城关虞池)说:他卒年五十三岁,推算是相符的。但他乡举时刊印的朱卷上附履历,却载明:“生于咸丰癸丑年”则是1853年,差异显然。在那“父母之年不可不知”的旧社会,子女们的记忆是不会错的,何况兄、妹说的又属相符。但履历乃是正式文件,也不会出于无心之错。有可能是由于他早年出考时有意少填二岁,企图以幼童身份便于录取,以后就不好更正了。不过这须有待其他证明的发现,才好予以核实。至于他的卒年,有些文件说是1903年,有些说是1904年。据陈演老太说:他卒于十一月十四日。那已是1904的新年,作1904年原也没错。但我认为:记载历史事实应以当时习惯为准,倘用现行历法追改,却必须注明,以免不必要的误会。至于《说明》说他最后死在瓯文识字学堂,这却有差移。因陈老太太说:他确在温州医学堂病危的,但即护送回到瑞安虞池住宅。到家六七天才逝的。又,冶夫先生说:"先父故后,所有未刊医案和其他遗稿都是杭州邵裴子前来拈去。"邵抗日前任浙大教务长,但一直未见整理出版。

陈老太太又说:"他病危回里时,跟来的医学堂学生有十来人,共雇了三只河乡船。到家之后,所有医疗、护理、汤药等事都是学生们包办;家人反无从插手。"又说:"逝世那天,邻居们得讯即刻赶来哭灵的达数十人之多。"陈老太太忠厚、朴实,不会夸张,因我也听说过对他的身后论定,大约:世家大族多恨他:"老辣厉害,翻脸就不认人!"而学生后辈则感激他谆谆训诲,恩若父子;而劳动人民更因他平时锄强扶弱,施医施药,仰同"爱日"。他天资敏锐,思路深广,而实践努力,魄力雄健,乃仅以名医终其身,这是由于当时社会条件的限制,虽然中了乡举,仍然不可能取得任何政治地位,发挥他更大的作用!

——我对陈先生的生平和学术、行谊并没怎么研究。以上只就长辈们说的予以记录,提供同志们比较感性地了解;当时社会的复杂情况,和较为进步人物的矛盾曲折的表现。但幼年时期听闻疏忽,不免有时、地差错,甚或事实差移的地方,希望大家指正!

〔**按**〕录自《瑞安文史资料》1984年第2期。

挽蛰庐联语录

杨　青

一

陈蛰庐孝廉虬，抱奇才不遇。徒以兴医学，创瓯文，著书名山，忽忽而殁，非足以尽孝廉也。故一时挽联俱极悼惜，就所闻者亟登左方……

余泮名群云：

读《报国录》、都利音、《治平通议》、《利济讲义》诸书，五十年落落大才，恨小子未能一见；

与俾思麦、玛志尼、特尔康得、西乡南州比例，二万里沉沉震旦，如先生今有几人。

朱泽夫名铣云：

济世张仲景，忧国贾长沙，上下数千年，如此奇才能有几；

坚忍玛志尼，深沉俾思麦，纵横五万里，从今继起更何人。

〔**按**〕录自温州市图书馆藏杨青《慈荫山房二笔》卷四。其中，一、吴镜江太守蓉，二、李希程都督懋勋，三、宋燕生衡，四、池云珊志澂，五、蒋梦熊，六、徐小樵玉鸣，九、王默仙瀚，十、林伯龄涛，

十一、饶逸臣方猷，十二、胡润之鑫均已见前杨逢春《挽陈师联语录》，惟七、余泮，八、朱泽夫二联未录。

二

蛰庐孝廉之殁，挽联甚多。予既录吴镜江等十馀联，犹有佳者数联，因再录之……

朱味温鹏云：

佛舍财度世，公敛财救世，出奴界，从密教、真言两派别开生面，以身命布施，以声名布施，宗旨虽殊，一样慈悲同菩萨；

侠殉道忘身，儒守道保身，创祖统，合墨翟、杨朱二氏铸成真相，有爱己主义，有利他主义，灵魂不死，千秋绪系祝先生。

〔**按**〕录自杨青《慈荫山房三笔》卷二。其中，十三、陈墨农祖绶，十四、钱伯吹振埙，十五、郭小梅凤诰，十六、池仲鳞虬，十七、胡惠卿希铨，十八、何默斋懿典，十九、王棣生明扬，二十一、殷凯群锴，二十二、僧月波，二十三、郑缉甫骏声，二十四、弟雪兰国琛，均已见前杨逢春《挽陈师联语录》，惟二十、朱味温一联未录。

陈虬年谱

胡珠生

凡　　例

一、谱主生前未曾自定年谱。逝世后至八十馀年,仅刊过陈谧《蛰庐先生事略》(系《东瓯三先生年表》一栏),内容简略。本年谱为首次正式印本,作《陈虬集》附录殿后。

二、谱主遗著遗稿未能妥善保存,已刊著作尚可从温、沪等图书馆找到。遗稿除《蛰庐诗录》曾经清抄成册外,其馀早已散佚殆尽,特别是日记,全部缺如。因此,厘定年谱极为困难。本谱主要依靠近年搜集到的谱主已刊、未刊著述和并时友好有关日记、诗文。

三、本谱每事语均有来历,不作无根之谈。有关资料力求注明出处,以昭信实。

四、本谱记述以原始资料为主。后人记述,特别是多年后的回忆,容或有误,非在万不得已情况下,一般不予使用。

五、本谱年龄按照惯例,采用虚岁计算。

六、谱主逝世于民国前八年,本谱日期均为阴历。重要月日在括号内附标公历以资对照。

七、本谱记事月日无确考者则分系于年末或月末。

八、谱主著作，除未发现者外，均已在《集》内刊出，并标明年月，大体上可作为谱主著作系年，故本谱不再重复。

年　　谱

清咸丰元年　辛亥(1851)　一岁

"先生曰：余生于咸丰建元辛亥闰八月二十日。"(池志澂：《陈蛰庐先生五十寿序》，下文简称《寿序》。)但或作"咸丰癸丑八月二十日生"(《光绪己丑恩科浙江乡试陈虬朱卷》，下称《朱卷》)。《朱卷》年月多不确实，应以自述为准。

"唐天宝间，有姓陈氏、官永嘉郡经学博士讳竹屋公者，清溪郡沙岸人也，实为吾宗来瓯之始迁祖。五世，而太域公庐墓萧台，转徙乐成。二十一世孙松斋公(讳登)，当明弘治正德时参瑞安三港幕吏，遂迁瑞安。……届虬三十二世矣。"(《斗山陈氏睦族四议》)但谱主历来自称"乐清陈虬"，终身未改。

曾祖陈纲，字廷灿；祖陈联元，字秉元；本生祖陈联魁，字秉魁，号信斋，乡耆。父振荣，字德福，号子木，军功议叙六品衔。胞伯大富，字德富。胞叔振邦，字德喜，军功议叙八品衔。胞兄陈国光，字庆棠，号星舫，县试冠军、监生，嗣胞伯后。胞兄陈国桢，字庆常，号仲舫，同治癸酉拔贡。胞弟陈国琳，字庆桂，号雪岚，别号悟非，庠生。胞弟陈国锵，字庆瀛，号叔和，廪生，著有《四体书正》四卷、《墨史纂要》六卷。嫡弟陈梓郎，字汝芳，号文甫。胞妹一，为薛宾鸿妻。胞侄陈明，号宗易。母邱氏，为乡耆邱廷选女。妻张氏，为张肇燊四女。长女顺姑，夫婿为胡鑫。次女名苞姑。(《朱卷》)

谱主“原名国珍，派名庆宋，字志三，号蛰庐，行三”（《朱卷》）。有时自称皋牢子（《说名》等）。为“廪贡生”。“住瑞安城内大东门虞池。”（《朱卷》）

咸丰十一年　辛酉（1861）　十一岁

“从城东胡先生蒙学”，“读书目十数行下，嬉戏好为将帅，尝取同学而行伍之”。塾师恶其“顽梗不群”，特日授书数十册以困之，谱主“终日不作诵声，及背读无一字遗”（《寿序》）。据《朱卷》：“受业师胡心潭夫子名庆良，郡庠生。”足见“城东胡先生”即胡庆良。

同治元年　壬戌（1862）　十二岁

“垂髫读《诗》，《六月》：‘文武吉甫，万邦为宪。’辄问当今古吉甫为谁。”“少值寇乱，逐队登陴，觅敌击鼓，不耐家居，时则为同治辛酉、壬戌。”（《报国录》卷三上《兵略》）

咸丰末年，平阳金钱会起义后，曾包围瑞安县城。本年正月廿九，太平军侍王李世贤部在金钱会首领赵起引导下由青田经天长岭抵温州城郊，由白承恩统率的一支则经白沙岭抵瑞安，“火光烛天，金鼓螺笳声聒耳不绝”（刘祝封《钱匪纪略》），谱主父叔参加地主团练武装，登城防守，后以军功议叙。

同治二年　癸亥（1863）　十三岁

十月廿四日，父卒（《蛰庐诗录》）。

同治三年　甲子（1864）　十四岁

“稍长尤不羁，使酒负气，习拳棒，善泅水。见不平，叱咤用武，虽不敌不计。不屑屑于帖括，博览群籍，好说部，兼涉历、相、星命诸学。遇老师、宿儒，往往摘经史以难先生，于是得狂名。”（《寿序》）

是年，太平天国革命失败，天京被清军攻陷。谱主作《王师克复金陵诗以志喜》七古以抒其怀。

同治四年　乙丑(1865)　十五岁

“年十五,始折节从其先仲兄仲舫明经习举业。”(《寿序》)此后复从仲兄学易数。陈国桢(仲舫)以精象数鸣于时,谱主极为倾倒,尝云:“家仲兄诂《易》,别具玄解。”(《报国录·图说》)

作《夏日偶成》七律一首,有“手谈时负两三局,拇战频输五百杯”句,尚有“使酒负气”馀习。

同治五年　丙寅(1866)　十六岁

冬,作《雪后偕友登隆山观海亭》七律一首,颔联:“峰笔倒书天作纸,浪花高卷雪生春”,气度不凡。

同治六年　丁卯(1867)　十七岁

“十七,出应试,每艺千馀言。长沙徐尚书树铭视浙学,见先生文,奇之,破例补诸生发落。手诏先生曰:‘尔文恢怪奇伟,他日当以文章横行一世!’于是始学词章,间复留心训诂。”(《寿序》)

同治七年　戊辰(1868)　十八岁

所作《秋夜》七律,有“严城八月笳声促,催动愁心半夜生”句;《病起》七律,首联为“长空云物气萧森,药灶茶锅手自斟”。

同治八年　己巳(1869)　十九岁

“虬元发始燥,即事举业。弱冠以前,治词章训诂。”(《上东抚张宫保书》)

挚友鲍颂桢卒,赋诗十首志哀。秋后过鲍氏艺园,复赋七绝二首,其一云:“横月荒庐剑影孤,曾从此地共投壶。”

同治九年　庚午(1870)　二十岁

“二十以后,留心经世。旋以过劳,得咯血不寐疾。”(《上东抚张宫保书》)

赴秋试不第。其《秋闱报罢，率成四律》第一首尾联云："等闲欲谱登科记，争奈鸳针绣未工。"《题梧馆停琴图》七古也有感伤句："我亦琴尊成落拓，眠中感慨何其多。齐王好竽我挟瑟，有似凿枘不相入。进身耻以郁轮袍，廿年空逐槐花疾。"

"虬自庚午患病，始有志于医。"（《蛰庐诊录》，下文简称《诊录》）

"吾少怀陈、项志，先母戒吾曰：'汝目有杀气，恐不得其死。'乃厚自抑敛，借医自隐。"（刘久安《陈蛰庐先生行述》，下文简称《行述》）

同治十年　辛未(1871)　二十一岁

始任山馆塾师。其《到馆》七绝云："异地传经意渺然，吾家旧物只青毡。新来山馆浑无事，卧听溪流到枕边。"

秋，有永嘉之行，作《登江心孟楼》、《秋夜登大观亭》诗。

同治十一年　壬申(1872)　二十二岁

"吾友许拙学先生于光绪壬申尝首创心兰书社，同人以为便。时池广文竹君、林香史、金韬甫两上舍、周莔衫、林菊君两茂才及虬兄弟（仲兄仲舫）实左右之。定议之初，人约二十家，家先出钱十五千，合三百千购置书籍。续置有隔江涂田数十亩，岁近又可得息数十千，益务恢广。自开办以来积二十一年矣，寻常文史略可足用，饷遗甚夥。于是乡里皆知有书社，云江以南渐有仿行者。"（《拟广心兰书院藏书引》）

同治十二年　癸酉(1873)　二十三岁

八月，赴杭秋试不第，曾作《访小青墓不见》七绝以抒其感。

同治十三年　甲戌(1874)　二十四岁

"甲戌，始排日自课"习医(《诊录》)。

光绪元年　乙亥(1875)　二十五岁

作《题曾璘侯小像》七律一首。

光绪二年　丙子(1876)　二十六岁

“庚午、癸酉、丙子,历应省试,历荐不售。”(《寿序》)

“丙子,始敢出议方药,每临一症,究其阴阳、向背、虚实、来去之至数。幸而得之,则私自诧,以为未知于古奚若,然势不多医也。”“孟冬,社友许小岳伤寒两感,治验。……时予初习医,吾乡医者不知伤寒为何物,闻六传之说咸共惊骇。”(《诊录》)

著《史法章》。当“一人之身兼有数长,若施以独传,则踳驳无伦。苛以文体,遂乖史法”,主张“参用编年,如名先年谱,略施小传,次其履历,分年缀事,不取文言。庶文无泛论,按实而书,详实准当,可称史则”(《蛰庐文略》)。

光绪三年　丁丑(1877)　二十七岁

赋《春燕》七绝一首,中有“何缘解作呢喃语,便趁东风过上林”句,叹科举考试难测考官意图。

秋冬,疫疠大作,吐泄厥逆,顷刻殒命。谱主初习医,日从事于《灵》、《素》、《难经》、《伤寒》、《金匮》、《甲乙》诸书,人以为泥古而险,无过问者。仲冬初旬,许方荪亦患疫疠,惶恐乞方,拟当归四逆汤,去大枣,倍木通,加生姜、川连,果服一剂而吐泄均止。黄绍第妻产后服姜糖过多,渐变痉厥,调治旬日而愈(《诊录》)。

光绪四年　戊寅(1878)　二十八岁

四月,贾楚玉妻(黄体芳女)孕十四月而不产,谱主诊脉,断为结瘕而患逆经,十五剂而月事果来。

五月,林永馨胸膈胀痛,诊为过吸鸦片所致,三剂而愈。项方纲妾伤暑,服寒凉过多,变成痉厥,危急求医,三剂而愈。

七月，蒋子渭妻患癫疾，投以大剂温胆汤，五剂而病减，改投清心平肝泄火化痰之剂，三剂而愈。

十月，董田陈银浩患饮症，开首十七剂无效，改方三月而全愈。

十一月，举人吴某误服石膏，治以半硫丸，旬日而愈(《诊录》)。

本年，曾和寓居江宁之孙诒让通书，告以永嘉先哲遗书各种可相助搜辑。所论永嘉学派大略，孙诒让认为“精当无匹”(孙诒让《答陈子珊书》)。

光绪五年　己卯(1879)　二十九岁

三月，邻居杨剃匠患瘟疫，妻亦继病，秽气触人，谱主以大剂承气汤授其夫，以吴氏增液汤授其妻，六剂而各候均愈(《诊录》)。

六月，赴省试，途经上海。东门顾缝匠妇病奔豚，气从少腹上冲，腹痛寒热，月常数发，诊脉浮弦，以凿得英入钱浓煎顿服，覆杯而愈。上海某妇鼓胀已三年，诊系积郁所致，拟大剂逍遥散，倍当归，加丹皮治之，五剂而病减，十剂而胀愈过半，守服一月，迨七月初旬，步履自如，嬉笑如常人。

七月，谱主赴金陵谒同乡名宿江宁布政使孙衣言。“啃嘆论文，左右色动。”旋即以文章受知于两江总督沈葆桢，沈氏予以“召见，大奇之”。当时，池志澂游学钟山书院，许启畴、林庆衍、周恩煦、黄绍第相继至金陵，谱主相偕“泛舟游秦淮、莫愁，登钟山，谒孝陵，至明故宫”。复“出扬子江，观金山、焦山；过扬州，登平山堂；道姑苏，访沧浪亭；上穹窿，瞰太湖，沿毗陵，饮惠山泉，遂折回杭州”(《寿序》)。

寓杭城广兴巷陆家，治愈陆家病飧泄寒热年馀的三岁幼童及乐司房石友妻停经误胎，断为症瘕之病。

八月秋试不第，曾游西湖，谒岳坟，赋七律一首。场后十八日始归。曾游吴山,出江头,经兰溪、缙云、青田、温州回瑞。途中五弟叔和因患时热,神昏妄语,纯以重剂补痊。

十月,母邱太夫人两病急症,服冬瓜汤三日而愈。

十一月,洪小湘患日晡寒热,诊为湿热而非疟疾,二剂而愈(《诊录》)。

光绪六年　庚辰(1880)　三十岁

正月,撰《蛰庐诊录序》于瑞安城东虞池之衍泽堂(《诊录》)。

过耶稣堂,感触颇多,赋五律二首,其次首有云:“混元谁作主,造化竟生儿。辟鬼虽非妄,生天只自知。如何南(怀仁)利(马窦)辈,抵死不相訾?”

冬,北湖闸夫违启闭之节,以致大潮倒灌,稻田被浸。遂偕仲舫兄及诸友履勘陡门,并同友人曾燕卿等联名呈禁。其后此风少革(《瑞安广浚北湖条议》)。

光绪七年　辛巳(1881)　三十一岁

“结求志社,聚集城北槐吟馆,夜庐风雨,道古谈今,每漏下三鼓始归。半生友朋之乐无逾斯时。同社者许拙学、张祝延、王小云、蒋志渭、金韬甫、陈介石、何志石及先生仲兄仲舫、五弟叔和诸君。当时东瓯布衣有天下人物之名。”(《寿序》。按《蛰庐先生事略》将此事系于光绪八年,该年春叔和将死,且1900年所作《寿序》明言“今忽忽二十馀年”,亦即应在1880年前,显然不妥。因未能确定结社始年,故提前一年。)

读《宋史·道学传》,对邵雍、朱熹之学深为不满,所赋七律有“康节图书皆赴影,考亭语录半禅机”句。

撰《瑞安广浚北湖条议》,建议设局、商功、筹捐、出土、束沙、包工、丈田、护堤、设准、绘图、计簿、立庙,都十二条。

光绪八年　壬午(1882)　三十二岁

春,幼弟叔和病亡。谱主"悲不欲生,顾影孑孑,嗒然若丧其躯。岁暮遂病,病几死,呻吟卧床箦者二百馀日。药鼎茶铛,听夕相对"(《治平三议序》)。

五月,瑞安文庙报失,赋《失鼎歌》以记其事。

秋,游雁荡,宿大荆驿,登马鞍岭,曾吟诗咏卓笔峰及听诗叟。

撰《瑞安何氏旌节坊记》,末云:"瑞安俗诞而好巫,高明之家妇女喜与觋妪、斋尼相往还,而妖妄之婢因挟以自重。""夫若辈之足以乱人闺阃也,学士大夫有身受其毒而尚不自知者。"金鸣昌(韬甫)读后,致书谱主云:"承示《何节母石刻文字》一通,结体谨严,用笔洒脱,必传无疑。后段愤世嫉俗,大声疾呼。当魑魅罔两横行无忌之日,复有缙绅先生扬其波,不肖子衿传其异。此文一出,贾怨必深。"从此,谱主和孙诒让之间产生难以解释的芥蒂,矛盾甚深。

是年,创订宗谱,详定义例,为谱者二十,序论凡十数万言(《斗山陈氏睦族四议》)。

光绪九年　癸未(1883)　三十三岁

撰《治平三议》,即《宗法议》、《封建议》和《大一统议》。认为"宗法之道通其变可以致治平"。其撰作过程据其自述:乃"虬癸未病中之所为书也。……念生平稽述皆皇王经世略,乌可令斩焉无传?乃于癸未秋镂肤钻发,伏枕画被,口绎以诏四弟国琳笔之于书。寻病愈,磨丹渍墨,竟不能再加笔削。爰补《十科表》于后行焉"。

撰《均子篇》。因"少遭孤露,先严、亡叔弱龄见背,迁瑞以来,传世十数,群从兄弟仅止七人。门祚衰微,怒焉心伤。仓卒立继,未协伦序,昆季之间,势无可改",于是主张改变历来宗法继承制度，第一代各兄弟所生诸子，不拘亲生，按出生次序归第一代兄弟依次收养为子，以为有六利。甚至提出："有后吾者，可遵斯旨。如乖吾趣，春秋麦饭，我必弗歆！"

作《开箧见洋搨二十九岁小像盖忽忽又五年矣》七律一首。自述状貌特征为："炯炯双眸窄两腮，颀然六尺好身材。"刘久安（之屏）亦谓谱主"龙颜隆准，面瘦削，颐无肉，胸骨直竖，腰窄若束，而精神十倍于常人。……发声若雷，目光炯炯射人，当者魄丧。"（《行述》）诗中感慨万端，末联云："年来落尽须眉气，天马如今亦驽骀。"

自秋涉冬，患疟疾，心情抑郁，赋《驱疟鬼》七古。

光绪十年　甲申（1884）　三十四岁

正月，撰《治平三议序》于瑞安城东利济堂。

撰《善举尽可计利以图扩充说》，认为"以财分人，愈分则愈少"。故反对"为善不可计利之说"，主张医院、婴堂、义渡、借钱局等善举应开常捐，收工价，"开办之始则尽可权其子母以为久远之计"。

撰《女婴堂议》，主张开办后做童工，夜课文史及算数，遣嫁后令婿家捐堂费，本人则捐出堂费以增加婴堂经费。

撰《医院议》，设想"院设前后二厅，翼以长廊，廊左为诊室，右为药房，后以处学徒。又建阁藏书，以其馀修置客房，待远来之就诊养疴者，植花木，饰亭沼，为怡养地"。实为我国近代第一份建立中医院（包括门诊、住院二部和药房）和中医学校（包括图书室）的计划。文末注云："虬曩偕陈介石孝廉、何志石明经、陈栗庵茂才于瑞安城东创建利济医院，一俟工竣，刊发章程以便仿行。"据此，创议同时，即已开始创建。故其后《利济医院应诊章程》云："利济医院自光绪甲申年陈蛰庐先生创建于瑞安城内，订立定章，减润应诊，以期广道便民。"

夏七月，中法宣战，沿海戒严，谱主撰《东瓯防御录》，将录以贻当事，会事解不果（《报国录自序》）。

光绪十一年　乙酉(1885)　三十五岁

是年，利济医院在瑞安建成。

"光绪旃蒙作噩（乙酉）之岁，瑞安始创利济医院，不材叨主讲席。"（《元经宝要序》）

"瑞安利济医院于清光绪乙酉始创于城东杨衙里，当时先建前进五楹，左廊筑药房，右廊筑诊室各三楹，中座以设学堂。"（池志澂《新建利济医院碑记》）

光绪十二年　丙戌(1886)　三十六岁

求志社发起人许启畴卒。许字雪航，号拙斋，瑞安人，善书画，工技击，著有《意园诗稿》。谱主在《求志社记》中云："吾友许子拙学负经世材，久不得志。尝欲率同志为入山举，拟其名曰安乐村，而嘱虬议其事。虬……议合社各穿布衣，示同方，戒罗绮，惟在外宦学者不禁。……中更世故，事未果行。拙学出游江都，郁郁无所遇，不幸遂死。"

光绪十四年　戊子(1888)　三十八岁

始与平阳宋恕（燕生）交。宋自家难后，寓居瑞安，纵谈政教，每连宵昼（宋恕《书陈蛰庐〈治平通议〉后》）。

撰《书〈校邠庐抗议〉后》，认为冯桂芬《抗议》四十九条"与拙著《治平通议》颇多异同，然各有宗旨，并存可也"，足见《治平通议》一书已初步撰成。

光绪十五年　己丑(1889)　三十九岁

壬午所创之《宗谱》，凡"五易稿而始克于己丑蒇事。顾旧散佚者尤不能尽绝也，又葺为《陈氏谱略》六卷。"（《斗山陈氏睦族

四议》)

撰《温州出口土产宜设公司议》。论及"阖郡出口之货以药材、茶、矾、瓯柑为四大宗,岁约百数万金",建议"一切出口货物皆分设公司,郡城、上海各设一局",并主张"聘请谙练茶师先于郡局自行严拣,分等装箱,务使瓯茶着实可靠"。

友人吕文起于郡城设保甲局,谱主为撰《乐清东、西二乡宜急设保甲局议》,提出"谋国以保富为先,保富以安贫为要",主张推广保甲局。

八月,赴杭州应己丑恩科浙江乡试。以第二场奇异,特置榜末,考取第一百三十七名举人。举主为大主考李文田和陈鼎,荐主为同考官查荫元。原荐批云:"第一场参用包注及近人毛氏说,词章警辟;次融会中西,自铸伟辞;三识见超卓,名论不刊;诗工。第二场文凭意造,迥异恒蹊。第三场援引明通,笔意雅练。"所刊《朱卷》下列著作为:著有《治平通议》六卷、《蛰庐杂著》十八卷、《小学六书》二十四卷、《肘后辑要》七种、《医铎》四卷若干种待正。

宋恕亦在杭应试。八月廿六日(9.20)谱主《致宋燕生书》言试后打算云:"虬自廿一日省垣起程,廿六日始抵甬江。本拟返棹武林,一俟榜后同图进止。仔细思维,实多未便,即附海昌轮舟先归。"理由有三:一是穿惯布衣,不想易服。二是费用大,不便外出。三是北京没有靠山,特别是"江夏(指黄体芳)积谤,非可释以杯弓"。足见黄体芳和谱主间矛盾也已相当尖锐。其原因,后来宋恕在《陈事节略》中有过说明——"通政素不学无文,外间酬应之作,其稍妥者皆他人代笔。瑞安近年略涉书、史者颇多,少年流莫不意轻之,或口出笑侮之言腾于广坐。通政疑此辈皆系志三、介石之门徒,因是憾志三、介石等刺骨,久思兴大狱以打尽之而未有机会。"

冬，谱主在家整理韵学和医学旧稿，拟明春入都会试。宋恕作《燕都篇赠陈志三孝廉虬入都也》送行："祝君柄国经中原。斟酌古今采欧美，更改制度活黎元。永嘉旧学大施展，水心君举慰精魂。"

光绪十六年　庚寅（1890）　四十岁

春，入都会试，有《行路难》之叹。途经山东娄桑，过汉昭烈故宅，赋七律一首，颈联有"时艰国步思宗室，世变英雄易霸图"句。北上至鄚州，访扁鹊墓，赋七律一首，首联云："灵兰事业赖传薪，遗冢曾闻此独真。"续行至赵北口，赋《早行》七绝："鸡声茅店策征骖，客子愁怀借酒酣。月色穿林星没水，晓风驼梦过燕南。"北行至雄县，复吟七律一首，末联云："于今一统车书盛，杨柳依然送客程。"

闰二月底抵京，晋谒座师陈鼎。陈以"都下亦皆知有东瓯布衣"，"首相诘问"（《求志社记》），并有"貌似明太祖，才如陈同甫"之论（《行述》）。

会试不第。四月出京，五月抵济南。因徐树铭荐，谒山东巡抚张曜，上书条陈八事：创设议院以通下情，大开宾馆以收人材，严课州县以责成效，分任佐杂以策末秩，酌提羡银以济同官，广置幕宾以挽积弊，钤束赋役以安商贾，变通交钞以齐风俗；并曾条陈河务。在幕府中遇山阴人陈继本及中州人田隐居。陈继本幕游陕西二十年，刻意考求河务，其论清代黄河溃决史实、黄河上游各段纳入支河后水深增高之数，深受启发；其论治河方法："请于山西、陕西、河南等处归入黄河之大小支流添建水闸，以时启闭，杀水上流之势"，赞为不刊之论（《经世博议·治河下》）。田隐居曾授以河洛大阵，略云："天地之数始于一，成于五，而盈于十。三者之变不可胜穷。"谱主亦取为秘法（《报国录·兵略·布阵》）。在幕月馀，张氏礼遇甚优，曾于夏至（五月初五日，即6月21日）后不久，在护兵喝道下坐轿登泰山。其《泰岱吟》七绝廿四首，实为生平最得意时盛兴之作。首绝云："洋枪闪闪出城闉，喝道游山话亦新。马队两行兵四面，轿中拥得一诗人。"

张氏虽未能纳其建议，仍重其人，聘修《山东通志》。濒行，发传牌，令沿途防营一体派拨兵勇护送。归途经宿迁项羽故里等地而抵扬州，均曾赋诗怀古。

宋恕在《题陈蛰庐〈上山东张阆帅书〉》中盛赞谱主首提议院为有卓识——"先生雄才大国楚，五湖三江纳胸腑。偶揖将军条政要，首陈及此良非腐。"

谱主归至上海，闻伯兄星舫逝世之讯；九月间，母邱太夫人病亡，不得已在家守制。

是年，撰《斗山陈氏睦族四议》，提出建祠之法：前置义仓，后设义学。并规定义仓、族葬、宗祀诸法，还拟设"宗输"之法以奠立宗族制的经济基础。

光绪十七年　辛卯(1891)　四十一岁

春初，宋恕作《题陈蛰庐〈族谱例言〉》五律一首相赠，赞扬《例言》："文章逼刘、董，凡例掩欧、苏。"

宋恕因六弟自杀，欲向瑞安县控告恶弟宋存法迫害罪行。九月中旬，谱主和陈黻宸合谋劝解，宋恕不从，寄书陈黻宸，告以家难经过，并以示谱主。十月初八，谱主偕陈黻宸、陈兆麟等三人赴宋家畅谈。谱主曾"以《治平通议》已抄就者二本见示"，宋恕读后，以为"多不刊之论，文章尤雄深雅健，直逼两汉，真天下奇才也"（宋恕《日记》）。

十月初九(11.30)，谱主作《宋君燕生将有俄德之行以许星使奏充四国随员也口占送别七律》一首，注云："虬囊著《治平通议》八卷，颇欲出为当道借箸，近已知难而退，甘为东山小草。耿耿此心，其在河汾之业乎！"

光绪十八年　壬辰(1892)　四十二岁

池志澂"倜傥有奇气，慨然有四方之志，而托其家室"于谱主。谱主虽"无中人产"，遂集同人之与池君有连者，"人岁出洋五元以资周转，不足则虬自任之，名曰同人集"。并撰《记同人集事》以志其概。

撰《求志社记》。

十月，撰《元经宝要序》(即《利济元经序》)，略云："七阅寒暑，甄录医籍，剬葺《素》、《灵》，勒成一书，得卷者八，曰运气、曰藏象、曰经脉、曰脉法、曰病因、曰本草、曰针灸、曰死生，凡为表者五十有二。"按该书协助编纂者为女婿胡鑫。池源瀚《胡润之茂才传》："陈师为盖代通儒，治经世之学，著作等身，尤精医术。以君聪颖迈伦，兼擅文笔，尝摈谢人事，偕君著书瑞安之圣堂山，积岁累月，编纂《利济元经》，流传海内，医家奉为鸿宝。陈师盖重君才，遂妻以长女，并以一生医学心得传之于君，论者窃比之公乘阳庆之于淳于意焉。"

冬，撰《经世博议序》、《救时要议序》、《东游条议序》于瑞安城东之蛰庐。《经世博议》四卷，详论法天、变法、保民、治河、筹海、筹边，建议腹地广置木路(铁路)，建洛阳为西京，许高丽为局外之国，并认为治法在严刑赏。《救时要议》一卷提出富策十四：设官钞、定国债、开新埠、垦荒地、兴地利、广商务、迁流民、招华工、汰僧尼、税妓博、搜伏利、汇公产、开鼓铸和权度支。强策十六：更服制、简礼节、变官制、扼要塞、开铁路、改炮台、广司官、并督抚、弛女足、求材官、限文童、练僧兵、禁烟酒、限姬妾、优老臣和广外藩。治策十六：开议院、广言路、更制举、培人材、广方言、整书院、严举主、疏闲曹、定户口、权盈虚、严嫁娶、定丧葬、汇祀典、正词戏、新耳目和申诰命，共四十六策(《治平通议》)。

光绪十九年　癸巳(1893)　四十三岁

撰《温郡捐变文成会议》，建议扩大筹捐范围(义捐、学捐、仕捐)，改进管理制度，使各县文成会日臻健全。

撰《拟广心兰书院藏书引》，建议改设心兰书院于瑞安东北隅，"公之合邑，另行集议，转订章程"。但现存《心兰书社栗主题名》，列池仲卿、陈仲舫、许雪航等廿六人，"而独不及蛰庐，异已！"(陈谧《陈介石先生年谱》)

撰《书〈颜氏学记〉后》。

十月，撰《治平通议序》、《蛰庐文略序》。所辑《治平通议》都八卷，即《经世博议》四卷、《救时要议》一卷、《东游条议》一卷、《治平三议》一卷、《蛰庐文略》一卷。镌刻付印，板藏瓯雅堂。

冬，撰《防御录》，"大旨谓今日舍乡团不能自强，非参古法不能制乱，而眷眷于君民上下之故，尤足使读者油然而生其忠爱"(陈黻宸《报国录序》)。

光绪二十年　甲午(1894)　四十四岁

三月初八日，偕同乐清士绅黄鼎瑞、钱福熙、刘久安等多人具呈恳请藩宪明定章程，申禁苏困以减浮勒(《乐清县南米浮收控案》)。

七月，撰《利济教经序》，略云："余建院讲授，医经之外兼长杂家，蕲为明体达用之学。……颇病里师教法之未善……因次为韵语三十六章，句约三言，举凡古今中西学业规制以及世间一切人事，皆标举指要，事繁语赅，以期急就。每逢讲期，按章评说，颇益学子。”

中日甲午战争爆发，温处道宗源瀚招谱主等筹划东瓯团防，遂上《防御录》。八月，陈黻宸应邀撰《报国录序》，述及谱主“于诸子百氏九流之说皆洞澈源流，得其旨要，汇为一宗。而于经世之学尤所致意，间有制定，悉协情势”。关于该书出版过程则云：“《录》初刊于去冬，嗣以兵尚未试，不散率尔，旋止，盖其慎也。……今中日失和，书恐有不得终秘者，因促其刊成。”书名之变动也因《防御录》未经实践，因取马融《忠经》语，易名为《报国录》。

光绪二十一年　乙未(1895)　四十五岁

甲午战败，清廷屈辱求和。谱主赋《水调歌头》词一阕，有“近魏绛，又和戎。一腔血洒何地，子弟老江东”之叹。

二月中旬，谱主赴京会试，途经上海，访晤宋恕，赠以《治平通议》刊本，宋为撰《书后》，认为“同归仁民，其博征经史，条理井然，冯氏《抗议》所未逮也”，但“辨界儒法，似犹未精。”

二月十九日，宋恕因谱主等将赴天津，特致书水师学堂会办王修植予以绍介，并云志三“才雄学博，亭林、默深之亚，殆非今日经济家张孝达、张季直辈所及”。在沪期间，为中日和战及李鸿章评价问题，谱主和宋恕曾发生激辩。廿三日(3.19)，宋恕在《致杨定甫书》中云：“通州张季直、同郡陈志三皆自负经济，大骂合肥，实则季直稍胜孝达，志三稍胜季直，去平章尚远。东瓯宋子独犯众怒而申平章，唇焦舌敝，罕肯虚听。近与志三力争，几伤雅道。仲容与志三结怨甚深，互相丑诋，俱失其平。恕昔以调停，故得罪仲容，又被诮志三，兼所学两异。仲、志愈趋愈远，愈不可合。年来好事者遂有‘温学三党’之目，实则仲、志有党，而恕无党。……至此重公案，则仲容之骂合肥更甚志三，悲哉悲哉！”

谱主抵天津后，曾赠王修植《治平通议》等书。据王氏三月二十日(4.14)致宋恕书云：“志三携其大著数种见赠，彼其见解，诚非近来貌称经济家所及。但较之执事《卑议》，则本末、终始、精粗、广狭之间其必有辨矣！”(《宋恕师友函札》)

四月，谱主为利济医院拟课《霍乱病源方法论》，深叹“三十年来未见有勤求古训另出手眼以苏灾黎者”。其后不久，“友人抄付洋报印行。秋初，病发甚剧，顷刻殒命，如法救治，存活颇多”。

秋，设立利济分院于郡城小高桥(《利济分医院应诊章程》)，并设分院学堂于郡城周宅祠巷。二者均系温处道宗源瀚邀请谱主创办，并曾捐助二百银元(《利济学堂报汇编》)。

八月十五日(10.3)，宋恕致函谱主云：“昨姚颐仲来言：闻金陵帅幕说香帅(指张香涛)见陈氏《通议》而大悦，渴欲接谈。屡向幕员询踪，而皆以不知对。”又云：“穰卿以议开崇实学堂之故，几不容于乡。省垣尚如此，然则利济之蒙谤宜也。”(《宋恕集》)

十月廿四日，谱主致书刘久安，告以南米浮收控案，“经各大宪秉公汇定”，案已大定。但要求为长远事业计，此次讼费，“慎勿妄取粮户分文，将来方有事业可图！”(《乐清县南米浮收控案》)

光绪廿二年　丙申(1896)　四十六岁

温处兵备道宗源瀚病逝任所，谱主赠以《挽联》，下联云：“遗爱遍瓯括一十五县，公原不死，究竟莽莽，感恩似吾更无门。”(杨逢春《馀闲丛录》)

七月廿五日(9.2)，孙诒让致书汪康年，提及谱主，有“私衷深嫉之”之语(《汪康年师友书札》第二册)。

冬，设利济学堂报馆于温州府前街，永嘉王六蓄、瑞安何寓农、乐清陈湄川等助费230元(《利济学堂报汇编》)。

冬至日(12.21),撰《光绪丁酉医历表后序》,书于瓯郡利济分院。

大寒日(1897.1.20),出版第一册《利济学堂报》,刊有谱主所撰《报例》和《利济教经》。该报每月两册,每册约五十叶,定价全年廿四册大银圆四元,一度拟在杭州、宁波、兰溪、衢州筹设分馆,向全国公开发行。《报例》十二项,点明"本报原出利济医院学堂,故医学独详"。但实际上规定,除"院课"外兼采各报,凡学派、农学、工政、商务以及体操、堪舆、壬遁、星平、风鉴、中西算术、语言文字暨师范、蒙学等类,区为十二门:一、利济讲义,二、近政备考,三、时事鉴要,四、洋务掇闻,五、学蔀新录,六、农学琐言,七、艺事稗乘,八、商务丛谈,九、格致卮言,十、见闻近录,十一、利济外乘,十二、经世文传。在性质上已非专门性的医学杂志,而是谱主所主编的鼓吹变法维新的重要报刊。

光绪廿三年　丁酉(1897)　四十七岁

元旦(2.2),撰《教经答问弁言》,略云:"近创《院报》,因命同院分门设为问答,以牖方来。"(《利济丛书》)

人日(2.8),撰《利济汇编总序》,以为"斯编则其龙宫探秘之星言,蓬岛搜产之日记也"。

孟春,撰《利济丛书总序》,云:"客游于院,有问利济之说,并乞观所著书者,为著其目,因引伸名学之谊,漫书以弁端。"先后续撰《利济外乘叙》、《心战》上中下等文多篇在《利济学堂报》上发表。四月十四日(5.15)致书汪康年云:"《学堂报》已出四册,近郡却甚风行。"

春间,罗振玉等在上海创设务农会,五月十六日(6.15),清廷下振兴农务之诏。浙江各地闻风兴起，海宁创树艺会，“瑞安人士若二黄先生（绍箕、绍第）及陈志三虬、洪博卿炳文、周仲龙拱藻、章味三献猷、郭暇斋凤诰、池仲鳞虬、许仲笙金镛、林和叔调梅、陈式卿范、王雪璞恩植、杨笑沧世环、鲍稚琴锦江、洪寿林锦麟、伍小园恭寅诸君，先后加入沪会为会员”。谱主曾在本年第三册（五月）第九册（八月）《农学报》上发表《拟务农会章程》，列举十二条：“曰原会，曰正名，曰择地，曰聘师，曰分董，曰购器，曰设学，曰创报，曰估本，曰集资，曰赛会，曰纪事。”但瑞安务农支会《会友题名》中未见谱主（孙延钊《五黄系年合谱》）。

七月初五日（8.2），《经世报》创刊于杭州。该报筹备较早，早在二月间，宋恕已应馆主童学琦、胡道南之邀，撰过《自强报序》和《自强报公启》，但宋恕只答应权充主笔，因此馆主继续聘请章炳麟、汤寿潜和谱主分任撰述。及至第一期出版，始确定：“撰述：馀杭章枚叔炳麟、乐清陈志三虬，摄著论：古瓯宋燕生恕。”该报体例“十二纲”原由宋恕起草，后被改动，据章炳麟告宋恕，“为蛰、志二公所定”（蛰指汤寿潜，志指谱主）。宋恕认为“蛰、志皆浙东豪杰，然学派与弟稍殊，故立例之旨与弟未能尽合”（宋恕《复章太炎书》）。谱主在第一册上刊有《经世报序》和《论报馆足翊政教》二文，第二、四、五册上刊有《论尊孔教以一学术》、《经世宜开讲堂说》、《迁都——救时十二策之一》三文，第六、七、八、九册上刊有《分镇——救时十二策之二》上中下和《论西国既设弭兵、太平二会，宜急先削去公法中之默许法而专力行性法》四文，第十二、十三、十五、十六册上刊有《言权》上下、《论国之强弱系于民心，民心之向背系于州县，宜以州县得民为强国之本》、《书刘兵部译编英法政概后》、《论外交得失》五文。因谱主应《经世报》聘担任撰述，故

《利济学堂报》分馆亦曾附设于经世报馆内，而以池志澂等主其事（池志澂《武林杂记》）。

十月初八（11.2），胡道南《致宋燕生书》中谈及《经世报》受到顽固派的抵制，“迭接友人书，均以枚公《兴浙学会序》欠含蓄，因之入会者少。都友来书，言大序及志公序，阅者亦有微词。提倡无人，致文字为诋毁所丛，可为愤懑！”（《宋恕师友函札》）

光绪二十四年　戊戌（1898）　四十八岁

元旦（1.22），书《中星图略弁言》于利济分院之蛰庐。

正月廿日（2.10），致书汪康年，告以“敝《学堂报》分售有二千分之多，实销仅减半，而收数竟不及四成，并寄售各报亦在内。利源有限，挹注太多，敝院去岁亏折竟至数千金”，并云“入都便沪时”即缴还所代销《时务报》存报及报资（《汪康年师友书札》）。

三月，谱主和陈黻宸、章献猷等以会试至京师。康有为发起组织报国会，题名者 184 人，为首梁启超，谱主下署“浙江乐清”，章献猷下署“浙江瑞安”（中国史学会编《戊戌变法》第四册页 403）。《保国会章程》第 11 条规定：“自京师、上海设保国总会，各省各府各县皆设分会，以地名冠之。”于是谱主为首组织保浙公会。四月廿一日（6.9）出版之《知新报》55 册刊有谱主为首《呈请总署代奏折稿》，提出“联合十一府、三厅、二州同志拟立保浙公会”的申请，并拟定“治乡团以杜乱萌”、“设学堂以开民智”、“兴矿务以裕利源”等三策以“供荛采”。四月中旬离京，在天津紫竹林撰《白喉条辨序》，及至四月下旬归抵上海。刘绍宽于廿四日（6.12）日记中云：“昨谒陈志三丈，因同候宋燕生。”（《厚庄日记》）五月初五（6.23），孙宝瑄访谱主于长春栈（《忘山庐日记》页 214）。廿六日（7.14），宋恕所拟《海宁崇正讲舍时务课题》中一题为《书陈乡举虬等请开保浙公会呈后》。

八月政变，谭嗣同等六君子死难，康、梁等避难日本。谱主因未参与百日维新而未被列入缉捕对象。十月，曾到郡城朔门杨青家，作《杨园看菊有感》七律一首，内有"沅芷江蓠有所思，离愁屈子复何之。频惊风鹤三天梦，又值霜螯十月时"之句，反映气氛相当紧张。池志澂回忆云："不意戊戌变政，风潮反对，罢学堂，闭报馆，云散二百徒，累败八千金，任当世之诬谤、笑忌、倾挤，百折不回。"(《寿序》)表明戊戌政变对谱主历年经营的各项事业的打击极其严重。

十一月十二日(12.24)，上海维新派名士叶瀚等向宋恕询问二陈和孙、黄间的矛盾时，宋恕详细地写了《节略》，并指出关键情节是："八月大变，(黄体芳)喜有美机可乘，乃挟康党二字以图置志三、介石于死地，且以禁制乡人之为志三、介石鸣冤。"由于防范黄绅等的打击，谱主早已离温前往上海，十三日(12.25)，忘山庐主人孙宝瑄重立申江雅集第一期时，到孙家赴会者就有谱主和宋恕、张焕纶、钟天纬、姚稷滕、胡惟志、赵仲宣等九人(《忘山庐日记》页282)。廿五日(1899.1.6)，孙诒让致书汪康年，提及谱主"途穷走杭，干高君子衡欲揽矿务"，也提及当地并未陷害谱主——"敝里讼事未已，然至今无一字及志三，亦尚无一字及保国会"(《汪康年师友书札》)。

光绪二十五年　己亥(1899)　四十九岁

正月廿八(3.9)，童亦韩致书宋恕询问谱主近况云："陈志公闻曾被同郡所诬，播越在外，近果何之？极念！"

二月初七(3.18)，刘绍宽在《日记》中述及"陈志三先生欲著《瓯乘》，欲添《氏族》一门，颇合予意。"

四月，前兵部左侍郎黄体芳逝世于瑞安，黄、陈之间矛盾随之消解。

郡城利济医学堂照常开课。杨逢春记述："己亥在利济医学堂肄业，主讲乐清陈蛰庐先生。"

光绪廿六年　庚子（1900）　五十岁

闰八月二十日（10.13），谱主五十寿辰，东瓯利济医院同人共谋祝寿。"不意神都被沦，帝后蒙尘，正人君子痛心尝胆之秋，奚忍崇饰开筵为事！"遂不举行（《寿序》）。

光绪廿七年　辛丑（1901）　五十一岁

正月，发行《瑞安利济医院股份票》。每票计英洋四十元，新制份票三百张，以一百股归谱主，百股归何迪启、陈黻宸和陈葆善，郡院归谱主独办。此次整顿原因在于"历办一十七年，两院亏折甚巨。通盘筹算，微特院董垫款五千馀元无归，即报馆各股除已付外尚二千馀元，郡院亦无款可抵。惟瑞城药房、涂产以及医润各项目前虽未畅旺，瑞院将来确有进款大宗尚可作抵"。故"重议化大为小，招新辅旧"（《瑞安利济医院股份票》）。

春，温州镇总兵刘祥胜病温垂危，谱主"投以大剂镇阴药获苏"，刘甚德之。（刘祥胜《瘟疫霍乱答问序》）。

四月十九（6.5），女婿胡鑫《致杨伯畴书》云："蛰师心太热，近又于郡院拓地建院。此事重大，恐难成。心力之苦，不知何日天遂人愿，可叹！"当年，新建利济医院落成。

八月寿辰，告挚友池志澂云："子最知我，颇娴古文义法，其为铨次平生梗概以告同院，胜寿我多矣！"志澂仰视谱主，"须发半苍，志气愈奋，落落大才，至老不遇，悲愤所激，令人不知哀感之何从。"遂为补撰《陈蛰庐先生五十寿序》。

十二月廿二日(1901年2月10日),章炳麟《致宋燕生书》中提到"蔡氏议婚事,他日见介石,渴望道意。"蔡氏指蔡元培,其议婚首要条件为:"女子须不缠足者。"而谱主次女苞姑从小就未缠足,符合该条件,故章炳麟受蔡委托,希望陈黻宸向谱主代询。以后未见下文。

光绪廿八年　壬寅(1902)　五十二岁

前永嘉知县查荫元因失察教案被革,贫病交迫,辛丑冬来温追索旧款,病逝于客舍,停棺待葬,身后凄凉。谱主因查氏为己丑乡试荐主,遂和新关会办李懋勋等鼎力臂助,年初使其孤子扶榇回乡(安徽婺源人,寓居杭州)。

八月,总兵刘祥胜撰《瘟疫霍乱答问序》云:"夏季,瓯郡霍乱盛行",谱主"出白头翁汤加减与之,试之多验。"当时医生惧怕时疫,纷纷逃避,谱主"独昕夕出诊,不避艰险,存活甚众"。

九月十四日(10.15),宋恕因母亡寓居瑞安,"出门谢吊",同时调和陈黻宸、谱主和孙诒让之间宿嫌,"先陈后孙,皆允。十五日再走白陈,订乐清(谱主)来面和"(宋恕《壬寓日记》)。从此,谱主和孙诒让间嫌隙得以缓解。谱主和宋恕、陈黻宸等均到瑞安演说会,并列讲席,号称"东瓯三杰"。

光绪廿九年　癸卯(1903)　五十三岁

春,创造瓯文,著《新字瓯文七音铎》和《瓯文音汇》二书。七音指喉、牙、舌、舌齿、唇、唇喉等七部所发之音。谱主分瓯文为二十八部,据新创98字演为标音符号404个。二书秋后始刊行,并在利济分院开办瓯文学堂,亲自演说。

四月廿一日(5.7),章炳麟致书宋恕云:"顷又从事方术,欲以宁人(顾炎武)兼为青主(傅山)。……陈君志三夙事斯业,仆于瓯

越贤硕略睹数四，独不获见志三，亦甚怏郁者也。”(《宋恕师友函札》)

秋前，“带病过访”杨园，十月间再访杨园时，谱主“已衰颓不堪”。犹告杨园主人杨青：“如此秋光，不知再得几番高会！”曾相约“创公家花园作林下游”，并允为《杨园诗文集》作序(杨青《挽陈志三孝廉诗》)。

逝世前不久，致书学生杨逢春云：“昨夜将半，心疾陡作，指发裂肤，几死(将)〔者〕数。”该函述及生平及近况云：“仆素性憨直，立身坚卓，尝不愿与哙等为伍，平时尝欲自别一军，高立崖岸，所以二十年来落落寡合，儒墨之见徒为世所指摘。加以六献槐官，文战俱失利，即平时有旧识者亦遭白眼，遂以怨府自闻。心机日蹙，穷愁潦倒，悲不乡生。”该函述及病因云：“悲胜则愤，愤极生病，病之变我，不知其变为鬼、化为魅矣！”至此，谱主已经完全绝望：“病变亟亟矣！势及迫矣！天荆地棘，谁遣我耶?”“天何不祚，命也如斯，谁或知之?”

“公抱病讲学，孜孜不倦，于癸卯十一月十四日而逝，遗书数十种于《丛书》之外。”(《馀闲丛录》)无子，由仲兄国桢第三子继嗣。葬于瑞安二十四都潘岱朱山底。

1985 年

12 月 20 日，瑞安县政协召开利济医院、学堂创办一百周年纪念会，对谱主遗著进行初步搜集和展出。

1992 年

温州市政协文史资料委员会继出版《孙诒让遗文辑存》(张宪文整理，列入《温州文史资料》第五辑)之后，委托胡珠生整理《陈虬集》，本年 12 月由浙江人民出版社出版。

2011 年

中共瑞安市委宣传部、瑞安市文学艺术界联合会编纂《瑞安文化丛书》,本年 11 月由浙江大学出版社出版,其中周文宣著《陈虬与利济医学堂》共分 14 章,章目是:少年奇才、留心经世、心兰书社、结求志社、早期救世主张、好为兵家言、社会改革方案、利济医学堂、《利济学堂报》、变法维新思想、参与维新运动、事业衰落、新字瓯文、名垂青史。

2013 年

中华书局鉴于《陈虬集》出版已逾二十年,《陈虬集补编》也已面世,于本年 5 月寄来《陈虬集》增订本出版合同,委托胡珠生整理,列入《中国近代人物文集丛书》。至此,"东瓯三杰"宋恕、陈黻宸、陈虬之著述全部收入该丛书。